장 안 산

中 권

벽암(碧岩) 조 영 래(趙永來) 著

Rev. Young Rae Cho Ph. D.

저자 서문

조영래 목사 |

게으름에 지친 탓일까?
만사가 귀찮다
이러면 안 되는데 마음을 혼내본다
조금은 아픈 탓일까?
초라한 꼴이
회초리에 눈물이 묻어있다
쉬운 일은 아니지만
다시 한 번 영혼을 쥐어짜본다
기름은 고사하고
녹슨 물이 떨어진다
벌써
얼마나 쉬었다고
고여진 녹물이 비웃었다
하루가 천년 같다고 하더니만…
민망하고 창피했다
그리고 부끄럽고 죄송했다

만회해야지
다시 시작해야지
배불러진 허리를 쪼여본다
이 정도로는 안 돼
작심삼일(作心三日), 뻔하지
시작이 자유로운데…

엄격한 계율
내 자유를 구속할 수 있는 감옥
그것이 필요해
깊은 생각 속에서 헤엄쳐 본다
그렇다!
이왕 자신을 괴롭혀 볼 바에는
유예기간을 정하자
말도 안 되는 시간의 감옥
한 달,
한 달 동안에 한 권의 책을 쓰자
이미 장안산 하(下)권을 쓰기로 되어있었다

장안산!
상(上)권 속에 있는 내용의 세계를 더듬어 본다
아쉬운 부분도 있다
부족한 부분도 있다
부끄러운 부분도 있다
민망한 부분도 있다

분수도 모르고 이런 글을 썼다니…
화끈거리는 얼굴에 얼음덩이가 쏟아졌다

"입은 비뚤어졌어도 말은 똑바로 해야지
글은 네가 썼지만
쓰게 하고 있는 사람은 나야
정신 차려야지
이 바보 멍청이 같은 작자야"

기어이
올 것이 오고 말았구나!
이렇게 시작되어야 정상이지
간섭해주시는 이 순간, 이 찰나!
놓쳐서는 안 되는
절체절명의 은혜 그 자체라는 것을
글을 써 모으는 가운데 얻은 경륜 아니었던가!
"감사합니다"
비추어 주셨던 마음 속에 있던 빛을 짜낸다

긴장되는 첫 구절
출발이라는 시작이 생각보다 편했다
그래서였을까?
하루에 써야 될 계획된 장수(張數)
겨우 겨우 챙겨나갔다
이렇게 나아가다가는

처음 생각대로
한 달 안에 다 쓸 수 있는 것 아닌가?
막연했던 계획에 생기가 돈다
도와주시고 계실 때 챙겨야지…
마음이 앞서 뛰어서인지 육신의 피로도 만만치 않다
생기의 채찍으로 초달해 본다
초달(楚撻)하는 채찍 맛이 달다
좋은 징조다
열심히 더 열심히!
초달하는 궁둥이에 불이 난다

세상에 이런 일이!
TV 프로에도 등장하는 이름이다
드디어 기어이
해내고 말았다
작정한 대로
한 달 동안에 한 권의 책을 쓰고 마쳤다
칠백 페이지 책
장안산 중(中)권을 출간시키게 되었다
"산고 끝에 낳은 아이를 품에 안은 산모처럼
깊이 깊이 머리 숙여
이 글을 쓸 수 있도록 채찍질 해주신
마음 속에 늘 함께 해주시는
거지 목사, 도사 목사님께 진심으로 이 글을 바칩니다

부족한 필력으로
이 땅에서 이루어지고 있는 하늘의 일을
어찌 이루다
감당할 수 있겠습니까?
용서하여 주시고 아버지의 영과 그리스도의 영을
더욱 충만케 하여주시어
이어서 장안산 하권 또한 계속 진행할 수 있게 하여주소서
그리고
이 죄인의 얼굴에 철판을 깔게 해주시고
이 죄인 심장에 털이 나게 해주소서
들보가 들어 있는 이 죄인이
티가 있는 그들을 향해
무슨 염치로 돌을 던질 수 있습니까?
더욱 두껍게
더욱 수북히
차라리 생물 같은 존재가 되어
사람들의 치부를
비웃게 해주소서!
저주하게 해주소서!
그래야 상대적으로
그들의 미움과 저주로 이 죄인 또한
정해진 길을 가게 해주소서!
그것이 이 죄인에 대한 당신의 생각이 아니었습니까?
그러나
한 가지 청이 있습니다

할 수만 있으면 그들 중에서
기뻐하시는 당신의 백성을 만들어 주소서!"

"모세에게 이르시되
내가 긍휼히 여길 자를 긍휼히 여기고
불쌍히 여길 자를 불쌍히 여기리라 하셨으니" (롬 9:15)

"그런즉 하나님께서 하고자 하시는 자를 긍휼히 여기시고
하고자 하시는 자를 강퍅케 하시느니라" (롬 9:18)

"토기장이가 진흙 한 덩이로 하나는 귀히 쓸 그릇을,
하나는 천히 쓸 그릇을 만드는 권이 없느냐" (롬 9:21)

그리하여
이 나라 이 민족의 운명이
당신의 손에
해를 입고 이 땅의 주로 역사하시는
당신의 손에 달려있다는 것을 깨닫게 하소서!
그리하여
이 땅 위에 세워지는 하늘 나라
산 자의 세계
천년 왕국의 영광을 소망케 하소서!
기도하게 하소서!
그리하여 작은 책, 다시 복음이
첫째 부활을 통하여 이루어지는

산 자의 복음임을 깨닫게 하소서!

간절한 영광의 소망
그 믿음을 가지고
장안산 하(下)권 또한
하루속히 쓸 수 있게 하소서!
비록 진흙 창 속에 묻혀있는 진주일지언정
어느 누군가의 손에 의해
하루속히 그 빛을 발하게 해주소서!
제단 밑에 있는 순교자들과
역대 선지 선열들과
아비와 조상들과 함께 그 빛의 영광을 누리게 하소서!"

2020년 2월 1일
조영래 목사

목 차

저자 서문 ──────────────────────────── 03

제 1장. 지리산 하늘보좌에서 하나님의 오른손에 있던
       책을 받으시다 ───────────────── 13

제 2장. 창조의 서열 ───────────────────── 63

제 3장. 네 생물, 멜기세덱 그리고 여호와 ───────── 113

제 4장. 누가 이단인가? ───────────────── 137

제 5장. 천사와 사람 ───────────────── 231

제 6장. 시온의 한 돌을 세우기까지
       (어떤 여성 교역자의 간증) ───────── 257

제 7장. 걱정 말아라! ───────────────── 289

제 8장. 사총사 ——— 301

제 9장. 인자가 올 때 믿음을 보겠느냐? ——— 389

제 10장. 양화교 다리 밑 도사 목사 ——— 439

제 11장. 땅이여, 땅이여, 땅이여! ——— 479

제 12장. 동방의 아버지 ——— 539

제 13장. 거룩한 천사들이 이 땅에서 짊어진 아름다운 십자가 ——— 567

제 14장. 지금은 어느 때인가? ——— 607

맺음말 ——— 655

제 1장

지리산 하늘보좌에서 하나님의 오른손에 있던 책을 받으시다

제 1 장
지리산 하늘보좌에서 하나님의 오른손에 있던 책을 받으시다

지리산(智異山)!
지혜 지(智)자에 다를 이(異)
지혜가 다른 산!
남쪽 산 중에서는
바다 건너 제주에 있는 한라산을 빼고는
가장 높은 산!

그래서였을까?
지리산 정상을 가리켜 천왕봉이라고 한다
하늘의 왕이 임하는 곳
그런 뜻인가?
세상 소리에 뜻이 있다고 했는데…
눈 씻어 가며
이곳저곳을 살펴본다
하늘의 선녀들이 내려왔다 가는 곳
내려올 만한 특징이 있기에
왔다가 즐기고 돌아가는 것 아닌가?

그런데
천왕봉!
아무리 샅샅이 살펴보고 또 찾아보아도
하늘 왕이
머무를 만한
찾아올 만한 그런 특징적인 장소가
눈에 띄지 않는다
굳이 말한다면
그럴 만한 구석이 단 한 곳도 없다는 뜻이다
햇볕을 가릴 만한 나무 한 그루
몸을 은신시킬 만한 큰 바위 하나
그렇다고
목을 축일 수 있는 물방울이 떨어지는
천연적인 굴 하나
전무한 곳이다
한 번도 아니고 세 번째 올라와서도
결국
남다른 특징 하나 발견하지 못했다

그런 이곳에서
어떻게 3년 6개월 7일 동안
구도의 길을 걸을 수 있었을까?
물론
아래로 450m 내려가면
장터목!
그 곳에는 물이 있는 곳이다

그렇다면 그 곳을 근거로 하여
천왕봉을 제단 삼아
구도의 길을 걸었다는 의미인가?
분명
물도 떡도 먹지 않고 40일 금식
필수적인 과정을 거치셨다고
힘주어 말씀하시던
도사 목사의 얼굴이
떠오르며 지나간다

그렇다고
장터목에서 천왕봉
3년 6개월 7일 동안
하루도 빠짐없이 매일 왕복해 다닌다는 것
결코 쉬운 일이 아니다
산행을 전문으로 하는 산악인이 아니고는…
더군다나 구도자라면
소란스런 번거로움을 피해야만 되는 입장이기에
가능하면
사람 눈을 멀리 피해야만 할 것이다
그러나 그곳 천왕봉
산을 좋아하는 산악인들이
하루도 빠짐없이 찾아드는 곳이다
그런 그곳에서
어떻게

3년 6개월 7일이란 구도의 제단을
쌓을 수 있단 말인가?

상대적 입장에서 장안산을 생각해 본다
그곳 그 장소도
사람들의 눈이 미치지 못하는 곳이다
평범한 곳이면서 은밀한 곳이다
충분히 구도의 제단을 쌓을 만한 장소이다
납득이 가는 장소이다
그러나
천왕봉만큼은
그럴 만한 구석이 한 곳도 없다
오른 이들마다
인증샷!
정복자로서의 대성일갈(大聲一喝)
자기의 소리를 새겨놓고들 간다
그런 그곳에서
어떻게 성경을 볼 수 있겠는가?
어떻게 찬송을 부르며
어떻게 기도드릴 수 있겠는가?
생각하고 또 생각해 보아도 납득이 가지 않는다

낮 시간은 거의 성경을 보신다 했다
밤 시간은 거의 기도의 시간, 찬송의 시간이라 했다
그렇게 개인적으로
자기의 공간을 누릴 수 있는 곳은

천왕봉에는 결코 있을 수 없었다
그렇다면 장터목 어디에선가…?
그러나
도사 목사는 분명히 천왕봉 꼭대기라고
눈물 섞인 말을 토해냈다
그래도
그의 말을 믿어야겠다고 생각하는 머리 속을
누군가 망치로 머릿속 골통을
두들기고 있었다
벼락을 맞고 천재가 된 자도 있다는 소리
망치로 골통을 두들겨 맞은 탓일까?
생각이 생각을 낳고
의문이 꼬리에 꼬리를 물고
도사 목사의 말씀에 홀딱 빠지고 만다

장안산에서 3년 6개월 7일
해를 입었다고 하셨다
그 해의 정체
어느 정도는 책을 통해 설명해냈다
"그렇다면
해를 입었는데
왜? 굳이 또
지리산에서 3년 6개월 7일
구도의 길을 걸으셔야 되는 이유
그 이유가 무엇입니까?"
까탈스럽게 묻는 나를 측은히 바라보시면서도

그래도
"이제는 제법 컸구나"
미소가 번져갔다

"생각해 보라!
하나님의 오른 손에 있던 책
그 책이 누구에게 넘어갔느냐?"
"유대지파의 사자 다윗의 뿌리에서 이긴 자
어린 양에게 넘어갔습니다"
"잘 보았구나!"
"그 다음에는 그 책이 누구에게 넘어갔느냐?"
"해를 입은 여인에게 넘어갔습니다"
"잘 보았구나!
그렇다면 그 여인은 어디에서
해를 입었느냐?"
"장안산에서 해를 입었습니다"
"네 말이 맞다!
그 해 속에는 무엇이 들어있느냐?"
"예수께서 십자가상에서 흘리신 피와 물
그리고 오순절 날 임하신 성령이
그 피와 물을 찾으시어
피와 물 성령이 하나가 된 그것을
해라고 말씀하신 것 아닙니까?"
"잘 깨달았구나!"
"그렇다면 그 피와 물 속에는
무엇이 들어있느냐?"

"하나님의 비밀, 천국의 보배 보화
즉 예수님이 가지고 계셨던
그 모든 것
일점일획도 남기지 않으시고
몽땅
피와 물 속에 감추시고 이 땅에
떨치신 것 아닙니까?"
"제법이구나!
그렇다면 그 비밀을 아는 자가 누가 있느냐?"
"다볼산 변화산에서 부르심을 받은 자
모세와 엘리야가 있지 않습니까?"
"네 말이 맞다!
내가 그들에게 별세
사후의 비밀을 그들에게만 가르쳐주었다
하늘에 있는 천사 아들들도 모르고
오직 그들에게만 의논했다"

"그러나
잘 생각해 보거라!
그 해 속에는 하나님의 오른 손에 있던 책
그 책은 없었다
왜냐하면
예수께서 십자가상에서 피 흘리실 때에는
어린 양으로서 이긴 자로서
영광을 받지 못한 때 가셨다
그랬기에 그 해 속에는

하나님의 오른 손에 있던 책
그 책이 없었던 것이다
오직
성결의 영으로는 죽은 가운데서 부활하여
능력으로 하나님의 아들로 인정되신 그 때
이기신 자 어린 양으로 그 책을 받으신 것이다
그러므로 그 책은
우편보좌에 계시는 이긴 자 어린 양으로부터
다시 받지 않으면 안 되는 것이다
이렇게 말한다면
깨닫고 믿을 수 있겠느냐?"

"예, 어느 정도는요…
그런데 풀리지 않는 것이 있습니다
정말
천왕봉 꼭대기에서 3년 6개월 7일
구도의 길을 걸으셨습니까?
지리산 전체 어느 은밀한 처소에서
행하신 것 아닙니까?"
"아니다 절대 아니다!
꼭대기 정상
하늘의 왕이 앉을 수 있는 보좌
그곳에서 구도의 길을 걸은 것이다"

생각하고 또 생각해 보라!
왜 지리산이라 했겠는가?

세상에 속한 산들과는 지혜가 다르다
했잖은가?
우연이 아니다
하늘의 지혜가 감추어진 산
세상 소리에 뜻이 있다 했다
그래서 그 곳에서
많은 도인들이 끊임없이 천국에 도전하고 있지 않는가?
그러나 끝내
어느 누구도 천왕봉 보좌의 비밀을
캐내지 못했다

생각하고 생각해 보라!
젖과 꿀이 흐르는 가나안
그 땅은
감추어두었던 땅, 예비해두었던 땅
그 비밀을 함이 알고
넷째 아들에게 그 이름을 붙여주었다
그렇다고 하여
가나안이
아브라함이 이삭을 바쳤던 모리아 한 산
그 비소(秘所)의 자리를 알아냈던가?
결코 알지 못했다
알아낼 수도 없었다

오직
그곳은 하나님만이 아시는 장소였다

하나님만이 아시던 그곳에
세 성전이 지어지지 않았는가?
비록 천왕봉이란 공개적인 자리이긴 하지만
그곳에도
하나님만이 아시는 지성소와 같은
절대적 자리가 준비되어 있었다
오직
우편 보좌에 계시는 이긴 자 어린 양으로부터
그 책을 받기 위해
쌓을 수 있는 구도의 도장이
이미 만세 전에 준비되어 있었다

겉으로 보기에는
천왕봉이라는 말이 민망할 지경이지만
내용인즉
인간 그 누구도 알 수 없는
거룩한 장소가
때의 주인을 기다리고 있었다
그곳
세속적인 인간들의 때가 묻힐까
노심초사
감출 수밖에 없던 그곳!
유언은 유언한 자가 죽어야 유언의 효력이 있듯이
그곳에서 이루고자 했던 그 모든 목적이
이루어졌기에
드디어

천왕봉 보좌의 비밀을 밝히는 것이다

정상
꼭대기 북쪽 편으로 깎아지른 듯한 절벽
자세하게
그리고 조심스럽게 살펴보면
겨우
한 사람이 내려갈 수 있는 듯한
은밀한 길이 감추어져 있다
꼭대기 정상에서 7-8m 내려가다 보면
뜻밖의 장소를 만나게 된다
최소한도 서너 사람이 은신할 만한 굴이 있다
굴 속 천장에는 식수 가능한 물방울이 떨어진다
'역시나
빈 말이 아니었구나!
이런 곳을 준비해 놓으셨기에
천왕봉이라 하신 것이구나!'
"이제야 모든 것을 깨달을 수 있겠느냐?"
부끄러움으로 뜨거워진 얼굴 위로
흐르던 눈물이 안개처럼 피어오르고 있었다

나무하러 갔던 나무꾼이
굴 속에서 들려오는 음성을 듣고 따라 들어가 보니
신선 같아 보이는 두 노인 바둑을 두고 있더라!
한참을 구경하고 나와 보니
세상 시간이 너무도 많이 흘렀더라!

가히라고 말할 수밖에 없는 그 계시 속에서
너무도 많은 세월을 보낸 것 같다
솜털이 뽀송뽀송했던 그 동안(童顔)의 얼굴이
오늘의 지금
햇볕에 그을지고
비바람에 패여 고을지고
탱탱했던 볼때기가
팥죽처럼 흘러내리고
머리에는 서릿발이 꽃을 피우고
몸뚱이에 붙어있는 모든 털들조차도
하얗게 늙어가고 있었다

그러나
단 한 가지
패기가 아닌 그 오기만은
세상 시간 속에 떠밀려가지 않고 있었다
'그렇다!
결코 포기할 수는 없다
압복강 그 누구처럼
결코 놓칠 수는 없다
지나간 내 모든 세월을
통째로 흔들어 놓았던 그가 아니었던가!'
다시 바지가랭이를 움켜잡았다
놓쳐지는 순간
천 길 만 길 낭떠러지
지옥불로 떨어지는 죽음이라고 생각했다

"그래서 두 번째 도전하셔서 승리하셨나요?"
"이기지 못했다면
내가 어찌
구속사 시리즈 책을 쓸 수 있었겠는가?
너도
그 책의 내용을 알고 있지 않느냐?
몇 번씩이나 읽었느냐?"
"권당 수십 번씩 읽었습니다"
"잘했다! 그 내용들이 어떠했느냐?"
"주후
그 어느 누구도 밝히지 못했던 세계
최초의 말씀들이었습니다"
"그래 잘 보았구나!"
"그런데 걱정스런 일이 생깁니다
그렇게 말씀을 하시다 보면
결국 해를 입었다는 그 정체가
드러날 것 아닙니까?
특히 펴내시는 책마다 표지에
신명기 32장 7절
'옛날을 기억하라
역대의 연대를 생각하라
네 아비에게 물으라
그가 네게 설명할 것이요
네 어른들에게 물으라
그들이 네게 이르리로다'
이 구절을 넣어 굳이 강조하시는 저의를

사람들이 안다면
해를 입으셨다는 정체가 드러날 것 아닙니까?
오직 해를 입은 여인만이
역대 선지 선열 아비 조상들을 부를 수 있는
유일한 분 아닙니까?"

"제법이다!
나를 걱정해주다니…
그러나 설사
내가 어떤 글을 성경 말씀을 근거로 하여
합리적으로 쓴다 하여도
나를 그렇게 믿어줄 수 있는 사람은 없다
너 같이 바보 머저리 같은
인생이 아니고는…
이미 그들은
그들 나름대로 정확한 답을 가지고 있다
해를 입은 여인이 교회!
해를 입은 여인이 낳은 아이가 예수!
그런 그들이
내가 그 어떤 말을 한다 해서 믿겠느냐?
밖은 고사하고
내 안에 있는 자들도 믿지 못하는데…"

"그렇다면
안에 있는 자들에게라도…"
"그럴 수 없는 것이 하늘의 뜻이다

그 어떤 대상들에게도
말씀은 때에 맞게 전해지는 것이다
그 때를 가진 자만이
자기 때에 말씀을 공의로서 전하게 되는 것이다

그러므로
하나님의 오른 손에 있던 책이
마지막 주자(走者)에게 전달되는 과정에서
작은 책으로 바뀌어지고 있는 것이다
먼저 책을 받은 자가
한 때, 두 때 말씀을 하고 난 후
마지막 주자(走者)에게
반 때 말씀을 주는 것이다
마지막 주자가
반 때 말씀을 할 때에는
한 때, 두 때, 말씀을 했던 해를 입은 여인이
독수리의 두 날개를 받고
광야로 도망가서 한 때, 두 때, 반 때를
양육 받고 있는 때이다
해를 입은 여인이 독수리의 두 날개를 받았다는 그 의미
독수리로 이 땅에 왔던 사람이
다시 독수리로 돌아갔다는 뜻이다"

네 생물을 생각해 보라!
네 생물 속에는 독수리 같은 인자가 있었다
즉 정확히 말한다면

해를 입은 여인이 죽었다는 것이다
죽은 사람을 왜 산 자같이 표현하고 있는가?
비록 의학적으로는 죽었지만
그는 해를 입고 죽었기에 죽은 자라 말할 수가 없는 것이다
이미 다소 언급했지만
해는 곧
부활이요 생명을 말하는 것이다
예수님은 십자가상에서
해를 버리고 죽으셨기에
스스로 살아나실 수 없기에
그는 육체에 계실 때에 자기를 죽음에서
능히 구원하실 자에게 심한 통곡과 눈물로
간구와 소원을 올렸고
그의 경외하심을 인하여 들으심을 얻었느니라
예수께서도 해를 버리시고 죽으셨기에 스스로 부활하지
못하시고 아버지께서 살려주셨다
말씀하고 있는 것이다

그러나
다시 한 번 강조하지만
해를 입으시고 죽은 독수리!
그는 스스로 부활할 수 있는 존재
그러기 때문에 그를 가리켜
양육 받는다고 한 것이다
그가 죽었기에 이어서 반 때 말씀이 등장하여
해를 입고

이 땅의 주가 되어 역사했던
두 감람나무 역사를 통하여
철장의 권세를 가진 아이를 낳아 하늘 보좌로 올렸던
그가 이 땅에서 이루었던
하늘나라의 역사
영적인 세계를 반 때의 말씀
작은 책
다시 복음으로 증거하게 되는 것이다

다시 한 번 주고받은 말씀의 세계를 새겨본다
해를 입은 여인으로부터 받은 말씀이
작은 책의 말씀이 된다는 것이다
해를 입은 여인이 되었기에
오른쪽 보좌에 계시는 이긴 자 어린 양이 되신 예수께
천국은 세례요한 이후 침노를 당한다고 하신 것처럼
해를 입은 여인이 침노하여
그 책을 받으셨다는 사실이다
그 책의 말씀이 오늘날 이 땅 위에서
'구속사 시리즈' 말씀으로서 등장한 것이다
그리고 이어
작은 책 다시 복음으로 증거되고 있다는 사실이다

책과 작은 책!
계 5:1
"내가 보매 보좌에 앉으신 이의 오른손에 책이 있으니

안팎으로 썼고 일곱 인으로 봉하였더라"

계 10:1-2
"내가 또 보니 힘센 다른 천사가 구름을 입고 하늘에서
내려오는데 그 머리 위에 무지개가 있고 그 얼굴은 해 같고
그 발은 불기둥 같으며 그 손에 펴 놓인 작은 책을 들고
그 오른발은 바다를 밟고 왼발은 땅을 밟고"

이미 앞서
하나님의 오른손에 있던 책이 왜 작은 책이 되어
사도요한에 넘겨졌는지
간단히 소개한 바 있다
하나님의 오른손에 있던 그 책
천상천하
하늘 위에나 땅 위에나 땅 아래
능히 책을 펴거나 보거나 할 이가 없더라
그런 책을 받는다는 것
하늘의 비밀, 천국의 비밀
하늘의 전권(全權)을 모두 받는다는 것이다
그러한 책을 소개하고 있는 계시록
계시록 외에 또 다른 별개의 비밀스런
책이 있다는 것을 말하고 있는가?

성경 말씀에 달인이라 자처하는 어느 목사는
계 1:1
"예수 그리스도의 계시라 이는 하나님이 그에게 주사

반드시 속히 될 일을 그 종들에게 보이시려고 그 천사를
그 종 요한에게 보내어 지시한 것이라"
이 말씀을 인용하여
"천사가 요한에게 준 그 계시 자체가 작은 책의 말씀이고
작은 책의 말씀이 곧 계시록 자체이다"
그렇게 주장한 바가 있다

그러나
성경을 자세히 보라!
이 책은
천사가 만지거나 보거나 전할 수 없는 책이다
유대지파의 사자
다윗의 뿌리가 이기었으니
이긴 자이신
"어린 양이 나아와서 보좌에 앉으신 이의
오른손에서 책을 취하시니라"
분명하고 확실하지 않는가?
중간 어느 누군가의 손을 거치지 않고
직접 보좌에 앉으신 이의 오른손에서
책을 취하시니라
감히 천사들이 손을 댈 수 없는 책이다
계시록 1장을 통하여 전하는 메시지는 분명
앞으로 될 일을 천사를 통하여 전하는 일반계시이다

일반계시란
계시의 내용을 믿는 모든 백성들에게 전해지는 복음을

말하고 있는 것이다
누구도 공유할 수 있는 복음이다
그러나
재림의 마당에서 이루어질 한 이레의 역사 속에는
영적인 역사가 들어있다
그 역사의
때의 주인공들이 곧
해를 입은 여인과 붉은 용이다
땅과 바다에 사는 자들로서
도무지 알 수 없는 역사이기에
성경의 세 군데
도둑같이 오신다고 한 것이다
때의 두 주인공들을 통하여
이 땅에서 이루어지는 역사
그 세계를 밝히 증거하는 복음이
다시 복음이다
그 복음이 담겨진 내용이 작은 책이 되는 것이다

그렇다고 하여
계시록 밖에 또 다른 책이 있다는 것이 아니다
계시록 속에 삽입되어 있는 내용
삽입된 계시라고도 할 수 있다
일반계시 속에 들어 있으면서도
독자적인 계시의 내용이라는 것이다
그러기에
일반계시의 개념으로 계시록을 보게 된다면

전혀 앞뒤가 맞지 않는
그런 내용일 수밖에 없는 것이다

그렇다면
일반계시 속에 들어있는 삽입된 계시
중간계시는
어디서부터 어디까지 말하는 것일까?
사도요한이 작은 책을 먹는 그 장(章)으로부터
계시록 11장, 계시록 12장, 계시록 13장, 계시록 14장,
계시록 15장 거기까지가
중간계시, 삽입된 계시이다
이 역사의 주관자는
해를 입은 여인과 붉은 용이다
물론 그들이
자기들의 소속된 사자들을 통하여 역사하게 되어 있다
해를 입은 여인도
천국이 이루어질 제 밭에 좋은 씨를 뿌렸다
붉은 용도 그 밭에
마귀를 통해 가라지를 뿌렸다
해를 입은 여인도
"인자가 아버지의 영광으로 올 때에
거룩한 천사들과 함께 오리라"
붉은 용도
"하늘에 전쟁이 있으니 미가엘과 그의 사자들이
용으로 더불어 싸울째 용과 그의 사자들도 싸우나…"

이 땅 재림의 마당에서
실제적으로 이런 역사가 이루어지고 있는 것이다
우리의 삶의 현장과 신앙 속에서
이런 역사가 이루어지고 있음에도 불구하고
어느 누가
영적으로 이 땅에서 이루어지고 있는
하늘 역사를 외치고 있는가?
일반계시의 눈으로는
중간계시 속에서 이루어지고 있는 하늘 역사를
그 누구라도
당연히 알 수 없는 것이다
그래서
"내가 천사의 손에서 작은 책을 갖다 먹어버리니
내 입에는 꿀같이 다나 먹은 후에
내 배에서는 쓰게 되더라
저가 내게 말하기를 네가 많은 백성과
나라와 방언과 임금에게 다시
예언하리라 하더라"

천상천하에 작은 책의 비밀을 아는 자
해를 입은 여인과 붉은 용 뿐이다
천국이 이루어질 제 밭에 각자
자기들의 씨를 뿌린 자
서로가 서로의 목적을 너무나 잘 알고 있는 자
한 이레 속에서
각자가 소유하고 있는 자기의 시간 속에서

상대방을 이기지 못한다면
끝내
영원히 파멸한다는 것을 너무도
잘 알고 있는 철천지 원한을 가진 자
빛과 어둠을 짊어지고 있는 그들이기에
계시 속에 들어있는
내용의 세계를 자기 것으로 만들고자
있는 능력을 다 동원하여
기선을 잡기 위해 결사적 항전을 벌이고 있다

신천지 이만희
그 자신도 스스로
'작은 책을 먹은 자'라 외치고 있다
그러나 그는 가짜이며 거짓말쟁이다
분명히 작은 책은 주는 자가 있기에 받는 것이다
계시록 2장, 3장 말씀에 보면
이기는 자에게 '내가'라는 주는 분이 분명히 있다

계 10:1-8
"내가 또 보니 힘센 다른 천사가 구름을 입고
하늘에서 내려오는데 그 머리 위에는 무지개가 있고
그 얼굴은 해 같고 그 발은 불기둥 같으며
그 손에 펴 놓인 작은 책을 들고 그 오른발은
바다를 밟고 왼발은 땅을 밟고 -(중략)- 하늘에서
내게 나서 내게 들리던 음성이 또 내게 말하여 가로되
네가 가서 바다와 땅을 밟고 섰는 천사의 손에 펴 놓인 책을 가지라 하기로"

분명히 작은 책을 주시는 분은 특별한 분이시다
구름을 입고
머리 위에 무지개가 있고
얼굴은 해 같고
발은 불기둥 같고
일곱 우레를 발하고
생각없이 말하면 하나님이신가 보다
그러나 이 분은 하나님이 아닌
하늘에서 내려오는 힘센 다른 천사라 했다
행여
오해의 여지가 있을까 하여
창조주가 아닌 피조물이라 강조한 것이다

그렇다면 계시록 12장에 달을 밟고 등장하는
해를 입은 여인을 교회라고 말하는 것이
정당한 일인가?
하물며
어떻게 우편보좌에 계시는 예수님을
소리 소문도 없이
이 땅 교회에서 다시 낳을 수 있단 말인가?
원수가 발등상 앞에 무릎 꿇기까지
영광을 받기 위해 기다리시는 분인데
어디 그뿐인가?

제 1장. 지리산 하늘보좌에서 하나님의 오른손에 있던 책을 받으시다 | 39

자주 고난을 받지 않기 위해
세상 끝에 오셨다고 하셨는데
생각하고 또 생각해 보자!
"인자가 올 때에 믿음을 보겠느냐?"
하시는 이 땅
어느 교회에서 예수님을 다시 두 번째
낳을 수 있단 말인가?

진행하던 말씀이 맥을 벗어난 것 같다
죄송스런 마음을 가다듬으며
다시 신천지 이만희의 실체를 지적하겠다
이만희는 자신이 작은 책을 먹었다고 주장하면서
자신에게 책을 먹게 한 사람을
공개하지 못하고 있다
물론 그 자신은 자기에게 책을 준 자가 누구인지
잘 알고 있다
해를 입은 여인 아닌
붉은 용에게 받았다는 사실을…
그러니까
자신에게 작은 책을 주고 먹게 한 자를
공개하지 못하는 것이다
그리고
작은 책을 먹었다고 해서
이스라엘 12사도, 12지파, 144,000을
인치는 역사를 하는 존재가 아니다

작은 책을 먹은 소자는
다시 복음을 전하는 자이다
다시 복음을 전해야 하는 이유 중 하나는
성전을 척량하기 위해서다
성전을 척량한다는 것은
의인 중에 있는 악인을 골라내는 것이다
그리고 성전 밖 마당을 마흔두 달 동안
이방인에게 던져주기 위해서다
그리고
택한 자들에게 그 날과 그 때를
감해주기 위해서다
그리고
산 자의 복음을 전하기 위해서…
그리고
이 땅 위에서
실존적으로 다시 복음의 말씀이 역사했고
이루어지고 있다는 사실
흔적을 남기기 위해서다
그 누구라도 변명하지 못하도록…
"우리는 그 말씀을 들어본 적이 없습니다"
그런 종자들을 심판하기 위해서…

겔 2:4-7
"이 자손은 얼굴이 뻔뻔하고 마음이 강퍅한 자니라
내가 너를 그들에게 보내노니 너는 그들에게 이르기를
주 여호와의 말씀이 이러하시다 하라 그들은 패역한 족속이라

듣든지 아니 듣든지 그들 가운데 선지자 있은 줄은 알찌니라
-(중략)- 그들은 심히 패역한 자라
듣든지 아니 듣든지 너는 내 말로 고할찌어다"

겔 33:30-33
"(중략)- 그 말이 응하리니 응할 때에는 그들이
한 선지자가 자기 가운데 있었던 줄을 알리라"

계 11:1-2
"또 내게 지팡이 같은 갈대를 주며 말하기를
일어나서 하나님의 성전과 제단과 그 안에서 경배하는 자들을
척량하되 성전 밖 마당은 척량하지 말고 그냥 두라
이것을 이방인에게 주었은즉 저희가 거룩한 성을
마흔두 달 동안 짓밟으리라"

작은 책을 먹게 하신 이유를 간략하게 열거했다
그런데 이만희는 마치 자기 자신이 하나님 된 듯
말도 안 되는 어이없는 만행을 저지르고 있다
한 가지 잘못된 점을 지적하겠다
계시록 7장에 나오는 인침의 역사
거기에는 하나님의 심오한 함정, 덫이 쳐져있다
천국의 비밀이 허락된 자들에게만 알게 하신
비밀이 감추어져 있다

생각해 보라!
생명록은 처음부터 존재된 것이다

때에 맞게 이긴 자들이 기록되는 거룩한 명부이다
새 이름을 받은 자들이 기록되는 생명록이다

롬 16:3-7
"(중략)- 또 저의 교회에게도 문안하라
나의 사랑하는 에배네도에게 문안하라
저는 아시아에서 그리스도께 처음 익은 열매니라
-(중략)- 내 친척이요 나와 함께 갇혔던 안드로니고와
유니아에게 문안하라 저희는 사도에게 유명히 여김을
받고 또한 나보다 먼저 그리스도 안에 있는 자라"

또 다른 성경구절을 생각해 보라!
안식에 관한 말씀이다

히 4:1-11
"(중략)- 그런즉 안식할 때가 하나님의 백성에게 남아 있도다
이미 그의 안식에 들어간 자는 하나님이 자기 일을 쉬심과
같이 자기 일을 쉬느니라 그러므로 우리가 저 안식에
들어가기를 힘쓸지니 이는 누구든지 저 순종치 아니하는
본에 빠지지 않게 하려 함이라"

생명록에 기록되거나
안식세계에 들어가는 일이나
마지막 한꺼번에 이루어지는 일이 아니라는 것이다
그때그때마다
이긴 자가 새 이름을 받는 자들이

생명록에 기록되며 안식 세계에 들어가는 것이다

계시록 7장을 자세히 살펴보라!
12지파 중에서 내용이 바뀐 지파가 생겼다
유다 지파는 처음 그대로다
아셀 지파도 처음 그대로다
시므온 지파도 처음 그대로다
스불론 지파도 처음 그대로다
그러나 요셉 지파는 새로 등장한 지파이다
에브라임 지파가 사라진 대신 등장한 지파이다
그리고
베냐민 지파도 그대로다
르우벤 지파도 그대로다
갓 지파도 처음 그대로다
므낫세 지파도 처음 그대로다
잇사갈 지파도 처음 그대로다
그런데 땅에 기업이 없던 레위 지파가
다시 들어왔다
대신에 단 지파가 사라졌다

다시 한 번 이 내용의 세계를 강조하지만
인치는 역사의 세계 또한 처음부터
시작되고 있었다는 것이다
그런데 왜 계시록 7장에서
새롭게 12지파 144,000을 인치는 역사를 한 것일까?
그것은

12지파 중에서 사라진 지파와
새롭게 등장한 지파가 생겼기 때문이다
다시 말하자면
변경된 내용의 대상을 새롭게 인쳤다는 것이다
처음부터 다시 12지파를 새롭게 인쳤다는 것이 아니다

다음 성경 구절을 생각해 보라!
고전 9:2
"다른 사람들에게는 내가 사도가 아닐찌라도
너희에게는 사도니 나의 사도됨을 주 안에서
인친 것이 너희니라"

어디 그뿐인가?
믿음의 조상 아브라함도
롬 4:11
"저가 할례의 표를 받은 것은 무할례시에 믿음으로 된
의를 인친 것이니 이는 무할례자로서 믿는 모든 자의 조상이
되어 저희로 의로 여기심을 얻게 하려 하심이라"

딤후 2:19
"그러나 하나님의 견고한 터는 섰으니 인침이 있어 일렀으되
주께서 자기 백성을 아신다 하며 또 주의 이름을 부르는 자마다
불의에서 떠날찌어다 하였느니라"

이렇게 인침의 역사도 처음부터
구속사의 흐름 속에서 진행되어 오늘에 이르게 되었다

이런 참 하늘의 역사를 모르고 있었기에
신천지 이만희가 천방지축 날뛰고 있는 것이다

다시 한 번
앞선 부분을 바라보며 정리한다면
하나님의 오른손에 있던 책
받으신 그 분이 한 때 두 때 말씀을 하시고
반 때 말씀
즉 작은 책의 말씀을
그 분이 주시는 사람이 받아먹은 것이다
책으로 받았다는 것과
입으로 먹었다는 것은 근본적으로 큰 차이가
있다는 것을 알아야 한다
책으로 받았다는 것은 그 내용이 공개되어
누구도 공유할 수 있는 내용이 된다는 것이다
그러나
어느 한 사람이 그 책을 먹었다는 것은
먹은 그 사람을 통해서만이 그 내용이
전달될 수밖에 없다는 것이다

그렇다면
왜?
하나님께서는 그 책을 한 사람에게 먹게 하시고
한 사람을 통해서 많은 사람들에게
전하시고자 하시는 의도는 무엇인가?

잠시 주님의 십자가를 바라보자!
주님의 겉옷 네 깃으로 찢어 나누었다
그러나 속옷
통옷은 찢으면 아무 소용이 없기에
제비뽑아 이기는 자가 갖기로 했다
겉옷은 동서남북 온 세상에 전해져야 할 진리의 말씀이다
그러나 속옷은
찢어져서는 안 될 완전한 말씀
아버지의 말씀이다

출 20:25
"네가 내게 돌로 단을 쌓거든 다듬은 돌로 쌓지 말라
네가 정으로 그것을 쪼면 부정하게 함이니라"

정을 대서 갈면 안 되는 아버지의 말씀이다

요 16:25
"이것을 비사로 너희에게 일렀거니와 때가 이르면 다시 비사로
너희에게 이르지 않고 아버지에 대한 것을 밝히 이르리라"

완전하신 아버지의 말씀이 올 때가 있으리라
주님께서도 말씀하고 계신다
세상 소리에도 "사공이 많으면 배가 산으로
올라간다"고 한다
하물며 이구동성(異口同聲) 수많은 사람들에게
소리치게 한다면

전해지기에는 빠를지 몰라도
내용에 있어서는 산만해질 수밖에 없다
완전하신 아버지의 말씀은
화염검과 같은 말씀이다
말씀 자체가 선악을 분별하시며
공도(公道)로서 말씀 자체가 심판하시며
의인과 악인을 분별하시는 능력의 말씀이다
그런 말씀이기 때문에
한 사람이면 족한 것이다

말 2:15
"여호와는 영이 유여하실찌라도 오직 하나를 짓지 아니하셨느냐
어찌하여 하나만 지으셨느냐
이는 경건한 자손을 얻고자 하심이니라"

요 21:22
"예수께서 가라사대 내가 올 때까지
그를 머물게 하고자 할찌라도 네게 무슨 상관있느냐"

왕하 13:20-21
"엘리사가 죽으매 장사하였더니 해가 바뀌매 모압 적당이
지경을 범한지라 마침 사람을 장사하는 자들이 그 적당을 보고
그 시체를 엘리사의 묘실에 들이던지매 시체가
엘리사의 뼈에 닿자 곧 회생하여 일어섰더라"

이렇게 하나님께서는

작은 책을 먹을 수 있는 한 사람을
이미 준비해 놓고 계셨던 것이다
그 사람이
아브라함이 재림의 마당을 위하여
제물로 바쳤던
산비둘기와 집비둘기 새끼 중
집비둘기 새끼에 해당되는 사람이다
재림 마당
중간계시의 입장으로 본다면
이 땅의 주
주 앞에 선 두 감람나무 두 촛대 중
작은 소자를 말하고 있는 것이다

주님께 찾아온 살로메
야고보 요한의 어머니다
"선생님이 영광의 보좌에 앉을 때에
우리 두 아들을
하나는 오른쪽 보좌에
하나는 왼쪽 보좌에 앉게 해주소서"
예수께서
"그 자리는 누가 앉든지 간에
아버지가 정한 자가 앉는 것이다"

아버지가 정한 자
곧
그들이 아브라함이 바쳤던 두 제물이며

이 땅의 주 앞에 섰던
두 감람나무 두 촛대인 것이다
오른쪽 보좌에 앉을 큰 광명
그가 철장의 권세를 가지고 하늘 보좌로
올라가는 존재이다
이 땅에서
무저갱으로부터 올라오는 짐승에게 죽임을 당하고
성길 위에서 죽은 시체로
삼일 반 동안 누워있다가
영육 간에 부활하여 하늘로 올라가는 자이다

대한민국은 민주주의 국가이다
법치국가인데 어느 누가 사람을 죽이고
삼일 반 동안
시체를 성길 위에 방치할 수가 있단 말인가?
영적으로 말하면
그는 죽어서도 많은 사람들에게 미움과 증오의
대상이 된다는 의미이다

계 11:10
"이 두 선지자가 땅에 거하는 자들을 괴롭게 한고로
땅에 거하는 자들이 저희의 죽음을 즐거워하고
기뻐하여 서로 예물을 보내리라 하더라"

전 3:1
"천하에 범사가 기한이 있고 모든 목적이 이룰 때가 있나니"

정해진 때가 시작이 있고 끝이 있는 것처럼
큰 책과 작은 책
때에 맞게 등장하고 역사하는 그 과정이
때를 입은 사람에 의해서
그 색깔이 달라지는 것이다
그 영광과 차원이 달라지는 것이다
그러므로 일반계시 속에 있는 사람들은
첫째 부활과 변화의 도맥으로 이루어지는
산 자의 세계, 신천 신지
천년 왕국의 세계를 알래야 알 수 없는
오리무중의 세계가 된다
산 자의 세계는
오직 영육 간에 첫째 부활의 열매가 탄생되어야 이루어지는
것이다
재림 마당의 첫째 부활의 열매는
무저갱에서 올라온 짐승에게 죽었다가 삼일 반 만에
살아서 하늘 보좌로 올라가는
철장의 권세를 가진 그리스도를 말하는 것이다
예수를 말씀하는 것이 아니다
신학의 입장으로 말한다면 그리스도는 오직 예수라고
한정되어 있다는 것이다
부활의 첫 열매가 되시어 우편 보좌로 올라가신
예수께서
또 다시 이 땅에 오시어
죽었다가 삼일 만에 부활하시어 또 우편보좌로…?
참으로 기가 막히고 어이없는 일 아닌가?

성경을 자세히 보라!
철장의 권세를 가진 아이
이 땅의 주 앞에 섰던 두 감람나무는
죽었다가 삼일 반 만에 살아나는 것이다
옛날을 생각해 보라!
아담의 Back Number는 '3'이다
즉
흙, 사람, 코에 생기를 불어넣어 생령
흙 차원의 사람이 생령이 되기까지 과정
3단계의 과정
3일 걸렸다는 것이다
그러나 여자인 하와는 삼 일 걸려 만든
아담의 갈비뼈로 다시 만들어졌기 때문에
여자의 암호는 3.5일이 되는 것이다
정리한다면
신랑의 암호는 3인 반면
신부의 암호는 3.5라는 것이다
때문에
예수께서는 죽었다가 삼 일만에 살아나실 수가 있는 반면
신부를 상징하는 두 감람나무는
삼일 반 만에 살아나는 것이다
그러므로 재림 마당에 등장하는 그리스도는
예수가 아닌 두 감람나무를
말하고 있는 것이다

그렇다면

이 땅의 주 앞에 서있는 두 감람나무
분명
한 사람이 아닌 두 사람이라 했는데…

슥 4:11-14
"내가 그에게 물어 가로되 등대 좌우의 두 감람나무는 무슨
뜻이니이까 -(중략)- 가로되 이는 기름 발리운 자 둘이니
온 세상의 주 앞에 모셔 섰는 자니라 하더라"

계 11:4
"이는 이 땅의 주 앞에 섰는 두 감람나무와 두 촛대니"

그렇다면 이 두 사람이 같이 죽었다
같이 살아난다는 것인가?
여기에는 깊은 구속사의 비밀이 감추어져 있다

창세기 15장 중
횃불 언약을 생각해 보라!
젖과 꿀이 흐르는 가나안을 주시겠다는
하나님의 말씀 앞에…

창 15:7-11
"또 그에게 이르시되 나는 이 땅을 네게 주어 업을 삼게 하려고
너를 갈대아 우르에서 이끌어낸 여호와로라 그가 가로되
주 여호와여 내가 이 땅으로 업을 삼을 줄을 무엇으로 알리이까
여호와께서 그에게 이르시되 나를 위하여 삼년된 암소와

삼년된 암염소와 삼년된 수양과 산비둘기와 집비둘기 새끼를
취할찌니라 아브람이 그 모든 것을 취하여 그 중간을 쪼개고
그 쪼갠 것을 마주 대하여 놓고 그 새는 쪼개지 아니하였으며
솔개가 그 사체 위에 내릴 때에는 아브람이 쫓았더라"

이런 대화를 나누며 주 여호와께서 요구하신대로
세 종류의 번제물을 바쳤다
삼 년이란 공통점 속에는 구속사의 3단계 과정을
말씀하고 있다
즉 구약의 마당, 신약의 마당, 재림 마당
구약 마당의 제물
삼 년된 암소와 삼 년된 암염소
하와와 노아의 부인을 지칭하고 있고
삼 년된 수양은
신약 마당의 예수님을 가리키고 있다

아울러 재림 마당의 두 제물
산비둘기와 집비둘기 새끼
영적인 역사로 이루어지고 있는 재림 마당의 두 제물
비상하는 존재이기에 비둘기로 등장하고 있는 것이다
특히
비둘기는 성령의 역사를 의미하고 있다는 점을 고려할 때
비둘기라는 두 사람은
성령의 사람들이라고도 할 수 있다
마치 이삭과 세례요한이 성령의 사람으로
태어난 것처럼…

그렇다고 하여 두 사람
산비둘기와 집비둘기 새끼가
영광이 같다는 의미는 아니다
산비둘기와 집비둘기 새끼의 영광이 다르다

생각해 보라!
살로메가 우리 두 아들 중 하나는 오른편에
하나는 왼편에…
오른쪽과 왼쪽의 영광은 전혀 다른 것이다
창세기 넷째 날
큰 광명과 작은 광명이 나온다
오른쪽은 큰 광명
왼쪽은 작은 광명
모세는 아론 앞에 신적인 존재
아론은 모세의 대언자
이 또한 큰 영광과 작은 영광의 차이라 할 수 있다
두 감람나무 두 촛대 또한 그런 관계와 비슷하다고도 할 수 있다

그런데 또 한 가지
구약 마당에 등장하는 암소와 암염소
그리고 신약 마당에 등장하는 수양
그들에게는 삼 년이라는 공통적인 숫자가 붙어있다
그러나
재림 마당에 등장하는 산비둘기와 집비둘기 새끼
그들에게는 삼 년이라는 숫자가 붙어있지 않다
조류에 속한 것들이라…?

그들의 나이를 짐작할 수 없기 때문에…?
그러나 분명히 새끼라는 표현이 나타나 있다

그렇다면 삼 년이란 의미는
구속사에 소속된 존재를 의미한 것이다
구속사의 세계는
세 마당으로 준비되어 있다
때문에 구속사의 주인공들도 세 사람으로 나뉘어진 것이라
할 수 있다
아담, 노아, 아브라함…
그렇다면 재림 마당은 구속사의 세계가 아니란 말인가?
그렇지 않다!
재림 마당도 분명히 구속사의 세계이다
그런데 왜?
산비둘기와 집비둘기 새끼에는 구속사의 암호가
붙지 않은 이유가 무엇인가?
그 이유는
재림 마당에 등장하는 대상들은
일반계시 속에 해당하는 대상들이 아니기 때문이다
중간계시 속에 동참하는 자들로, 또는 소속된 자들로 부르심을
입은 자들이기 때문이다
그들은 이미 이 땅에 와서 자기들의 할 일을 마치고 하늘나라
셋째 하늘 낙원으로 올라간 자들이었다
안식에 들어가 쉬고 있는 자들이다

다음 성경 구절을 깊이 생각해 보라!

마 8:11-12
"또 너희에게 이르노니 동서로부터 많은 사람이 이르러
아브라함과 이삭과 야곱과 함께 천국에 앉으려니와
나라의 본 자손들은 바깥 어두운데 쫓겨나 거기서 울며 이를
갊이 있으리라"

히 4:9-10
"그런즉 안식할 때가 하나님의 백성에게 남아 있도다
이미 그의 안식에 들어간 자는 하나님이 자기 일을 쉬심과 같이
자기 일을 쉬느니라"

요 21:22
"예수께서 가라사대 내가 올 때까지 그를 머물게 하고자 할찌
라도 네게 무슨 상관이냐 너는 나를 따르라 하시더라"

왕하 13:20-21
"엘리사가 죽으매 장사하였더니 해가 바뀌매 모압 적당이
지경을 범한지라 마침 사람을 장사하는 자들이 그 적당을 보고
그 시체를 엘리사의 묘실에 들이던지매 시체가 엘리사의 뼈에
닿자 곧 회생하여 일어섰더라"

말 4:5
"보라 여호와의 크고 두려운 날이 이르기 전에
내가 엘리야를 너희에게 보내리니"

롬 8:29-30

"하나님이 미리 아신 자들로 또한 그 아들의 형상을 본받게
하기 위하여 미리 정하셨으니 이는 그로 많은 형제 중에서
맏아들이 되게 하려 하심이니라 또 미리 정하신 그들을 또한
부르시고 부르신 그들을 또한 의롭다 하시고 의롭다 하신
그들을 또한 영화롭게 하셨느니라"

히 11:16
"저희가 이제는 더 나은 본향을 사모하니 곧 하늘에 있는 것이라
그러므로 하나님이 저희 하나님이라 일컬음 받으심을
부끄러워 아니하시고 저희를 위하여 한 성을 예비하셨느니라"

이처럼
중간계시로 부르심을 입은 자들을 가리켜…

롬 11:29
"하나님의 은사와 부르심에는 후회하심이 없느니라"

부르신데 대하여 후회함이 없다고 하신 것은
그들은 이미
구속사의 세계에 대하여 자기의 소임(所任)을 다하고
하나님이 예비하신 거룩한 성에서
안식을 취하던 자들이었기 때문이다
그런 그들을 부르셨기에
다시 부르심 안에서는 구속사에 대하여 그들은
자유로운 자들이 되었다
더 이상 구속사의 세계 속에서 구속을 받지 않는

존재들이 되었다는 것이다
그런 그들이 이 땅에 부르심을 입고 오는 모습을
구름타고 오신다고 하신 그 구름이
곧
그들을 가리킨다고 하신 것이다

어디 그뿐인가?
추수할 것은 많으나 추수할 일군이 없다
추수꾼을 보내달라고 기도하라
그들이 추수꾼이다
"인자가 아버지의 영광으로 올 때 거룩한 천사들과 함께 오리라"
그들이 곧
인자화(人子化) 되어 온 천사들이다

어디 그뿐인가?
구름 속에 무지개를 두었다 하신 그 구름도
그들을 가리키고 있는 것이다
그들이 두 번째 여인의 길을 통해 이 땅에 올 때
약속의 자녀 또는 성령의 자녀라고 하는 것이다
그러므로
재림의 마당에 등장하는 산비둘기와 집비둘기 새끼에는
삼 년이라는 구속사의 암호가
붙을 수 없는 것이다

그런 의미에서
신앙의 뒷길을 한 번 바라보려고 한다

과거에 신앙촌 박태선이
자신을 가리켜 두 감람나무라 하여 큰 물의를 일으켰다
그 이후
통일교 문선명이 자신을 가리켜 동방에서 부름받은
독수리 (사 46:11)
자칭 '동방의 아버지'라 증거하였다
그러나 그들은 자신들이 취하고자 하는 결과의 목적
메시아라는 입장만을 소리쳐 왔지
자신들이 어느 소속, 어느 뿌리에서 솟아나왔는지
성경적으로 증거하지 못했다
자신들이 필요한 성경 구절을 인용했을 뿐
예수처럼
"너희가 영생을 얻기 위해 성경을 보지 않느냐
이 성경이 곧 나를 증거한 것이다"
또 다른 곳에서
"유대지파 사자 다윗의 뿌리에서 났으니"라고 증거하지 못했다

어디 그뿐인가?
마태족보 누가족보…
이처럼 메시아라면 자기의 근본을 성경을 통해
증거하며 성령을 통해 인정받아야 한다
이미 여러 책을 통해 다양한 입장으로
성경 속에서 가장 난해한 부분들을 밝히 증거해 왔지만
분명
감람나무라면
자기의 소속 뿌리를 밝혀야 한다

이미 재림의 마당을 통하여 두 제물을 아브라함에게
바치게 하셨다
믿음의 조상 아브라함 때에 바치게 한 두 제물
산비둘기와 집비둘기 새끼가
재림 마당
중간계시의 역사 속에 등장해야 할
두 감람나무 두 촛대로 결정된 자들이다
그들 중에 큰 광명을 가진 자가 횃불 언약의 주인공인
이스라엘 영적 장자인 요셉이다

레 19:23-25
"너희가 그 땅에 들어가 각종 과목을 심거든 그 열매는 아직
할례 받지 못한 것으로 여기되 곧 삼 년 동안 너희는 그것을
할례 받지 못한 것으로 여겨 먹지 말 것이요 제 사 년에는
그 모든 과실이 거룩하니 여호와께 드려 찬송할 것이며
제 오 년에는 그 열매를 먹을찌니 그리하면 너희에게
그 소산이 풍성하리라 나는 너희 하나님 여호와니라"

사 년째 맺힌 열매
산 자의 열매인 요셉이다
그 요셉을 죽는 자의 족보에 둘 수 없으므로
하나님이 그를 취하여 가시고
그의 두 아들을 야곱이 손자가 아닌 아들의 족보로 올린
것이다
그 후 예언의 말씀대로
무지개 된 요셉과 십계명이 담긴 법궤를 메고

이스라엘 백성들이 천국을 상징하고 있는
젖과 꿀이 흐르는 가나안을 들어간 것 아닌가?

횃불 언약을 맺은 지 692년 만에
육적인 언약의 성취가 이루어졌다
그러나 영적인 언약
"해와 달과 별들이 내게 절하더이다"
그 말씀이
이 땅의 주와 두 감람나무를 통하여
이루어지는 것이다
영적 완전수인 7수
700년 중 8년을 남겨두고 692년 만에
육적 예언이 이루어졌다
그러므로

사 24:13
"세계 민족 중에 이러한 일이 있으리니 곧 감람나무를 흔듬
같고 포도를 거둔 후에 그 남은 것을 주움 같을 것이니라"

사 17:6
"그러나 오히려 주울 것이 남으리니 감람나무를 흔들 때에
가장 높은 가지 꼭대기에 실과 이삼 개가 남음 같겠고
무성한 나무의 가장 먼 가지에 사오 개가 남음 같으리라
이스라엘의 하나님 여호와의 말씀이니라"

재림의 마당에서 감람나무의 영적인 역사가 이루어지는 것이다

감람나무를 통해 얻은 열매가 8수이다
마지막 인자의 역사는 노아 때와 같다
3층층에 타고 있는 노아의 가족 수도 8수이다
우연적인 수가 아니라
필연적인 수이다
이렇게 성경 말씀대로 이루어져야 할 역사가
재림 마당에서 이루어져야 할
두 감람나무 역사이다
그런데
생뚱맞게 쥐구멍 속에서 튀어나온 자들이
스스로의 자신을
메시아로 자처하는 자들이
오늘날 이 땅 위에
얼마나 많이 날뛰고 있는가?

제 2장
창조의 서열

제 2 장
창조의 서열

그렇다면 잠깐 독수리에 관해 말해 보자!
독수리의 소속은 어디인가?
네 생물 속에 독수리가 있었다
그렇다면 네 생물은 언제 지음을 받은 존재인가?
네 생물을 소개하자면
먼저
창조 세계의 서열, 즉 순서를 말해야 한다

엡 4:6
"하나님도 하나이시니 곧 만유의 아버지시라
만유 위에 계시고 만유를 통일하시고 만유 가운데 계시도다"

골 3:11
"-(중략)- 오직 그리스도는 만유시요 만유 안에 계시니라"

요 10:29
"저희를 주신 내 아버지는 만유보다 크시매"

고전 15:28
"(중략)- 이는 하나님이 만유의 주로서 만유 안에 계시려
하심이라"

대상 29:11
"(중략)- 주는 높으사 만유의 머리심이니이다"

시 103:19
"여호와께서 그 보좌를 하늘에 세우시고
그 정권으로 만유를 통치하시도다"

히 1:2
"이 모든 날 마지막에 아들로 우리에게 말씀하셨으니
이 아들을 만유의 후사로 세우시고
또 저로 말미암아 모든 세계를 지으셨느니라"

소개된 성경 구절을 깊이 궁구해 보면
스스로 계신 하나이신 하나님이
영원하신 생명과 부활체로서 홀로 계실 때에
먼저
자기의 집을 지으신 것이다
그리고 난 후
만유를 지으신 것이다
만유 안에 궁창의 세계를 지으셨다
그리고 나서
하늘의 발등상이 되는 초록별 지구를 지으신 것이다

이것이 창조의 순서이며 서열이다

그렇다면 서열상으로 창조된 그 세계를
다시 한 번 조명해 보자!
"내 아버지의 집은 만유보다 크시다" 했다
만유보다 크신 아버지(父)의 집
외적인 부피의 크기를 말하는 것이 아니다
만유 영광으로서는 감히 만유 위에 있는 아버지(父)의 집의
영광에 비교할 수 없다는 것이다
예수께서도
"거기서 온 자는 나 밖에 없고
간 자도 나 밖에 없다"고 하신 그곳 (요 3:13)
만유 위에 계신 아버지(父)의 집이다
피조물로서는
그 어느 누구도 갈 수도 없고 바라볼 수도 없는 곳
죄와 어둠이 결단코 침투할 수 없는 곳
존귀와 영광과 거룩한 빛으로 이루어진 세계
백보좌가 있는 곳
만약 주님께서 오른쪽 보좌로 가시지 않고
본래 오셨던
아버지의 집으로 가셨다면
제 아무리 원수가 무릎 꿇는다 할지라도
그 모든 영광을
아버지의 집에 계신 주님께 바칠 수가 없게 된다
그래서
영광을 받으시기 위해

우편 보좌로 올라가신 것이다

그렇다면 만유 위에 있는 아버지의 집
그 누구도 갈 수 없는 곳이라면
영원히 아버지의 집, 감추어지는 대상이란 말인가?
그렇지 않다!
"내 아버지의 집에 거할 곳이 많도다
그렇지 않으면
너희에게 일렀으리라 내가 너희를 위하여
처소를 예비하러 가노니
가서 너희를 위하여 처소를 예비하면 내가 다시 와서
너희를 내게로 영접하여 나 있는 곳에
너희도 있게 하리라" (요 14:2-3)

친히 예수께서 하신 말씀이다
그렇다면 언제 우리를 데리고 가신다는 것인가?
분명 언젠가는 우리를 인도하시겠다는 약속의 말씀이시다
그러나
정확히 그때가 언제인지는 나타나 있지 않았다

그렇다면 그때가 언제란 말인가?
그날과 그때는 아버지 밖에 모른다고 했는데…
고민과 근심 속 기도의 끝자락 속에서 겨우 한 가지의
실마리를 잡을 수 있었다

생령의 대이동

첫째 부활, 의인의 부활이라고도 한다
부활과 변화라는 두 도맥을 통하여 재림의 마당에서
이루어지는 산 자의 세계
산 자들로 탄생한 그들이 그리스도와 함께 이 땅에서
천 년 동안 왕권을 이루어 통치하는 세계(계 20:4-6)
물론 그 때는 옛 뱀, 마귀, 사단이라 하는 붉은 용을 잡아
일천 년 동안 결박하여 무저갱에 던져 잠그고
그 위에 인봉하여 일천 년 동안 구금된 상태(계 20:1-3)에서
산 자인 그들이 하나님과 그리스도의 제사장이 되어
천 년 동안 그리스도로 더불어 왕노릇 하리라
천 년이 차매
그리스도와 함께 천년 왕국을 누리던 산 자들이
구속사의 세계를 통해 이루고자 했던 그 목적
산 자들 세계를 이루었기에 더 이상 이 땅에 머물러야 할
이유가 없어졌기에
산 자인 그들이 예수께서 말씀하신 대로
아버지의 집
백보좌가 있는 일곱 날의 빛의 영광으로 이루어진
그곳으로 인도받는 것이다
부활과 변화의 도맥을 통하여 영육 간에 산 자가 된
그들이기에
생령들이 되었기에
죄와 상관없는 빛의 자녀들이 되었기에
그리스도의 인도를 받아
만유 위에 있는 아버지의 집으로 가는 것이다

그리고 한편
인류의 시작이 되었던 족장 시대를 생각해 보라!
사람들의 수한이 나무처럼 살던 시대였다 (창 5:3-22)
왜?
인류의 첫 시작을 족장 시대로 출발시킨 이유가 무엇일까?
이미 아담의 불순종으로
아담을 지으셨던 본래 목적이 깨어지고 말았는데
왜?
굳이 족장 시대를 펼치신 이유가 무엇일까?
그래도
아담을 지으시고 그를 통하여 이루시고자 했던 생령의 세계
산 자의 세계를
그의 후손들에게 가르쳐 주시기 위해서였다
후손들에게 보여주셨다는 것은
그 세계를 보게 한
그들을 통하여 그 세계를 이루고자 하시는 목적이 있었기
때문이다

다음 성경 구절을 생각해 보라!
사 65:20-25
"거기는 날 수가 많지 못하여 죽는 유아와 수한이 차지 못한
노인이 다시는 없을 것이라
곧 백세에 죽는 자가 아이겠고 백세 못되어 죽는 자는
저주 받은 것이리라 -(중략)- 이는 내 백성의 수한이
나무의 수한과 같겠고 나의 택한 자가 그 손으로 일한 것을 길
이 누릴 것임이며 -(중략)- 그들이 부르기 전에 내가

응답하겠고
그들이 말을 마치기 전에 내가 들을 것이며 이리와 어린 양이 함께 먹을 것이며 사자가 소처럼 짚을 먹을 것이며 뱀은 흙으로 식물을 삼을 것이니 나의 성산에서는 해함도 없겠고 상함도 없으리라"

"보라 내가 새 하늘과 새 땅을 창조하나니
이전 것은 기억되거나 마음에 생각나지 아니할 것이라" (사 65:17)

이 구절을 통하여
흙, 사람, 생령이 된 아담을 통하여 이루시고자 하셨던
창조 본연의 세계가
어떤 세계였는지 분명하고 확실하게 알 수 있다
그래서
아담으로부터 시작하여 10대 후손 노아 대(代)에 이르기까지
1056년을 통하여
족장 시대를 밝히 보여주신 것이다
특히
하나님과 300년간 동행했던 에녹을 하나님이 데리고
올라가셨다는 사실
타락하지 않은 생령의 세계가 펼쳐졌더라면
천 년이 마쳐지는 순간
그들 모두는
에녹처럼 하늘로 올라갈 수 있다는 사실을
대표적으로 보여주신 것이다

생각해 보라!
과거는 미래다!
하나님은 옛 것을 다시 찾으신다 (전 3:15)
창궐(猖獗)하는 죄악으로 말미암아
인간의 수명이 단축되어진 오늘날
인간들의 수한(壽限)이 나무의 수한 같을 리는 없다
고도문명 시대인 오늘에 와서 겨우 100세 시대가 왔다고
아우성이다
그런 오늘날에
천 년을 죽지 않고 사는 인생들을 만들려면
부활과 변화라는 산 자의 도맥 밖에 없다
그렇다고 부활의 첫 열매가 되시어
오른쪽 보좌에 계신 주님께서 다시 이 땅에 오실 수는 없는 것이다
그런데 신학은 아직도 그렇게 주장하고 있다

그렇다면
누군가 부활의 능력으로 사망의 권세를 깨고 이기는
또 다른 부활의 열매가 있어야 된다
사망의 권세를 깨고 이긴 부활의 능력을 가진 자만이
죽은 다른 사람을 부활시킬 수 있는 것이다 (고전 15:50-56, 15:20-24)

마치 예수께서 육체가 썩어가기 시작했던
나사로를 살려내시는 것처럼
마지막 때도 부활의 능력을 가진 하나님의 아들 같은

그리스도께서
부활의 비의와 암호를 가지고 잠든 자를
일일이 하나하나 그들의 이름을 불러가며
영육 간에 살려내는 것이다 (요 5:25)

이렇게 지금까지 설명된 내용의 세계
신천 신지
새 하늘과 새 땅
천년 왕국이 부활의 능력을 가진 그리스도를 통하여
이 땅에서 이루어지므로
장차 생명의 부활과 심판의 부활로 부활 받을 수밖에 없는
죽는 자들의 이 세상 속에서
죽지 않고 사는 산 자들의 세계
그들이 천 년 동안 죽고 태어나고 죽어가는
죽는 자들의 세상을
통치하며 다스리게 되는 것이다
이처럼 산 자들이 통치하는 세계가 도래(到來)한다면
그 때까지
죽는 자들에게 죽는 자의 복음을 전하고 있었던
오늘의 모든 목자들은
과연
어떤 입장들이 되고 말 것인가?

슥 13:1-6
"(중략)- 거짓 선지자와 더러운 사귀를 이 땅에서
떠나게 할 것이라

사람이 오히려 예언할 것 같으면 그 낳은 부모가
그에게 이르기를 네가 여호와의 이름을 빙자하여
거짓말을 하니 살지 못하리라 하고
낳은 부모가 그 예언할 때에 칼로 찌르리라
그 날에 선지자들이 예언할 때에 그 이상을 각기
부끄러워할 것이며 사람을 속이려고 털옷도 입지 아니할 것이며
말하기를 나는 선지자가 아니요 나는 농부라
내가 어려서부터 사람의 종이 되었노라 할 것이요
혹이 그에게 묻기를 네 두 팔 사이에 상처는 어찜이냐 하면
대답하기를 이는 나의 친구의 집에서
받은 상처라 하리라"

지금껏 잘 믿다 죽으면 하늘나라 천국 간다는
죽는 자의 복음만을 전하고 있었던 오늘날의 목자들
그들 앞에
작은 책 다시 복음으로 이루어진 산 자의 세계
"무릇 살아서 믿는 자는 영원히 죽지 아니함을 입으리라
네가 이것을 믿느뇨"
마르다에게 하신 그 말씀이 이루어진 순간
영육 간에 부활과 변화로 탄생된 산 자 앞에서
그래도 그대들은
죽는 자의 복음을 전할 것인가?
오죽 했으면 낳은 부모가 칼로 찌른다 하지 않았는가?
산 자의 세계를 바라보고 말았던 그대들의 성도들이
그냥
가만히 있을 리 있겠는가?

그 때에도
세례요한처럼 털옷을 입을 수 있겠는가?
머리 끝까지 화가 치민 성도들이
점잖게 그대들을 바라만 보고 있겠는가?
서슬이 시퍼런 그들의 주먹 앞에
"날 살려라!"
뺑소니치며 도망 갈 것 뻔히 눈에 보이지 않겠나?
오죽 했으면
산과 바위에게 이르되
"우리 위에 떨어져 보좌에 앉으신 이의 낯에서와
어린 양의 진노에서 우리를 가리우라
그들의 진노의 큰 날이 이르렀으니 누가 능히 서리요 하더라"

앞으로만 달리다 보니 말씀의 맥이 끊겨지고 있는 듯하다
다시 창조의 세계
서열 속으로 돌아오고자 한다
만유 위에 아버지의 집을 짓고 난 후
두 번째로 지은 세계가
만유의 세계를 지은 것이다
믿음으로 뜻을 세우시고 말씀으로 창조한 세계이다
무(無)에서 유(有)를 창조한 세계
이 세계 속에도 6일의 창조와 안식이 있었다
"예수께서 내가 안식일의 주인이라" 하신 것은
물질로 이루어진 지구촌을 지은 자로서 안식일의
주인이라고 하신 것 아니다
물질의 세계로 이루어진 이 세계, 여호와가 지은 세계이다

그러므로
창조의 근원이 다르다는 것이다
무에서 유를 창조한 세계 '바라의 창조'라고 한다
이미 창조된 재료를 가지고 재창조한 세계를
'아사의 창조'라고 한다

물론
본연의 창조의 시간과
재창조의 시간과의 차이는 영원부터 영원까지의
차이라고 말할 수 있다
즉 다시 말하면
무한적인 세계의 시간과
유한적인 세계의 시간과는
비교될 수 없다는 것이다
시편 90편 말씀을 인용한다면
세상 천 년의 시간이
무한대의 세계 속에서는 눈 한 번 깜짝이는 순간
그런 세계를
말씀이 육신이 되어 오신 예수께서 지으셨다는 것이다
그런데 오늘날 신학은
마치 예수께서 지구촌의 창조의 6일을 지으신
안식일의 주인으로 인정하고 인식하고 있다는 사실이다

그렇게 믿는 이유 중에 하나는
본연의 창조의 세계와
재창조의 세계의 비밀과 암호를 해독하지 못하고 있기 때문이다

혼동하고 있기 때문이다
창조 본연의 세계는 분명히 태초의 말씀 자체로 계셨던
예수께서 지은 것이다

요 1:2-4
"그가 태초에 하나님과 함께 계셨고
만물이 그로 말미암아 지은바 되었으니 지은 것이 하나도
그가 없이는 된 것이 없느니라"

히 1:2-3
"이 모든 날 마지막에 아들로 우리에게 말씀하셨으니
이 아들을 만유의 후사로 세우시고
또 저로 말미암아 모든 세계를 지으셨느니라
이는 하나님의 영광의 광채시요 그 본체의 형상이시라
그의 능력의 말씀으로 만물을 붙드시며 죄를 정결케 하는 일
을 하시고 높은 곳에 계신 위엄의 우편에 앉으셨느니라"

사 48:12-13
"야곱아 나의 부른 이스라엘아 나를 들으라 나는 그니 나는
처음이요 또 마지막이라 과연 내 손이 땅의 기초를 정하였고
내 오른손이 하늘에 폈나니 내가 부르면 천지가 일제히
서느니라"

예수께서 지으신 창조 본연의 세계
무에서 유를 창조하신 '바라'의 세계이다
그 세계에 드러낸 재료를 가지고 여호와가 하늘의

발등상이 되는
지구 이 땅 위에 재창조의 세계를 펼친 것이다
그러므로 물질의 세계로 지음 받은 존재 속에는
수리성이라는 유한적인 시공간의 제한을 받는 것이다

히 9:27
"한번 죽는 것은 사람에게 정하신 것이요
그 후에는 심판이 있으리니"

막 4:28
"땅이 스스로 열매를 맺되 처음에는 싹이요 다음에는 이삭이요
그 다음에는 이삭에 충실한 곡식이라"

그러나 만유 안에 있는 궁창의 세계는
무한대의 시간이 존속하고 있기에
영원부터 영원까지라 표현되고 있는 것이다
그런 가운데 계시는 하나님
타락된 부분이 존재하는 둘째 날
궁창의 세계 안에 있는 잘못된 그 부분 그 대상들
하늘 발등상이 되는 흙 차원의 인생들로 하여금 잘못된
그 세계를
바로 잡고자 하늘의 기업을 주고
하나님의 후사로 삼고자
흙 차원의 첫 사람, 산 영이 된 아담을 통하여 시도하셨지만
원시 계명을 준 첫 시험에서
실패하고 말았다

그러나 하나님께서는 끝내 그 뜻을 포기하지 않으시고
둘째 아담으로 오신 예수를 통하여
첫째 아담이 상실한 그 모든 영광의 세계를 회복하게 하셨다
그러므로
그 도맥이 단절되지 않고 오늘에 이르기까지 진행되고
있는 것이다

그렇다면 다시 한 번
세 창조의 세계를 통하여 지음 받은 존재들
그들을 짓기 위해서는
필연적인 그들의 원형과 모형이 있어야 한다
한 마디로
표준적인 모델이 있어야 한다
궁창의 세계 속에 소속된 천군 천사들
하늘의 발등상이 되는 지구촌에 소속되는 흙 차원의 인간들
그들을 짓기 위해서는
그들의 원형, 표준 모델이 있어야 된다는 것이다

창 1:26-27
"하나님이 가라사대 우리의 형상을 따라 우리의 모양대로
우리가 사람을 만들고 그로 바다의 고기와 공중의 새와
육축과 온 땅과 땅에 기는 모든 것을 다스리게 하자 하시고
하나님이 자기 형상 곧 하나님의 형상대로 사람을 창조하시되
남자와 여자를 창조하시고"

창 2:7

"여호와 하나님이 흙으로 사람을 지으시고
생기를 그 코에 불어 넣으시니 사람이 생령이 된지라"

창조의 두 모습을 자세히 살펴보아야 한다
지은 존재가 있기에 지어진 존재가 있는 것이다

창세기 1장 전체와
창세기 2장 3절 까지는
만유 안에 지어진 창조의 세계이다
무에서 유를 창조한 6일의 창조와 7일째의 안식
이 세계를 지으신 분은
여호와가 아닌 하나님이시다
32번의 하나님의 이름 속에는 결코 '여호와'라는 이름이 없다
이미 거듭 언급한 바가 있지만
여호와가 창조한 세계는 물질로 이루어진 재창조 세계이다
하늘의 발등상이 되는 이 땅의 세계
존재하는 모든 만물들은
하늘에서 온 존재들이다
이미 하늘에서 존재하고 있던 모든 대상들을
옮기는 작업
유한적인 세계 그 환경에 맞게 재창조한 존재가
여호와이다

결코 지구 자체 내에서 자체적으로 또는 스스로
창조된 독창적인 존재는 없는 것이다
그러한 존재가 있다면

그 존재는 하나님의 창조권 밖에 있는 존재가 되는 것이다
그러므로
하늘에 있는 영생하는 존재들을
유한적인 이 땅에서 살아갈 수 있는 존재들로서
만들고 있는 존재가
바로 여호와인 것이다
그러므로 여호와의 최초의 모습이
창 2:4
"여호와 하나님이 천지를 창조하신 때에 천지의
창조된 대략이 이러하니라"

오늘날에 이르고 있는 신학적 측면으로 말한다면
창세기 1:26이나
창세기 2:7이나
같은 맥락으로 창조의 세계를 동일하게 보고 있다는 것이다
왜 동일하게 보는 경향이 있는가?
그 이유로써
궁창의 세계, 하늘의 세계에는
오직 천군 천사들이 존재하는 것으로 착각하고 있다는 것이다

마 24:36
"그러나 그 날과 그 때는 아무도 모르나니
하늘의 천사들도, 아들도 모르고 오직 아버지만 아시느니라"

욥 1:6
"하루는 하나님의 아들들이 와서 여호와 앞에 섰고

사단도 그들 가운데 왔는지라"

하늘에는 천사들만 있는 곳이 아니라 아들도 있다는 것이다
그렇다면
창세기 1:26에서 말하는 존재는 이 땅의 흙 차원의 존재가
아니라
하나님이 자기의 형상대로, 모양대로 만든 존재인 반면
창세기 2:7에서 지으신 존재는
이 땅 흙 차원으로 지으신 존재이다
특히 창조의 세계에서는 누가 지었느냐에 따라
지어진 존재의 영광이 달라지는 것이다

하나님이 지은 존재와
여호와가 지은 존재의 차이점을 생각해 보라!
하나님이 지은 존재는 신령한 존재이며 무한한 존재이다
그러나
여호와가 지은 존재는 신령한 존재가 아니며 유한적 존재이다
말씀이 육신이 되어 오신 예수
이 땅에 여인의 후손으로 오셨기에
이 땅에 계시는 동안은 "잠시 동안 천사만 못하였더라"
(히 2:9)
그런데 오늘의 신학의 입장은
하나님과 여호와를 동일하게 본다는 것이다

엡 4:6
"하나님도 하나이시니 곧 만유의 아버지시라 만유 위에

계시고 만유를 통일하시고 만유 가운데 계시도다"

무소부재(無所不在)하시고 무소불능(無所不能)하시고
전지전능하신 분
오직 한 분이신 하나님이시다
하나이신 하나님 자신이 만유 위에 계셨고
만유를 지으시고
만유를 통일하시고 만유 안에 계신 것이다

그렇다면
구약에 등장하는 많은 이름들
엘,
엘로힘,
엘 엘리온,
엘 샤다이,
아도나이,
여호와,
만군의 여호와,
물론 이 외의 이름도 있지만…
그렇다면 이들이 모두 다 하나님이란 말인가?

생각해 보라!
출애굽시킨 이스라엘 백성들
시내산에서
모세를 통하여 율법과 계명을 주셨다
왜?

율법을 주셨는가?
죄를 깨닫게 하기 위해서였다 (롬 3:20)
그 시대 사람들의 신앙의 차원은 죄를 깨닫지 못한 차원이었다
그런 그들에게
영원한 생명의 빛으로 오시는 말씀이 육신되어 오신
독생하신 하나님 예수를
나타낼 수 있었겠는가?
선민으로 택함 받은 이스라엘 백성들
예언과 선지자들의 말씀으로 2000년이나
양육 받았던 그들
"빛이 어둠에 비추되 깨닫지 못했더라" (요 1:5)
자기 땅 자기 백성들에 오신 메시아
예수를 끝내 십자가에 못 박아 죽이고 말았다
하물며 죄가 무엇인지조차 모르던 그들에게
하나님이 친히 역사할 수 있었겠는가?
이 말씀을 힘주어 말하는 이유는…?
오늘의 신학은 여호와를 하나님과 동일한 존재로 믿고 있기 때문이다

생각해 보라!
초등생에게는 초등학교 교사를…
중등생에게는 중등학교 교사를…
고등학생에게는 고등학교 교사를…
대학생에게는 대학교 교수를…
너무도 당연한 논리가 아닌가?
초등생들에게 굳이 대학교 교수를 보낼 이유가 있는가?

전 3:1
"천하에 범사가 기한이 있고 모든 목적이 이룰 때가 있나니"

구속사의 세계가 펼쳐지고 있는 역사 속에는
모든 것이 정해진 때를 통하여 이루어진다는 것이다
그래서 "때에 맞는 말씀이 얼마나 아름다운고" (잠 15:23)
하신 것 아닌가?

다시 한 번 또 생각해 보자!
만약 신학대로라면
"본래 하나님을 본 사람이 없으되 아버지의 품 속에 있는
독생하신 하나님이 나타내셨느니라" (요 1:18)
인간들에게 볼 수 없던 하나님을 볼 수 있는 하나님으로
최초로 나타내신 분이 예수이셨다
그렇다면
아브라함이 인자로 등장한 여호와를 자기 집에 모셔놓고
대접한 그는 누구란 말인가? (창 18장)
여호와가 하나님이라면 전혀 앞뒤가 맞지 않는다

다음 성경 구절을 생각해 보라!
히 9:26
"그리하면 그가 세상을 창조할 때부터 자주 고난을 받았어야
할 것이로되 이제 자기를 단번에 제사로 드려 죄를 없게
하시려고 세상 끝에 나타나셨느니라"

어디 그뿐인가?

바로 앞에 신과 같던 존재 모세
여호와와 동고동락했던 존재가 아니었던가?
그런 모세가
"원컨대 주의 영광을 내게 보이소서" (출 33:18)
"또 가라사대 네가 내 얼굴을 보지 못하리니
나를 보고 살 자가 없음이니라
보라 내 곁에 한 곳이 있으니 너는 그 반석 위에 섰으라
내 영광이 지날 때에 내가 너를 반석 틈에 두고
내가 지나도록 내 손으로 너를 덮었다가 손을 거두리니
네가 내 등을 볼 것이요 얼굴은 보지 못하리라"

진정 여호와가 하나님이라면
모세는 과연 어떤 하나님을 보여 달라고 하는 것일까?
출애굽기 3:15 말씀에는
"나를 너희에게 보내신 이는 너희 조상의 하나님 곧
아브라함의 하나님, 이삭의 하나님, 야곱의 하나님 여호와라
하라 이는 나의 영원한 이름이요 대대로 기억할 나의 표호니라"

또 호세아 12:5을 살펴보자!
"저는 만군의 하나님 여호와시라 여호와는 그의 기념 칭호니라"

'나의 영원한 이름'이란 '변하지 않는 불변의 이름'이란 뜻이다
'대대로 기억할 나의 표호'
'여호와는 그의 기념칭호'
'표호'와 '기념 칭호'라는 의미는
하나님의 이름을 대신하는 자

하나님의 이름을 짊어지고 있는 자
하나님을 대신해서 온 자
그러기에
시내산에서 모세에게 돌비, 계명을 준 여호와를
사도행전 7장에서는 천사로 표시했다 (행 7:38)
또한 떨기나무 불꽃 가운데 역사하셨던 그 여호와를
역시 천사라고 소개하고 있다 (행 7:30)

다시 이 내용의 세계를 정리해 보면
구약의 마당을 주름잡던 여호와 그를 신약의 마당에서는
천사로 표시하고 있다는 사실이다

다시 한 번 성경 구절 한 곳을 집중해 보자!
계시록 10장
전체에 등장하여 요한에게 작은 책을 먹게 하고 있는 그,
그의 모습
표면적으로 나타나고 있는 그의 위용
감히 천사라고 믿기에는 그 이상의 이상이다
계시록 12장에서는 그를 가리켜 '해를 입은 여인'이라고 했다
하늘의 두 이적 중 하나
그가 만국을 다스릴 수 있는 철장의 권세를 가진 아이를 낳아
하늘 보좌로 올릴
큰 독수리 두 날개를 가진 여인이다
물론 그가 해를 입었기에
유대 지파의 사자
다윗의 뿌리에서 이긴 자 어린 양으로부터 (계 5:1-10)

책을 받은 유일한 분이시다

다시 한 번 언급한다면
하나님의 오른손에 있던 책이 어린 양에게 넘어갔고
어린 양의 손에 있던 책을
재림의 마당에서 해를 입은 여인이 그 책을 다시 받은 것이다
다시 받은 그 책을 가지신 해를 입은 여인이
재림 마당의 때의 주인으로서
재림의 역사를 주관하시며 섭리하시는 분이시다
그러한 그 사람
해를 입은 여인을 가리켜
분명히 계시록 10장에서는
"내가 또 보니 힘센 다른 천사가 구름을 입고
하늘에서 내려오는데 그 머리 위에 무지개가 있고
그 얼굴은 해 같고 그 발은 불기둥 같으며
그 손에 펴 놓인 작은 책을 들고 그 오른발은 바다를 밟고
왼발은 땅을 밟고
사자의 부르짖는 것 같이 큰 소리로 외치니 외칠 때에
일곱 우뢰가 그 소리를 발하더라"

얼마나 존귀하고 거룩하고 영광스런 존재인가!
성경 전체에서도 여호와를 이처럼 나타내지 못했다
문제는
그런 이 사람을 가리켜 '하늘에서 내려오는 힘센 천사'라고
했다는 것이다
여호와 또는 하나님이라고 말하지 않았다는 것이다

그런데 오늘날 신학에서는
해를 입은 여인을 가리켜 교회
그가 낳은 철장의 권세를 가진 아이를 예수라고 가르치고
있지 않은가?
참으로 어처구니없는 말도 안 되는 기막힌 소리 아닌가!
물론 해를 입은 여인이
메시아의 삼일길을 걸음으로써
궁극적으로는 멜기세덱으로 탄생되는 존재이다

이미
"멜기세덱, 그는 누구인가?"
서책을 통하여 멜기세덱과 여호와 관계를 분명하게
규명한 바가 있다
창세기 14장에 등장하는 멜기세덱과
창세기 18장에 등장하는 여호와는 동일한 한 사람의
두 얼굴이다
믿음으로 의롭다 하는 사람들에게는 '멜기세덱'으로
정죄의 직분으로 율법에 소속된 자들에게는 '여호와'로
역사하는 두 직분의 역사의 세계를
믿음의 조상인 아브라함을 통하여 잘 보여주고 있다

다음 성경 구절에 집중해 보자!
"돌에 써서 새긴 죽게 하는 의문의 직분도 영광이 있어
이스라엘 자손들이 모세의 얼굴의 없어질 영광을 인하여
그 얼굴을 주목하지 못하였거든 하물며 영의 직분이 더욱
영광이 있지 아니하겠느냐 정죄의 직분도 영광이 있은즉

의의 직분은 영광이 더욱 넘치리라" (고후 3:7-9)

창세기 14장에 등장하는 멜기세덱은
의의 직분의 영광을 가진 자
창세기 18장에 등장하는 여호와는
정죄의 직분의 영광을 가진 자라는 것이다
멜기세덱을 대면하고 떡과 포도주로 축복받은 아브라함이
여호와를 한 번도 대면한 적이 없는데
여호와를 보는 즉시 그를 알아보았다는 것은
이미 구면(舊面)이었기에
그를 보는 순간 알아볼 수 있었던 것이다
물론
이런 입장일 수는 있었다
아브라함은 여호와로 등장한 구면이었던 그를
여호와로 영접한 것이 아니라
멜기세덱으로 영접할 수도 있었다는 것이다

다음 성경 구절을 생각해 보자!
"내가 아브라함과 이삭과 야곱에게 전능의 하나님으로
나타났으나 나의 이름을 여호와로는 그들에게
알리지 아니하였고" (출 6:3)

우리는 이 내용의 말씀을 통하여 한 가지 분명한 사실을
깨닫게 된다
멜기세덱이 여호와이고 여호와가 멜기세덱이라는 사실이다
그러므로 구약의 마당에서 종횡무진 역사하던 여호와의 시대는

끝이 날 수밖에 없는 것이다
왜냐하면
재림의 마당은 아브라함과 같은 믿음을 가진 (갈 3:6-9)
의인들을 구속하시는 마당이다
그러므로
정죄의 직분을 가진 여호와의 이름은 사라지고 대신
의의 직분의 영광을 가진 멜기세덱이 등장하는
세계가 되는 것이다

그렇다면 여호와, 멜기세덱 그들은 누구란 말인가?
다시 한 번 그들의 세계를 깊이 조명해 보자!

"여호와 하나님이 흙으로 사람을 지으시고 생기를
그 코에 불어 넣으시니 사람이 생령이 된지라" (창 2:7)

이 말씀의 세계를 올바로 정확히 깨달아야 한다
사도바울이
"그리스도 안에서 일만 스승이 있으되 아비는 많지 아니하니
그리스도 예수 안에서 복음으로써 내가 너희를 낳았음이라"
 (고전 4:15)

이 말씀을 인용하여
"내가 복음으로써 믿음의 아들 디모데, 디도, 오네시모를
낳았다"고 했다
그리고 베드로도 복음으로써 믿음의 아들 마가를
'낳았다'고 했다

어떤 의미에서는 이 말씀과 창세기 2:7 말씀과는
같은 맥락의 말씀이 되는 것이다
흙으로 사람을 지었다는 것은
땅에 인간을 최초로 여호와가 지었다는 의미가 아니다
이미 땅에 뿌려진 인간의 종자들
그들 또한 원시 세계에 짐승 같은 대상들이었을 것이다

"여호와께서 가라사대 보라 내가 사람의 씨와 짐승의 씨를
이스라엘 집과 유다 집에 뿌릴 날이 이르리니" (렘 31:27)

물론 최초의 만물들의 생명의 씨를 물질 세계로 이루어진
유한적인 이 땅으로 옮기는 과정
물을 사용하여 옮겼다는 것, 성경 구절에 잘 나타나 있다

"이는 하늘이 옛적부터 있는 것과 땅이 물에서 나와 물로 성립한
것도 하나님의 말씀으로 된 것을 저희가 부러 잊으려 함이로다"
(벧후 3:5)

땅이 물에서 나와 물로 성립되었다는 것은
땅에서 존재하는 모든 만물들이
물을 통해서 이 땅에 왔다는 것을 의미하는 것이다

다음 성경 구절을 생각하며 또 생각해 보자!
에스겔 47:1-12
지구라는 그릇 속에 어떻게 물이 담겨졌는지 알 수 있는
구절이다

성전 문지방 밑으로부터 흘러나온 물
그 물을 통해서 지구촌에 존재하는 모든 만물들과 생명체가
존재하게 되었다는 근본적인 말씀이다
거기에 반해 오늘의 과학자들은 지구의 그릇에 담겨있는
거대한 담수
그 물이 어떻게 생겨났다고 주장하고 있는가?
그들의 주장을 한 번 들어보자!

"약 46억 년 전 지구가 만들어질 때 분출한 수증기가
비가 되어 지상에 내렸다는 것이 일반적인 설명입니다
태양계가 생겨날 때 두고 하는 말입니다
가스 덩어리가 회전하고 그 중심에서 붉은 덩어리 태양이
만들어지고
남은 먼지와 가스가 모여 지구나 다른 행성이 생겨났다는
것입니다
이 때만 해도 지구는 불타는 마그마 덩어리였습니다
이 마그마 속에서 물의 재료가 되는 수소가 포함되어 마그마가
식어서 바위가 되는 과정에서 수증기가 분출되었다고 합니다"

"그런데 여기에 대해 대담한 반론을 제시한 과학자가 있습니다
아이오와 대학의 루이스 프랭크 박사입니다
박사는 원래 물은 이 지구의 물질이 아니라
우주에서 얼음덩어리들이 날아와서 모인 것이라 했습니다
프랭크 박사는 인공위성 카메라가 몇 개의 검은 점을
비추어내는 것을 이상하게 생각하고 조사해 보았는데
이 검은 점이 지구에 낙하하는 소행성이라는 결론에 이른 것

입니다
소행성의 정체는 백 톤에 달하는 물과 얼음덩어리로
1분간 20개
1년에 1천만 개에 달하는 양이 규칙적으로 정확하게
날아온다는 것입니다
40억 년 전부터 이런 얼음덩어리가 지구에 날아와
바다를 만들어 현재까지 이어지고 있다는 것입니다
얼음의 소행성은 지구의 인력에 끌리어 낙하하면서 태양열에
증발되어 기체 덩어리가 됩니다
지상 55㎞ 이내에 떨어지면 대기권의 공기에 섞여 바람을 타고
얼음 입자로 변합니다
그것이 비나 눈이 되어 지상에 떨어집니다"

프랭크 박사의 이 가설은 몇 년 전 미국 항공우주국(NASA)과
하와이 대학에서 신빙성이 있다고 인정하였고
신문에도 크게 보도되었습니다
그러나 세계 대부분의 학자들은
이런 사실을 인정하려 하지 않습니다
만일 이것을 인정하게 되면 세계 수많은 도서관에 있는
장서의 많은 부분은 다시 씌어져야 할 것입니다
'인류의 기원'에서
'다윈의 진화론'
그 외 '지구와 생명의 역사'에 관한 학설 모두가
뒤집어지고 말 것입니다

물 없이 생명이 탄생하지 못한다는 것은 주지의 사실입니다

생명의 원천인 물이
우주에서 날아왔다고 한다면
우리 인간을 포함한 생명은 지구 밖의 생명이 되는 셈입니다
그러나 물이 지구 밖에서 날아왔다는 설을 받아들인다면
물이 가진 수많은 신비로운 성질을 이해할 수 있습니다
'왜 얼음이 뜨는가?'
'왜 물은 수많은 물질을 녹이는가?'
'또는 타월 끝을 물에 담그면 중력을 거슬러
물이 위로 스미는 까닭은 무엇인가?'
이러한 불가사의한 물의 성질은 물이 원래 지구의 물질이
아니었다는
관점에서 해석하면 충분히 납득이 갑니다
물이 우주의 끝에서 날아왔다니 참으로 믿기 힘든 이야기입니다
그러나 매력적인 이야기입니다

물은 저 먼 우주에서 날아와 먼 여행을 끝내고
지구 위에서 다시 작은 여행을 시작합니다
지구로 날아온 얼음덩어리는 구름이 되어 비로 내립니다
빗물은 산허리를 씻고 흙에 스며들어 풍부한 미네랄을 포함한
지하수가 되고 용천수로 지상에 얼굴을 내밀어
강으로 흘러들어 갑니다
강에서 바다로 흘러들어간 물은 태양열에 의해 대기 중으로
들어가고
구름을 만들어 다시 비가 되어 지상에 내립니다
이 사이 물은 지구에 있는 다양한 미네랄이나 물질을
순환시킴으로써 생명을 기릅니다

대기 중의 이산화탄소는 바닷물에 녹아서 광합성을 촉진하고
바닷속에서 절묘한 균형을 이루는 생태계를 만들어냅니다
그런 바닷속에서 생명이 태어났습니다
지금부터 38억 년 전이라고 합니다
생물 진화라는 변화의 과정을 통하여 광합성을 하는
녹조가 되고
처음으로 지구상에 산소 가스를 방출하게 됩니다
산소 가스는 태양 광선에 포함된 자외선에 의해
지구를 둘러싸는 생명의 베일인 오존층을 만들어냅니다
이윽고
생명이 육지로 올라오는 것은 4억 2천만 년 전이라고 합니다
산소 가스와 오존층이 만들어진 덕분에
생명은 오랜 바다 생활에서 해방되어 육지로 올라와
새로운 생활양식을 익힙니다
인류의 조상인 원인이 아프리카에서 탄생한 것은 고작
200만 년 전이라고 합니다
지구의 46억 년 역사를 1년으로 환산하면
인류는 한 해의 마지막 날 오후 8시가 되어서 겨우 태어난 것
입니다
인간이 태어날 수 있었던 것은 오존층과 산소 가스가
만들어졌기 때문입니다
이처럼 지구의 생명을 길러온 것은 물입니다"

"땅이 물에서 나와 물로 성립되었다"는 베드로후서 3:5 말씀이
충분히 이해가 갈 것이다

"또한 물질을 녹여 산에서 강으로 바다로 생명의 원료를 나르는
물의 역할은 그 특수한 성질이 있기 때문에 가능한 것입니다
이러한 거대한 드라마는 과연 우연의 산물일까요?"
정신이 아득해질 정도로 먼 옛날부터 이어져 내려오는
이 드라마를 생각할 때마다 지구에서 생명을 탄생시키고
완벽하게 정돈된 시스템을 구축하여
진화를 이끌어온 위대한 의지를
느끼지 않을 수 없습니다

쓰쿠바 대학의 명예교수 무라카미 가즈오씨는
인간이 가지고 있는 레닌이라는 효소 유전자와 암호를 해독하여
세계적인 유명 인사가 되었는데
생명이 가지고 있는 유전자 정보를 읽으면 읽을수록
미세한 공간에 이렇게 치밀한 정보를 적어 놓은 어떤 존재를
인정하지 않을 수 없다고 합니다
무라카미씨는 이러한 위대한 존재를 'Something Great' 라고
하였습니다
생명이 자아내는 물을 둘러싼 드라마는 'Something Great'라는
존재를 고려하지 않으면 절대로 성립할 수 없지 않을까요?
위대한 우주의 의지가 그리는 시나리오에 따라 생명 이야기는
전개되어 갑니다
우주에서 날아온 물로 어떤 정보를 간직하고
이 지구상에 내려올까요?
아마도 거기에는 지구상에서 미래를 향해 살아갈 프로그램이
그려져 있었을 것입니다
그것이야말로 생명의 진정한 모습이 아닐까 합니다"

지금까지의 글은
에모토 마사루가 쓴 저서
'물은 답을 알고 있다'는 책의 내용 중
90페이지부터 95페이지의 내용에서 발췌한 글이다
소자가 이 책을 읽고 난 후
감당할 수 없는 충격의 감동을 받았다
성경학자들이 찾아내지 못한 부분
설명할 수 없었던 그 부분
하늘에서 물이 이 땅으로 어떻게 이동되었는지
그 물을 통하여
하늘의 생명체들이 이 땅으로 어떻게 이동되었다는
창조 세계의 비밀을 깨달을 수 있는
은혜를 입는 가르침이 되었다

특히 이 글을 통해
에스겔 47장 말씀을 확실히 체험적으로 바라보게 되었다
1분에 100톤짜리 얼음 덩어리가 정확하게 20개씩 들어온다
물을 담당하고 있는 하늘의 천사들이 정확하게 이동시킨다는 사실을
얼마나 잘 설명하고 있는 내용인가?

다음 성구를 생각해 보자!
"그러나 저가 오히려 위의 궁창을 명하시며 하늘 문을 여시고
저희에게 만나를 비같이 내려 먹이시며
하늘 양식으로 주셨나니 사람이 권세 있는 자의 떡을 먹음이여 하나님이 식물을 충족히 주셨도다" (시 78:23-25)

"저녁에는 메추라기가 와서 진에 덮이고 아침에는 이슬이
진 사면에 있더니 그 이슬이 마른 후에 광야 지면에
작고 둥글며 서리 같이 세미한 것이 있는지라" (출 16:13-14)

이슬이 말라서 만나가 되었던 그 이슬도 궁창의 세계에서
하늘 문을 열고 얼음덩이로 보내주신 그 얼음이 대기권으로
들어오매 이슬로 내린 것이다
땅에 더러운 오염된 수증기가 올라갔다가 다시 내려 온 이슬이
말라서 만나가 되었다면
이스라엘 백성들은 광야에서 모두 병들어 죽고 말았을 것이다

한편 이 글을 선택한 동기 속에는
여호와가 흙으로 사람을 지었다는 그 의미를 다시 한 번
강조하기 위해서였다
사람을 지은 그 흙이라는 것은
사람들이 밟고 다니는 땅에 있는 흙이 아니라
"사람은 존귀하나 그 존귀함을 모르는 사람은
멸망하는 짐승과 같다" (시 49:12)는 짐승과 같은 존재
인간이라는 생명의 씨를 가졌으나
짐승과 똑같은 원인(猿人)
그런 존재를 흙이라고 한 것이다
그런 흙 같은 존재를 사람으로 거듭나게 하는 것을
중생이라 하지 않는가?
믿음으로 흙 같은 존재, 짐승 같은 존재를 사람으로 낳았다고
바울과 베드로의 예를 지적했다
수만 년 동안 흙 같은 존재들이 지구의 환경에 적응해 가면서

점진적으로 문명이 깨어나며 발전해가는 그런 과정이
계속 이어져 왔다는 사실
그 누구도 부인할 수 없는 진실이다

그런 측면에서 첫 사람 아담도 흙 차원의 세계를 종식시키는
세상 끝에 온 사람이라고 할 수 있다
둘째 아담으로 오신 예수께서도 세상 끝에 오셨다는 사실
필연적인 섭리였기에
첫 사람 아담은 둘째 아담의 표상이라 한 것 아닌가?
이렇게 성경 말씀이
오늘날 이 땅 위에서 역사적으로나 이성적으로 확실하게
드러나고 있는데도
인간의 시조인 아담이 6,000년 전 인류 최초의 사람이다
주장하고 있는 오늘의 모순
참으로 통탄하고 개탄할 일 아닌가?

첫 단추를 잘못 꿰면 끝까지 잘못 꿰어질 수밖에 없다
시작이 잘못되었기에 끝도 잘못될 수밖에 없다
'알파와 오메가'
'처음과 나중'
'시작과 끝'
잘못되고 잘못되었기에
"인자가 올 때에 믿음을 보겠느냐?" 하신 것 아닌가?
그러기에
재림의 마당에서
내가 모든 것을 바로 잡겠다고

"나는 알파와 오메가" (계 1:8)
"나는 알파와 오메가, 처음과 나중" (계 21:6)
"나는 알파와 오메가, 처음과 나중, 시작과 끝" (계 22:13)
도둑같이 오시는
자기 밖에 모르는 자기 이름으로 오시는 재림주의 외침이
아니던가! (계 19:12)

진실로 진실로 하늘의 소리를 들어보라!
하늘이 인류에게 주시는 작은 책, 다시 복음
일반계시가 아닌
중간계시의 말씀을 들어 보라!
노아 때
살아남은 자가 누구란 말인가?
함께 방주를 지었던 그의 여덟 가족만이
3층층 방주에서 살아남지 아니하였던가?

에노스 이후
그 시대에도 하나님의 이름을 찾고 부르던 많은 하나님의
백성들이 있었다
그럼에도 불구하고 그들은 끝내 노아의 외침을 외면하고 말았다
포도주에 취하여 고주망태가 된 망령된 노인네의
헛소리라고 일축해 버리고 말았다

다음 성구를 생각해 보자!
"가로되 주의 강림하신다는 약속이 어디 있느뇨
조상들이 잔 후로부터 만물이 처음 창조할 때와 같이

그냥 있다 하니" (벧후 3:4)

그렇다!
지구촌 인류 역사의 마당 안에는
별의별 많은 역사의 세계가 펼쳐졌고 지금도 계속적으로
펼쳐지고 있다
그렇다고 하여 만물이 처음 창조된 그때와 확연히
달라지거나 바뀌어진 것은 없다
삶의 현장에서 쏟아져 나오는 부정적인 오염으로 인해
지구의 환경이 다소 바뀌어지고 있는 것만은 사실이다
그러나 그것은 그것일 뿐…
각자 나와는 상관이 없는 문제라고 애써 굳이
염려하거나 고민하는 자는 많지 않다
그 분야에서 전문적으로 매달려 있는 그들만이
목메어 소리치고 있을 뿐…
일반적으로는
"그 문제가 나와 무슨 상관이 있는가?
설사 지구의 환경에 최악의 순간이 온다 할지라도
나 혼자 죽는 것은 아닌데
다 함께라면 뭐 그리 억울할 게 있겠는가?"
이런 심보가
온 세상을 점령하고 있는 잠재적인 사고의 의식이 아닌가?
그런 결과로 인하여
노아 때 물심판으로 싹쓸이 하고 있는 그 심판 속에서도
그 누구하나 왜 우리가 이렇게 죽어야 하는 그 이유를
알고 죽는 자가

한 사람도 없었다는 것이다 (마 24:37-39)
마지막 인자의 역사도 노아 때와 같다

"이제 하늘과 땅은 그 동일한 말씀으로 불사르기 위하여 간수하신 바 되어 경건치 아니한 사람들의 심판과 멸망의 날까지 보존하여 두신 것이니라" (벧후 3:7)

노아 때의 특징이 무엇인가?
죄악이 관영했다는 것이다 (창 6:5)
관영(貫盈)
꿸 관(貫)자에 찰 영(盈)이다
어느 분야 어느 곳에서도 죄가 차고 넘친다는 것이다
그래서 "인간 지으심을 후회하셨다"고 말씀하신 것이다
죄악이 관영
전적타락(全的墮落)이 이루어졌다 (창 6:7)
몸과 혼과 영이 다 죄악으로 물들어 버리고 말았다
원죄, 유전죄, 자범죄가
인간을 완전히 삼키고 말았다
그래서 하나님이 탄식하신 것이다
오늘 우리가 살고 있는 이 시점(時點)이
바로 그런 때!
노아 때라고 말씀하고 있는 것이다
진정 오늘의 이 시점이 노아 때라면 그 어느 누가
노아 때와는 별개의 대상이라고 소리칠 수 있겠는가?
이미 관영하고 있는 죄악에 쩔어버린 자신들의 모습을
깨닫지 못한 채

남의 눈에 들어있는 들보만을 빼내려고 한다

특히 죄악에 가장 민감하게 대처해야 할 종교
그 종교의 타락이
인간 삶의 현장을 죄악으로 물들게 하는 태풍과 같은 존재임을
왜 깨닫지 못하는가?
촛불 집회, 태극기 집회…
누가 누구를 위한 집회인가?
이미 죄악이 관영하고 있는데…
이미 노아 때와 같이 되어 버렸는데…
이미 물이 아닌 불로
심판하기 위해 준비하고 계시는데…
오죽하셨으면

"너희는 예루살렘 거리로 빨리 왕래하며 그 넓은 거리에서
찾아보고 알라 너희가 만일 공의를 행하며 진리를 구하는 자를
한 사람이라도 찾으면 내가 이 성을 사하리라" (렘 5:1)

결과를 모르는 목자는 없을 것이다
한 사람을 찾지 못해 예루살렘을 끝내 바벨론 느부갓네살에게
내어 던지고 말았다

어디 그뿐인가?
"인자가 올 때에 믿음을 보겠느냐" (눅 18:8)
예수께서 친히 하신 말씀이다
그렇다면

여러분이 자랑하고 있는 믿음은
과연 어떤 믿음인가?
지금이 노아 때라고 분명 믿어진다면
각자 가지고 있는 신앙의 색깔은 이미 죄악으로
관영되어 있는 색채이다
그런데도 불구하고 오늘날 신앙의 모습은 어떠한가?
다 죄악으로 타락해 있는데 오직 유독
종교분야만이 가장 거룩한 신성적인 분야…
홀로 남아있는 살아있는 아라랏산과 같은 존재…
미쳐도 올바르게 미쳐야 한다
미친 사람도 때로는
정신 차린 말을 할 때도 있는 법이다
그런데 죄악이 관영하고 있는 오늘날
다들 제 정신들이 아니다

다음 성경 구절을 생각해 보기 바란다!
"그날에는 아이 밴 자들과 젖먹이는 자들에게 화가 있으리니
이는 땅에 큰 환난과 이 백성에게 진노가 있겠음이로다"
(눅 21:23)

큰 환란 날에 아이 밴 자들과 젖먹이는 자들이
누구이겠는가?

다음 성구를 생각해 보라!
"멜기세덱에 관하여는 우리가 할 말이 많으나 너희의 듣는 것이
둔하므로 해석하기 어려우니라 때가 오래므로 너희가 마땅히

선생이 될 터인데 너희가 다시 하나님의 말씀의 초보가 무엇
인지 누구에게 가르침을 받아야 할 것이니 젖이나 먹고 단단한
식물을 못 먹을 자가 되었도다 대저 젖을 먹는 자마다 어린
아이니 의의 말씀을 경험하지 못한 자요 단단한 식물은 장성한
자의 것이니 저희는 지각을 사용하므로 연단을 받아 선악을
분변하는 자들이니라" (히 5:11-14)

멜기세덱은 초보의 신앙과 장성한 자의 신앙을 구별하는
첩경이다
한 마디로 단정한다면
멜기세덱을 모르는 목자는 초보의 신앙
젖이나 먹고 단단한 것을 먹지 못하는, 소화시키지 못하는
어린 신앙이라는 것이다
멜기세덱이 누구인가?
아브라함에게 떡과 포도주로 축복해 준 사람이다
아브라함으로부터 십일조를 받은 사람이다 (창 14:17-20)

"이 멜기세덱은 살렘 왕이요 지극히 높으신 하나님의 제사장
이라 여러 임금을 쳐서 죽이고 돌아오는 아브라함을 만나
복을 빈 자라 아브라함이 일체 십분의 일을 그에게 나눠주니라
그 이름을 번역한즉 첫째 의의 왕이요 또 살렘 왕이니 곧
평강의 왕이요 아비도 없고 어미도 없고 족보도 없고 시작한
날도 없고 생명의 끝도 없어 하나님 아들과 방불하여 항상
제사장으로 있느니라" (히 7:1-3)

물론 멜기세덱에 관하여는 성경 전체에서 증거되고 있는 부분이 많지 않다
창세기 14:17-20
시편 110:4
히브리서 5:6
히브리서 5:10
히브리서 5:11
히브리서 6:20
히브리서 7:1-3
히브리서 7:6
히브리서 7:10-11
히브리서 7:15
히브리서 7:17

이 성경 구절들이 성경 전체 속에 나와 있는 구절들이다
굳이 성경 속에 극히 일부분을 차지하고 있는 그를 알아야 할 이유가 있겠는가?
이렇게 반문하는 입장이 오늘의 실세이다
그러나
말씀이 육신이 되어 오신 예수
하나님의 아들로서 영광을 벗어던져 버리고
유월절 양의 입장에서
아사셀 양으로 십자가를 택하셨다는 것이다
그 이유를 모른다는 것은 한 마디로
구속사의 세계를 모른다는 것과 같은 것이다

예수는 '하나님의 본체' (빌 2:6)
'영광의 광채'로서 (히 1:2)
'만물을 지으신 자로의 능력으로 만물을 붙드시고'
(히 1:1-3, 사 48:13)
'죄를 사해주시고 우편보좌에 앉으실 권능'을 가지신 분인데
그 모든 영광을 버리시고
유월절 양이신 그분이 아사셀 양으로 십자가 사역을 마치신
그 이유
멜기세덱이 되시기 위해서였다 (히 6:20)
왜?
하나님이 사람인 피조물로 걸으시고
피조물인 사람이 입어야 할
그 영광
하나님의 제사장이 되어야만 하셨는가?
그 이유를 아는 사람만이
단단한 식물을 먹을 수 있는 장성한 신앙인이다
그 이유를 모르는 사람은
재림의 마당에서 펼쳐지는 중간계시, 작은 책,
다시 복음의 세계를 알 수 없는 것이다

재림 마당에 등장하는 때의 주인, 해를 입은 여인이
이 땅의 주가 되어
두 감람나무 역사를 통해 철장의 권세를 가진 아이를 낳아
하늘 보좌로 올린 후
큰 독수리의 두 날개를 받아 광야로 가서
한 때, 두 때, 반 때를 통하여

양육 받은 후 영육 간에 부활하여
재림주 멜기세덱으로 영광을 입게 되는 것이다
그는 해를 입고 잠드셨기에 죽은 자로 표시하지 않는 것이다
그가 죽은 자였다면
붉은 용이 죽은 그를 공격할 필요가 없는 것이다
그는 해를 입고 있기에
스스로 부활할 수 있는 존재이다
입고 있는 그 해가
"나는 부활이요 생명이라" 하신
그 부활과 생명인 것이다

이미 출간된 서책을 통하여 수없이 거듭 거듭 외쳐왔다
해를 입은 여인이
광야로 도망가서 양육 받는다는 것은
어둠의 권세자인 666에게 그들의 때를 넘겨준다는 의미이다
그러므로
부활의 능력으로 사망의 권세를 깨시고
영생의 주, 영광의 주가 되시어
이 땅에 40일간 계시다가
하늘로 승천하시는 그 때
그의 모습은 누구였는가? (행 1:9-11)
대부분 거의가 다 자신있게 예수라고 외친다

예수라는 이름은 "자기 백성을 위한 죽는 이름"이다 (마 1:21)
죽는 이름을 가지고는 결코 하늘나라에 갈 수 없다
이긴 자, 새 이름을 가진 자만이 하늘로 갈 수 있다

그러므로 우리들에게도 주께서
"너희 이름이 생명록에 기록된 것을 기뻐하라" 하셨다
승천하시는 그 순간 그분의 모습은 예수가 아닌 하늘의
대제사장 멜기세덱으로 올라가신 것이다
창조주이신 하나님이 피조물이 입어야 될 이름
하늘의 대제사장이 되셔야 되는 그 이유가
곧 "우리를 위해 들어가셨다"고 하신 것이다 (히 6:20)
그러므로
"갈릴리 사람들아! 너희가 본대로 오리라!" 하신 것이다

그런데 오늘날
믿는 성도들의 입에서는 오직 "재림 예수, 재림 예수"
그 이름만을 외치고 있지 않는가?
네 원수가 발등상 앞에 무릎 꿇기까지는
결코 예수는 이 땅에 영광의 주로서는 오실 수 없는 것이다
오직 다시 오시는 그 길도
여인의 길, 창조의 길을 통해 오실 수밖에 없는 것이다

다음 성구를 생각해 보라!
"이는 한 아기가 우리에게 났고 한 아들을 우리에게 주신바
되었는데 그 어깨에는 정사를 메었고 그 이름은 기묘자라,
모사라, 전능하신 하나님이라, 영존하시는 아버지라
평강의 왕이라 할 것임이라" (사 9:6)

하나님이 이 땅에 사람으로서 사시는 사생 30년이
욥이 받은 환란 30년과 같은 것이라 증거했다

그래서 "자주 고난을 받지 않기 위해 세상 끝에 오셨다"고
하신 것이다 (히 9:26)

그래서 예수께서
"나는 길이요 진리요 생명이니
나로 말미암지 않고는 아버지에게 올 자가 없다" (요 14:6)
외치신 그 길이 멜기세덱 반차를 말씀하신 것이다

믿음의 주이신 예수께서 멜기세덱 반차를 통하여
하늘의 대제사장이 되셨다 했는데
멜기세덱과 반차를 모르는 그대들은 어느 길을 통해
하늘에 올라갈 것인가?
멜기세덱을 모르는 자들은 환난 날에 아이 밴 자, 젖이나
먹는 자들이라 결론지어 단정할 수밖에 없다는 것이다
물론 육적인 면에서 아이 밴 자, 젖먹이 그들에게도 분명히
그 누구보다 어려운 환난이 올 수 있을 것이다

십자가를 메고 가시는 주님을 따라오며 우는 여인들에게
"나를 위해 울지 말고 너희 자신들과 자녀들을 위해 울라"
(눅 23:28)

그러나
영적인 입장에서 다시 한 번 강조한다면
큰 환난의 그 날에
아이 밴 자와 젖을 먹이는 자들은
멜기세덱을 모르는

젖이나 먹고 단단한 식물을 먹지 못하는
초보의 신앙자들을 말하고 있는 것이다
그러기 때문에
다시 오시는 자신을 가리켜
"자기 밖에 모르는 자기의 이름을 갖고 오신다"고 하신 것이다
(계 19:12)

제 3장

네 생물, 멜기세덱 그리고 여호와

제 3 장
네 생물, 멜기세덱 그리고 여호와

그렇다면 이제부터는
궁창의 세계에 소속된 자들
하늘의 아들들과 천군 천사들은 어떤 원형, 어떤 모델을 통하여
지음을 받았는가?
창조 원리 속에 들어있는
'지으시다', '만들다', '났다', '낳고'라는 의미 속에는
분명히 내성의 꼴, 원형이 있다는 것이다
사람의 모습이 제각기 다른 것은
마음의 모양이 제각기 다르기 때문이다
제 아무리 한 뱃속에서 나온 쌍둥이라 할지라도
지문이 각각 다른 이유도
마음의 모양새가 각각 다르기 때문이다

그렇다면
궁창의 세계에 등장하는 신령한 각각의 인격체들은
누구의 원형, 모델을 보고 지은 존재들일까?
그렇다면

피조물 중 최초로 지음 받은 존재는 누구일까?
창조의 세계
창조의 세계의 순서, 서열을 증거했다
만유 위에 계신 하나이신 하나님이 먼저 자기의 집을
짓는다는 것
너무도 당연하고 자연스런 일이다
그렇게 먼저 집을 지으셨기에
"내 아버지의 집은 만유보다 크시다" (요 10:29)
"내 아버지의 집엔 너희들이 거할 곳이 많도다" (요 14:2)
만유를 지으시기 전 먼저 아버지의 집을 지으신 것
확실한 사실이다
그렇다면
"(중략)- 오직 그에게만 죽지 아니함이 있고
가까이 가지 못할 빛에 거하시고
아무 사람도 보지 못하였고 또 볼 수 없는 자시니
그에게 존귀와 영원한 능력을 돌릴찌어다" (딤전 6:14-16)

이러한 하나님이
거룩한 영광의 빛의 집을 세우시고
홀로 거하신다면 그 집을 세울 필요가 있겠는가?
일곱 날의 빛과 같은 영광의 보좌
백보좌를 세우셨다면
그 보좌를 통하여 영광을 돌릴 존재를 지어야 할 것이다
"내가 내 백성을 지은 것은 찬송을 부르게 하려 함이라" (사 43:21)

그렇다!
세세 무궁토록 하나님의 영광을 찬양드릴 존재를 지어야 할 것이다
그러나 백보좌가 있는 그곳 아버지의 집
그 어떤 존재도 미칠 수 없는 곳이다
"거기서 온 자는 나 밖에 없고 간 자도 나 밖에 없다"고
하신 곳이다 (요 3:13)

그런 그곳에 최초의 피조물을 세운다
그런 그곳에 세워지는 최초의 피조물
만유보다 먼저 지음을 받은 존재가 된다
그는 피조물의 최초의 기력이 되며 시작이 되는 존재이다
피조물 중에서 으뜸이 되는 존재이다
그는 피조물이라 할지라도 영광의 거룩한 빛 속에서 지음 받은 존재가 되는 것이다
그는 죄와 상관이 없는
죄를 지을 수도 없는 존재로 지음을 받았기에
생명나무를 지키게도 하신 것이다
그렇지 못한 존재였다면 그에게 어찌 생명나무의 열매를
지키게 할 수 있었단 말인가?
어찌 고양이에게
생선을 맡길 수 있단 말인가?

그렇다면
거룩한 빛의 영광
아버지 집에서 최초로 지음 받은 거룩한 존재

그는 누구였을까?
그가 곧 네 생물이었다

"(중략)- 보좌 앞에 수정과 같은 유리 바다가 있고
보좌 가운데와 보좌 주위에 네 생물이 있는데 앞뒤에 눈이
가득하더라
그 첫째 생물은 사자 같고
그 둘째 생물은 송아지 같고
그 셋째 생물은 얼굴이 사람 같고
그 넷째 생물은 날아가는 독수리 같은데
네 생물이 각각 여섯 날개가 있고
그 안과 주위에 눈이 가득하더라 -(중략)-
그 생물들이 영광과 존귀와 감사를 보좌에 앉으사
세세토록 사시는 이에게 돌릴 때에" (계 4:1-11)

다음 성구를 보라!
"내가 보니 북방에서부터 폭풍과 큰 구름이 오는데 그 속에서
불이 번쩍번쩍하여 빛이 그 사면에 비취며 그 불 가운데
단 쇠 같은 것이 나타나 보이고 그 속에서 네 생물의 형상이
나타나는데 그 모양이 이러하니 사람의 형상이라
각각 네 얼굴과 네 날개가 있고 -(중략)- 그 얼굴들의 모양은
넷의 앞은 사람의 얼굴이요 넷의 우편은 사자의 얼굴이요
넷의 좌편은 소의 얼굴이요 넷의 뒤는 독수리의 얼굴이니
그 얼굴은 이러하며 그 날개는 들어 펴서 각기 둘씩 서로
연하였고 또 둘은 몸을 가리웠으며" (겔 1:4-11)

또 다른 성구를 보라!
"그룹들은 각기 네 면이 있는데 첫 면은 그룹의 얼굴이요
둘째 면은 사람의 얼굴이요 세째는 사자의 얼굴이요
네째는 독수리의 얼굴이더라" (겔 10:14)

또 다음 성구!
"그것은 내가 그발 강가에서 본 바 이스라엘 하나님의 아래
있던 생물이라 그들이 그룹들인 줄을 내가 아니라" (겔 10:20)

대충 네 생물, 즉 그룹의 모습을 소개했다
우선 네 생물의 특징 중 하나는
만유 위에서나 만유 안에서나 만유 아래서나
그는 여호와 또한 거룩한 하나님의 사자로서
항상 임마누엘이 되어 있는 존재라는 것을 볼 수 있다
그리고 자신의 주께서 어디에 계시든지
주의 영광을 세세토록 찬양하는 자라는 것
그리고 구속사를 펼치시어 이루어 나가는 가운데
구속사의 중심에 서서
하늘의 일을 진행하고 있는 중심에
존재하는 것을 알 수 있다

그러한 네 생물 속에는
그 생물의 구심(球心)적격인 네 가지의 얼굴,
네 인격이 들어있다는 것이다
네 가지 인격 중 둘은

땅의 짐승으로 표시되었고
두 인격은 사람과 독수리로 표시되어 있다

두 짐승과 두 사람!
두 짐승은 비상할 수 없는 땅의 존재,
짐승 같은 흙 차원의 존재라 한다면
독수리 같이 비상할 수 있는 사람
그는 분명 그리스도 같은 존재,
하나님 아들과 같은 방불한 존재로
하나님의 제사장과 같은 존재로 승리할 수 있는 대상
그렇게 말할 수밖에 없는 존재들
그러한 형상과 모양을 가진 존재들로 지으셨다는
하나님의 그 의중…
그들의 신령한 형상과 모양을 따라
만유 안에 궁창의 세계에 소속된 자를 지었다고 말할 수 있다

그러나 만유 안에 지음 받은 존재들에게는
첫째 아담에게 준 원시 계명처럼
지위와 처소를 지키라는 율법을 주었다 (유 1:6)
그리고 나서
만유 아래 하늘의 발등상이 되는 이 땅에서
네 생물 안에 있는 네 가지 인격 중에서
이 땅에서 이루어질 구속사의 환경과 정서에 맞는
형상과 모양대로
흙, 사람, 코에 생기를 불어 생령을 만드신 것이다

그렇다면 여기에서 꼭 한 가지 확인하고
넘어가야 할 문제가 있다
멜기세덱과 여호와, 어떤 존재로서
언제 지음을 받은 존재인 것인가?
예수님이 부활하시므로 부활이 생긴 것이 아니다

"만일 죽은 자의 부활이 없으면 그리스도도 다시
살지 못하셨으리라" (고전 15:13)

부활이 먼저 존재해 있기에 그리스도도
다시 살아날 수 있었다는 것이다
창세기 14장에 등장한 멜기세덱!
구약 마당에 종횡무진 등장하는 여호와!
그들은 여인의 후손(창 3:15)을 통해
이 땅에 등장한 존재들이 아니다
이미 우리 이전에
만유 세계를 짓기 이전에 만유 위에서
아버지의 집, 그 영광을 위하여 지음 받은 존재들이었다

'네 생물의 형상'을 '사람의 형상'과 같더라 했다
네 생물 속에는 그룹과 사람의 인격이 들어있다
그룹은 그룹으로서 불변의 생명을 가지고 있는 대신
"사람의 형상 같더라" 하는 그 형상은
지으신 이가 허락하시고 축복해주시는 그리스도의 인격적
분량으로
자랄 수 있는 것이다

사람의 형상인 존재가 그리스도의 분량으로 자라
하나님 아들과 방불한 하늘의 제사장이 된다면
그룹은 그의 영광을 세세토록 찬양할 수밖에 없는 존재이다
그러한 그의 본질적 근본대로
지음을 받았다는 것이다

다음 성구를 자세하게 생각해 보자!
"그 생물의 머리 위에는 수정 같은 궁창의 형상이 펴 있어
보기에 심히 두려우며
그 궁창 밑에 생물들의 날개가 서로 향하여 펴 있는데
-(중략)- 그 머리 위에 있는 궁창 위에 보좌의 형상이 있는데
그 모양이 남보석 같고 그 보좌의 형상 위에 한 형상이 있어
사람의 모양 같더라 내가 본즉 그 허리 이상의 모양은 단
쇠 같아서 그 속과 주위가 불 같고 그 허리 이하의 모양도 불
같아서 사면으로 광채가 나며 그 사면 광채의 모양은 비 오는 날
구름에 있는 무지개 같으니 이는 여호와의 영광의 형상의 모양
이라 내가 보고 곧 엎드리어 그 말씀하시는 자의 음성을 들으
니라" (겔 1:22-28)

여호와의 형상과 모양과 영광을
성경 전체 속에서 가장 정확하게 소개한 내용이다
이 성구를 통하여 가장 극명하게 나타낸 한 가지의 내용이 있다
즉 여호와는 네 생물 속에 있는 존재
네 생물로부터 출현하는 존재
네 생물 속에 그의 보좌가 있다는 사실이다
여호와의 소속이 네 생물이라면 아울러 멜기세덱의

소속도 네 생물이 되는 것이다

왜?
여호와, 멜기세덱은
두 얼굴을 가지고 있는 한 사람일 수도 있다
마치 독수리 같은 사람
마치 사자와 송아지 같은 그룹
이러한 네 생물의 비밀과 암호를 최초로 해독(解讀)한 사람
사도바울이다
네 생물 속에 네 가지 인격적 존재가 있었기에
육체에는 네 가지가 있다
사람의 육체, 짐승의 육체, 어족의 육체, 날짐승의 육체
네 가지 육체가 있기에
영광에도 네 가지의 영광이 있다고 증거하고 있다 (고전 15:39-41)

이미 소개한 내용대로
율법에 종속된 자들에게는 여호와로
의의 직분에 소속된 아브라함과 같은 믿음을 가진 자들에게는
멜기세덱으로 역사되고 있다는 것이다
그러므로 율법과 예언과 선지자 시대가 마감된
신약의 마당에서는 더 이상 여호와가 등장할 수 없게 된 것이다
그러므로 여호와는
하나님이 나타날 수 없는 때
하나님이 나타나서는 안 되는 그때
하나님을 대신해서

하나님의 이름을 대신 짊어진 자
하나님의 표호와 기념 칭호로서 역사한 존재이다
그가 역사했던 그때를 가리켜

"그러나 너희가 그때에는 하나님(예수)을 알지 못하여
본질상 하나님이 아닌 자들에게 종노릇 하였더니
이제는 너희가 하나님을 알뿐더러 하나님의 아신바
되었거늘 어찌하여 다시 약하고 천한 초등 학문으로
돌아가서 다시 저희에게 종노릇 하려 하느냐" (갈 4:8-9)

또 한편
종노릇하고 있는 우리들을 가리켜
그 아버지의 정한 때까지 후견인과 청지기 아래
두셨다고 하셨다

"이와 같이 우리도 어렸을 때에 이 세상 초등학문에 있어서
종노릇하였더니 때가 차매 하나님이 그 아들을 보내사
여자에게서 나게 하시고 율법 아래 나게 하신 것은
율법 아래 있는 자들을 속량하시고 우리로 아들의 명분을
얻게 하려하심이라
너희가 아들인고로 하나님이 그 아들의 영을 우리 마음 가운데
보내사 아바 아버지라 부르게 하셨느니라" (갈 4:3-6)

이 성구들을 깊이 있게 새기고 새겨본다면
여호와는 참 하나님이 아니시고
하나님의 이름을 짊어지고 있는 거룩한 천사와 같은

존재임을 알 수 있다
그러한 그의 존재를 마치 하나님인 것처럼
구약의 마당을 수놓은 이유는 무엇일까?

창세기 2:7 말씀처럼
분명 그도 구속사의 본질이 되고 있는 흙을 가지고
재창조한 존재이다
이 땅에는 그를 통하여 지어진 존재들이 있다
아브라함도
하갈을 통해 태어난 존재, 이스마엘 계열이 있고
사라를 통하여 태어난 이삭의 계열도 있고
후처 그두라를 통하여 태어난 미디안을 비롯한 그들의 계열이
있다
각자 소속된 계열의 입장에서 보면
씨는 한 씨라도 밭은 각각 다르다
밭이 다른 입장에서 보면 밭을 부르는 표시도 다를 수밖에 없다
그런 구속사의 입장에서 본다면
예수를 하나님이라 부르는 사람도 있고
여호와를 하나님으로 부르는 사람도 있고
멜기세덱을 하나님으로 부르는 사람도 있을 수밖에 없다
그러나
"때가 이르면 아버지에 관한 것을 비사로 이르지 않고
밝히 이를 때가 있다" (요 16:25)
그때까지는
각자 믿음의 분량대로 믿음의 색깔대로 자율적 선택의
믿음의 소속대로

부르게 하신 것이다

아들에게만 아버지가 있는 것은 아니다
종들 각자에게도 그들의 신랑, 남편, 아버지가 있는 것이다
그래서 선지자로 믿는 사람들은 선지자의 상을
의인으로 믿는 사람들에게는 의인의 상을
하나님의 아들로 믿는 자들에게는 영생의 상을
받게 되는 것이다
굳이 계층의 각각을 구별해 드러내어 놓는다면
구별해 놓은 그 선이
민족 간에 족보 간에 크나큰 불씨가 될 것이다
그렇지 않아도
"육신의 자녀가 약속의 자녀를 핍박하고 있다"고 했는데
(갈 4:29)
어느 누구인들
고유적인 자신의 신앙의 색깔을 통해
상대방에게 호의적 믿음의 공의를 가질 수 있겠는가?
"예수를 시기해서 죽였다"
이것이 인간들이 가지고 있는 보편적 본능의 속성이라고
말할 수 있는데
자기들이 믿는 대상이 그 이름에 따라 차원과 영광이 다르다
처음부터 그렇게 구별해 놓았다면
과연 어떤 결과를 초래했을까?

바울의 예를 들어 살펴보자!
"내 형제들아 글로에의 집 편으로서 너희에게 대한 말이 내게

들리니 곧 너희 가운데 분쟁이 있다는 것이라
이는 다름 아니라 너희가 각각 이르되 나는 바울에게,
나는 아볼로에게, 나는 게바에게, 나는 그리스도에게 속한 자라
하는 것이니 그리스도께서 어찌 나뉘었느뇨
바울이 너희를 위하여 십자가에 못 박혔으며 바울의 이름으로
너희가 세례를 받았느뇨" (고전 1:11-13)

또 다른 성구에서
"나는 심었고 아볼로는 물을 주었으되 오직 하나님은 자라나게
하셨나니 그런즉 심는 이나 물 주는 이는 아무 것도 아니로되
오직 자라나게 하시는 하나님뿐이니라 심는 이와 물 주는 이
가 일반이나 각각 자기의 일하는 대로 자기의 상을 받으리라"
(고전 3:6-8)

편견이 한 곳으로 집중되거나 치우쳐
조화로운 결과는 아예
생각할 수도 없는 일이 되었을 것이다
그러한 결과를 초래하지 않기 위해 아예 처음부터
그 선을 지워놓은 하나님의 저의
얼마나 고맙고 감사한 일인가!
그렇다고 아예 그 선을 방임하신 것은 아니다
"때에 맞는 말씀이 얼마나 아름다운고" (잠 15:23)
때에 맞게 그 많은 이름들을 등장시킨 것이다
"빛이 어둠에 비추되 어둠이 깨닫지 못하더라" (요 1:5)
빛을 깨달을 수 없기 때문에 율법을 먼저 주신 것 아닌가?
율법은 죄를 깨닫게 하신 것이다 (롬 3:20)

죄를 깨닫게 하기 위해 율법을 주셨다는 것은 그 시대의
사람들의 신앙의 척도, 수준이 어느 정도였는지를
알 수 있는 말씀이다
죄의 본질이 무엇인지 알지도 못하던 그들에게
영원한 생명의 빛이신 예수님을 보내신다면
어찌 그들이 빛 되신 예수님을 영접할 수 있을 것인가?

초등학생들에게는
그들에게 맞는 그들의 수준에 맞는
선생을 보내는 것이 마땅한 일이 아닌가?
미련한 인생들도 당연히 그러한 이치를 알거늘
하물며
지혜의 실존이 되시는 하나님이 어찌
때에 맞는 그 시대에 맞는
선생을 보내시지 않겠는가?
그러기 때문에
구약의 마당에 등장하는
많은 선생들이 있었다는 것이다
물론 그들 중에는
각기 다른 수준 차에 의하여 특별한 이름을 가진 자들도 있었다
특히 정죄의 직분이 아닌
의의 직분을 가진 믿음으로 의롭다 함을 입을 수 있는
아브라함과 같은 믿음을 가진 자들에게는
그들에게 맞는 선생을 보내주신 예도 허다히 있다는 사실이다
그러기에 구약의 마당이 70이레 중
62이레를 차지하고 있다는 내용 중에는 여러 가지의

양면성이 있다는 사실을 알아야 한다

세상적인 교육방침 속에도
유아교육으로부터 초등교육이 가장 긴 편제로 되어있다
어렸을 때의 교육 가르침이 가장 힘들고
어렵다는 의미가 분명히 내포되어 있다
그러나 그것뿐만은 아니다
구약의 마당이 62이레가 된다는 그 의미 속에는
율법이 아닌 또 다른 법들이 지속되고 있다는 사실이다

생각해 보라!
창세기 14장 떡과 포도주의 언약
창세기 15장 횃불 언약
이러한 언약들은 시내산 율법의 언약보다 앞서 맺어진
언약들이었다
그럼에도 불구하고
430년 후에 생긴 율법의 언약보다 더 귀한 언약들이라고
증거하고 있지 않는가?

"내가 이것을 말하노니
하나님의 미리 정하신 언약을 사백삼십 년 후에 생긴
율법이 없이 하지 못하여 그 약속을
헛되게 하지 못하리라" (갈 3:17)

그러면 그 율법을 누가 전해준 것일까?
원론적인 말을 다시 겹쳐 하고 있지만

다음 성구를 생각해 보자!

"그런즉 율법은 무엇이냐
범법함을 인하여 더한 것이라
천사들로 말미암아 중보의 손을 빌어 베푸신 것인데
약속하신 자손이 오시기까지 있을 것이라" (갈 3:19)

여기서 말하고 있는 천사들이란
구약 마당의 여호와를 말한 것이다
여기서 말하고 있는 약속하신 자손은
말씀이 육신이 되어 오신 예수이시다

다음 성구도 다시 한 번 생각해 보라!

"때가 차매 하나님이 그 아들을 보내사 여자에게서 나게 하시고
율법 아래 나게 하신 것은 율법 아래 있는 자들을 속량하시고
우리로 아들의 명분을 얻게 하려 하심이라" (갈 4:4-5)

이 구절을 깊이 새겨보면 율법으로는 아들의 명분을 얻지
못한다는 엄연한 사실을 깨닫게 된다
그리고 우리가 율법 아래 있을 때는
아들의 명분을 얻지 못하고 있는
종들이었다는 사실을 알게 된다는 것이다
그렇다면
구약 시대 우리에게 율법을 준 자는 여호와이었다
구약의 마당에 그와 같은 이름을 가진 자들을

신약 마당에서는 분명히 천사들이었다고 규정하고 있다
구약의 마당에서 여호와와 같은 많은 이름 속에 종속되어
있던 그 세대를 가리켜 성경에는 이렇게 증거하기도 했다

"그러나 너희가 그때에는 하나님을 알지 못하여
본질상 하나님이 아닌 자들에게 종노릇 하였더니
이제는 너희가 하나님을 알뿐더러 하나님의 아신 바 되었거늘
어찌하여 다시 약하고 천한 초등 학문으로 돌아가서
다시 저희에게 종노릇 하려 하느냐" (갈 4:8-9)

여기서 말하고 있는 본질상 하나님이 아닌 자들은 누구인가?
은혜와 진리로 오신 말씀이 육신이 되신 예수
그 외에 누구를 막론하고 하나님의 이름을 짊어지고 있는 자들
하나님의 표호 또는 기념 칭호를 가지고 있는 자들
그들을 가리켜 본질상 하나님이 아닌 자들이라고
말하고 있는 것이다
또한 성경은 그들을 가리켜

"이같이 율법이 우리를 그리스도에게로 인도하는
몽학선생이 되어 우리로 하여금 믿음으로 말미암아
의롭다 함을 얻게 하려 함이니라" (갈 3:24)

어디 그뿐인가?
다음 성구를 보라!

"내가 또 말하노니 유업을 이을 자가 모든 것의 주인이나 어렸을

동안에는 종과 다름이 없어서 그 아버지의 정한 때까지
후견인과 청지기 아래 있나니 이와 같이 우리도 어렸을 때에
이 세상 초등 학문 아래 있어서 종노릇 하였더니" (갈 4:1-3)

다시 이 성구를 깊이 정리해 보면
구약의 마당에는 율법에 종속된 실제적인 종들도 있었고
종들이 아닌 데도 어렸을 때인지라 초등학문에 있었던 때인지라
종들을 가르치는 종의 선생들에게 소속되어 있었다는 사실이다
그러므로
여호와로부터 흙으로 지음 받은 그들에게는
여호와 자신이 그들의 하나님이라 부름을 받을 수도
있다는 의미도
잘못되었다고는 말할 수 없다는 것도 인정할 수밖에
없는 것이다

그러므로
오늘날에 이르러도
여호와를 하나님으로
여호와를 예수로 믿는 자들이
신앙의 세계를 주도하고 있지 않는가?
주도하고 있는 그 사실을 가리켜
"육신의 자녀들이 성령의 자녀들을 핍박한다"고 말한 것이다

다음 성구를 생각해 보자!
"너희가 성경에서 영생을 얻는 줄 생각하고 성경을 상고하거
니와 이 성경이 곧 내게 대하여 증거하는 것이로다" (요 5:39)

이 말씀은 "곧 성경이 나다 내가 곧 성경이다 내가 곧 영생이다"
증거하는 것이 아니라 말할 자(者) 있겠는가?
성경 어느 곳에서
여호와를 가리켜 "내가 곧 성경이다"
"내가 곧 영생이다"
"내가 곧 하나님의 아들이다"
이렇게 증거하신 성구가 있는가?

이렇게 거듭 거듭 강조하는 저의 속에는
오직 참 하나님은 예수 한 분뿐이라는 것이다
그분만이 하나님의 본체이시며 영광의 광채이다 (히 1:1-3)
하늘의 발등상이 되는 흙 차원, 이 땅을 제외하고는
모든 세계는 친히 그 분이 세우신 창조주 하나님이시며
독생하셨던 하나님이셨다
그런데 언감생심
여호와가 하나님이시며
여호와가 예수
종들의 입장으로서는 자신들의 아버지를
하나님으로 추대하고 싶고 믿고 싶은 것이
그들의 근본적인 입장일 수도 있겠다
생각들 수 있지만…

그렇다면 다음 성구를 생각해 보라!
"이제부터는 너희를 종이라 하지 아니하리니
종은 주인의 하는 것을 알지 못함이라
너희를 친구라 하였노니 내가 내 아버지께

들은 것을 다 너희에게 알게 하였음이니라" (요 15:15)

종은 하나님을 아버지라 부를 수 없다
종이 부르는 하나님은 따로 정해져 있다
다음 성구를 생각해 보라!
"(중략)- 율법 아래 있는 자들을 속량하시고 우리로 아들의
명분을 얻게 하려 하심이라 너희가 아들인고로 하나님이 그
아들의 영을 우리 마음 가운데 보내사 아바 아버지라 부르게
하셨느니라 그러므로 네가 이후로는 종이 아니요 아들이니
아들이면 하나님으로 말미암아 유업을 이을 자니라" (갈 4:4-7)

또 다른 성경을 자세히 살펴보라!
"내가 아브라함과 이삭과 야곱에게 전능의 하나님으로
나타났으나 나의 이름을 여호와로는 그들에게 알리지
아니하였고" (출 6:3)

각각 자기의 소속과 분량과 계열에 따라 부를 수 있는
이름이 다르다는 것을 보여주고 있는 말씀이다
그러나 지금까지 여호와의 입장을 소개하고 있는
이유 중의 하나는
이제는 더 이상의 여호와의 세계를 소개할 수 없는 때가
되었다는 것이다

다음 성구를 보라!
"세례 요한의 때부터 지금까지 천국은 침노를 당하나니 침노
하는 자는 빼앗느니라 모든 선지자와 및 율법의 예언한 것이

요한까지니" (마 11:12-13)

세례요한과 예수의 제자들로부터 세례를 받은 자들은
하늘나라의 의를 이룬 것이다 (마 3:15)
세례를 받은 자들만이 율법 시대를 마친 자로서
인정을 받는다는 것이다
율법이라는 남편으로부터 자유함을 얻어
진리와 은혜로 오시는 새 신랑을 맞이할 수 있는 자격을
부여하는 것이 곧 세례라는 것이다
이렇게 정해진 때에
예수께서 "때에 맞게 오셨다"는 것이다 (갈 4:4)
정해진 때 끝에
예수께서 "자주 고난을 받지 않기 위해
정해진 때 끝에 오셨다"는 것이다

제 4장
누가 이단인가?

제 4 장
누가 이단인가?

임금님 귀는 당나귀 귀!
소리치고 싶었던 그 갈대밭
은혜의 세계 속에서 두 번 빛으로 받은 말씀
물론 가히의 말씀이셨다

어두운 데서 빛이 비취리라 하시던 그 하나님께서
모세의 얼굴에 있는 멜기세덱 영광을 아는 그 빛을
질그릇같은 이 소자에게 주셨으니 (고후 4:6-7)
이는 천국에서의 보배 중의 보배요 보화 중의 보화로다

그 빛을 받은 이후
크고 작은 하늘 일에 휩싸여 크고 많은 진통 속에서
헐떡이며 지금까지 떠내려 왔다

"행여 부르기 전에 시끄러울까봐 내가 미리 왔다
무슨 일이 있기에 나를 찾았느냐?"
"예, 궁금한 일이 있기에 뵙고자 했습니다

지금 종교계에서 가장 떠들썩한 소문 중에
하나가 무엇인 줄 아십니까?
바로 '내가 말씀 아버지다'라고 하신 그 부분이
소용돌이치는 바람처럼 성도들의 믿음의 뿌리를
흔들고 있습니다
그러나 어찌 목회자들이
이단을 척결하는 감별사들이 그냥 보고만 있겠습니까?
이단이라는 족쇄를 채우고자, 이단이라는 낙인을 찍고자
각 교단마다 난리를 치고 있습니다
왜 스스로 긁어 부스럼을 만드셨습니까?"

듣고 계시던 도사 목사께서 왈(曰)
"너는 왜 나를 아버지라 부르느냐?"
"아버지이신 줄 알기 때문에 아버지라 부르는 것 아닙니까?"
"그렇다면
처음부터 나를 아버지라고 불렀더냐?"
"물론 처음에는 아니었죠
은혜의 계시 속에서 양육하여 주셨기에
제가 아버지라는 것을 알게 되었죠"
"바로 그 점이다!
처음에는 몰랐지만 가르침을 받다보면 언젠가는
알게 된다는 것을 믿는 믿음으로
내가 그렇게 소리친 것이다
생각해 보라!
겨자씨 한 알만한 믿음이 있으면 바다에 뽕나무를 심고
태산을 움직인다 하지 않았느냐?

'그대로 되어지니라' 하신 말씀을 (창 1:9, 1:11, 1:15, 1:24, 1:30)
믿고 바라보며 그렇게 증거한 것이다
경(經)의 말씀 중에도
"너희 율법에 기록한 바 내가 너희를 신이라 하였노라 하지 아니하였느냐 성경은 폐하지 못하나니 하나님의 말씀을 받은 사람들을 신이라 하셨거든" (요 10:34-35)
하물며 해를 입은 나 스스로를 말씀을 입은
말씀 아버지라고 증거한 것이
어찌 잘못되었다고 말할 수 있느냐?"

"물론 지당하신 말씀이지만
오늘날
하나님의 종들도 당신 자신들이 하나님의 말씀의 종들이라
다 믿고 있지요
그렇다면 그들도 다 말씀 아버지라고 말해도 되나요?"
"하긴 그것이 문제라는 것 나도 잘 알고 있다
그렇지만 각자 받은 말씀이 받은 차원과
내용에 따라 달라지는 것이다
'온전한 것이 오면 부분적인 것을 폐하라' (고전 13:10)
온전한 것과 부분적인 것은 다르다
초보의 신앙과 장성한 자의 신앙이 다르다
의인의 부활과 생명의 부활
천 년의 차이가 있다
노아가 지은 방주도 그 위치에 따라 영광이 다르다
사람이 인치는 것과 성령이 인치는 것도 다르다

사람이 기름 붓는 것과 하나님 또는 성령이 기름 붓는 것도
다르다
이 땅에서 받는 은혜와 천국이라는 낙원
셋째 하늘나라에서 받는 은혜도 다르다
하나님의 오른손의 책
이긴 자 어린 양으로부터 받는 책
하늘이 인류에게 주시는 마지막 메시지
그 책 그 말씀을 입은 자
내가 말씀 아버지라 했다고 한들…"

"그렇다고 당장 오늘의 그 말씀 전체를
다 할 수 없잖습니까?"
"그렇지!
그렇기 때문에 긁어 부스럼을 만들고 있지 않느냐?
부스럼
상처가 생겼다가 나아질수록 면역력이 생기지 않느냐?
이 정도의 입장에서 두려움이 생긴다면
어찌 앞으로 다가올 그 환란을 감당하겠느냐?"
먼 곳을 바라보시는 눈동자 속에는
많은 그림자들이 스쳐지나가고 있었다

생각해 보라!
예수님께서도 천국복음 전하시며 하늘나라를 세우시기 위해
이 땅 위에서
스스로 긁어 부스럼을 만드신 일이 한 두 번이냐?
예수께서 하신 말씀을 들어보라!

"예수께서 이르시되 내가 진실로 진실로 너희에게 이르노니
인자의 살을 먹지 아니하고 인자의 피를 마시지 아니하면
너희 속에 생명이 없느니라 내 살을 먹고 내 피를 마시는 자는
영생을 가졌고 마지막 날에 내가 그를 살리리니
내 살은 참된 양식이요 내 피는 참된 음료로다
내 살을 먹고 내 피를 마시는 자는 내 안에 거하고 나도
그 안에 거하나니 살아 계신 아버지께서 나를 보내시매
내가 아버지로 인하여 사는 것같이 나를 먹는 그 사람도
나로 인하여 살리라" (요 6:53-57)

"이러므로 제자 중에 많이 물러가고 다시 그와 함께
다니지 아니하더라" (요 6:66)

하나님이 사람으로 오신 예수님이신데
이 말씀을 하면 모여 있던 사람들과 제자들까지도
떠나간다는 것을
모르시는 예수가 아니셨다
왜 그것을 아시면서도 그 말씀을 하셨을까?
율법을 이루시기 위해서였다

마 5:17-18
"내가 율법이나 선지자나 폐하러 온 줄로 생각지 말라
폐하러 온 것이 아니요 완전케 하려 함이로라
진실로 너희에게 이르노니 천지가 없어지기 전에는
율법의 일점일획이라도 반드시 없어지지 아니하고 다 이루리라"

생각해 보라!
율법 속에는 다음과 같은 말씀이 있다
"너희가 그 땅에 들어가 각종 과목을 심거든 그 열매는 아직
할례 받지 못한 것으로 여기되 곧 삼 년 동안 너희는 그것을
할례 받지 못한 것으로 여겨 먹지 말 것이요
제 사 년에는 그 모든 과실이 거룩하니 여호와께 드려
찬송할 것이며 제 오 년에는 그 열매를 먹을찌니 그리하면
너희에게 그 소산이 풍성하리라
나는 너희 하나님 여호와니라" (레 19:23-25)

이 구절 속에는 구속사의 중요한 의미가 들어있다
창세기 49장 야곱이 침상에 의지한 채 그들의 각인의 분량대로
축복하였더라 (창 49:28)
축복하는 말씀 중에 요셉에게 한 말씀을 집중해 보라!

"그로부터 이스라엘 반석인 목자가 나도다" (창 48:24)

믿음의 족보로 말한다면 예수님이 요셉에 이어
42대(代) 유다 지파를 통해 오셨다
그러나 영적인 입장, 영맥, 산 자의 길로는
산 자의 열매인 요셉의 후손으로 오셨다
그것을 알았기에 야곱이 "요셉에게서 반석이신 예수가 나오도다"
한 것이다
다시 언급한다면 아브라함, 이삭, 야곱, 요셉, 예수
이들을 가리켜 성경에서도 산 자로 증거하고 있다

"모세도 가시떨기나무에 관한 글에 보였으되 주를
아브라함의 하나님이요 이삭의 하나님이요
야곱의 하나님이라 칭하였나니
하나님은 죽은 자의 하나님이 아니요 산 자의 하나님이시라
하나님에게는 모든 사람이 살았느니라 하시니" (눅 20:37-38)

산 자라고는 하지만
아브라함, 이삭, 야곱의 경우는 산 자라고는 할 수 있지만
생명나무의 열매와 같은 입장은 아니다
아브라함이 과목의 뿌리라면
이삭이 주목, 또는 주간이 되고
야곱이 12가지와 같은 존재가 된다면
본 가지의 꼭대기에 열린 첫 열매가 곧 요셉이 되는 것이다
그러기 때문에
아브라함, 이삭, 야곱
이들을 가리켜 할례 받지 못한 대상이라 말한 것이다
다시 말하면
믿음, 순종, 행함, 이 셋이 합하여 완전한 하나를
이룬다는 것이다

이는 마치
에녹, 므두셀라, 라멕, 3대(代)를 통해 완전한 의인
노아가 탄생된 것 같이
그리고
물과 피와 성령, 이 셋이 합하여 완전한 하나
해가 된 것처럼 (요일 5:5-8)

요셉도 그런 존재가 되었다는 것이다
산 자의 첫 열매가 되었기에 그 열매가 거룩한 열매라 한 것이다
거룩한 첫 열매가 되었기에
하나님이 먼저 취하신 것이다
그리고 이어
5대째 열매 너희들이 취하라 하신 것이다
산 자로 오신 예수
5대째 열매이셨다
5대째 오신 산 자의 열매이셨기에 나는 하늘에서
내려온 산 떡이라 하신 것이다
너희들에게 주신, 너희들이 필연적으로 먹어야 될
열매로 오신 분이기에
스스로 그렇게 긁어 부스럼을 만드신 것이다
레위기 19:23 그 율법의 말씀을 완전하게 이루시고자…
그 말씀을 하시면
사람들과 제자들까지도 떠나간다는 사실을 바라보시면서…
알면서 하신 말씀이다

"나도 그렇게 스스로 긁어 부스럼을 만들고 있는 것이다
떠나갈 사람은 떠나가고 믿고 남을 사람은 남게 하기 위해서다
이 말씀을 믿어야 될 사람들은 스스로 풀무불에 들어가는
사람들과 같은 사람이 된다
왜냐하면
그들은 많은 시련을 받을 수밖에 없기 때문이다

생각해 보라!
가마니에 쌀이 담기면 쌀가마니가 된다
가마니에 소금이 담기면 소금가마
가마니에 콩이 담기면 콩가마
가마니에 숯이 담기면 숯가마
담겨지는 내용에 따라 겉도 품위가 달라지는 것 아니냐?
비록 네가 염려하는 것처럼
오늘의 내 입장에서
도둑같이 임하여 역사되는 세계를 다 말할 수는 없지만
지금에서야 이렇게라도 말하지 않을 수 없는 것이
오늘의 내 입장이 아니냐?
때가 되면 이후의 상황에 따라 네가 이 사실에 대하여
뒷 책임을 지거라"
이 사건을 기점으로 시작하여 날로 날로 도사 목사 교회는
보이지 않는 태풍 속으로 빠져들어 가고 있었다

그렇다!
남의 눈에 들어있는 들보
남들이 가지고 있는 허와 실과 티
얼마나 맛이 있는 별미가 되는가?
먹거리를 찾아 헤매이고 있는 승냥이와 같은 존재들
그들에게는
이보다 좋은 별미는 없었다
지워지지 않는 군침을 흘리며
"어떻게든지
부스럼이 난 저 자의 상처를 이용하여

이단 척결자라는 입장에서 최고의 훈장을 타야지…"
흐뭇한 미소를 띄워가며
천부적이라 자랑하고 있었던 녹슬지 않는 기묘자의 육하원칙의
보도(寶刀)의 날을 갈고 갈아
"단숨에 저 자의 목을 날려버려야지!
그렇지 않아도 나의 요구
처음에는 잘도 들어주더니 커지고 나서인지
근래에 와서는
내가 요구하는 도움을 거절하고 있지 않는가?
잘 됐다
요번 기회에 버르장머리를 고쳐놓자!"

군침이 흘러내리는 그 입가를 바라보는 또 다른 자
어둠의 능력을 가지고 있는 자, 영적인 존재가 있었다
그를 가리켜
택한 자를 삼키려고 우는 사자처럼 이 땅에 온 존재
자기를 위하여
목숨을 바칠 수 있는 자를 찾아 영적 이스라엘 땅
삼천리 금수강산 이곳저곳 헤매고 있는 자
그러한 그들에게
이단 척결 감별사 그들이야말로
그들이 찾는 대상 중에 1순위에 해당되는 최고의
먹이감들이었다
하나님의 종들을 이용할 수 있는 최고의 책략
하나님의 종들을 길들일 수 있는 천상천하 최고의 병기
역시나

6000년간 휘둘러 왔던 절체절명의 보검
오직 그 보검(寶劍) 뿐이었다
이단이라는 명분을 만들어 가차없이 의인들의 목을
내려쳤던 이단 척결의 그 보검
오늘에 와서야
그 보검이 얼마나 더 마광되었는지 아는 자 있을까?

미소 짓는 어둠을 입고 있는 자의 앞자락에서는
아직도 마르지 않는 의인들의 뜨거운 피가 흐르고 있었다
"그 어느 누가
반석 위로 지나간 뱀인 나의 자국을 찾아낼 자 있을까?
성전 대들보를 감고 있는 나의 모습을 바라보는 자 있을까?
비록 예수에게는 실패했으나
비록 해를 입은 여인에게는 아직 이기지 못했으나
천상천하의 영광을 넘겨준다고 한다면
그 어느 누가
내게 절하지 않는 자가 있단 말인가?
이 세상을 움직이고 있는
돈, 권력, 명예, 이 세 가지를 모두 안겨 준다면
그 누구인들
좋아하지 않을 자 있단 말인가?
모든 것을 좋아하며
모든 것에 욕심내며
모든 것에 으뜸이 되고자 하는 자, 그들을 찾아보자!"
오늘도
혈안이 되어 찾고자 하는 그들에게

"내 모든 영광을 넘겨주리라"고 외치고 있는
오늘의 그의 이마에
'붉은 용'이라고 그의 이름이 씌어 있었다

붉은 용!
그를 가리켜 '옛 뱀, 마귀, 사단'이라고 했다 (계 20:20)
신약 마당에도 등장하지 않았던 그가
드디어 재림 마당에 등장했다
왜 그가 와야만 했는가?
그만큼 재림의 마당이 그에게 있어서는
절대적인 위기의 순간이 되어있기 때문이었다
재림 마당에서 이루어지는 하늘의 역사
그저 바라만 볼 수 있는 입장이 아니기 때문이었다

해를 입은 여인이 두 번째 구도의 길을 통해
자신의 목적을 이루었기 때문이다
장안산에 이어 지리산에서 3년 6개월 7일
천국을 침노하여
유대 지파의 사자 다윗의 뿌리에서 이기신 자
어린 양으로부터
하나님의 오른 손에 있던 책
그 책을 받았기 때문이었다
그 책이 어떤 책이었나?

"내가 보매 보좌에 앉으신 이의 오른손에 책이 있으니
안팎으로 썼고 일곱 인으로 봉하였더라

또 보매 힘있는 천사가 큰 음성으로 외치기를 누가 책을 펴며
그 인을 떼기에 합당하냐 하니 하늘 위에나 땅 위에나
땅 아래에 능히 책을 펴거나 보거나 할 이가 없더라
이 책을 펴거나 보거나 하기에 합당한 자가
보이지 않기로 내가 크게 울었더니" (계 5:1-4)

천상천하에 유일무이한 책이었다
큰 책 속에 있는 내용이 화염검과 같은 능력의 말씀이었다

"하나님의 말씀은 살았고 운동력이 있어
좌우에 날선 어떤 검보다도 예리하여 혼과 영과 및
관절과 골수를 찔러 쪼개기까지 하며 또 마음의 생각과
뜻을 감찰하나니 지으신 것이 하나라도 그 앞에 나타나지
않음이 없고 오직 만물이 우리를 상관하시는 자의 눈 앞에
벌거벗은 것같이 드러나느니라" (히 4:12-13)

그 화염검을 산 자가 갖게 된다면 공중의 권세를 갖고 있던
그들의 모든 권세를 빼앗기기 때문이었다
그러므로 해를 입은 여인은 산 자를 낳아 그 권세를 주어
하늘 보좌로 올리려하는 것이다
붉은 용이 해를 입은 여인이 낳으려하는 산 자를 삼키려고
대적하는 모습이 계시록 12:1-5의 말씀이다
그러나 끝끝내 붉은 용의 대적함 속에서 산 자를 낳아
화염검을 주어 보좌로 올려 보내는 것을…

"여자가 아들을 낳으니 이는 장차 철장으로 만국을 다스릴

남자라 그 아이를 하나님 앞과 그 보좌 앞으로 올려가더라"
(계 12:5)

예수님 이후 피조물 중 영육 간에 부활한 자, 유일한 산 자가 되어
하늘 보좌로 올라간 최초의 인자가 되었다

그렇다면 그가 어떻게 산 자가 되었을까?
어느 누구를 막론하고 산 자가 되기 위해서는
부활의 능력으로 사망의 권세를 깨고 영육 간에 부활해야 한다

"성결의 영으로는 죽은 가운데서 부활하여 능력으로
하나님의 아들로 인정되셨으니 곧 우리 주 예수 그리스도시니라"
(롬 1:4)

예수님도 그제서야
부활의 능력으로 하나님 아들로 인정받으셨다고 했다
어느 누구든지 간에 메시아
하나님의 아들이 되고자 하는 자는
스스로 자신의 죽음에 대해 성경적으로 예언하고
예언된 말씀대로 죽었다가 영육 간에 부활하여 살아나야 한다
그렇지 못한 자는 다 사기꾼이다
지금까지 어느 누가 자신의 죽음에 대하여 예언하고
증거한 예언대로 살아난 자들이 어디 있는가?
오늘에 이르기까지
수백에 달하는 자들이 자신들의 존재가 메시아라고

자처하는 자들
그리고 이어 지금까지도 그런 자들이 얼마나 많이 있는가?

성경 속에서 오직 단 두 사람
신약 마당의 예수님
그리고 재림의 마당에 등장하는 이 땅의 주 앞에 섰는
두 감람나무
그들만이 그들의 죽음이 예고되어 있었고
예언된 말씀대로
예수님은 삼 일 만에 살아나셨고 두 감람나무는
삼일 반 만에 살아나게 되어있다

물론 도둑같이 오시는
감추어진 존재로 나타나시는 해를 입은 여인
그가 곧
큰 성길에 누워있는 두 감람나무에게 생기를
불어넣어 주시는 분이시다
해를 가지고 계시기에
자신뿐만이 아니라 두 감람나무까지도 자신처럼
영육 간에 부활시키시는 분이다
이들 외에 어느 누가 영육 간에 부활 받는 존재가 있다고
증거받고 있는 자가 있는가? (계 11:11-13)
분명하고 확실하게 외쳐 소리친다
이 세 사람 외에 자기를 메시아라고 말하는 자는
옛 뱀, 마귀, 사단같은 자들이다

그러나
그 분들에 의해 이 땅에서 첫째 부활
의인의 부활이 이루어진다 (계 20:4-6, 요 5:25)
의인의 부활로 이루어지는 세계가 곧 산 자의 세계가
되는 것이다
산 자의 세계
주님이 말씀하신 성구를 생각해 보라!
"무릇 살아서 나를 믿는 자는 영원히 죽지 아니하리니
이것을 네가 믿느냐" (요 11:26)

영원히 죽음이 없는 산 자의 세계가 이 땅에서
이루어진다는 것이다
어떻게 그런 세상이…
잘 믿고 죽어서 천당가는 죽는 자의 복음이 아니라
하나님의 오른 손의 책
그 책이
유대 지파의 사자 다윗의 뿌리에서 이긴 자 어린 양에게로
그 어린 양의 손에 있던 그 책이 결국
해를 입은 여인의 손으로 넘겨져 왔다
그 책의 말씀이 산 자의 복음이 되는 것이다

드디어 세상 끝에 산 자의 복음이 나타나므로
산 자의 첫 열매를 통하여 이 땅 위에 죽는 자의 세상 속에서
영육 간에 부활하는 의인의 부활을 통하여 산 자의 세계
천년 왕국이 세워지는 것이다
그런데 어찌 붉은 용이 하늘에만 처박혀 있을 수 있겠는가?

황급히
자기의 보좌를 팽개쳐버리고
이 땅으로
번개처럼 내려올 수밖에 없었다
그리고
어떻게든 해를 입은 여인이 낳고자 하는
그 아이를 삼키고자 대적하며
호시탐탐 기회를 엿보는 모습 (계 12:1-4)
너무도 잘 소개되어 있지 않는가?

팽팽하게 긴장된 절체절명(絶體絶命)의 시간이
그곳에 못 박혀 있는 순간
해를 입은 여인 배는 날로 날로 남산처럼
커져가고만 있었다
그러면서도
'말씀 아버지'란 자신의 입장을 고수하고 있었다
고기를 많이 잡으려면
떡밥, 된장을 많이 풀어야 된다
오늘날
안일한 천국 복음에 식상한 자들이 많이 있다
새로운 것을
보다 높은 차원 말씀을 요구하는 그들에게는
세속의 물로 만들어진 낡고 썩은
그런 된장으로는 절대
더 큰 차원의 상급과 영광을 요구하는 대어들을
잡을 수가 없는 것이다

그래서
새 부대에 담겨진 새 술을 내어놓듯
낡고 쇠하지 않은
새 된장을 풀어내고 있는 것이다

보라!
신선한 먹이를 좋아하는 새 시대의 물고기들을!
도사 목사의 말씀대로
외적으로는 대풍에 휘말리는 나무같은 신세가 되었으나
내적으로는
성도들의 수가 예상을 앞질러가는
놀라운 부흥의 역사가 일어나고 있었다
이것이 곧
기도의 능력이란 말인가?
하루에 두 시간씩 세 번의 기도
한 번에 일곱 줄씩 읽는 성경을 하루에 두 시간씩 몇 번
그러기에
성경을 이미 1000독을 훨씬 넘어섰다고 하셨다
세종대왕의 어록
"아무리 어려운 책이라도 100번을 읽게 되면
가르치는 자 없어도 스스로 깨닫게 된다"
하물며 천 번을 읽는다면 어떻게 될까?
그것은 그렇게 읽어본 자만이 알 수 있을 것이다
과연 대한민국 교역자들 중에서 성경을 일천 독 이상…
그런 사람이 있을까?

일단은 읽으신 분 도사 목사의 말을 들어보자!
성경 말씀을 일천 독(讀) 이상을 하게 되면
믿음의 타임머신을 타고 성경 역사의 세계로 들어가
그 시대에 살고 있는 그 사람들을 만날 수가 있다
그러면서 다음 성구를 가르쳐 주셨다

"옛날을 기억하라 역대의 연대를 생각하라 네 아비에게 물으라
그가 네게 설명할 것이요 네 어른들에게 물으라
그들이 네게 이르리로다" (신 32:7)

이미 죽고 죽어간 아비와 조상들에게 어떻게 물을 수 있는가?
물으려면
그들을 만나야 한다
그들을 만나려면 그들이 존재했던 그 연대 속으로…
그들이 머물고 있는 오늘날의 그 시대 속으로…
꿈만 같은 이야기다
과연 가능한 일일까?
분명 그는 말했다
가능한 일이기에 성경에 기록한 말씀이라고…
성경 말씀은 그림의 떡이 아니라
실존적인 실체의 참 떡, 영생의 떡이라고…
그의 말에 의하여
믿음의 타임머신을 타고
2000년 전 골고다 언덕에서 이루어졌던 그 일
현장을 직접 보았다고 했다

처음에는 "저 분이 도대체 무슨 말을 하는가?"
믿지 못했지만
오랜 세월이 흐르고 난 오늘에서야 그 말씀을 믿게 되었다
단순히 성경을 많이 읽었다는 그 비중이
그러한 결과를 이루었다는 그런 뜻이 아니다
성경을 1000독(讀) 이상 읽을 수 있도록
허락하시고 함께 해주신 그 은혜가
그러한 결과를 이룰 수 있는 사람으로 만들어 주셨다는 것이다

이러한 내용의 세계를 믿고 소개할 수 있는 입장
바울처럼
셋째 하늘나라에 가서
사람으로서는 들을 수도 볼 수도 없는 가히의 세계를
접하였기 때문이다

호사다마(好事多魔)!
스스로 부스럼을 내시는 입장에서 어울리지 않는
세상 소리겠지만
된장을 담그면 구더기가 생기고
집을 지으면 쥐새끼가 생긴다 했다
도사 목사에게 적의를 품고 있던 한 사람
드디어 그의 본색을 드러내기 시작했다
천부적으로 가지고 있던 비장의 무기, 비장의 카드를
꺼내들었다
그 누구보다도 이단자들을 귀신처럼 잡아내는
뛰어난 재능을 가진 자라 평판이 나 있는 자였다

세상 목사라면 아마도 그를 모르는 사람이 없을 거라고
이미 널리 알려진
유명세를 타고 있었다
이단을 잡아내는 천부적인 그의 재능 뒤에 가려진
그늘 속에 보이지 않는 또 한 사람이 숨어있었다

아무리 살펴보아도 그는
세상 사람 같아 보이지 않았다
미소 짓는 입술 사이로 군도같은 날카로운 피 묻은
이빨이 보였다
보이지 않는 어둠 속에서
사람과 사람 같지 않은 자의 목소리가 들려나왔다
"세상 소리에도 탈탈 털어 먼지 나오지 않는 자 없다
우선 그의 출생으로부터 출신성분
그가 어떻게 어떤 과정을 통해 목회자가 되었는지
목회 과정에서 치명적 사건이 될 만한 건덕지가 없었는지
돈 문제, 여자 관계는 어떠했는지…"
대화가 길어질수록
지시하는 자의 목소리가 점점 날카롭게 변하고 있었다

"그리고 하다하다 안되면
만들어서 붙이면 되지!
목사에게 가장 치명적인 게 무엇인지
너는 잘 알고 있잖아?
그동안 그 수법으로
얼마나 많은 사람들의 모가지를 비틀었어?

작정한 이상은 초심을 잃지 말고
처음 결심한 대로 사심에 빠져서는 안 돼!
돈 몇 푼 집어준다고 해서
거기 빠져서는 절대 안 돼!
당신은 이미 그런 거래를 두 번 했었지?"

날카로운 그의 소리가 이제는 절대적 명령이 되어가고 있었다
명령을 받고 있는 그의 얼굴도
만삭이 되어가고 있는 달덩이처럼 벌겋게 부풀어
땀에 잠겨가고 있었다
"만약에 네가 그렇게만 해준다면
네가 이 땅 위에서
하늘나라의 영광을 위해 최고의 공적을 쌓은
유일한 사람이 되지"

"제가, 감히!
말씀의 아버지…?
생각해 보라!
'본대로 오리라' 하지 않았느냐?
예수 외에 다른 이름을 말하는 자는 이단 중에 이단이요
괴수 중에 괴수란 말이다
결코 그를 살려두어선 안 된다!
무슨 방법과 수단을 동원해서라도 그의 길을 막아야 한다!
네가 그와 싸우다 죽는 순간이 설사 온다 할지라도
내가 너를 순교의 반열에 올려놓아주겠다
너의 이름은 하늘과 땅 위에서

궁창에 빛나는 별과 같이 빛나리라!"

명령조이던 그의 말이 이제는 침통한 흐느낌으로
바뀌어져 가고 있었다
붉은 용!
'옛 뱀, 마귀, 사단'이라고 했다 (계 20:2)
그를 가리켜 '온 천하를 꾀는 자'라 했다 (계 12:9)
'밤낮 하늘에서 택함받은 형제들을 참소하는 자'라 했다
(계 12:10)
'무저갱으로부터 올라온 자'라 했다 (계 11:7)
올라온 그가
자기의 사자들을 동원하여 이 땅에 있는
거짓 선지자들과 한 통속이 되어
'두 감람나무를 죽이는 자'라 했다 (계 11:7)
죽이는 그 곳을 가리켜
"영적으로 하면 소돔이라고도 하고 애굽이라고도 하니
저희 주께서 십자가에 못 박히신 곳이라" (계 11:8)
죽인 시체를
"사흘 반 동안을 목도하며 무덤에 장사하지 못하게 하면서
저희 죽음을 즐거워하고 기뻐하면서 서로 예물을
보내리라 하더라" (계 11:9-10)

이 모든 일 획책하고 주관하는 자가
곧 붉은 용이라는 것이다 (계 12:3)
그의 머리는 일곱이요 뿔이 열이라
그 여러 머리에 일곱 면류관 가지고 있는 자

그를 가리켜
하늘에 또 다른 이적을 가진 자라 했다
재림 마당 한 이레 중 당연히 등장해야 될
때의 주인
빛이 아닌 어둠의 주인공이라는 것이다
전 3년 반에 이어
자기에게 넘겨지는 후 삼년 반을 통하여
본래 가지고 있는 거룩한 천사의 능력
이긴 자로서
아담으로부터 옛 뱀으로서 넘겨받은 능력
6000년 동안 갈고닦은 체험적인 능력
그 모든 것을 동원한
권계와 궤휼과 모략과 거짓을 통하여
그에게
이 땅에 있는 모든 자들로 경배하게 하고 (계 13:8)
표를 받게 하고자 (계 13:16, 14:9-10)
바다와 파도의 우는 소리로 역사하여 모든 민족들
혼란케 곤고하게 하는 자! (눅 21:25)

어디 그뿐인가?
붉은 용이 바다의 짐승에게 권세를 주고
바다의 짐승은 땅에서 올라온 새끼 수양에게 권세를 주어
그들 또한
이 땅 위에서 광명한 천사들처럼
의의 일꾼의 탈을 쓰고
예수의 이름으로 역사하는 세 짐승

그들 또한 분명 세 사람이라 했다 (계 13:18)
특히 그들이 주장하고 강조하는 구호가
'오직 예수'라는 것이다

오죽하면 예수 자신이 이렇게 증거하셨겠는가?
"그 때에 사람이 너희에게 말하되 보라
그리스도가 여기 있다 혹 저기 있다 하여도 믿지 말라
거짓 그리스도들과 거짓 선지자들이 일어나 큰 표적과 기사를
보이어 할 수만 있으면 택하신 자들도 미혹하게 하리라
보라 내가 너희에게 미리 말하였노라
그러면 사람들이 너희에게 말하되
보라
그리스도가 광야에 있다 하여도 나가지 말고
보라 골방에 있다 하여도 믿지 말라" (마 24:23-26)

이 말씀을 간곡히 하시는 주님의 저의는
"마지막 때는
그리스도 예수의 이름으로 오시지 않으니 아예 그런 이름으로
역사하는 곳에는 가지도 말라"
이것이 예수님의 간곡한 메시지라

그러한 주님의 심정을 바라보며 이 성구를 생각해 보라!
"나는 내 아버지의 이름으로 왔으매 너희가 영접지 아니하나
만일 다른 사람이 자기 이름으로 오면 영접하리라" (요 5:43)

'내 이름으로 가는 다른 사람'이 있다는 것이다
절대 예수의 이름으로는 가시지 않겠다는 의지이시다
그런데 오늘날
오직 예수!
절대 예수!
재림 예수!
심지어는 오직 율법!
예수의 이름을 부르지 않거나
율법의 말씀을 벗어나는 것은 무조건 이단이라고 척결한다
누가 이렇게 가르치고 있는 것일까?

그가
바로 붉은 용과 그와 함께 하고 있는 사자들이다
이것이 곧
에덴동산에서 역사했던 들짐승 중에서
간교한 뱀의 지혜이다 (창 3:1)
이것이
광명한 천사, 의의 일군으로 역사하는
마귀의 실체이다 (고후 11:13-15)
그러한 그를
"너 아침의 아들 계명성이여 어찌 그리 하늘에서 떨어졌으며
너 열국을 엎은 자여 어찌 그리 땅에 찍혔는고" (사 14:12)
그러한 그를 끝내
음부 구덩이에 빠뜨리시겠다 하셨다
단호하게 외치신 말씀대로…

제 4장. 누가 이단인가?

하나님 아들
말씀이 육신이 되어오신 예수께서 "마귀의 일을
멸하러 오셨다"고 하셨다 (요일 3:8)

여기서 행여 오해하지 않기를 바라는 입장에서…
마귀를 멸하러 오신 것이 아니라
마귀가 행하는 일을 멸하러 오셨다는 것이다
오직
마귀를 멸할 수 있는 자는
아브라함의 후손인 택함을 입은 자녀로서만이
할 수 있는 유일한 것이다

생각해 보라!
피조물이 아닌 창조주이신 하나님 아들이 하실 바에는
처음부터
어둠의 시조를 멸하시면 그만이 아니었던가?
그런데도 그런 하늘의 뜻이 아니었기에
하나님이 죄를 간섭할 수 없었던 것이다
선악 나무 열매를 따먹는 하와와 아담을 간섭할 수
없었던 것이다
궁창의 세계에서
천사들이 저지른 그 죄와 허물을
하늘의 발등상이 되는 낮고 천한 발등상이 되는
이 땅에 있는 흙 차원의 인생들을 통해
궁창의 세계에서 저질러졌던 그 모든 부패의 원인을
심판하고 바로 잡고자 하는 것이

본래 하나님의 뜻이었다

그러나 한 가지 주지해야 할 내용이 있다
비록 낮고 천한 이 땅에 있는 흙 차원의 인생들
본래는 그들도 하늘에 있던
생명체들이었다는 것이다
하늘에 있던 그들이 흙 차원의 세계로 들어왔다는 그 의미
그 의미를 올바로 깨닫지 못하기 때문에
구속사의 끝자락을 이해할 수 없는 원인 중의 하나가
되는 것이다

"이는 실로 천사들을 붙들어 주려 하심이 아니요
오직 아브라함의 자손을 붙들어 주려 하심이라" (히 2:16)

"우리가 천사를 판단할 것을 너희가 알지 못하느냐
그러하거든 하물며 세상 일이랴" (고전 6:3)

이러한 성구들을 통하여
오늘 우리의 존재가 어떠한 명분과 대의를 가질 수 있는
대상인지 깊이 나 자신의 각자를 알아야 한다
하루속히 궁창의 세계에 있는 신령한 능력들을
인수받을 수 있는
신령하고 장성한 그리스도의 분량으로 자라는 자들이 되자!
궁창에 있는 하늘의 보배, 보화
그것들은
일정동안 잠시 천사들에게 맡겨 놓은 것이다

결코
그들에게 영원히 준 것이 아니다
오직
장차 하나님의 후사들이 될 수 있는 아브라함의 후손들에게
주시기 위해 본래 준비해 놓으신 것이다

생각해 보라!
성경에서 맺으신 모든 언약은
아브라함과 맺으신 언약이었다
떡과 포도주의 언약
횃불 언약
시내산에서 맺은 율법 언약
믿음의 조상
인류의 조상
산 자의 조상인 아브라함과 맺은 언약이다

"여호와께서 가라사대 나의 하려는 것을 아브라함에게
숨기겠느냐 아브라함은 강대한 나라가 되고 천하 만민은
그를 인하여 복을 받게 될 것이 아니냐 내가 그로 그 자식과
권속에게 명하여 여호와의 도를 지켜 의와 공도를 행하게
하려고 그를 택하였나니 이는 나 여호와가 아브라함에게
대하여 말한 일을 이루려 함이니라" (창 18:17-19)

여기에서 한 가지 분명하게 외치고 싶은 것이 하나 있다
아브라함과 같은 믿음이다
아브라함의 믿음의 본질은 이 땅에 인자로 등장한

멜기세덱과 여호와로 인하여 맺은 언약이며 축복이라는 것이다
볼 수도 없는 보이지도 않는 (딤전 6:15-16)
하나님과 맺은 언약이 아니라는 것이다
그렇다면 오늘날
아브라함과 같은 믿음을 가지려면
인자로 등장하는 광명한 자들을 만나야 된다
분명 재림 마당인 오늘
이 땅에 등장하는 인자들이 있기에
하늘의 이적으로 등장하는 해를 입은 여인 (계 12:1-2)
하늘에서 구름을 입고 내려오는 힘센 다른 천사 (계 10:1)
인자가 아버지 영광으로 올 때에 거룩한 천사들과 함께
(마 16:27, 막 8:38, 눅 9:26)
이 땅의 주와 주 앞에 섰는 두 감람나무 두 촛대 (계 11:4)
이렇게 올 인자들이 있기에
도둑같이 오겠다 하신 것이다

"보라 내가 도적 같이 오리니 누구든지 깨어 자기 옷을 지켜
벌거벗고 다니지 아니하며 자기의 부끄러움을
보이지 아니하는 자가 복이 있도다" (계 16:15)

이렇게 분명하고 확실하게 증거되고 있는데도
오늘날
붉은 용은 "오직 이 땅에 올 수 있는 자는 예수밖에 없다"고
유혹하고 있다
해를 입은 여인, 교회
철장의 권세를 가진 아이, 예수

그의 모든 것이 예수일 뿐이다
젖이나 먹는 어린 초보의 신앙인들에게는
그 보다 좋은 정석은 없다
오직 인류를 위하여 십자가를 지으신 분
'오직 예수'가 아니던가!
'오직 예수' 외에는 결코 그 누구도 존재할 필요가 없다
'오직 예수' 외에는 다 이단이요, 귀신, 마귀들이다
붉은 용의 사주이며 철저한 명령이다

그러한 붉은 용의 의도가 무엇인가?
예수의 이름으로
다른 이의 이름으로 오는 자들
하늘에 구름을 입고 오는 힘센 다른 천사 (계 10:1)
하늘에 이적이 되는 해를 입은 여인 (계 12:1-2)
그 여인이 낳는 철장의 권세를 가진 아이
이 땅의 주와 두 감람나무 두 촛대
이들은 분명하게 재림 마당에 등장하는 이들의 이름이다
그런 이들을 처단하기 위하여
붉은 용이 '예수'의 이름만을 오직 부르짖게 하고 있다는 것이다
그것이 들짐승 중에서 간교한 뱀의 지혜이다
그것이 하나님의 백성들을 우는 사자가 되어
삼키고 있는 마귀의 능력이다
그러한 역사가 진행되고 있는 오늘
과연
이단의 정체와 실상이 무엇인지
이쯤에서 한 번은

짚고 넘어갈 절대 필요성을 느끼게 된다

먼저
사도행전 15장을 살펴보자!
주 예수의 은혜로 구원받는다는 십자가와 부활의 복음을
전하는 바울과 바나바에게

"어떤 사람들이 유대로부터 내려와서 형제들을 가르치되
모세의 법대로 할례를 받지 아니하면 능히 구원을 얻지
못하리라 하니 바울과 바나바와 저희 사이에 적지 아니한
다툼과 변론이 일어난지라 이 문제에 대하여
바울과 바나바와 및 그 중에 몇 사람을 예루살렘에 있는
사도와 장로들에게 보내기로 작정하니라" (행 15:1-2)

이것이
예수를 믿는 신자들 간에 최초로 벌어지고 있는
논리적 싸움이라고 말할 수 있다
한 마디로 일축한다면
율법이 더 중요하냐?
예수의 십자가와 부활의 복음이 더 중요하냐?
이것이
싸움의 쟁점이다
어느 것이 더 중요하냐는 의미 속에는
단순히 우선, 차선을 말하고 있는 것이 아니다
모세의 율법으로 구원받는다면 예수의 이름으로
구원받지 못한다는

본질적인 문제에 부딪히게 된다

구원의 본질
어떻게 보면 이 때부터 이단이라는 최초의
싸움이 시작되고 있는 전초전의 모습이 아니었는가?
조심스럽게 말할 수 있다
그러나 그 당시 초대 교회의 입장으로서는
확고하게 정립된 구원의 중심과 기준이
권위적인 자리 매김을 하지 못했던 때였다
그래서 사도와 장로들이 이 일을 의논하러 모여
많은 변론이 있은 후에 (행 15:6-7)
다음과 같은 결론을 내리게 되었다

"우리가 저희와 동일하게 주 예수의 은혜로
구원 받는 줄을 믿노라 하니라" (행 15:11)

"다만 우상의 더러운 것과 음행과 목매어 죽인 것과
피를 멀리 하라고 편지하는 것이 가하니" (행 15:20)

"이에 사도와 장로와 온 교회가 그 중에서 사람을 택하여 바울과
바나바와 함께 안디옥으로 보내기를 가결하니 곧 형제 중에
인도자인 바사바라 하는 유다와 실라더라" (행 15:22)

이것이 예루살렘 최초의 공회의 모습이며 시작이라 말할 수
있다
비록 시작은 미약하였으나

점차적으로 공회의 권위가 세워지고 조직의 세력이 확장되므로
공회에서 결정되는 모든 내용이
기독교의 최고 의사의 결정이 되며 지시와 통제의
최고의 명령이 되었다
최고 의사의 결정으로 기독교의 두 가지 성례를 정하였다
'세례'와 '성만찬식'
그리고 예배를 인도하며 마치는 과정에서의
신앙고백
열두 사도의 신앙 고백인 사도신경
그리고 예수님이 가르쳐주신 주기도문
이것이 공식적으로 문서화 된 최초의 강령이며
기독교 최초의 윤리와 도덕적인 기준의 시작이 되었다

어찌
예루살렘 공회의 역사를 다 기록할 수 있겠는가?
문제는
문서화된 공식적인 내용이 아니라
신앙적인 차원에서의 문제점이다
'빛과 어둠의 경계'
'영적인 입장에서'
'진실과 거짓'
'참 복음과 거짓복음'
'그리스도와 적그리스도'
'성경 말씀을 어떻게 해석할 수 있는 올바로 정확히
해석할 수 있는 기준'
'오늘의 율법과 진리는 어떻게 다른가?'

믿음의 세계
"믿음은 바라는 것들의 실상이요
보지 못하는 것들의 증거니" (히 11:1)
"믿음으로 모든 세계가 하나님의 말씀으로 지어진 줄을
우리가 아나니 보이는 것은 나타난 것으로
말미암아 된 것이 아니니라" (히 11:3)

우리가 살고 있는 물질의 세계
앞으로 우리가 살아가야 될 영원한 세계와는 다르다는 것이다
보이는 것은 실상이 아니라는 것이다
지금은 볼 수 없는 실존의 세계가 우리를 기다리고 있다
그 세계를 가리켜
우리들이 가야 할 영원한 세계
비(非)물질로 이루어진 하늘나라, 즉 궁창의 세계
그러한 그 세계를 가리켜
영적인 세계
거룩하고 신령한 존재들이 갈 수 있는 곳
즉 산 자들의 세계

그 세계를 가기 위해서는
그 세계에 간 자들을 바라본다면
구약 마당에선
에녹과 엘리야 밖에 없다
그들은 죽어서
귀신이 되어 간 자들이 아니다
영육 간에 이 땅에 살아있던 자들로서

하늘나라에 간 자들이다
에녹은 하나님이 데려가셨고
엘리야는 스스로 불 말과 불 수레를 타고 올라갔다
물론 모세도 감추어진 존재로서 부활하여
하늘로 올라간 존재라고 말할 수도 있다

이렇게
볼 수도 없는 하늘나라의 역사
그 부분에 있어서는
성경 자체적으로도 명확한 한계와 구체적인 판례가
없기에 쉽게 그 부분의 정도를 말하기는 어렵다
그렇다고
성경 말씀을 통해 그런 그 부분들을 알 수 없다는 것 아니다
"신령한 일은 신령한 것으로"
문제는 신령한 자만이
말씀 속에 들어있는 이면의 뜻을 알 수 있다는 것이다
스스로 말씀을 쪼개고 쪼개서 깨닫는다는 뜻이 아니다
"성경은 짝이 있다" (사 34:16)
신구약 말씀의 짝을 찾아 구슬을 꿰어 정확한 물건을
완성할 수 있다는 것이다

그러나 누구나 그렇게 다 할 수 있다는 뜻은 아니다
애써, 힘써, 더욱 간절히 기도하는 그들
은혜와 성령의 도우심을 받는 그들만이
그렇게 할 수 있다는 것이다
신령한 자유의 영혼들이 믿음으로 역사하는 하늘나라

누가 과연 그러한 하늘나라, 영적인 역사 속에서
올바른 말씀과 믿음을 가지고
하나님을 기쁘시게 해드리고 있는지
하나님만은 아시겠지만
이 땅에 있는
인생들로서는 결코 쉬운 일 아니다
쉽게 누구나 다 알 수 있는, 보여지는
믿음의 세계
영적인 세계가 아니다
그런 세계에서 각자가 믿음으로 하는 각자의 그 일들
그것을
누구는 "옳다, 아니다" 라고 말한다는 것
어찌 쉬운 일이라고 말할 수 있겠는가?
오죽했으면
"생명을 사랑하고 좋은 날 보기를 원하는 자는 혀를 금하여
악한 말을 그치며 그 입술로 궤휼을 말하지 말고 악에서 떠나
선을 행하고 화평을 구하여 이를 좇으라" (벧전 3:10-11)

어디 그뿐인가?
"내가 너희에게 이르노니 사람이 무슨 무익한 말을 하든지
심판 날에 이에 대하여 심문을 받으리니 네 말로 의롭다 함을
받고 네 말로 정죄함을 받으리라" (마 12:36-37)

첫째로
악인이 되지 않기 위해서는 혀를, 즉 말을 삼가라는 것이다
그리고 항상

"네 입으로 예수를 주로 시인하며 또 하나님께서
그를 죽은 자 가운데서 살리신 것을 네 마음에 믿으면
구원을 얻으리니 사람이 마음으로 믿어 의에 이르고
입으로 시인하여 구원에 이르느니라" (롬 10:9-10)

항상 구원의 주가 되시는 예수 그리스도를
마음 속에 모시고 입으로 그만을 찬양하는
좋은 소식을 전하는 아름다운 발을 가진 자가
되라는 것이다
그러한 은혜 차원의 긍정적인 생각
의식을 가지지 못하는 자
그들은 이단이 접근하기 좋은 자들이다

두 번째
그리스도의 말씀을 항상 사모하며 그리워하며 경외하여야 한다
"그러므로 믿음은 들음에서 나며 들음은
그리스도의 말씀으로 말미암았느니라" (롬 10:17)
그러나
어둠에 소속된 자들은 그리스도의 말씀을 결코 들으려
하지 않는다는 것이다
하늘의 소리보다는
세상의 소리, '육체의 정욕, 안목의 정욕, 이생의 자랑'
그런 유형의 소리만을 좋아한다는 것이다

그렇다면 그리스도의 말씀
그 세계의 특징은 어떤 것인가?

"그러나 내게는 우리 주 예수그리스도의 십자가 외에는
결코 자랑할 것이 없나니" (엡 6:14)

"예수께서 가라사대 나는 부활이요 생명이니 나를 믿는 자는
죽어서도 살겠고 무릇 살아서 나를 믿는 자는 영원히 죽지
아니하리니 이것을 네가 믿느냐" (요 11:25-26)

그리스도의 말씀의 특징은
오직 십자가와 부활뿐이다
그렇다면 오늘날 우리들은 십자가와 부활에 대하여
얼마나 깊고 높은 차원에서 그 비밀과 암호를 해독하고 있는가?

다음 성구를 생각해 보자!
"내가 그리스도와 그 부활의 권능과 그 고난에 참예함을
알려하여 그의 죽으심을 본받아 어찌하든지 죽은 자 가운데서
부활에 이르려 하노니 내가 이미 얻었다 함도 아니요
온전히 이루었다 함도 아니라 오직 내가 그리스도 예수께
잡힌 바 된 그것을 잡으려고 좇아가노라" (빌 3:10-12)

자신을 위하여 의의 면류관이 예비되었다는 것을
알게 된 바울이
그 면류관을 주시는 아버지께 가기 위해서는
부활의 비밀과 암호를 꼭 알아야 되겠다는 것이
바울 신앙의 입장이다
왜냐하면 의의 면류관은 아들이 주는 면류관이 아니라
아버지께서 주시는 면류관이기 때문이다 (요 16:10)

지금 바울이 고백하고 있는 부활의 의미는
순교 당하는 즉시 그가 부활의 비의와 암호를 깨달아
개인적으로 부활하겠다는 의지의 표명이다
물론 칼탕에 맞아 목이 잘렸다
죽은 시체를 그를 아는 경건한 형제들이
장례 절차에 따라 처리했겠지마는
그의 사후 이후의 세계에서는
어떤 부활로 그가 마무리되었는지 아무도 모르고 있다

여기서 우리는 한 가지 사실을 꼭 확인해야 한다
십자가와 부활을 증거해야 하는 말씀이
어디서부터 어디까지가 참 정통의 말씀인지
그 한계를 알아야만 우리가 이단에 빠지지 않을 수 있다

그렇다면 그 한계를 정하는 사람들은 누구일까?
하나님이 친히 정해주시는 것일까?
그렇지 않다면
목사나 주석학자, 성경학자, 신학교수
만약에 그들이 정해놓는 사람들이라 칭한다면
과연 그들은
성경에 관해 얼마나 많은 지적 능력, 은혜의 능력, 성령의 은사
지니고 있는 존재들일까?
방금 전 소개 내용대로 바울처럼
"나는
내게 주시고자 하는 의의 면류관을 아버지께 받고자
내 개인적인 부활의 권능을 얻고자

부활의 비밀과 암호를 얻기 위해
도전한다"고 말한다면
오늘날
신학의 잣대로서 정통신학이라 인정할 수 있을까?
예수님의 말씀에 의거하여
"나는 죽지 않고 살아서 하늘로 올라가는
산 자의 복음을 전한다"면
그런 복음을 전하는 자들을
당연히 이단이라 할 것 아닌가?

물론 이 땅에서 이루어지는 산 자의 세계 (계 20:4-6)
부활과 변화라는 두 도맥을 통해
이루어지게 되어 있다고 (살전 4:16-17) 성경에 분명히
기록되어 있는데
왜?
이단과 정통을 구별하는 대상자들은
그들을 가리켜
이단들이라 외치고 있는가?

성경 속에는
온전한 은혜와 부분적인 은혜가 있다
"우리가 부분적으로 알고 부분적으로 예언하니
온전한 것이 올 때에는 부분적으로 하던 것이 폐하리라"
(고전 13:9-10)

그렇다면 온전한 은혜를

입은 사람은 누구일까?

"그러나 노아는 여호와께 은혜를 입었더라
노아의 사적은 이러하니라
노아는 의인이요 당세에 완전한 자라
그가 하나님과 동행하였으며" (창 6:8-9)

온전한 은혜를 주시기 위해 에녹, 므두셀라, 라멕 3대를 통해
예비하고 준비한 사람이다
온 세상을 물로 심판할 수 있는 심판의 기준이 된 사람이기에
그를 의의 후사로 세우셨다고 한 것이다 (히 11:7)
그러한 노아를
포도주를 과도하게 마시므로 고주망태 취객이 된 노아
망령되게 하체를 드러내 놓으므로
자식인 함에게 비웃음과 조롱당한 처참한 애비의 민낯
이것이 오늘이나 옛적이나
이단과 정통을 가리는 잣대의 통속적이며 세속적인 한계였다

그렇게 노아를 매도하는 사람들!
노아에게 완전한 은혜를 주시고 당대의 완전한 자, 의인으로
만들어주신 하나님을 비웃고 조롱하는 자들이다
여호와 하나님을 믿는다는 자들이
하나님의 능력을 알지도 못하는 자들이라
스스로 증거하는 것 아닌가?

한 돌에 일곱 눈을 가지고 있다는 것!

자신이 창조한 세계를 "처음과 나중, 시작과 끝이라" 하신
말씀처럼
알파와 오메가로서 동시적으로 영원으로부터
영원한 세계를 바라보고 계시는 분
주관하시고 계시는 분
운행하시고 계시는 분 (히 1:1-3, 사 48:13)
그런 그분이 한치 앞도 몰라서
고주망태 포도주에 대취해서 하늘의 뜻을 외면한 그에게
온전한 은혜를 주고
당대에 완전한 의인으로 만들었겠는가?
동일한 그 잣대로
오늘날에 이르기까지 하나님의 말씀을 척량하고 있는
그대들이 진정
이단 중의 이단이 아닌가?

노아의 사적 속에는
놀라운 구속사의 근간이 이루어져 있다
첫째
성부 성자 성령의 비밀과 암호를 알았기에
300규빗, 50규빗, 30규빗
방주를 지을 수 있었다
그 당시는 물론 오늘에 이르기까지
성부 성자 성령의 비밀과 암호를 올바르게 아는 자들이 있는가?
모르기에 성삼위일체에 대해
구구한 해석들이 오늘에 이르기까지 난무하고 있지 않는가?

예수님을 가리켜
하나님의 본체, 영광의 광채라 했다(빌 2:6, 히 1:1-3)
그렇다면 삼위일체 중에서
일체는 분명 말씀이 육신이 되어 오신
예수님을 말씀하고 있는 것이다
진정
이 말씀이 이단이 아닌 올바른 말씀이라면
일체이신 하나님의 본체가 되시는 예수님 안에서
당연히 삼위가 탄생되시는 것 아닌가?

십자가상에서
피와 물을 떨치셨다
떨치셨던 그 피와 물을 오순절 날 오신 성령께서
그 피와 물을 찾아
피와 물과 성령
셋이 완전한 하나를 이루어
인격적인 태초의 말씀, 즉 '해'가 되셨다
이 땅에 계신 그 '해'를
도둑같이 오신 그 어떤 사람이
그 '해'를 입으므로
인자가 아버지의 영광으로 오시겠다고 하신 것이다
그리고 이 땅에서 영광의 주가 되시므로 (고전 2:8)
예수님의 영이
보혜사 성령으로 이 땅에 오실 수 있게 된 것이다

생각해보라!

보좌가 있다는 것은 분명 앉을 자, 인자가 있다는 것이다
그 인자는
이 땅에서 인자로서의 영광을 입게 되는 것이다
왜?
하나님은 천사들의 하나님이 아니시다
아브라함의 하나님, 이삭의 하나님, 야곱의 하나님 (눅 20:37-38)
산 자의 하나님이시다
그러므로 삼위일체가 되는 성삼위도
당연히 이 땅에서 이루어지는 것이다

다음 성구를 생각해 보라!
"이를 위하여 그리스도께서 죽었다가 다시 살으셨으니 곧 죽은 자와 산 자의 주가 되려 하심이라" (롬 14:9)

산 자와 죽은 자의 하나님
성삼위도 마찬가지다
이 땅 위에서 그들도 영광을 받기 위하여
이미
창세기 14장에서 멜기세덱으로부터 떡과 포도주의 축복
창세기 15장에서 횃불 언약
출애굽기 16장에서부터
시내산 율법의 언약
예레미야 31장에서
새 창조 새 역사의 새 일, 즉 은비한 일
새 언약을 맺으신 것이다 (사 42:9, 43:19, 48:6)

언약의 내용이 다르고 구분되어 있다는 자체도
언약의 성취와 결과를
이루시는 것 다르다는 의미도 있다
문제는 이러한 내용의 세계를 처음부터
노아가 알고 있었다는 것이다
알고 있었기에 정확하게 한 치의 오차도 없이 방주를 지었고
심판이 끝나고 무지개의 언약을 맺었고
포도원을 만들어
생명나무가 포도나무로 올 수 있는 길을 만들어 놓았다

노아가 만들어 놓은 포도원!
예수께서 포도원의 비유를 말씀하신 그 포도원
노아가 만들어놓은 포도원이다
포도원이란
구속사의 세계를 이룰 수 있는 제 밭을 의미하는 것이다
오직
천국이 이루어지는 장소
처음부터 정해져 있는 것이다
"예수께서 그들 앞에 또 비유를 베풀어 가라사대
천국은 좋은 씨를 제 밭에 뿌린 사람과 같으니" (마 13:24)

제 밭!
모리아 한 산!
아브라함이 이삭을 바친 그 곳, 여호와 이레!
그 곳도 세 성전이 지어질 제 밭이었다
생명나무이신 예수께서 포도나무로 이 땅에 오셨다

이 땅에 오신 포도나무 예수
영적으로 하면
포도주에 취하셔서 십자가에 발가벗겨
달리신 것이다
그것을
그 뜻을 위하여
노아가 하나님의 명령 (요 12:50)에 의하여
포도주에 취해 발가벗은 것이다
만약 그가 진짜 포도주에 취해 고주망태가 되었다면
어떻게 깨자마자 함이 아닌
아직 태어나지도 않은 가나안을 저주할 수 있었을까?
어떻게 함이 자기에게 행한 일을 알 수 있었을까?

어디 그뿐인가?
노아가 맺은 무지개의 언약
그 언약이
세 번째 시조인 아브라함을 통해 이루어질 언약이었기에
창세기 15장에서 횃불 언약으로서
재조명된 것이다
구속사의 세계가 이루어질 청사진을 바라보며
노아가 이 땅에서
최초로 이 땅에서 이루어져야 할 구속사를 위하여
포도원을 만들었다는
위대한 역사의 업적을 세웠기에
그를 의의 후사로 세우신 것이다

그런데도
오늘에 이르기까지 아직도 노아를 폄하하고 있는
오늘의 그 잣대, 그 잣대를 가지고
오늘도
자기들이 모르는 깨닫지 못하는 말씀
그 복음을 전하는 자들을
척량하고 있지 않는가?

다음 성구를 생각해 보자!
"멜기세덱에 관하여는 우리가 할 말이 많으나 너희의 듣는
것이 둔하므로 해석하기 어려우니라 때가 오래므로 너희가
마땅히 선생이 될 터인데 너희가 다시 하나님의 말씀의
초보가 무엇인지 누구에게 가르침을 받아야 할 것이니
젖이나 먹고 단단한 식물을 못 먹을 자가 되었도다
대저 젖을 먹는 자마다 어린 아이니 의의 말씀을 경험하지
못한 자요 단단한 식물은 장성한 자의 것이니 저희는 지각을
사용하므로 연단을 받아 선악을 분변하는 자들이니라"
(히 5:11-14)

한 마디로 신앙의 세계도
어린 아이와 같은 신앙이 있고
장성한 신앙이 있다는 것이다
그렇다면 어린 신앙의 세계를 좀 더 살펴보자
"그러므로 우리가 그리스도 ①말씀의 초보를 버리고
②죽은 행실을 회개함과 ③하나님께 대한 신앙과 ④세례들과
⑤안수와 ⑥죽은 자의 부활과 ⑦영원한 심판에 관한

교훈의 터를
다시 닦지 말고 완전한데 나아갈찌니라
하나님께서 허락하시면 우리가 이것을 하리라" (히 6:1-3)

성경에서 지적하고 있는 어린 신앙의 내용이다
젖이나 먹고 단단한 식물을 먹지 못하는
선악을 분별하지 못하는 자들이다
그러한 자들이 가지고 있는 이단에 대한 잣대
오죽하겠는가?
그러한 자들이었기에
"노아가 술에 취하여 고주망태가 되었다" 하고
"노아가 방주를 120년 지었다" 하고
"모세의 시체를 마귀가 가져갔다"고 하고
"굳이 멜기세덱을 알아야 할 필요가 있겠는가?"
참으로 기가 막힌 일 아닌가?

행여 오해할까 하여
모세에 관해 언급해 보자!
유다서에 보면
모세의 시체를 놓고
마귀와 대군 미가엘이 싸우고 있다
물론 모세의 죄가 민수기 20장에
시편 106:32-33에 기록되어 있다
그 입장을 내세워
마귀가 강력하게 모세의 시체를 요구하고 있다
그러므로 대군 미가엘이

"모세의 시체에 대하여 마귀와 다투어 변론할 때에 감히 훼방하는 판결을 쓰지 못하고 다만 말하되 주께서 너를 꾸짖으시기를 원하노라 하였거늘" (유 1:9)

힘과 능력으로 말한다면
대군 미가엘이 마귀보다 우세하다
그런데도
힘과 능력으로 하지 않고 "하나님이 책망하시기를 원하노라"
하나님이 친히 개입해 주시기를 원하고 있다
그렇다면
언제 하나님이 개입해 주셔서 이 문제를 해결해 주셨는가?
해결해 주시지 못했다면
신학이 제시한 대로 마귀가 모세의 시체를 가지고
갔다고 말할 수 있다
시체를 가지고 갔다는 의미는
마귀가 모세의 시체에 인을 쳤다는 것과 같다

계시록 13장을 깊이 살펴보면
마귀에게 경배 드린 자
마귀에게 표를 받은 자
마귀에게 인침을 받은 자
무조건 불 못, 지옥행이다 (계 19:20下, 20:15, 21:8, 막 9:45-49)

그렇다면 모세는 지금 어디에 있겠는가?
누가복음 16장에서 보여준 부자처럼 당연히 지옥불에

있을 것이다
진정 모세는 현재 지옥불에 있단 말인가?
그렇지 않다!
모세가 지옥불에 있다면
어찌 변화산에서
아버지의 영광으로 변화받으신
예수님의 부르심을 받을 수 있겠는가? (눅 9:28-31)

어디 그뿐인가?
다음 성구를 보자!
"또 내가 보니 불이 섞인 유리 바다 같은 것이 있고 짐승과
그의 우상과 그의 이름의 수를 이기고 벗어난 자들이
유리바다 가에 서서 하나님의 거문고를 가지고 하나님의
종 모세의 노래, 어린 양의 노래를 불러 가로되" (계 15:2-3)

생각해 보라!
지옥불에 있어야 될 그의 노래를…
왜?
이긴 자들이 불러야 하는가?
분명히 모세는 지옥불에 떨어지지 않았다
이 말의 의미는
모세의 시체를 마귀가 가져가지 못했다는 것이다
그의 시체를 가져가지 못했다는 의미는
대군 미가엘이 말한 대로
하나님이 마귀를 책망하셨다는 것이다
성경은 짝이 있다고 하신 말씀처럼 (사 34:16)

그 짝의 말씀을 찾을 수 있었다면
분명 신학의 가르침은 달라졌을 것이다

그렇다면
신학의 중심의 기준이 되어 이끌고 가는 그들
왜?
못 찾았을까?
짝이 되는 말씀이 없어서…?
아니다!
신앙이 어려서이다!
젖이나 먹고 단단한 식물을 먹지 못하는 그들의 입장에서는
결코 짝을 찾기가 쉽지 않았을 것이다

그 이유로서는
모세의 부활은 감추어져 있기 때문이다
모세는 예수님의 그림자격이다
그림자격인 모세의 부활이 기정사실화 된다면
부활의 첫 열매가 되시는 예수님의 영광이 가려지기 때문이다
그래서 모세가 죽고 나서도
그 시체를 장사한 사람들, 그 묘를 아는 자가 없게 하신 것이다

"벧브올 맞은편 모압 땅에 있는 골짜기에 장사되었고
 오늘까지 그 묘를 아는 자 없으니라" (신 34:6)

지금 이렇게 진행되는 이 글도 분명
이단의 글이 된다는 것 기정사실이다

어린 신앙
초보적인 신앙인들이 밝히지 못한 내용을 말한다면
구약 마당에서부터 오늘에 이르기까지
그것은 무조건 이단으로 몰려왔기 때문이다
그렇다면 진정
하나님이 모세를 위하여 마귀를 책망한 장면이
어디에 있는 것일까?

"대제사장 여호수아는 여호와의 사자 앞에 섰고 사단은
그의 우편에 서서 그를 대적하는 것을 여호와께서 내게
보이시니라
여호와께서 사단에게 이르시되 사단아 여호와가 너를
책망하노라 예루살렘을 택한 여호와가 너를 책망하노라
이는 불에서 꺼낸 그슬린 나무가 아니냐 하실 때에
여호수아가 더러운 옷을 입고 천사 앞에 섰는지라
여호와께서 자기 앞에 선 자들에게 명하사
그 더러운 옷을 벗기라 하시고 또 여호수아에게 이르시되
내가 네 죄과를 제하여 버렸으니 네게 아름다운 옷을
입히리라 하시기로 내가 말하되 정한 관을 그 머리에
씌우소서 하매 곧 정한 관을 그 머리에 씌우며 옷을 입히고
여호와의 사자는 곁에 섰더라" (슥 3:1-5)

물론 이 구절 속에는 모세라는 이름은 나와 있지 않다
이미 말했듯이 모세의 부활은 감추어진 부활이었다는 점…

생각해 보라!

오늘날에도 유대교에서는 모세는 믿어도
예수는 모세보다도 아주 작은 선지자처럼
믿고 있다
그런데 모세의 부활을 공식화 했다면
오늘날 어떤 결과로 나타나고 있겠는가?
여호수아 그 이름의 의미는…?
'여호와가 구원해 주신다'라는 의미가 들어있는 이름이다
모세라는 이름은 표면적으로 감추는 대신
그 의미만은 살리고자 등장시킨 이름이다
분명 이 구절 속에는
"예루살렘을 택한 여호와가 너를 책망하노라"
책망한다는 말씀이 분명 들어 있고
책망하시는 여호와, 모세를 책임져 주시는 내용이 들어있다

왜?
이런 숨겨진 구체적 내용을 밝히는 의도를 아는가?
이단을 척결한다는 명분 아래
구속사의 세계가 펼쳐진 구약의 마당에서부터 오늘에
이르기까지
자랑스럽게 여겨 뽐내던 그 척결의 군도같은 마광된 그 칼로
얼마나 많은
힘없고 연약한 하나님의 종들의 모가지를 쳤을까?

"곧 성령으로 나를 데리고 광야로 가니라 내가 보니 여자가
붉은 빛 짐승을 탔는데 그 짐승의 몸에 참람된 이름들이 가득
하고 일곱 머리와 열 뿔이 있으며" (계 17:3)

"또 내가 보매 이 여자가 성도들의 피와 예수의 증인들의 피에
취한지라 내가 그 여자를 보고 기이히 여기고 크게 기이히
여기니" (계 17:6)

얼마나 많은 예수의 증인들의 목을 쳐서
그 많은 피를 마셔 취했다는 것이다
물론 진정성을 가지고 신앙 세계를 감시하는
파수꾼들도 있을 것이다
그러나 지금 밝히고 있는 내용처럼
남의 눈에 티를 **빼내려면** 먼저
여러분의 눈에 있는 것부터 청결하고 깨끗해야 한다
더구나 믿음의 세계는 그 실체와 전모가
보이는 물질처럼
확고히 드러나 있는 세계가 아니다
그러한 세계 속에서 펼쳐지는 역사를
내가 재판관이 되어 옳고 그름을 판단한다…
참으로 두렵고 떨리는 자리 아닌가?

롬 3:4, 3:10
"사람은 다 거짓되다" 하셨다
"의인은 없나니 하나도 없으며"

전 7:20
"선을 행하고 죄를 범치 아니하는 의인은 세상에 아주 없느니라"

오직 하나님만이 참되다 하셨는데

그대들은 하나님의 자리에 앉아서 어떻게 남을 심판하고 있는가?
기껏 초보의 신앙 속에 이끌려 온 그대들
배운 예수!
지식적인 예수!
남의 신앙의 연륜과 터를 넘겨받은 예수!
하루에 몇 시간씩 기도하는가?
하루에 몇 시간씩 성경을 읽는가?
하루에 몇 시간씩
하늘나라의 일을 위해 봉사, 충성, 희생하고 있는가?

우산 장수는 비 오기를 바라며
장의사집 주인은 사람 죽기를 바라는 것처럼
오늘의 그대들은 무엇을 바라는가?
"누구에서인가 오늘 큰 건을 하나 잡아야겠는데…"
하나님의 종들의 뒷조사를 하기에
혈안이 되어 있는 그대들의 하루하루
아마도
쫓기는 시간 속에 살아갈 것이다

또 한 가지!
이 땅에는 천국의 비밀을 허락받은 자와
허락받지 못한 자가 있다는 것이다 (마 13:11)
천국의 비밀을 허락받은 자들의 특징은
하나님의 씨를 가진 자로서 하나님께로부터 났음이라
(요일 3:9)

"우리가 알거니와 하나님을 사랑하는 자
곧 그 뜻대로 부르심을 입은 자들에게는 모든 것이
합력하여 선을 이루느니라" (롬 8:28)

"하나님이 미리 아신 자들로 또한 그 아들의 형상을
본받게 하기 위하여 미리 정하셨으니
이는 그로 많은 형제 중에서 맏아들이 되게 하려 하심이니라
또 미리 정하신 그들을 또한 부르시고 부르신 그들을
또한 의롭다 하시고 의롭다 하신 그들을
또한 영화롭게 하셨느니라" (롬 8:29-30)

"또한 아브라함의 씨가 다 그 자녀가 아니라
오직 이삭으로부터 난 자라야 네 씨라 칭하리라 하셨으니
곧 육신의 자녀가 하나님의 자녀가 아니라
오직 약속의 자녀가 씨로 여기심을 받느니라" (롬 9:7-8)

"그 자식들이 아직 나지도 아니하고 무슨 선이나 악을
행하지 아니한 때에 택하심을 따라 되는 하나님의 뜻이
행위로 말미암지 않고 오직 부르시는 이에게로 말미암아
서게 하려 하사" (롬 9:11)

"그런즉 우리가 무슨 말 하리요 의를 좇지 아니한 이방인들이
의를 얻었으니 곧 믿음에서 난 의요 의의 법을 좇아간
이스라엘은 법에 이르지 못하였으니 어찌 그러하뇨 이는
저희가 믿음에 의지하지 않고 행위에 의지함이라
부딪힐 돌에 부딪혔느니라" (롬 9:30-32)

"복음으로 하면 저희가 너희를 인하여 원수 된 자요
택하심으로 하면 조상들을 인하여 사랑을 입은 자라
하나님의 은사와 부르심에는
후회하심이 없느니라" (롬 11:28-29)

"내가 생각건대 하나님이 사도인 우리를 죽이기로 작정한
자 같이 미말에 두셨으매 우리는 세계 곧 천사와 사람에게 구
경거리가 되었노라 -(중략)- 우리가 지금까지 세상의 더러운
것과 만물의 찌끼 같이 되었도다" (고전 4:9-13)

"사랑하는 자들아
너희를 시련하려고 오는 불시험을
이상한 일 당하는 것같이 이상히 여기지 말고
오직 너희가 그리스도의 고난에 참예하는 것으로
즐거워하라 이는 그의 영광을 나타내실 때에
너희로 즐거워하고 기뻐하게 하려 함이라
너희가 그리스도의 이름으로 욕을 받으면 복 있는 자로다
영광의 영
곧 하나님의 영이 너희 위에 계심이라" (벧전 4:12-14)

지면을 줄이기 위해
설명해야 할 부분을 줄이고자
필요한 성구들을 소개한 것이다
한 마디로 요약한다면
천국의 비밀을 허락받은 사람들이 곧
이런 사람들이다 소개한 것이다

비밀을 허락받았기에 비밀의 말씀을 듣게 되는 것이다
듣기만 하는 것이 아니라
30배, 60배, 백 배, 천 배로
열매를 맺게 되는 것이다

그러한 그들을 악화가 양화를 구축하듯
육신의 자녀들이
약속의 자녀, 성령의 자녀들을 핍박하는 것이다
천국의 비밀
깊은 영적인 세계의 말씀을 모르는
초보의 신앙자들이
장성한 신앙자들을 괴롭히는 것이다
자기들이 모르는 것을 말하니 당연히 그들을
이단이라 지목할 수밖에 없는 것이다

그렇다면 초보의 신앙 속에서 지적된 젖은
무엇을 말하고 있는가?

다음 성구를 자세히 보라!
"네가 내게 돌로 단을 쌓거든
다듬은 돌로 쌓지 말라
네가 정으로 그것을 쪼면 부정하게 함이니라" (출 20:25)

돌은 말씀을 말하고 있다
"보라 내가 한 돌을 시온에 두어 기초를 삼았노니
곧 시험한 돌이요 귀하고 견고한 기초 돌이라

그것을 믿는 자는 급절하게 되지 아니하리로다" (사 28:16)

"다 같은 신령한 음료를 마셨으니
이는 저희를 따르는 신령한 반석으로부터 마셨으매
그 반석은 곧 그리스도시라" (고전 10:4)

또 예수님을 건축자들이 버린 모퉁이 돌이라 하지 않았는가?
모세 또한
"반석에게 명하여 물을 내랴?"하고
그 반석을 치므로 젖과 꿀이 흐르는 가나안 땅에 들어가지
못했다 (민 20:8-13)

분명
돌은 말씀을 상징하고 있다
그러기에 "돌에 정을 대지 말라" 한 것이다
말씀을 사람의 생각으로 쪼개지 말라는 것이다
그런데 오늘날의 입장은 어떤가?
말씀을 정을 대어 쪼개고 쪼개어
누구나 먹기 좋은 젖을 또는 죽을 만들고 있다
말씀을 육신의 생각
세상적인 판단으로 쪼개고 잘 쪼개는 사람이
말씀의 달인이라고 한다
말씀은 쪼개는 것이 아니라
짝을 찾아 꿰어 맞추는 것이다
"구슬도 꿰어야 보배가 된다"는 세상 소리가 있다

왜?
하나님의 종들이 세상 소리도 깨닫지 못하는가?
품 안의 자식이라 하더니
언제까지 품 안에 끼고만 살 것인가?

창 2:24
"이러므로 남자가 부모를 떠나 그 아내와 연합하여
둘이 한 몸을 이룰찌로다"

"이러므로 사람이 부모를 떠나 그 아내와 합하여
그 둘이 한 육체가 될찌니 이 비밀이 크도다
내가 그리스도와 교회에 대하여 말하노라" (엡 5:31-32)

"그리스도 안에서 일만 스승이 있으되 아비는 많지 아니하니
그리스도 예수 안에서 복음으로써 내가 너희를 낳았음이라"
(고전 4:15)

어린 성도들을 잘 키우고 양육하여
장성한 자녀로 육성하여 짝지워
독립되고 자립된 한 가정을 이루게 하는 것이
부모의 도리
즉 교역자의 본분이 아닌가?
하루속히 단단한 식물을 준비해서
때에 맞게 먹일 줄 아는 목회자가 되어야 할 것 아닌가?
그러다 보니
진짜 이단들에게

신천지 이만희 같은 자들에게
아껴 키워 온 양들을 도둑맞고 있지 않는가?
물론 표면적으로
교리적이나 원리적으로도
성경 말씀을 부인하고
또는 성경 말씀을 자신이라 증거하는
적그리스도와 같은 존재들이 있다
예수님이 하나님 아들로 오심을 부인하는 자들
예수님의 부활을 영육 간의 부활로 인정하지 않는 자들
자신이 하나님의 부인…
하나님의 어머니…
차마 눈뜨고 볼 수 없는
차마 귀를 가지고 들어줄 수 없는
별의 별 것들도 차고 넘치는 세상이다 보니
이단을 척결하는 감별사들도
필요하긴 필요한 존재들이라 말할 수도 있겠다

그러나 깊이 생각해 보라!
마리아는 분명 예수를 육신적으로 낳으신 분이다
그렇다고 하여
부정모혈로 예수께서 탄생되신 분이 아니다
완전한 인성과 신성으로 마리아의 태에 강림하신 분이다
단 1%의 마리아의 인성도 섞이지 않은 분이다
그랬기에 십자가의 칠언 중
"여자여 보소서 아들이니이다
요한에게 네 어미다" (요 19:26-27)

여기서 말한 아들은 당신이 낳은 아들을 말한 것이 아니다
하나님의 아들을 말한 것이다
"비록 세상적으로는
당신이 나를 낳았지마는 당신도 하나님의 아들인 나를
믿지 않는다면 절대 구원 받지 못합니다
나는 천하 모든 백성들에게
믿음의 주(히 12:2)
구원의 주
생명의 주
영생의 주입니다"
그리고 나서 요한에게 "네 어미라"고 한 것이다

그리고 계시록 12장에 보면
해를 입은 여인이 등장한다
열두 별의 면류관을 머리에 쓰고 그 발 아래는 달이 있고
그래서였을까?
그 어느 때보다도 여자들이 설쳐대고 있다
해를 입은 사람을 여자로 표현하고 있는 분명한 저의는
만국을 다스릴 수 있는 철장의 권세를 가진 아이를 낳는
우주적인 거룩한 산 자의 태를 가졌기에
그를 여인이라고 표시한 것이다
그렇다고 하여
그 거룩한 태를 통하여 진짜로 아이를 낳는다는 의미는 아니다
예수님을 마리아가 낳았을 때

시 2:7

"내가 영을 전하노라 여호와께서 내게 이르시되 너는 내
아들이라 오늘날 내가 너를 낳았도다"

이 말씀을 하신 것 아니다

롬 1:4
"성결의 영으로는 죽은 가운데서 부활하여 능력으로 하나님의
아들로 인정되셨으니 곧 우리 주 예수 그리스도시니라"

영육 간에 부활하신 그 순간의 영광을 위하여
시편 기자가 그렇게 외친 것이다
물론 재림 마당은 신부의 때라고도 할 수 있다
왜냐하면
횃불 언약의 영광이 이루어지는 때
무지개의 영광이 인자를 통하여 완성되는 때
그래서
새 일은 여자가 남자를 안는 때라고 한 것이다 (렘 31:22)

"주께서 말씀을 주시니 소식을 공포하는 여자가 큰 무리라"
(시 68:11)

그래서 예수께서 열 처녀의 비유를 말씀하신 것이다
혼인 잔치를 언급하시는 저의 속에는
신랑 신부가 준비되었다는 암시적인 말씀이다

다시 본래의 말씀을 지적한다
해를 입은 여인, 철장의 권세를 가진 아이를 낳았다는 것은
예수처럼
그를 죽였다가 살렸다는 말씀이다
죽였다가 살리는 역사가
계시록 11장
'이 땅의 주와 두 감람나무 두 촛대' (계 11:4)
이 땅의 주와 해를 입은 여인은 별개의 사람이 아니다
해를 입었기에
이 땅의 주가 될 수 있는 것이다
해를 입지 않고는 구속사의 청사진 전체를 볼 수도
알 수도 없는 것이다

거듭 강조해 왔지만
해를 입었다는 것은 예수께서 흘리신 피와 물을
입었다는 것이다
십자가상에서 흘리신 피와 물
예수님께서 가지셨던 모두를
100%중 1%도 빠뜨리지 않고 전체 전부를
고스란히 다 받았다는 것이다
그런 그를 가리켜 예수께서도
"다른 사람이 내 이름으로 간다"고 하신 것이다 (요 5:43)
그런 그 사람이
바로 해를 입은 여인인 것이다
예수께서 이 땅에 오셔서 하늘의 일을 위해
사람들에게 묻거나 상의하지 않으셨다

"예수는 그 몸을 저희에게 의탁지 아니하셨으니
이는 친히 모든 사람을 아심이요
또 친히 사람의 속에 있는 것을 아시므로 사람에 대하여
아무의 증거도 받으실 필요가 없음이니라" (요 2:24-25)

예수께서 이러한 분이셨다면
해를 입은 여인도 마땅히 이런 분이셨다는 것을 알아야 된다
그러나
한 가지 차이가 있었다면
예수께서는 공개된 만나
하늘에서 내려온 산 떡이셨지만
해를 입은 여인은
감추었던 만나로 이 땅에 오신 분이시다

데살로니가전서 5:2
베드로후서 3:10
계시록 16:15 말씀처럼 도둑같이 오신 분이다
자기를 바라는 자들을 통하여는 그들의 믿음의 분량에 따라
해를 입은 산 자로서의 면모와 능력을
나타내어주시기도 하시고 보여주시기도 하셨다
감추어진 역사
영적인 역사로서 많은 이적 같은 일을
수도 없이 행하셨지마는
그 많은 역사의 흔적들을 스스로 지우셨다

모세가 죽어
장례위원을 선발하여
거룩하게 모압 땅에 그를 묻었다
그런 그들에게
모세에 관한, 특히 장례 절차에 따라 그를 묻었던 그 장소
하나님께서 친히
그들의 머릿속에 있던 그 기억을 모두 지우셨다
그러므로
"오늘까지 그 묘를 아는 자 없느니라" (신 34:6)
이런 식으로 지우지 않고 감추지 아니하였다면
해를 입으시고 이 땅의 주로서
두 감람나무 역사하셨던 그의 발자취
온 세상을 덮고도 남을 만한 흔적이었다
앞으로 그가 남긴 흔적
발자취를 조금씩 소개하겠다
그러나 지금 진행되고 있는 이단 문제
마지막으로 한 가지 소개하고자 한다

그렇다면
하나님의 입장에서는
이 땅에서 벌어지고 있는 이단들의 역사의 세계를
간과하고만 계시는 것일까?
결코
그렇지 않다!
엘리야를 준비치 않았다면
시돈 왕 엣바알의 딸 이세벨이 이스라엘 국교인

여호와를 무너뜨리고
바알과 아스다롯을 이스라엘 하나님으로
둔갑을 시켰을 것이다
그래서
때에 맞게 엘리야를 호렙산 굴 속에서 그를
말씀으로 양육시키고 있었다
그의 족보가 기록되지 않았다는 것은
그는 이미 양육 받는 과정에서 육신의 소욕을 초월하여
이긴 자가 되었기 때문에
열왕기상 17장
디셉 사람 엘리야로만
그 정체를 소개한 것이다
이렇게 하나님도
불꽃같은 눈동자로 이 땅에서 벌어지고 있는
모든 세상 일을 심도있게 살펴보고 계신다

다음 성구를 살펴보자!
"저희가 듣고 크게 노하여 사도들을 없이하고자 할쌔
바리새인 가말리엘은 교법사로
모든 백성에게 존경을 받는 자라
공회 중에 일어나 명하여 사도들을 잠간 밖에 나가게 하고
말하되
이스라엘 사람들아
너희가 이 사람들에게 대하여 어떻게 하려는 것을 조심하라
이전에 드다가 일어나 스스로 자랑하매
사람이 약 사백이나 따르더니 그가 죽임을 당하매

좇던 사람이 다 흩어져 없어졌고
그 후 호적할 때에
갈릴리 유다가 일어나 백성을 꾀어 좇게 하다가
그도 망한즉 좇던 사람이 다 흩어졌느니라
이제 내가 너희에게 말하노니 이 사람들을 상관 말고 버려두라
이 사상과 이 소행이 사람에게로서 났으면 무너질 것이요
만일 하나님께로서 났으면 너희가 저희를 무너뜨릴 수 없겠고
도리어 하나님을 대적하는 자가 될까 하노라 하니
저희가 옳게 여겨 사도들을 불러들여 채찍질하며
예수의 이름으로 말하는 것을 금하고 놓으니" (행 5:33-40)

이 말씀 속에는 놀라운 교훈이 들어있다
이 내용 속에는 이단이라는 두 사람이 등장하고 있다
'드다' '유다'
비록 그들에게 따르는 자들도 있었지만
궁극적으로
그들을 처단하는 사람은 이단 감별사가 아닌
하나님 자신이 하셨다는 것이다

어디 그뿐인가?
"그 때에 불법한 자가 나타나리니 주 예수께서
그 입의 기운으로 저를 죽이시고 강림하여 나타나심으로
폐하시리라" (살후 2:8)

이 성구 또한 자존하여 하나님 성전에 앉아
자기를 보여 하나님이라 하는 그 자를

사람이 처단한 것이 아니라
예수, 즉 하나님이 처단하고 있다는 것을 보여주고 있다
이렇게 하나님 자신도
이 땅에서 벌어지고 있는 불법의 비밀을 막고자
고군분투하고 계시고 있다 (살후 2:4-7)

그런데 오늘날
이 땅 위에는 어린 신앙을 가진
단단한 식물을 먹지 못하는
선악을 분별하지 못하는 너무도 많은 이단 감별사들이
들끓고 있지 않는가?
물론
말씀도 사단도
인자를 통해 역사하는 공통점을 가지고 있다
인자를 통해 역사하는 말씀의 모습을 보라!

엘리야 이어 엘리사
쉽게 일을 시키는 것이 아니다
십자가의 고난의 과정과 아픔을 통해 양육받은
그런 사람을 통해
이단과 싸우게 하시는 인자의 역사라는 것이다
어중이 떠중이
이단 척결자라는 명분, 문패만 걸어놓고
밥 먹기 위해
남의 약점만을 캐내기 위해 혈안이 되어 있는
오늘의 그대 모습!

하루에 일곱 번이 아니라
일곱 번씩 열 번이라도 회개한다면
용서해주어라!
하나님 자신도 그렇게 용서해 주시고 있는데…
그대는 어떤 하나님이기에
한 번 찍히면
결코 용서할 줄 모르는 심판자가 되고 있는가?

지금 이 글을 쓰고 있는 자신도
많은 대상들로부터 이단이라 지목받고 있다
이미 아홉 권의 책을 출간시켰다
출간된 책의 내용들이
오늘날을 살아가는 성도, 목회자들에게는 생소한
보기 어려운
지금까지 한 번도 접해보지 못했던 말씀이었다
그런 탓이었을 게다!
당연히 쓰는 과정에서도 그런 심사, 믿음을 가지고 쓰고 있었다
알고 지내던 목사님들 중에도
행여 자신들에게 불똥이 튀지 않을까?
친절하게 지내었던 그 인연을
무 자르듯 단칼에 잘라 버렸다

그런 그 분들이
오늘의 이 글, 이 말씀이
"하나님의 오른 손에 있던 책" (계 5:1-5)
그리고

해를 입은 여인이 넘겨준 (계 10장) 작은 책이라고
밝혀진다면…?
그분들의 그 때의 심정…
생각할수록 안타까워진다
다시 한 번 소단원을 마감하는 입장에서
소리쳐보려 한다

"목회자들이여!
아무리 많은 성도를 인도하고 있더라도
멜기세덱과 반차를 모른다면
젖이나 먹고 있는
어린 신앙
초보의 신앙자라는 것을 잊지 말아야 합니다
이제는 교만의 자리에서 일어나
자기 자신을 베고 낮추어
멜기세덱 반차를 따를 줄 아는
겸손한 사람이 되어야 합니다
그리고
당신의 모든 성도들에게 오늘의 이 말씀
작은 책을 통하여 전하고 있는 이 모든 책
다시 복음을 읽게 해 주십시오
그렇게 해주실 수 있는 용기를 가지신다면
해를 입은 여인인
이 땅의 주로부터
아브라함과 같은 축복을 받을 것입니다
천하를 얻고도 생명을 잃는다면 무슨 소용이…

목회자가 장님이라면
모든 성도들도 장님인 것입니다
이단이라고 정죄하는 그 입이 당신 자신을
이단이라 심판하는 도구가 될 수도 있습니다
목회자의 자랑이 무엇입니까?
하나님께 제사 드리는 제사장입니다
진정한 하나님의 제사장이라면
하나님께 물을 수 있는 권한이 있습니다
진실로 오늘의 이 글, 이 말씀
하나님께 기도하여 받은 말씀으로 이단이라 하는 것입니까?
그렇지 않다면
내가 모르는 말씀이니까…
남들이 그렇게 말하니까…
우리 총회 교단에서 그렇게 지시했으니까…
어느 이단 감별사가 그렇게
인터넷에 올렸으니까…

진정 당신이
하나님의 진실한 종이라면
예수님 말씀대로 예수의 이름으로 기도해 주시기 바랍니다
그런 길을 걷는 것이
당연히 그렇게 하는 것이
하나님의 종으로서 올바른 선택이며 정도가 아닙니까?
너무 쉽게 말을 하고 있다는 것 잘 알고 있습니다
결코
기도의 응답, 쉬운 것 아닙니다

각고의 아픔
눈물에 두 눈이 상해질 때 기도의 응답 주십니다"

눈물의 선지자 예레미야도 절박한 상황 속에서 기도했다
바벨론에서 벗어난 겨우 남은 백성들이
자기들의 진로 문제를 놓고 절박하게 기도를 요청한다

"선지자 예레미야에게 이르되 당신은 우리의 간구를 들으시고
이 남아 있는 모든 자를 위하여 당신의 하나님 여호와께
기도하소서 당신이 목도하시거니와 우리는 많은 중에서
조금만 남았사오니 당신의 하나님 여호와께서 우리의 마땅히
갈 길과 할 일을 보이시기를 원하나이다" (렘 42:2-3)

숨이 막힐 수밖에 없는 절박한 상황 속에서 기도한 기도의 응답
십 일 후에야 기도의 응답을 받았다 (렘 42:7)
그만큼
기도의 응답이 쉽지 않다는 것이다

다음 성구를 생각해 보라!
"너희 중에 누구든지 지혜가 부족하거든 모든 사람에게 후히
주시고 꾸짖지 아니하시는 하나님께 구하라 그리하면 주시리라
오직 믿음으로 구하고 조금도 의심하지 말라
의심하는 자는 마치 바람에 밀려 요동하는 바다 물결 같으니
이런 사람은 무엇이든지 주께 얻기를 생각하지 말라
두 마음을 품어 모든 일에 정함이 없는 자로다" (약 1:5-8)

의심하지 말라는 의미는
미리 편견을 가지지 말라는 뜻이다
편견을 가진 자는 이미
두 마음을 가진 자요, 의심하는 정함이 없는 자이다
그런 자들은
아무리 제 나름대로 기도해 보았자 응답받지 못한다는 것이다

생각해 보라!
예레미야가 누구인가?
기도의 사람이다
그런 그도 절박한 위기 속에서 기도했으나
십 일 후에 응답받았다

재림의 마당
절체절명의 순간이라고도 할 수 있다
양과 염소가 갈라지는 시간이다
그 시간 속에서
오늘 우리들은 우편 강도와 같은 기도를 해야 한다
죽음을 바라보며
이 땅에서 마지막 드리는 최후의 기도!
그런 자들이
기도의 응답을 받을 수 있다
궁금해서
단순히 알기 위한 호기심에서
늘상 하는 기도의 습관 속에서…
결코

그런 자들에게는 응답은커녕 냉소하시는 하나님이시다

"깨끗한 자에게는 주의 깨끗하심을 보이시며
사특한 자에게는 주의 거스리심을 보이시리니" (시 18:26)

이 말씀을 깊이 궁구하며 새겨본다면
응답받는 자들이 한 종류만이 있다는 것이 아니라
사특한 자들
이미 편견을 가진 자들에게는
사특한 응답을 주시기도 한다는 것이다
"이단이냐?" "이단이 아니냐?"
"빛입니까?" "어둠입니까?" 묻는 것과 같은 맥락이다
빛의 자녀들에게 빛의 응답을 주시고
어둠의 자녀들에게 어둠의 답을 주겠다는 것이다
그러한 결과를 취하는 것이기에
기도의 응답은
결코 쉬운 것이 아니다
겟세마네 동산의 주님의 모습처럼
자신의 영혼을 짜내는 것이다
몇 대(代)째 믿는다고 자랑해선 안 된다
수많은 양들을 인도하는 목자라고 자랑해서도 안 된다

겟세마네라는 의미처럼
"나는 나의 영혼을 짜내어 땀방울이 핏방울이 되게 하였다"
이런 신앙의 고백이야말로
진실로 진실로

하나님을 기쁘게 해드리는 믿음의 결정체
하늘의 보배 보화가 되는 것이다
물론 이 글을 쓰고 있는 나 자신도
제 1권
"멜기세덱 그는 누구인가?"
그 책의 서문 중에서
나의 가장 부족한 점 부끄러운 점을
여과 없이 사실 그대로 고백했다
기도를 못한다는 것이다
일상적인 기도가 아니라
진정 하나님이 기뻐하시는
자신의 영혼을 쥐어짜서 한 그릇의 얼음냉수로
타작마당에서 땀 흘리시는
주인의 마음을 시원케 해드리지 못하고 있기에
진정 기도를 모르고 못하는
문외한(門外漢)이라 고백하고 있는 것이다

그렇다면 오늘날 하나님이 기뻐하시는 신앙고백을 살펴보자!
"또 자기를 의롭다고 믿고 다른 사람을 멸시하는 자들에게
이 비유로 말씀하시되
두 사람이 기도하러 성전에 올라가니 하나는 바리새인이요
하나는 세리라 바리새인은 서서 따로 기도하여 가로되
하나님이여 나는 다른 사람들 곧 토색, 불의, 간음을 하는
자들과 같지 아니하고 이 세리와도 같지 아니함을 감사하나이다
나는 이레에 두 번씩 금식하고 또 소득의 십일조를
드리나이다 하고 세리는 멀리 서서 감히 눈을 들어 하늘을

우러러 보지도 못하고 다만 가슴을 치며 가로되
하나님이여 불쌍히 여기옵소서 나는 죄인이로소이다
하였느니라
내가 너희에게 이르노니 이 사람이 저보다 의롭다 하심을
받고 집에 내려갔느니라 무릇 자기를 높이는 자는 낮아지고
자기를 낮추는 자는 높아지리라 하시니라" (눅 18:9-14)

과연 오늘날
바리새인처럼 기도하는 사람들이 누구일까?
반대로
세리처럼 기도하는 사람들은 누구일까?
그것은 각자 기도하는
자신들의 신앙의 양심이 알 것이다
시대적 정서의 입장에 따라 말한다면
어느 정도 신앙의 틀
균형이 잡히고 무게있는 신앙생활을 하고 있다고 믿는
믿음을 가지고 있는 사람 중에
그런 유형의 사람들이
행여 많지 않을까 판단이 머물게 된다

그렇다면
세리와 같은 사람들은 어떤 부류의 사람들일까?
물질로서는
선뜻 앞장서지 못하나
대신 육신적으로 몸을 아끼지 아니하고
보이지 않는 곳에서 헌신, 봉사, 희생하는 사람들 중에서

세리 같은 그런 기도를 하고 있는 사람이
다소 있지 않을까?

생각이 생각을 낳게 한다
특히 서서 기도한다는 것은 참으로 조심스런 기도가 된다
앉아서 무릎을 꿇었다
두 손을 들었다
"나는 죄인입니다!"
행위로서 고백하는 모습이다
그러나 서서하는 기도는
그런 입장이 아닌 상황이 되기 때문에…

"서서 기도할 때에 아무에게나 혐의가 있거든 용서하라
그리하여야 하늘에 계신 너희 아버지도
너희 허물을 사하여 주시리라 하셨더라" (막 11:25)

거기에다 바리새인은 이미 세리를 가리켜 스스로 그를
죄인이라 판단하고 있었다
스스로 자신을 의롭다 하고 자신을 높였다
한 마디로
괘씸죄에 걸리고 말았다
이 땅에 계시던 예수께
"선한 선생님이여 어찌하여 영생을 얻을 수 있습니까?"
영생을 말씀하시기 전에
"너는 나를 어찌 선하다 하느냐?
오직 아버지만이 선하신 분이다"

그런 예수님 앞에서
자기의 의를 나타내었으니
어찌 교만의 극치를 나타낸 자라 하지 않겠는가?

"한 손이 있어 나를 어루만지기로 내가 떨더니
그가 내 무릎과 손바닥이 땅에 닿게 일으키고 내게 이르되
은총을 크게 받은 사람 다니엘아 내가 네게 이르는 말을
깨닫고 일어서라 내가 네게 보내심을 받았느니라
그가 내게 이 말을 한 후에 내가 떨며 일어서매 그가 내게
이르되 다니엘아 두려워하지 말라 네가 깨달으려 하여
네 하나님 앞에 스스로 겸비케 하기로 결심하던 첫 날부터
네 말이 들으신 바 되었으므로 내가 네 말로 인하여 왔느니라
그런데 바사 국군이 이십일 일 동안 나를 막았으므로
내가 거기 바사국 왕들과 함께 머물러 있더니 군장 중 하나
미가엘이 와서 나를 도와주므로 이제 내가 말일에 네 백성의
당할 일을 네게 깨닫게 하러 왔노라
대저 이 이상은 오래 후의 일이니라" (단 10:10-14)

이 구절 속에는 쉽게 접할 수 없는
구속사의 비밀과 암호가 들어있다는 것이다
가브리엘 천사장, 그가 누구인가?
천군 중에서
하늘 일을 대변하는 자가 아닌가?
하늘에서 인류에게 주시는 메시지를 전하는
최고의 책임자
그 부분에 있어서만큼은 최고의 총수라고 할 수 있다

그러한 자가
하나님의 특별한 메시지를 이 땅에 있는 사람
다니엘에게 전하여 주고자 오던 그가
공중의 권세를 잡은 자
마귀에게 이십일 일 간 붙잡혀 있었다

그 부분에 있어서만큼은 자유로웠던
우리의 생각이 아니었던가?
하늘나라에서나
이 땅 위에서나
천사들이 자유롭게 유영(遊泳)할 수 있다는 것
보편적 일이라 생각했다
그런데
다른 존재도 아닌 가브리엘 천사장이
이십일 일 간 잡혀 있었다니
참으로 놀라운 일 중에 하나가 아닌가?
물론 전하여 주는 내용이 극비(極秘)인지라
상대적 존재들이 긴장할 수밖에 없는 일이긴 하겠지만
그렇다고
가브리엘 천사장이
어떻게 그럴 수 있단 말인가?

그렇다면 그동안 수많은 영혼들이
천국을 오가며
천국에 관한 얼마나 많은 자료들을 이 땅 위에
떨쳐놓았는가?

그들이 뿌려놓은 천국 세계의 자료를
기독교 서점에 가보면
쌓이고 쌓인 책들 중에서도
자신들이 특별한 은혜를 통해서 입신하여 보고 온
천국 세계에 관한 책자들이
제일 많다는 것
기독 서점에 갔다 온 사람들이라면
누구나 인정할 것이다

그렇다면
그들이 보고 왔다는 셋째 하늘 속에 있는 낙원
의인들을 위해 준비해놓은 거룩한 한 성
구속사의 세계 속에서
부르심을 입은 대로 자신의 일을 마치고
돌아가 안식을 누리고 있는
산 자들의 영혼이 쉬고 있는 그곳
거룩한 성에 다녀왔다고 하는 수많은 사람들
진정 보고 왔다는 그곳이
참 하늘
거룩한 성, 그 곳을 다녀왔다는 것일까?

"저희가 이제는 더 나은 본향을 사모하니 곧 하늘에 있는 것이라
그러므로 하나님이 저희 하나님이라 일컬음 받으심을
부끄러워 아니하시고 저희를 위하여 한 성을
예비하셨느니라" (히 11:16)

안식할 수 있는 의인들의 영혼들이 머물러 있는 곳
진정 그들은 그 곳을 다녀왔다는 것일까?
그러한 의구심을 갖게 되는 원인이 무엇일까?
입신하여 갔다 왔다는 이들의 공통점
누구나 은혜 안에서 평안히 갔다 왔다는 것이다
그리고 그곳에 가보니
자신들을 위해서 금은보화로 이루어진
각자 자신들의 집을 준비해 놓았다는 것이다

하나님이 의인들의 영혼을 위해 준비해 놓으신
거룩한 한 성(城)!
그곳은 개개인을 위한 집으로 이루어져 있지 않다
신성하고 거룩한 공동체
신성 조직을 위한 거룩한 성이다
구속사의 세계
천년 왕국이 이루어지기까지 임시로 정해진
낙원에 있는 한 성일 뿐이다

부활과 변화라는 두 도맥을 통해
이 땅에서 이루어지는 산 자의 세계 이루어진다면
낙원
거룩한 성에 안식을 누리고 있던 그들도
새 예루살렘이 강림할 그 때에
함께 그들도 이 땅에 강림하게 된다
어린 양의 신부
아내의 신성 조직으로서 함께 하는 것이다

그리고 이 땅에서 이루어진 산 자의 세계, 천년 왕국
죽는 자들이 사는 이 땅 위에
두 번째 사망의 해를 입지 않는 산 자들이
죽는 자들을 통치하며 다스리는 천년 왕국이 이루어지는 것이다
물론 그 때에는
붉은 용을 잡아 천 년 동안 무저갱에 가두어 놓는다
산 자의 세계가 이 땅에서 마쳐지는 그 때
산 자인 그들 모두가
이 땅을 떠나 아버지의 집으로 생령의 대이동이
이루어지는 것이다

"내 아버지 집에 거할 곳이 많도다 그렇지 않으면 너희에게
일렀으리라 내가 너희를 위하여 처소를 예비하러 가노니
가서 너희를 위하여 처소를 예비하면 내가 다시 와서 너희를
내게로 영접하여 나 있는 곳에 너희도 있게 하리라" (요 14:2-3)

산 자들만이 마지막으로 가는 곳이 곧
만유 위에 있는 아버지의 집이다
그곳에만이
우리 각자 소유할 수 있는 각자의 집이 있는
거룩한 빛의 세계이며 영광의 세계
아버지의 집이다

그런데 어느 누가
말도 안 되는 사기를 치고 있는가?
아직 산 자의 세계도 이루어지지 않았다

그렇다면 보고 왔다는 그들의 세계는 어떤 세계인가?

예수께서 마귀에게 세 번 시험을 받았다
세 번째 시험 중에서

"마귀가 또 그를 데리고 지극히 높은 산으로 가서
천하만국과 그 영광을 보여 가로되 만일 내게 엎드려
경배하면 이 모든 것을 네게 주리라" (마 4:8-9)

마귀도 자기가 가지고 있는 본래의 영광과
이긴 자로서 아담에게 넘겨받은 영광이 있기에
내게 절하면 이 모든 영광을 네게 주리라 한 것이다
(겔 28:13)

천하만국!
그 영광의 세계를 그가 점유하고 있는 첫째 하늘
공중의 권세 속에 가지고 있는 것이다
그가 가지고 있는
천하만국의 영광을 이용하여
셋째 하늘 천국이라 주장하며
천국 영광을 갈급하는 모든 자들에게
쌍수를 들어 환영하는 그곳
그곳은
옛 뱀, 사단, 마귀의 전신인 붉은 용이 만들어 놓은
가짜 천국임을 알아야 한다

또 한 가지
천국을 갔다 왔다는 자들의 공통점이 무엇인가?
자신의 자랑스런 믿음으로
입신하여 천국에 갔다 왔다는 그 점
그 점이 공통점이다

다음 성구를 살펴보자!
"무익하나마 내가 부득불 자랑하노니 주의 환상과 계시를
말하리라 내가 그리스도 안에 있는 한 사람을 아노니
십사 년 전에 그가 셋째 하늘에 이끌려 간 자라
(그가 몸 안에 있었는지 몸 밖에 있었는지 나는 모르거니와
하나님은 아시느니라) 내가 이런 사람을 아노니
(그가 몸 안에 있었는지 몸 밖에 있었는지 나는 모르거니와
하나님은 아시느니라)
그가 낙원으로 이끌려가서 말할 수 없는 말을 들었으니
사람이 가히 이르지 못할 말이로다" (고후 12:1-4)

이 성구 속에는 놀라운 비의가 들어있다
이방의 그릇이었던 바울도
스스로의 믿음으로 셋째 하늘 낙원에 간 것이 아니라는 것이다
분명히 이끌려 갔다고 두 번이나 말하고 있다
가브리엘 천사장의 능력으로도
감당하기 어려운 길이었기에 이십일 일 간 사로잡혔다고 했다
그런 그 길을
천국에 갔다 왔다고 하는 그들
오고 가는 그 길을

너무 쉽게 오고 가는 것 아닌가?

또 한 가지
그 곳은 보여지는 의미를 부여한 곳이 아니라는 것이다
잠시 머물러야 할 임시 처소(處所)
그러기에 그곳에 머물러 있는 그들은
과거
그들이 실제적으로 역사하던 그 세대 그 모습들로
머물러 있다

"또 너희에게 이르노니 동서로부터 많은 사람이 이르러
아브라함과 이삭과 야곱과 함께 천국에 앉으려니와
나라의 본 자손들은 바깥 어두운데 쫓겨나 거기서 울며
이를 갊이 있으리라" (마 8:11-12)

다시 말한다면
천국 거룩한 성에 간 사람들은
당연히 그곳에 있는 아비들과 조상들을 만날 수 있다는 것이다

"옛날을 기억하라 역대의 연대를 생각하라
네 아비에게 물으라 그가 네게 설명할 것이요
네 어른들에게 물으라 그들이 네게 이르리로다" (신 32:7)

묻기 위해서는 만나야 된다
아비와 조상들이 있는 곳, 그곳이 낙원에 있는
거룩한 한 성(城)이다

바울도 그곳에 끌려가서 말할 수 없는 말을 들었다고 했다
사람이 가히 이르지 못할 말이라 했다
낙원, 천국은 그런 곳이다

이 글을 쓰고 있는 나 자신도 나를 불러주시는
어떤 사람의 절대적인 능력으로 이끌려 갔다
자신의 스스로의 믿음으로 간 것은 절대 아니었다

"그가 내게 일러 가로되 여호와께서 스룹바벨에게 하신
말씀이 이러하니라 만군의 여호와께서 말씀하시되
이는 힘으로 되지 아니하며 능으로 되지 아니하고
오직 나의 신으로 되느니라" (슥 4:6)

그렇다
하나님의 신으로써만이 이루어질 수 있는 것이다
바울도 "내가 나 된 것은 하나님의 은혜로 되었다" 했다
하늘나라로 올라갈 수 있는 유일한 길
멜기세덱 반차도 모르는 인생들이
셋째 하늘나라를 마치
자기네 안방 들락거리는 것처럼
쉽게 말하는 그들
무엇이라 말해야 좋을 것인가?
어리석은 이 소자도 성경을 수백 독(讀) 하고 나서야
도사 목사의 말씀을 조금씩 소화시킬 수 있었다

다시 한 번 이 점을 생각해 보자!

우리가 하는 기도
그 기도는 어떻게 상달되어 가는 것일까?
일상적으로 사람들이 주고받는 말
그 속에는
말하고 있는 사람의 생각, 마음이 묻어나온다
그 점을 가리켜
사람의 말 속에는 말하는 그 사람의 혼이 들어있다
즉 마음 자체가 혼이기 때문이다
그러므로
주고받는 사람들의 말 자체가 죽는 존재가 아니기에
자기가 한 말로
마지막 때 심판 받는다고 한 것이다
"그러므로
좋은 날 보기를 원하는 자는 혀를 금하라"고 한 것이다
그러한 말들이
아담으로부터 오늘날에 이르기까지
인간들이 뱉어낸 그 모든 말들이
대기권이라는 지구라는 그릇 안에 모두 담겨져 있다는 것이다

그렇다면
오늘에 이르기까지
많고 많은 신자들이 뱉어 낸 그 모든 간구와 기도
그 말들은 어떻게 존재하고 있는 것일까?
그것들조차도
대기권이라는 지구 그릇 안에
모두 담겨지고 있는 대상들인 것인가?

"인생의 혼은 위로 올라가고 짐승의 혼은 아래
곧 땅으로 내려가는 줄을 누가 알랴" (전 3:21)

물론 인생 자체의 혼과 말 속에 들어있는 혼과는
차이가 있다
분명히 차이가 있는 것이다
차이가 있다는 내용 속에는 비록 간절한 기도를
우리 자신들이 하고는 있지만
그 기도를 우리의 이름이 아닌
독생자이신 예수의 이름으로 하고 있다는 사실이다
비록 비천하고 그릇된 인생들의 기도이긴 하지만
하나님의 본체
하나님의 영광의 광채
만물을 지으시고
만물의 죄를 사해주시는 권세
부활과 생명이 되시는 그의 이름 예수
어찌 하나님이신들
그의 이름을 외면하실 수 있겠는가?
그러므로
궁창의 세계에 있는 천사들을 통해
예수의 이름으로 기도하는 그 모든 자들의 기도를
정중하게 품위있게
거룩하게 받아오는 것이다

그러나 이 땅 위에는 처음부터 많은 신(神)들이 존재하고 있었다
물론 연대의 차이

각자 주어진 자기 때의 차이가 있긴 하겠지만
신이라 자처하는 그들도 나름대로 그들의 하늘을
가지고 있다는 것이다
그들이 가지고 있는 하늘
물론 저급한 하늘이다
차원이 낮은 하늘이다
하긴 그들도
그 하늘 속에 자기에게 소속된 천사들이라 하기엔
너무도 부족한
저급한 영적 존재들이 있다
이 땅에서 자기 신을 섬기던 그들이 죽어서 된
귀신같은 존재들이
신이란 자가 만들어 놓은 저급한 하늘에서
자기들의 하늘을 만들기 위해
오늘도
몸부림치는 한숨 소리가
하늘 땅 틈새 속에서 요동치고 있지 않는가?

제 5장

천사와 사람

제 5 장
천사와 사람

그렇다면 이쯤에서
이런 생각을 가져보는 것은 어떨까?
궁창의 세계
하늘에 있는 천사들의 존재의 근본은 무엇인가?

다음 성구를 깊이 생각해 보자!
"부활이 없다 주장하는 사두개인 중 어떤 이들이 와서 물어
가로되 선생님이여 모세가 우리에게 써 주기를 사람의 형이
만일 아내를 두고 자식이 없이 죽거든 그 동생이 그 아내를
취하여 형을 위하여 후사를 세울찌니라 하였나이다
그런데 칠 형제가 있었는데 –(중략)– 일곱이 다 저를 아내로
취하였으니 부활 때에 그 중에 뉘 아내가 되리이까
예수께서 이르시되 이 세상의 자녀들은 장가도 가고 시집도
가되 저 세상과 및 죽은 자 가운데서 부활함을 얻기에 합당히
여김을 입은 자들은 장가가고 시집가는 일이 없으며 저희는
다시 죽을 수도 없나니 이는 천사와 동등이요 부활의
자녀로서 하나님의 자녀임이니라" (눅 20:27-36)

이 말씀에서 놀라운 창조 원리의 비답(秘笞)을 바라보게 된다
죽은 자의 부활 속에서 합당히 여김을 받는 자
그들을 천사로 택하기도 하며
부활의 자녀로서 하나님의 자녀가
되는 사람도 있다는 것이다

이 말씀을 통하여 다시 한 번 첫째 부활의 세계
그 영광을 바라보게 된다
첫째 부활을 통하여 산 자되는 의인이 탄생되는 것이다
그 의인들을 통하여
하나님의 자녀라 할 수 있으며
첫째 부활 속에서 거룩한 천사들도 탄생한다는
창조 원리의 세계를 깨닫게 되는 것이다
그런데 구속사 세계 속에서 놀라운 새로운 세계를
발견하게 된다
구속사 안의 세계에는
하늘에 있는 자기의 고유적인 천사들이 있다는 사실이다

"삼가 이 소자 중에 하나도 업신여기지 말라
너희에게 말하노니 저희 천사들이 하늘에서
하늘에 계신 내 아버지의 얼굴을 항상 뵈옵느니라" (마 18:10)

이 말씀을 통하여 천상의 세계 안에도
하늘의 발등상이 되는 구속사의 세계 속에 소속된
별다른 천사들이 있다는 것이다
구속사와 관계가 없는 일반 천사들과 다른 천사들

이 땅에 부르심을 받은
그들의 고유적인 천사들이 있다는 것이다
그렇다면
이 땅에 부르심을 입고 온 그들
고유적인 하늘에 있는 그의 천사들과는 어떤 인적인 관계가
이루어져 있는 것일까?

이미 이 땅에 존재하고 있는 모든 생명체들은
생명체인 그 씨들이
이 땅에서 만들어진 창조된 존재들이 아니고
하늘에서 온 모든 존재들임을 소개했다
사람의 생명의 씨 자체도 그런 대상이었다
비(非)물질에 있던 영원한 생명의 존재들이
물질화된 이 땅의 환경에 적용될 존재로 오기 위해서는
하늘에서 가지고 있던 신령한 것들을
그곳에 남기고 와야 된다
남기고 온 각자의 그 대상이
본래 그와 하나이었던 그 대상이
곧 그의 천사가 되는 것이다
그의 고유적인 자기의 천사가 되는 것이다
그러한 자기의 천사들이 있기에
각자 기도하는 그 향기를 기도의 그릇에 담아
위 차원의 거룩한 존재에게 상달하는 것이다

"그리스도께서 너희를 사랑하신 것 같이 너희도
사랑 가운데서 행하라

그는 우리를 위하여 자신을 버리사 향기로운 제물과
생축으로 하나님께 드리셨느니라" (엡 5:2)

"너희 안에 이 마음을 품으라 곧 그리스도 예수의 마음이니
그는 근본 하나님의 본체시나 하나님과 동등됨을 취할 것으로
여기지 아니하시고 오히려 자기를 비어 종의 형체를 가져
사람들과 같이 되었고 사람의 모양으로 나타나셨으매 자기
를 낮추시고 죽기까지 복종하셨으니 곧 십자가에 죽으심이라"
(빌 2:5-8)

예수께서도 말씀이 육신이 되어 이 땅에 오실 때
하늘에서 가지고 계셨던 모든 영광을 버리고 오셨다
하늘에 두고 오셨다
버리고 오신 분이, 두고 오신 분이
어떻게 그 많은 능력을 이 땅에서 행하실 수 있었는가?
그러한 능력을 이 땅에서 나타내기 위해
끊임없이 기도 생활에 전념하셨다

"이 때에 예수께서 기도하시러 산으로 가사 밤이 맞도록
하나님께 기도하시고 밝으매 그 제자들을 부르사 그 중에서
열둘을 택하여 사도라 칭하셨으니" (눅 6:12-13)

"무리를 보내신 후에 기도하러 따로 산에 올라가시다
저물매 거기 혼자 계시더니" (마 14:23)

두고 오신 하늘의 능력

이 땅에서 행하시고자 항상 깨어 기도하셨다
낮이 되면 복음을 전하기 위해 성 안으로 들어가셨고
저녁이 되면 감람산에 들어가서
밤 새워 기도하셨다
기도하지 않으면 아무 것도 할 수 없다고 선언하시면서
오직 기도의 능력 밖에 없다고 외치셨다

진행된 말씀에 대해 정리해 본다면
천상에서 이 땅에 오는 존재
예수를 비롯해 그 누구라도 이 땅의 환경에
적응할 수밖에 없는 존재로
이 땅에 올 수밖에 없다
이 땅에 온 이상은 천사들보다 뛰어난 존재가 아니라
천사들보다 부족한 존재로 살아갈 수밖에 없다

"저를 잠간 동안 천사보다 못하게 하시매" (히 2:7)

"오직 우리가 천사들보다 잠간 동안 못하게 하심을 입은 자
곧 죽음의 고난 받으심을 인하여 영광과 존귀로 관 쓰신
예수를 보니 이를 행하심은 하나님의 은혜로 말미암아
모든 사람을 위하여 죽음을 맛보려 하심이라" (히 2:9)

생각해 보라!
시공간을 초월하여 만물을 지으시고
만물을 붙드시고
만물을 운행하시는 그 분의 세계를…

그분을 위하여 그의 말씀대로 받들고 섬기고 있는
천사들의 무소불위의 능력!
인간의 상상력으로는
감히 헤아릴 수 없는 대상들이다
한 마디로 표현한다면
우주를 움직이고 있는 존재들이라는 것이다
지으신 이의 절대 명령에 의해 (요 12:50)
오늘도 한 치의 오차와 착오없이
우주의 세계를 이끌어가고 있는 천사들이라는 것이다
그러한 천사들 중에
고유적인 나의 천사가 있다는 것이다
이 땅에 가져올 수 없었던 하늘의 신령한 그것
내가 두고 온 나의 분신(分身)
그것이 고유적인 나의 천사라는 것이다

그렇다면 궁창에 있는 천군 천사들
그들은 과연 누가 지었다는 것일까?
이미 네 생물을 통해 언급한 바가 있다
아버지 자신의 영광을 위해 스스로 계신 자
오직 절대 하나이신 (엡 4:6)
하나님 자신을 위하여 최초로 지은 집
어둠과 그늘이 드리울 수 없는 거룩한 빛의 세계
어린 양 자신이 등(燈)이 되어
피조물의 그 어떠한 빛도 미칠 수 없는 곳
궁창의 세계
그 세계의 빛보다도 일곱 배나 더 큰 영광의 세계

예수님 외에는
그곳에서 온 자도 없고 간 자도 없다고 말씀하신 그곳
백보좌로 이루어진 아버지의 집
그 영광을
세세무궁토록 찬양케 하기 위해 그 거룩한 빛 속에서
지음 받은 최초의 존재
그가 곧 네 생물이라는 것이다

첫 존재가 나타났다는 것은
하나님의 능력이 시작되었다는 것이다
그래서 장자라는 의미가
기력의 시작이라고 한 것이다
첫 존재이기 때문에 그에게는
그를 지으신 이의 많은 능력과 비밀이
들어있다는 것이다
그러므로
하나님의 말씀 자체이셨던
태초의 말씀 속에도
하나님의 비밀, 하늘의 보화 보배가 들어있다고 한 것이다
(골 2:2-3)

물론
최초로 만유 위에 지으신 아버지의 집
믿음으로 지으시고 말씀으로 창조하신 집이다
이미 소개된 내용처럼
사람의 입에서 떠나간 사람의 말 속에도

말을 한 그 사람의 마음이, 혼이 묻어있다고 했다
하나님의 말씀 속에도
말씀하시는 이의 마음과 혼과 영이 들어있다
그러나 본질적인 입장에서 보면
피조물인 사람이 가지고 있는 내용물과
하나님이 가지고 계시는 내용물과는 차원이 다르다
그렇기 때문에
사람의 입에서 나오는 거짓된 말과는 달리
우주만물을 창조하셨던 그 믿음의 능력이 말씀 자체의
생명의 빛이 되시기에
하나님의 말씀 자체가 창조자가 될 수 있는 것이다
(잠 8:22-31)

"내가 그 곁에 있어서 창조자가 되어
날마다 그 기뻐하신 바가 되었으며
항상 그 앞에서 즐거워하였으며" (잠 8:30)

창조자가 되신 태초의 말씀이
아버지의 믿음이 요구하시는 대로
아버지의 집을 지었고
그 집에 맞는
그 영광에 맞는 존재, 네 생물까지도 지어드린 것이다

"그러므로 함께 하늘의 부르심을 입은 거룩한 형제들아
우리의 믿는 도리의 사도시며 대제사장이신 예수를 깊이
생각하라 저가 자기를 세우신 이에게 충성하시기를 모세가

하나님의 온 집에서 한 것과 같으니 저는 모세보다 더욱
영광을 받을만한 것이 마치 집 지은 자가 그 집보다 더욱
존귀함 같으니라" (히 3:1-3)

이 성구 속에 네 생물에 대한 비답이 들어있다
인자의 역사 속에 뛰어든 네 생물의 모습이 서서히
드러나고 있는 모습이라 할 수 있다
먼저 이 구절 속에는
하나님의 집이라는 그 장소가 공통점이라는 것이다
그 장소, 그 집에서
모세는 사환으로서 충성했고
예수는 그 집을 짓고 맡은 자로서 충성했다고 했다
같은 동일한 장소에서 함께 일했다
그 장소라면
당연 두 곳을 생각하게 된다
첫째는 만유 위에 지으셨던 아버지의 집이다
두 번째는 만유를 지으시고 만유 안에 들어오신
그 가운데
궁창의 세계 속에 있는 그 거룩한 지성소…

다음 성구를 생각해 보자!
"너는 기름 부음을 받은 덮는 그룹임이여
내가 너를 세우매 네가 하나님의 성산에 있어서
화광석 사이에 왕래하였었도다" (겔 28:14)

궁창을 하늘이라 했다 (창 1:8)

하늘 한가운데
만유를 지으시고 만유 한가운데 들어오신
하나님이 거하시는 거룩한 처소
그 한가운데 생명나무와 선악을 알게 하는 나무도 있더라 (창 2:9)
이 두 곳은 하늘 차원 집을 의미한다면
나머지 한 곳
하늘의 발등상이 되는
구속사의 세계가 펼쳐지는 이 땅, 이곳을 말하고도
있다는 것이다

생각해 보자!
독생하신 예수는 하나님 자신인 자신의 말씀으로서
하나님이 보내신 자였고
모세는 비록 아브라함의 칠 대(代) 후손으로 왔지만
네 생물에 소속된 자로서 네 생물에게 난 자라 할 수 있다

그가 아브라함의 순수한 후손이라면
결코
믿음의 조상인 아브라함보다 더 큰 영광을 가질 수 없다
그런데도
변화의 산에서 아버지의 영광으로 변화되신
예수님의 부르심을 받았다
그 부르심은 산 자의 하나님으로부터 산 자로서
부르심을 받은 것이다
산 자로 부르심을 받았기에

예수님이 별세하심으로 가지고 계시던 하나님의 비밀과
하늘의 보배 보화를 넘겨주시고자 하시는
아버지로서의 마지막 영광을 나타내신
보기 드문 또 다른 모습이었다
이는 마치
생명나무 열매를 맡기고 계시는
빛의 장엄한 역사, 그 자체였다

생각해 보라!
"이같이 하나님이 그 사람을 쫓아내시고
에덴동산 동편에 그룹들과 두루 도는 화염검을 두어
생명나무의 길을 지키게 하시니라" (창 3:24)

고양이에게 생선을 맡길 자가 누가 있겠는가?
천국의 마지막 최고 최초의 보배를 맡기는 자라면
그는 단연
예수님이 믿을 수 있는
천상천하에 유일한 존재였기 때문
아니겠는가?

어디 그뿐 만인가?

"또 내가 보니 불이 섞인 유리 바다 같은 것이 있고 짐승과
그의 우상과 그의 이름의 수를 이기고 벗어난 자들이
유리바다 가에 서서 하나님의 거문고를 가지고 하나님의 종
모세의 노래, 어린 양의 노래를 불러 가로되" (계 15:2-3)

천국을 상징하고 있는 불이 섞인 유리바다
그곳에서
마지막 싸움에서 이기고 승리한 자들이 부르는 모세의 노래!
이 말씀이 주는 뉘앙스
한 마디로 모세가 아브라함보다 더 큰
영광을 가진 자라는 것이다

"이 사람의 어떻게 높은 것을 생각하라
조상 아브라함이 노략물 중 좋은 것으로 십분의 일을
저에게 주었느니라" (히 7:4)

"폐일언하고 낮은 자가 높은 자에게 복빎을 받느니라"
(히 7:7)

분명
아브라함이 멜기세덱으로부터
떡과 포도주로 축복을 받고
아브라함은 멜기세덱에게 십일조를 바쳤다
표면적으로 드러난 입장으로 말한다면
너무나 당연하고 자연스런 입장이다
그런데 굳이
이 자연스런 내용을 지적하며
아브라함보다 멜기세덱이 어떻게 높은 것을 생각하라!
무슨 특별한 감추어진 의미가 있기에
그렇게 말하고 있는 것이다

그렇다면
그렇게 지적하여 알게 하고자 하는 내용은 무엇일까?
당연히 더 높을 사람인데…
왜?
그가 더 높은 사람인 것을 생각하라!
거기에는 두 가지 의미가 있다
높은 사람이 가지고 있는 그 높은 특별성
그리고
같은 차원의 존재인데
그 존재의 의미조차 드러난 적이 없었는데…
이미 존재해 있는 인류의 세 번째 조상이며
믿음의 조상인 아브라함
그의 영광보다
소리 없이 뒤늦게 나타난 그의 영광이
왜 아브라함보다 더 커야만 되는 이유를
알게 하고자 하는 목적이 들어있는 것 아닐까?
이는 마치
앞서 아브라함의 칠 대(代) 후손인 모세가
아브라함의 영광보다 더 큰 영광을 가진 자라
소개하는 내용과 같은 맥락이 아닌가?
모세가 아브라함보다 더 큰 영광을 가질 수 있는
또 다른 차원의 의미…
모세의 계열은 창세기 2:7
여호와 계열이 아니고
네 생물 속에 있는 네 가지의 인격 속에 소속된
계열이라는 것이다

그런 의미를 나타내기 위해
모세의 출생이 뛰어나게 남다른 특징을 보여준 것이다

생각해 보라!
율법의 아버지가 될 사람이
율법으로 저주 받아야 할 출생의 비밀을 가지고 있다는 것
보통 일이 아닌 것만은 틀림없다
누구나 잘 알고 있는 사실이지만
모세의 아버지 아므람이 누구와 결혼했는가?
아버지의 누이, 즉 고모와 결혼을 했다
수천 년이 지난 오늘에서도
고모와 결혼하여 산다면
오늘의 정서로도 도저히 용서할 수 없는 일이다
그런데 구속사의 입장에 있어
예수님의 그림자가 되는 모세가 어떻게 그런
출생의 비밀을 안고 태어나야만 했을까?
생각할수록 복잡해지고 어려워지는 어둠 속에 빠져가고 있다
똥파리는 똥을 좋아한다
출생의 비밀이 그 똥 속에서 시작되기 때문이다
그런 똥파리일지라도
똥에 빠지면 그도 역시 죽고 만다

율법은 무엇인가?
"그러므로 율법의 행위로 그의 앞에 의롭다 하심을
얻을 육체가 없나니 율법으로는 죄를 깨달음이니라"
(롬 3:20)

"그런즉 율법은 무엇이냐
범법함을 인하여 더한 것이라
천사들로 말미암아 중보의 손을 빌어 베푸신 것인데
약속하신 자손이 오시기까지 있을 것이라" (갈 3:19)

즉 중보의 손
천사의 손을 빌어 베풀어 주신 것인데
죄를 깨닫게 하려 주신 것이다
죄를 짓는 자를 징계하려 주신 것이다
그 율법을 받은 자가 모세이다
그 율법을 가지고
하늘나라를 상징하고 있는 젖과 꿀이 흐르는 가나안 땅으로
백성들을 인도하던 자가 모세였다
율법은
범법한 자를 징계하며 징치하는
무서운 채찍이었다
죄를 다루는 자가
죄를 심판하며 처벌하는 자가
죄에 종속되는 자라면
그것은 근본부터가 잘못된 모순이다

오늘날도 마찬가지다
부패 원인이 사라지지 않는 이유
부패를 척결해야 하는 자들이 부패에 종속된 자들이기 때문이다
그래서였을까?
하나님께서 바울에게 사단의 가시 곧

사단의 사자를 주셨다 (고후 12:7)
그 이유는
"나를 쳐서 너무 자고하지 않게 하려 하심이라"고 했다
이렇게 모든 면에서 세심하게 배려하시는 하나님께서
율법의 아버지가 되어야 할 모세
율법에 종속되는 자가 되어서는 안 된다는 그 엄중한 기준
기준을 초월할 수 있는 자가 아니고는
율법이라는 그 십자가를 짊어질 수 없다는 엄연한 그 명분
과연 누구를 택할 수 있었겠는가?
이미 아담의 후손들은
누구를 막론하고 태어나는 순간부터
원죄, 유전죄, 자범죄를 짊어지고 태어나는 존재들이다
그런 그의 후손들 중에서
과연 율법에 종속되지 않을 종자가 있을 것인가?
로마서 3:10 말씀대로
의인은 없나니 결코 없었기에
아담과는 거리가 먼
아담 이전에 지음 받고 네 생물 속에서
죄와 상관이 없이 장차 이루어질 구속사의 세계를
바라보고 있었던 인격적인 존재
그 사람을 부르지 않을 수 없었다

이는 마치
흙 차원의 인생들의 문제를 해결하기 위하여
하나님 자신이었던 최후의 보루
말씀에 인격을 부여하여 이 땅에 보내신

말씀이 육신 되어 오신 은혜와 진리
곧 때가 차매 오신 예수이시다
그가 이 땅에
여인의 후손으로 오시지 않고는 인간의 죄를
해결할 방법이 없기 때문이다
인간 스스로가 이기고 승리해서 취해야 할
그들의 영광을 찾아주기 위해 오셔야만 했다

그리고 한편
마귀가 하는 일을 멸하기 위해서 오셔야만 했다
마귀가 저지르고 있는 그 일들을 방관한다면
택한 자라도 이 땅에 남아날 종자가 없다는 것이다
그래서 때가 차매
둘째 아담으로 오셔야만 했다는 것이다
그렇다면 생명나무로 계셨던 그가 언제
그런 결심을 하게 된 것일까?

생각해 보라!
사전적으로 이미 선악나무에 대해
먹으면 정녕 죽는다는 정보를 제공했다
그런 정보를 가진 그들이
에덴동산 한가운데 같은 장소에서
먹으면 정녕 죽으리라는 선악나무의 열매를 따먹는 순간
손길이 가는 순간
생명나무의 입장은 어떠하셨겠는가?
심장이 멈추고

민망하고 창피스럽고 부끄럽고
얼마나 당혹스러웠겠나?

십자가 사역을 바라보시던 주님께서
"내가 고민하여 죽게 되었다"
그 말씀하시던 그 순간이 진정 에덴동산에서의
그 순간이 아니었을까?
결국 그 순간이 생명나무가 포도나무로 바뀌는
그 순간이 된 것이다
이미 포도나무로 바뀌는 그 순간
그의 어깨에는 삼십 관이나 되는 십자가가
매어 달려있었다
그러던 차
하나님께서 "아담아 아담아 네가 어디 있느냐?"
부르시는 순간
변명하는 아담 속에서 둘째 아담이 되신
포도나무로 오실 예수께서
신앙고백을 하신 것이다

"그때에 내가 말하기를 내가 왔나이다
나를 가리켜 기록한 것이 두루마리 책에 있나이다
나의 하나님이여 내가 주의 뜻 행하기를 즐기오니
주의 법이 나의 심중에 있나이다 하였나이다"
(시 40:7-8, 히 10:7)

어디 그뿐인가?

이미 신앙의 정절을 잃은 여인 하와가
뱀의 유혹에 빠져 선악의 그 열매를 먹었다는
뻔뻔스럽고 가증스런 그의 고백을 듣고 있던
네 생물 중 그룹이 하와를 대신하여
또한 고백을 하고 있었다

이렇게 이미
에덴동산에서
여인의 후손으로 이 땅에 올 사람들이 결정되고 말았다
그렇게 결정되어진 그 결과대로
이 땅에
아담의 후손이 아닌
네 생물 중 그룹이라는 인격적인 존재가
드디어 이 땅에 온 그 사람
그가 곧 모세라는 것이다
그런 모세의 등장이었기에
출생의 비밀이 남다른 것이었다
비현실적인 그의 출생의 의미 속에는 그는
율법에 종속되지 않는 자라는 것이다
그는 아담의 계열이 아니기 때문에 원죄, 유전죄, 자범죄와는
아무 관련이 없는 존재이다
본래 네 생물은 피조물이긴 하지만
빛의 세계, 아버지 집에서
아버지의 영광을 위하여 지음 받은 존재이다

특히 네 생물 속에 있는 내성의 꼴이 되고 있는

네 가지의 인격 속에는
예수께서 하나님의 비밀이 되는 것처럼
그들 속에서
만유를 짓는 세계와 하늘의 발등상을 짓는 이 땅
지구촌에 거하는 모든 존재들의 존재의 비밀과
그들을 통하여 이루시고자 하는
구속사의 비밀이 가득 가득 담겨 있는 하늘의 보배
보화와 같은 절대자들이라고 할 수 있다
그들 안에 있는 네 가지 얼굴을 이용하여
그 얼굴 속에 있는 각자의 신령한 내성의 꼴을 이용하여
궁창의 세계 속에 있는 모든 대상을 지었다

한 마디로
하늘에 있는 아들들과 천군 천사들을 짓는
그들의 원형, 그들의 모델
형상과 모양이 되었다는 것이다
그리고 이 땅에 있는 존재들
창세기 2:7 말씀대로
흙, 사람, 코에 생기를 불어넣어 생령을 만들었다
여기서 말하고 있는 그 흙은
땅에 있었던 본래의 흙이 아니라
하늘에서 가져 온 흙을 말하는 것이다
하늘에서 가져온 흙이라는 것은
궁창, 하늘에 존재하는 그들을 이 땅으로 불렀다는 것이다
하늘에 있었던 그들
신령하고 능력있는 무한적인 존재들이다

그러한 그들일지라도
이 땅에 부름 받아 오게 된다면
이 땅에 맞는 이 땅의 환경에 적응할 수밖에 없는
그런 존재가 되지 않으면 안 되는 것이다
무한적인 존재가 유한적인 존재가 되는 것이다
신령한 존재가
물질적인 존재로 바꿔진다는 것이다
무한대의 능력을 가진 존재가 가장 무기력한
존재로 바뀐다는 것이다

그렇게 바뀌어지는 존재들이
이 땅의 환경에 적응 받는 기간
절대로 짧은 기간이 아니다
과학적인 논리적 근거로 표현한다면
한 종(種)이 지구의 환경에 적응해서
최고의 경지의 수준까지 도달하기까지는
대략적으로 2억 년이 걸린다고 한다
그렇게 기나긴 여정을 통해
하늘에 존재하고 있었던 신령한 그 모든 것들이
이 땅에서 그렇게 재창조되는 과정의
첫 시작을 흙으로 지었다고 하는 것이다
"존귀함에 처하나 존귀함을 깨닫지 못하는 자는
멸망하는 짐승과 같다"
존귀를 모르는 짐승 같은 그 원인을 가리켜 흙이라 한 것이다
그 흙으로부터 시작된 재창조의 역사

창 2:7
"여호와 하나님이 흙으로 사람을 지으시고
생기를 그 코에 불어 넣으시니 사람이 생령이 된지라"

그 말씀을 깊이 새겨보면
오직, 여호와가 한 일은
수리성의 삼 단계 과정을 거쳐 사람을 생령으로 만들었다
그 점에 표현이 집중되었다는 사실
그 점을 가리켜
"여호와 하나님이 천지를 창조하신 때에
천지의 창조된 대략이 이러하니라" (창 2:4)
대략이라는 표현 속에는 대충이라는 의미가 아니라
창조의 세계 전체 중에서
"내가 한 일만 말하겠다" 이런 입장의 표현이라고 말할 수 있다

재창조된 구속사의 세계 속에서 여호와가 한 일
단연
구속사의 첫 사람
아담을 생령으로 만든 일
그것이 으뜸일 것이다
그 일을 함으로써 재창조의 역사의 주인공이 된 것이다
재창조 역사의 주인공이라 하여
이 땅에서 생존하고 있는 만물의 모든 존재들을
여호와가 다시 지었다고 말할 수 없다
그 이유로서는
하늘에 존재하고 있던 그 모든 대상들이

"그대로 되어지니라"고 하신
절대자의 명령에 의해
하늘에서 이 땅으로 옮겨진 것이지
여호와가 하늘의 재료를 가지고 이 땅에서 다시 지었다는 것은
아니라는 것이다

오직
이 땅에서 여호와가 새롭게 재창조한 대상은
구원의 대상인
사람, 그리고 생령인 아담뿐이었다
그 외에 모든 대상들은
여호와가 다시 지었다는 개념이 아니라
하늘에서 이 땅으로 옮겨진 그 상태에서
그들 각자가 이 땅의 환경에 적응해가는
생존해가는 자연발생적 존재들로 뿌리를 내리며
열매 맺게 된 것이다

이런 점을 깊이 생각하면서
모든 생명의 근원은
창세기 1장부터
창세기 2장 3절에서 보여주신 말씀대로
하나님이 창조하신 '바라'의 창조라는 것이다
오직 하나님은
하나이신 하나님이시다
그 외에 모든 대상들은 누구를 막론하고
그에게 지음 받은 대상일 뿐이다

오직 하나님만이 무에서 유를 창조하실 수 있는
유일하신 창조주 하나님
아버지이시다

이미 거듭 말해온 것처럼
하나님이 창조한 세계와
여호와가 창조한 세계는 근본과 차원과 영광이
다르다는 것을 분명히 새겨야 된다
여호와가 재창조한 창조의 중심은
흙, 사람, 코에 생기를 불어넣어 생령인 아담을 만들었다는 것
이다.

제 6장
시온의 한 돌을 세우기까지
(어떤 여성 교역자의 간증)

제 6 장
시온의 한 돌을 세우기까지
(어떤 여성 교역자의 간증)

어느 한 가정의 모습이다
서너 평 남짓 주방 겸 거실로 사용하는 다용도실
풍채가 있어 보이는 듯한
여자 분을 중심으로 대여섯 사람이 모여 있다
풍채 좋은 여자 앞에 있는 식탁 위에는
성경책이 펼쳐 있다
전도사 아니면 목사 분이 구역 예배를 인도하는 것일까?
대여섯 사람 모두가 여자분
말하고 있는 한 사람에게 그들의 시선이 집중되어 있다
그의 입에서 떨어지는 한 마디의 말도
행여 놓칠세라
집중하고 있는 그들의 얼굴들이
긴장 속에서도 벌겋게 달아오르고 있었다
무슨 내용인데 저렇게들…
예사롭지 않는 모습들이다

"그러니까 그 당시의 나의 입장은 실로 참혹했습니다

서울에서 부산역에 이르기까지 준비해 온 전단지
삼만 장을 여섯 사람이 나누어 가지고
열차 안에서 타고 내리는 승객들에게 전단지를
소중하게 전하는 것이 우리들의 일이었습니다
왜냐하면 그 당시로서는
전단지 삼만 장을 만든다는 것 평범한 일이 아닙니다
지금처럼
인쇄 문화가 발달되지 못한 그때
전단지 원본이 작성되면
그것도 타자기로 쳐서 만드는 글이 아니라
가리방으로 일일이 손수 써서
한 장 한 장 수동 방식으로 찍어내는 것입니다
하루에 천 장씩 찍어낸다 하여도
삼만 장이면 꼬박 한 달, 30여일이 걸립니다
그렇다고 모든 것이 여유있어 준비된 것이 아닙니다
어렵고 힘들게
하나하나 부탁하고 간절히 청원하여
만들어가고 있는 일이었습니다
삼만 장의 종이를 마련하는 일도 쉽지 않았습니다
그 때에 저희들은
하루 한 끼만이라도 배불리 먹는 것이 큰 바램이었으니까요"

말을 이어가던 그의 눈가가
갑자기 젖어가고 있었다

"그 당시에는

도사 목사께서 교회도 세우지 못했어요
칠팔 명의 성도들이 그를 따르고 있었어요
우선은 가정 교회라는 입장에서 모여 예배를 드리고 있었어요
그래도 다행인 것은
그분이 주시는 말씀에 모두 놀라고 있었죠
평범하고 예사롭지 않는 말씀이라고 생각했어요
여느 교회에서 들을 수 있는 말씀이 아니었어요
목사님 스스로도
어느 특별한 산에서 삼 년 육 개월 칠일씩
두 산을 통해 구도의 길을 걸으셨다고 증거하시는 가운데
성경을 천여 독 하셨다고
말씀하셨어요

그리고 그 과정에 각각 40일 금식을 하셨고
그 과정을 마치고 하산하시던 그 모습
사진에 담아놓아
함께 하고 있는 우리 모두가 볼 수 있었어요
깎지 못한 머리
가슴까지 내려온 수염
몸뚱아리에는 살 한 점 보이지 않는 깡마른
해골 같은 모습
사람이 아니었어요
그러나 그의 눈빛만큼은 두려웠어요
마치 우리의 마음속을 들여다보는 듯한 쏘는 눈빛
그래서였을까?
가끔은 내 마음 속에 있는 나만이 아는 나의 생각을

꼬집어 말씀하실 때는
소름이 솟는 때가 있어요

그 도사와 함께 부산행 완행열차를 탔어요
어렵사리 준비된 전단지를 배분하여 짊어지고
서울에서 출발하는 완행열차
목적지 부산까지는 대략 열세 시간이 걸렸어요
타고 가는 승객들은 물론
승하차하는 모든 사람들에게 놓칠세라
정신을 집중하여 전도지를 돌렸어요
그리고 도사 목사께서 가르쳐주시고 강조해주신 말씀대로
'하나님 말씀이 적힌 이 전도지를 버리면 벌 받게 됩니다
버리지 마시고 힘드시더라도
꼭 읽어보시면 하나님이 주시는 큰 복을 받습니다'
입에서 쉰내가 나며 때로는 혀가 꼬이도록
가슴에 껴안은 전도지를 어린 자식처럼 소중하게 여겼어요

전도지를 아예 받지 않는 거부하는 사람들도 많이 있어요
나는 불교를…
나는 다른 종교를…
그럴 때는 이렇게 하라고 가르쳐주신 도사 목사의 매뉴얼대로
할 수 있는 최선을 다했어요
물론 처음에는 어색하고 난처했어요
한 번도 해보지 않은 일
그것도 많은 사람들 앞에서
'예수 믿으면 천국 갑니다'

'예수 믿으면 복 받습니다'
간단한 말 같지만
첫 입술을 떼는 데는 많은 시간을 자신과 싸우느라
시간을 허비하기도 했습니다
그러한 저희들의 입장을 아시고 살펴보시듯
감독하시듯
주저주저하고 있는 우리들이 있는 칸으로 오셔서
어깨를 쳐주시기도 하시고
'힘내라!' 위로의 말씀도 주십니다"

그렇다고
그런 일을 하고 있는 우리 자신들을 위한 배려
도사 목사께서 사주시는 한 끼의 식사였다
그것이 우리를 위해 준비된 처음부터의 계획이었다
"그 나머지 일들은 당신들이 알아서 해결하세요"
물론 개중에는
팬티 속에 달아놓은 주머니 속에
때 묻은 비상금을 감추어 둔 이도 있었을 것이다
흘끔 옆 칸을 바라보니
깐 계란을 한 입, 두 번째 입으로 재빠르게 삼키고
우유를 마시고 있는 형제의 모습이 비쳐지기도 했다

그 당시만 해도 '보리 고개'라는 말이 있었다
대부분 시골에 있는 사람들은 검정 고무신을 신고 살았다
노인 분들 중에는 상투를 매고
갓을 쓰고 흰 두루마기를 입고 다니는 분들도 있었다

그 당시의 먹거리는
살아가는 이유 중에 가장 큰 목표 중의 하나
"먹기 위해서 산다"라고 말할 수 있는 시대였다

열차 내에
승무원들이 팔고 있는 기내식
"계란이 왔어요, 우유가 왔어요, 빵이 왔어요…"
구수한 냄새가 젖어있는 그들의 목소리…
연륜이 있는 분들이라면
결코
그 목소리, 그 모습, 잊을 수가 없을 것이다
돈이 있어서 그것을 사먹는 그들에게는 즐거운 추억의 낭만
그러나
먹는 그들을 잠자는 듯 훔쳐 바라보는 사람들에게는
결코 잊혀지지 않는
슬픈 추억의 비참한 낭만
그 시대의 열차 내의 풍경을 잠시 그려보았다

시작이 반이라고 하는 말이 새삼
달갑게 느껴졌다
어색하게 시작되었던 첫 모습
시간이 갈수록 조금씩은 해방되어가는 듯한 느낌
복음을 외치는 소리 속에도
조금씩 힘이 생기며 여유를 찾아가는 모습이 보여지기도 했다
가끔 나누어진 각자의 칸을 찾아주시어
남은 전도지의 수를 점검하시는 도사 목사

행여 열차에 내려가던 승객들이 밖에서 전도지를
버릴 수 있으니 정차할 때마다 내려 확인하라는 지시를
내리신 후
소리쳐 고함치신다
"회개하십시오! 천국이 가까이 왔습니다!"
"예수를 믿으세요!"
"천국에 갈 수 있습니다!"
땀 흘려 외치시는 그의 등 뒤를 바라보다가
왠지 모를 눈물을 훔쳐내고 말았다

"이제 얼마 있으면 부산역에 도착한다!
전도지를 아낌없이 소중하게 돌려라! 시간이 없다!"
칸칸이 돌아보시며 외치시는 그의 발걸음이
더욱 민첩해지기 시작했다
그러나 삼만 장의 전도지를 소화시키기엔
완행열차 속에 있는 열세 시간으로는 역부족이었다
실제로
서울서 부산행 열차 속에 타고 가는 승객 자체가
몇 명이나 타고 내리는 것인지 확인하지 못했다
한편 열차에 타고 있던 승객이라 하여도
실제적으로 전도지를 받아주는 사람은
삼분의 일 정도뿐이라는 것이 경험적인 이야기다
받아준 사람들이라도
받고 난 후에 전도지를 알게 모르게
버리는 사람들도 많이 있었다
그것을 우리들이 다시

회수하는 양도 어지간히 있다는 것이다

그런 과정 중에 기어이
부산진역에 도착하였다
남은 전도지를 짊어진 배낭 속에 담았다
물론 남은 수를 정확히 확인했다
새벽 5시 출발한 후
오후 6시 경에 도착한 것이다
각자 요량껏
긴 시간 동안 입맛을 다셨겠지만
내가 먹은 것이라고는
쉬는 역마다 급히 내려 화장실에서 실컷 마신
물 배가 전부였다

인도에 따라 역을 나온 우리들은
초라한 국밥집으로 들어갔다
한 그릇에 500원하는 돼지 국밥이었다
종일 굶었던 배가 짙은 음식 냄새에 뱃속이 요동친다
국밥이 나오기 전에 주는 반찬이 이미 몇 번인가 교체 되었다
민망의 탓에
주인의 반찬 솜씨를 거듭 거듭 칭찬해 주었다
그래서 기분이 좋았는지
요구하는 대로 반찬을 아낌없이 내주었다
경험에서 취득한 요령
굶주린 배를 채우려면
우선 먼저 주는 반찬이라도 많이 먹어 두어야 한다

그때까지만 해도
별도의 반찬을 요구하는 시대는 아니었다
도사 목사께서도 연신 "맛있다! 맛있다!" 하시며
주는 반찬을 모조리 아낌없이 먹어치우셨다

그러시다
좀 민망하셨는지 주인 아주머니를 위해 한 마디 하신다
"아주머니 좋은 일을 하셔서
복 많이 받으실 겁니다"
그 때까지만 해도
도사 목사의 말이 의례적인 말이라 생각했다
그러나 다음 해에 가서야
도사 목사의 말이 의례적인 말이 아니라
능력있는 말씀이라는 것 깨닫게 되었다
그 후에도 같은 일을 여러 번 반복했다
그때마다 그 집에 가서 꼭 돼지 국밥을 먹었다
맛이 좋아서라기보다는
우선 음식 가격이 그 주변 일대에서는
가장 저렴했기 때문이었다
그리고 적은 돈으로 양이 많은 음식이었기 때문이었다

두 번째 갔었을 때이었다
문을 열고 들어서는 우리들과 도사 목사
환호성을 지르며 주인 여자가 평범하지 않게 맞아주었다
"그렇지 아니하여도 언제나 오실까 기다렸습니다"
"왜요?

무엇 때문에 우리를 기다리셨나요?"
"생각나시나요?
그 날
손님께서 나에게 좋은 일을 하셔서 앞으로
큰 복을 받을 겁니다
그날 밤에 제가 꿈을 꾸었는데
꿈속에서도 손님께서 똑같은 말씀을 하시더라구요
참으로 이상하다 했어요
저는 평소에도 꿈을 꿔보지 못했거든요
그래서였는지
그 이후 장사가 날로 번창하기 시작했어요
보세요!
우리 가게가 달라졌어요!
옆의 가게를 인수해서 대폭 늘였구요
시설도 많이 바꾸었어요
오늘은 무엇을 드시든지 제가 서비스로 드릴게요
정말 고마움으로
대접해 드리겠으니
부담 가지시지 마시고
우리 집에 있는 것 중에서 제일 비싼 것으로 마음껏 드세요"

작년에 왔을 때 그 집 음식은
오직 돼지 국밥뿐이었다
오늘 보니
국밥 외에 돼지 갈비도 메뉴에 들어있었고
삼겹살도 들어있었다

살다 보니 이런 날도 만나게 되는구나!
배창자가 아프도록 졸라매었던 허리끈을 풀었다
오늘 만큼은
배창자 터지도록 실컷, 마음껏 먹어야지
공짜라면 양잿물도 먹는다는데…

그런데 참으로 신기한 일이 벌어졌다
배가 터지도록 먹겠다고 벼르고 별렀는데
돼지 갈비 일인분에
돼지 국밥 하나가 전체적으로 먹은 각자의 양의 한계였다
가끔 싱거운 소리를 잘하는 집사님이
도사 목사님께 아쉬운 소리를 했다
"목사님! 오늘 만큼은 주인 아주머니 말대로 부담없이
눈치보지 않고
배가 터지도록 먹으려 작정했는데
생각해보니 평소보다도 못 먹었습니다"
미소를 지으시던 도사 목사께서 다음과 같은 말씀을 하셨다

"야곱의 우물가에서
사마리아 여인과 도담을 나누는 장면 속에서
시장하신 주님과 자신들을 위하여 음식을 사러갔다
그 안에서
도담을 나누는 과정에서
여자의 남편 이야기가 나오고
과거의 남편들과 오늘 살고 있는 그 남자도 네 남편이 아니다
자신의 생애를 낱낱이 지적하시는 그를 선지자

또는 메시아로 영접하는 과정 중에서
제자들이 음식을 사 가지고 왔다
그들에게
나는 너희들이 알지 못하는 음식을 먹었다
내가 먹는 양식은 아버지의 뜻을 행하는 것이다
실제로는 주님은 우물가의 물도 그 어떤 음식도
입에 대지 않으셨다
그런데 나는 너희들이 알지 못하는 음식을 먹었다고 하셨다
그 음식이 무엇인가?
예수님의 말씀을 믿게 되는 그 여인과
그 여인의 말을 통해 예수의 말씀을 믿게 되는
그 마을 사람들, 그들이 곧
예수께서 먹으셨다고 하는 영의 양식이었다

잘 생각해 보라!
이 식당 여자가 사업이 잘 되어가는 이유를…
나 같은 사람이 축복해주므로 자신의 사업이
잘 되어가고 있다는 그 생각,
그 생각을 가지고 오늘
우리들에게 감사한 마음으로 대접하고 있는 게 아니냐?
감사하게 생각하는 저의 마음이
이미 우리를 배부르게 한 믿음의 양식이 된 것이다
깨달을 수 있느냐?
이 말씀을 깨닫는 자는
육의 양식뿐 아니라 하늘의 양식도 먹은 자가 되느니라!"

도사 목사의 말씀이 다른 어느 때보다
오늘 이 순간
마음 속 깊이 자리 잡혀가는 듯 했다
그러나 오늘
여러분들에게 전하고자 하는 내용은
첫 번째 부산까지 갔다가 돌아오는 과정을
소개하고자 하는 것이다
돼지 국밥을 먹고 난후
도사 목사께서 예기치 못한 놀라운 소리를 했다
"오늘 이 자리를 벗어난 후부터는
각자 개인의 입장으로 돌아가
남은 전도지를 돌리며
다시 서울로 돌아오는 것이다
기차나 버스나 무슨 차든지 간에
차편을 이용해서는 절대 안 된다
순전히 걸어서
전도하면서 돌아와야 된다
약속할 수 있느냐?"
잠시 동안 무거운 침묵이 흘렀다
"땡전 한 잎
가진 것도 없는데 여기서 서울까지
어떻게 걸어갈 수 있습니까?
가다가 병이라도 난다면…?"
말이 많이 생겨나기 시작했다
아예 그런 싹을 잘라버리려는 듯
"나도 그렇게 너희들처럼 똑같이 시작하는 것이다!"

"생각해 보라!
이스라엘 백성들은 40일도 아니고
삭막하기 그지없는 광야길을 40년간 걸었다
부산서 서울 400㎞
하루에 10킬로씩 걸으면 40일이면 된다
40년을 걷는 사람이 되지 말고
40일을 걷는 사람이 되거라!
설사 너희들이 땡전 한 잎 없다 하여도
주변을 살펴보라!
물도 있고 없는 것이 없다
믿음으로 기도하면서 하나님께서 기뻐하시는 일을
행한다면
은혜 안에서 모든 일을 행할 수 있는 것이다!"
단호하게
간절하게 권고하고 호소하시는 그의 목소리는
평소와는 전혀 다른
구름에서 들려오는 우레 소리와 같았다

"이사야 40:10 말씀을 생각하라!
마태복음 10:28-30 말씀을 생각하라!
이사야 43:1-3 말씀을 생각하라!
놀라며 두려워하며 염려하지 말라!
초등학교 학생들 중에서도 멀리서 다니는 학생들의
통학거리 10킬로를 왕복 육 년을 다니는 학생들도 많이 있다
성인된 어른 여자들이
어디 가서 무슨 일을 한두 시간씩 해준다면

한 끼 얻어먹지 못하겠는가?
잠잘 데가 여의치 못하거든 교회 가서 처소를 구해보라
너희가 소지하고 있는 전도지
그 내용을 읽어본다면 기꺼이 너희 숙소를 내어줄 것이다"

그때였다!
신음 소리 같은 고백이 터져 나왔다
"말씀하신 대로 순종하겠습니다!"
떨리기도 했지만 단호한 의지가 서려있는 고백이었다
"그렇다면 지금
이제부터 헤어져 각자의 길로 떠나거라!"
말끝이 떨어지기 무섭게 도사 목사는
뺑소니치듯 사라졌다
이제 일은 시작되었다
'우선 오늘 머물 곳을 찾아야겠구나!'

그 때만 해도 통금 시간이라는 것이 있었다
여자 몸으로
그래도 안전하게 쉴 수 있는 곳
코앞에 있는 부산역이라 생각했다
역 안만큼은
통금의 제재를 받지 않는 곳이었다
이곳저곳을 살펴보다가
어둡지도 않고 너무 밝지도 않은 곳
홀로 있는 여자라는 것이
확연하게 드러나지 않는 곳

찾아 정하기는 했지만
시간이 늦어질수록 생각보다 많은 사람이
역대합실을 찾는 사람이 늘어났다
행여 내 옆에 남자들이 머물게 된다면 걱정이 되었다
같은 생각을 가진 여자들을 찾았다
다행히도 그런 분들과 한 패를 이룰 수 있었다
배낭 속에 있는 겉옷을 꺼내
이불도 만들고 베개도 만들었다
만들어진 잠자리에 누워
40일간의 계획을 막연하나마 생각해 보았다

우선은 가장 시급한 것이 지도 같았다
서울을 찾아갈 가장 지름길이며 안전한 길을
아는 것이 우선적인 것이라 생각했다
그러나 모든 것이 생각일 뿐이지
뚜렷한 대안이 손에 잡힐 리는 없었다
그렇다!
이 일은 부딪히면서 풀어나가야 할 길이다
우선 오늘은
잠을 청해야 할 것이다
열서너 시간
앉지 못한 채 온종일 뛰어다녔던 자신의 몸이
지쳐있다는 것
쑤셔오는 팔다리가 증거하고 있다
그리고 눈꺼풀도 천근만근이 되어 찍어 누르고 있다
그런데도

서울을 향해 가야 할 그 근심, 그 생각들이
육체의 피곤함으로 젖어오는 그 잠결들을
쫓아내고 있다
거기에다 옆자리를 차지하고 있는 어떤 할머니의
기침 소리가 유난히 신경을 건드리고 있다
쇳소리 같은 해소 기침…
너무나 오래된 고질병 같았다
"오~! 주님이시어 피 마르지 않는 대능의 손길로 어루만져
주소서!"
그래서였을까?
기침 소리가 잦아진 것 같다
그렇게 오랜 시간 뒤척였다
그 때
멀지 않는 거리에서 싸이렌 소리가 들려왔다
통금해제를 알리는 소리였다
'좀 더 자야겠구나' 아득히 생각하며
깊은 잠 속으로 떨어져 갔다

문득
불러깨우는 다그치는 큰 소리를 들었다
"아주머니 일어나세요!"
대합실을 청소하는 아저씨였다
안과 주변을 살펴보니
어젯밤에 보이던 많은 사람들 모두 떠나가고 없었다
"어디를 가시는 분이세요?"
"서울을 갈 겁니다"

배낭 속에 감추어 두었던 검정 고무신을
꺼내 신었다
혹시나 도둑맞을까 걱정되어 감추었던 신발이었다
아저씨가 서울 발 열차의 시간을 아는 대로 설명해준다
열차 타고 가려는 것이 아니라
걸어서 서울 가려고 합니다
깜짝 놀라는 아저씨의 황당한 얼굴
'멀쩡한 여자가 제 정신이 아니구나…'
"왜 서울을 걸어서 가려하죠? 그 먼 길을…?
혹시 돈이 없어서 그러시는 겁니까?
그렇다면
제가 도와드릴 수도 있는데…"
오십 대 중반의 아저씨
나는 30대 초반…
못난 얼굴은 아니었다
진실한 인정에서 나오고 있는 호의일까?
그렇지 않으면
육신의 생각으로 작업을 걸기 위한 호의일까?

"아저씨, 예수 믿으세요!
예수 믿으면 구원받고 천국 갈 수 있어요"
느닷없이 던진 일성에 몹시 당황스런 모습이다
당황하고 있는 그에게 전도지 하나를 건네주었다
"아저씨 꼭 읽어보세요!
버리지 말고 읽어보시면 꼭 복 받으실 거예요"
"그러면 아주머니는 교회 일을 하시는 분인가요?"

"맞습니다!
교회 일을 하기 위해서
부산에서부터 서울까지 걸어가려고 하는 겁니다
아저씨 혹시 노방 전도란 말 들어보셨나요?"
"나는 교회에 다니지 않습니다만
내 처와 딸은 교회 다니고 있습니다
그들이 하는 말 중에 노방 전도라는 말을 들어본 것 같습니다
길에 서서
사람들에게 교회 다니라고 소리치는 것이죠?"
"맞습니다!
그래서 서울에서 내려와
부산부터 노방 전도를 시작하며
올라가려고 하는 것입니다
폐가 안 된다면 저에게 국내 지도를 한 장 구해주실 수
있습니까?"
급히 아저씨가 전국 지도를 한 장 구해주셨다

"오! 주여 감사합니다!
이렇게 첫 발걸음부터 함께 해주심을 믿고 감사드립니다"
더구나
그 아저씨가 따뜻한 차까지도 한 잔
베풀어주셨다
따뜻한 온기가 샘솟아 오르기 시작했다

서울 향해 달려가는 노방전도
결코 만만치는 않았다

30대 초반 여인으로서 홀로 걷는 광야길
여자이기에 유리한 점도 있으나
여자이기에 불리한 점도 많이 있었다
불리한 점으로서 잠자리 문제였다
도사 목사 말씀대로 교회를 찾아가 부탁도 드렸으나
혼자 온 여자를 편안하게 대해주는 교회는 많지 않았다
그나마 소속된 교회가 없었다는 점이다
찾아가면 처음 질문이
어느 교단, 어느 소속, 어느 교회인가 묻게 된다
섬기는 자체 교회가 없으니
물을 때마다 어려움에 빠지게 된다
때가 되면 하루속히
"우리들도 먼저 교회를 세워야 겠구나!" 굳게 마음을 다졌다
그 후로부터는 아예
교회 찾아가지 않았다

먹는 문제는 다행히 처해있는 시점이
가을의 중턱에 머물러 있어서
가을철에 수확하는 식물, 열매들에게 많은 신세를 지기도 했다
배고픔을 채우기 위해 가지도 따먹고 무우도 뽑아 먹고
밤도 주워 먹고 감도 따기도 하고 주워 먹기도 하고
물론 내 것은 아니었지만…
"내가 남의 것을 취하므로 손해 끼친 그 손해를
주님께서 꼭 보상해주시고 축복해 주소서"
간절한 기도를 지불하고 나서
염치없이

배고픔을 해결했다
물론 들녘에서 일하시는 분들의 일손을 도와드린 후
한 끼의 식사를 해결한 적도 있었다

그런데 한 가지 문제가 생겼다
신고 다니던 검정 고무신의 뒤꿈치가 터졌다
아무리 옛날이라고는 하지만
여자가 맨발로는 다닐 수가 없었다
궁리 끝에 어느 집에 들어가 신세를 말한 후
바늘과 실을 구해 고무신을 꿰맸다
아예 사람이 없는 길을 걸을 때는 고무신을 들고 맨발로
인적이 없는 산 길, 들길을 걷기도 했다
그래도 그 당시
사람들의 심성은 그리 악하지는 않은 것 같았다
굶어 배고프다 사정하면
보리밥 한 덩어리에 물 한 그릇 줄줄 아는 그런 시대였다

그런데 가장 큰 문제는
질환으로 고통받는 병 문제였다
우선 돈이 없으니 병원에 갈 수도 없고 약국에 가서
약을 살 수도 없다
어쩌다 먹는 음식이다 보니
체하기도 잘 했고
입성과 옷 잠자리가 부실하다 보니
감기가 극성을 부리기도 했다
매달마다 걸리는 달거리…

위생적인 생활과는 거리가 멀다보니
육신적으로도 청결하지 못했다

어느 날 밤이었다
온 몸이 불덩이 같이 끓어올랐다
산길을 걷다 민가를 만나지 못해
우연히 빈 집을 찾아 들어갔다
이불이 있나…?
허물어진 담벼락…
겨우 거센 비바람 정도 막아줄 수 있는
낡아빠진 빈 집…
흉물스런 그 상태였다
행여 이런 곳에서
아무도 모르게 비명횡사하는 것 아닌가?
끓어오르는 고열을 느끼면서
헛소리인지 비명인지
도사 목사를 원망하기 시작했다
"당신 말대로 순종하다보니 결국 요모양 요꼴로
죽어가고 있습니다…"
죽기 전에 마지막 악이라도 부려보자
제 정신이 아닌 혼미한 심령 속에서
자신이 악을 써 소리치고 있는 말들이 아득히 희미해져 가고
있다
바로 그때였던 것 같았다

"아가야 내가 왔다

네가 미워하는 도사 목사인 내가 왔다"
빛난 옷을 입고 있었다
내가 늘 보아왔던 거지꼴이었던 그가 아니었다
해와 같은 얼굴이었다
머리에 손을 얹으셨다
"강건하거라 강건하거라
너는 큰 은총을 입은 사람이다
일어나거라
여기서 한 오백여 미터 가다보면
네가 먹을 수 있는 좋은 음식이 준비되어 있을 것이다
어서 속히 일어나거라"
몸을 추슬러 일어나는 순간
도사 목사는 사라지고 보이지 않았다
'고열에 의해 정신이 혼미해지므로
내가 무언가에 홀려 잘못 보았나?'
그러나 한 가지 사실은
고열로 끓고 있던 몸뚱어리에 열기가 사라지고
그 어느 때보다 몸뚱이가 상쾌하게 가벼워 있었다

'빨리 가보자
나를 위하여 좋은 음식이 준비되어 있다고 했는데…'
반신반의 하면서도
그렇게 믿고 싶었다
아니 믿어졌다
분명히 다 죽어가던 나를 살려주셨다
꿈과 환상이 아니었다

실제로 오셔서 나를 고쳐주시고 가셨다
그리고
음식도 준비해 놓았으니 가보라고 하셨다

다소 경사진 비탈길
인적이 없는 어둠에 젖어든 산 길
이상하게도 두려워지지 않는다
마치
내 집에 있는 정원을 걷는 듯한 상쾌함이 느껴졌다
가까워진 고개 턱 마루에서
무엇인지는 몰라도
흔들리는 희미한 불빛이 보였다
'혹시 사람들이 있는 거 아닌가?'
발걸음을 재촉했다
흔들리던 불빛…
누군가 켜 놓은 여러 개 촛불이었다
'왜 이런 곳에 촛불을 켜 놓았을까?'
주변을 살펴보며 불러보아도 인적이 없다
그런데 이상한 게 보였다
김이 오르고 있는 떡시루
그리고 각종 과일이
보기좋게 진설되어 있었고
스님 머리통 같은 돼지머리도 있었다
순간 머리에 스쳐가는 그림자가 있었다
'아, 이곳이 사람들이 말하는 성황당이라는 곳이구나
그러기에 이렇게 큰 돌무더기들이 쌓여있고

나뭇가지 가지마다
사연 적힌 부적들이 걸려있는 거구나…
그런데
방금 전까지도 분명 이곳에 이 물건들을 차려놓고
제사 아니면 굿을 드리던 사람들이 있었을 터인데
어떻게 된 일이지?'
다시 한 번 주변을 돌아가며 큰 소리로 불러보았지만
끝내 나타나는 사람은 없었다

바로 그때였다
도사 목소리가 들렸다
"굿을 하던 무당과 사람들을 내가 다 쫓아냈다
내가 너를 위해 장난질을 쳤단다
두려워하지 말고 편안히 앉아 마음 놓고 먹어라
본래 무당들이 굿을 하고 나면
성황당에 고시래를 하고는 가져온 음식을
몽땅 가져간단다
신에게 바친 제물이라 하여
누구에게도 주지 않고 인정머리 없이 혼자 다 처먹는단다
오늘의 음식은
그들이 준 것이 아니라
내가 네게 주는 것이니 조금도 두려워하지 말고
편안히 마음껏 먹고 마시고 즐기도록 하라"
그 순간 그날 이후로부터
그의 입에서 나오는 모든 말씀은
돌덩이로 메주를 쑨다 하여도 믿기로 하였다

아니 믿을 수밖에 없었다

부산에서 출발한 모든 사람들이 무사히
서울에 도착하여 한 자리에 모였다
비록 외모로는 수척해져 광대뼈가 유난히 크게 보이기도
했지만 거의가 하루 이틀 차이로 모두 무탈하게 도착했다
모인 그들의 입에 나온 40일간의 노상 전도에서 생긴 일들…
가나안 땅을 정탐하고 돌아온 스파이들처럼
하고 싶은 말들이 끝이 없는 듯했다
그러나 그들 모두가
쉽게 말할 수 없는 특별한 한 가지씩의 비밀을
간직하고 있는 듯했다
"당신도…?" "당신 역시도…?"
눈길로 주고받는 싸인 속에서
그들 모두가 서로 서로를 확인하고 있었다

그러던 중
한 가지 문제가 생겼다
여인들 중 한 남편이 오랫동안 집을 비운 그 이유를 들어
아내를 매일 폭행한다는 것이다
기어이
터질 것이 터지고 말았다
만나고 보니 온 몸이 터지고 부어오른 상처와 멍투성이었다
"어떻게 변명했느냐?"
"교회 차원에서 40일 금식 기도하러 갔다 왔다"고 했다
"왜? 그동안 연락하지 않은 이유…?"

"금식 기도하는 순간은
세상과 인연을 끊어야하기 때문에
연락할 수 없었다"

생각해 보라!
40일간 제대로 잠도 자지 못했고 먹지도 못했고 씻지도 못했고
가꾸지도 못한 채 400㎞를 걷기만 했으니
외형은 초라하게 말라비틀어졌다
"그런데 얼굴은 왜 그렇게 탔느냐?"
"산 기도라는 것이 낮에는 꼭대기 정상에 올라
몇 시간씩 기도하기 때문에
얼굴이 유난히 탈 수밖에 없었다"
"그렇다면 모자라도 쓸 수 있지 않느냐?"
"기도 중에는 남자나 여자나 모자를 쓸 수 없는 것이다"
말끝마다 대답이 옳다보니
약이 오른 남편이 주먹질로써 화를 풀 수밖에 없었다
"그렇다면
네가 다니는 교회
자칭 도사 목사라는 사람을 내가 한 번 만나야겠다
어떤 작자인지
내가 한 번 만나보겠다"
상의를 드린 후 날짜와 시간을 받았다
모두들 긴장했다
행여
그 분에게 행패나 부리지 않을까?
그러나 도사 목사께서는 웃으며 걱정하지 말라 하셨다

다 알아서 하시겠단다

드디어 그날 그 시간이 왔다
아직 교회를 세우지 못한 터라 부득이
다른 집사님의 가정을 이용했다
물론 그 남편은
부인이 항상 교회 간다고 하고 있었기에
당연히 교회를 가지고 있는 목사로 알고 있다
목사님과 집사님 두 분이
그 남편 맞을 준비를 했다
차와 약간의 다과…

문을 열고 들어오는 기세가 대단했다
문을 박차는 그의 두 발에서 노기가 뚝뚝 떨어지고 있었다
드디어 안내를 받아 목사께서 기다리고 계시는
거실로 들어섰다
두 눈에서 불만이 이글거리며
얼굴은 이미 붉게 상기되어 있었다
앉아계시던 목사께서 일어나 자신을 소개하며
악수의 손길을 내미셨다
순간 두 사람의 눈길이 부딪혔다
아울러 순간 놀라운 일이 벌어졌다
이글거리던 분노의 눈길이
호랑이 앞에 개꼬리가 힘없이 쳐지듯이
그의 눈동자가 힘없이 떨리기 시작했다
어찌 그런 일이 갑자기…

나중에 그를 통해 알게 된 그 순간의 사정
형언할 수 없는 절대적인 거룩한 빛이 쏟아지는
그 눈을 바라보는 순간
온몸 안에 있던 자신의 혈기가
봄눈 녹아내리듯 녹아지는 그 찰나였다는 것이다
내민 손을 두 손으로 감싸 쥐며 연신 허리를 굽혀가며
자신의 이름을 알려드리며
어린 강아지처럼 인사를 드리고 있었다

절대적인 거룩한 신성, 그리고 거룩한 인성 속에 풍겨지는
그 인격
날라리 같은 인생이 어찌
그 앞에 무릎 꿇지 않겠는가?
본인 자신보다
매일 얻어터져 맞고 있던 그의 처
그 여자의 두 눈이
너무 놀라움에 찢어져 피가 흐르고 있었다
아니 그게 아니라
얻어터져 찢어졌던 눈덩이가
경악스런 놀라움에
아물던 상처가 다시 찢어져 피가 되어 흐르고 있었다
이어지는 대화는 경악이 아니라 경이로웠다
도사께서 물으시는 말씀 앞에
겸손하고 공손한 한 마리의 순한 양이 되어
답변을 드리고 있었다
심지어는 그 일로 아내를 폭행한 자신의 잘못을

누누이 고백하며
앞으로는 아내를 진심으로 사랑하며
아내가 하고자 하는 일을 전적으로 도와주겠다고 약속까지 했다

참으로 눈뜨고 보고도 믿을 수 없는 일이
현재 눈앞에서 펼쳐지고 있으니…
'그래서
자신이 알아서 하겠다고 하신 것이구나…!'
공연히
삼 년 육 개월 칠 일이라는 두 번의 구도의 길을 통해
사십 일 금식
물도 떡도 먹지 않는 단식
두 번 하시고
두 과정 안에서 성경을 일천 독하셨다는 말씀이
무엇을 의미하고 있는 것인지
조금은 마음에 와닿고 있었다

지금까지의 내용들이
어떤 한 가정에서 대여섯 명의 여자 성도들을 모아놓고
풍채가 있어 보이는
전도사인지 목사인지는 모르겠지만
그분이 전하고자 했던
내용의 세계를
간략하게 이렇게 기록한 것임을
밝혀두는 바이다

제 7장

걱정 말아라!

제 7 장
걱정 말아라!

오늘 따라 제법 겨울 눈같이 오는 것 같다
보기 드문 함박눈이 쏟아진다
"무슨 좋은 일이 있으려나?"
돌아가신 할머니께서 하시던 말씀이다
함박눈은 길조(吉兆)란다
다 큰 지금에 와서도 이해가 잘 안되는 말이다
방학이라선지
아이들이 마냥 늦잠이다
잠에 떨어진 아들 진호를 깨웠다
"아들아! 멋진 함박눈이 쏟아진단다"
부스스 잠이 깬 아들이 방문을 열고 창 밖을 바라본다

펑펑 쏟아지는 함박눈
잠 못 잔 것에 비해 손해 본 것 같지 않다
잠옷 바람에 뛰쳐나간다
쌓여지는 눈은 모두 하얀데
쏟아지는 하늘 눈은 검게 보인다

동네 개들도 무엇이 그리 신나는지
앞뒤 분간치 않고 뛰어다닌다
연탄 실은 배달차가 언덕길에서
헛바퀴가 돌아가며 고전하고 있다
부지런하신 동네 아저씨들은 미처 못 치우고 있는
옆집 마당까지도 넉가래로 멀리 재끼신다

늦잠 자던 동네 아이들도
하나 둘 모여들기 시작한다
누구라 할 것이 없이 모여지면 눈싸움으로
방학의 정서를 마음껏 누리게 된다
그래서 아이들에게는
방학을 기다리는 이유 중의 하나가 아닌가?
어른들은 그렇게 생각해 주시는 것 같다
바깥에서 실컷 뛰어놀던 아이들
하나 둘 사라진다
밥 먹으라고 소리치는 엄마의 등살에
모두 붙잡혀 가기 때문이다
우리 아들도 마찬가지다
녹아내리는 눈덩이와 땀이 어우러져
옷에서 김이 모락모락 피어오른다
모자를 벗은 머리 위에도 마찬가지다

시골 사람들이 먹는 겨울 반찬
김장 김치, 시래기국
시래기가 듬뿍 들어간 된장찌개

밑반찬이라면 무말랭이
그리고 검은 콩장
거의가 비슷비슷한 살림 풍경이다
위로 맏딸
둘째 아들
셋째 막내딸
한 밥상에 둘러앉아 먹는 아침식사
한 가족이
빠짐없이 모두 함께하는, 공유하는 시간이다
서로가 하고 싶은 말을 할 수 있는 유일한 시간
입에 밴 말
쉽게 할 수 있는 말
거리낌이 없는 말
사춘기에 들어선 큰 딸 외에는
두 녀석들은 아직 천방지축이다

세상 말에
열 손가락 깨물어 안 아픈 손가락 없다
물론 깨물면 다 아프다
그러나 분명
정도 차이는 있다
유독 아들이 눈에 밟힌다
그에게 마음이 집중되는 것…
행여
내가 가지고 태어난 팔자소관…
두 딸 보다도 그에게 마음이 쏠리고 있다

가족들을 위해 기도드릴 때도
그를 배려하는 시간이 가장 길다
그런 자신을 바라보면서 '내가 잘못된 아빠가 아닌가?'
반성하면서 고쳐지지 않는다

실컷 재미있게 뛰어 논 탓일까?
모자라는 잠을 보충하려는 것일까?
곤하게 자고 있는 아들이 너무도 흐뭇하다
바깥 길을 치우고 들어왔다
"진호야 일어났니?"
방문을 열었다
아직도 잠을 자고 있었다
'웬 잠을 이렇게 오래도록 자지?'
잠자고 있는 안색을 살펴보았다
언제 보아도
자랑스런 아들의 얼굴
볼수록 사랑스런 얼굴
그런데 순간
이상함을 느꼈다
숨소리가 들리지 않는 것 같다
코에 귀를 대 보았다
손에 맥박을 쥐어보았다
소리가 들리는 건지…
맥박이 뛰는 건지…
이미 이성을 잃어가고 있었다
아니

제 정신이 아니었다!
내게
어떤 아들인데…
내 목숨보다도 귀한 아들인데…
눈앞이 캄캄해졌다
정신 차려야지!
호랑이에게 물려가도 정신만 차리면 산다고 했는데…
심호흡을 해가며
자신의 볼때기를 두어 번 힘 있게 때렸다
그리고 무릎을 꿇었다
소리쳤다
누가 듣건 말건
"아버지 내 아들을 살려주세요!"
기도가 아니라 발악이었다
그러나 바라던 응답은 없었다
다시 한 번 코에 귀를 대보았다
서툰 대로 맥박을 짚어 보았다
가슴에 손을 대보았다
이미 체온도 점점 떨어져 있었다
'아! 우리 아들이 이대로 죽어가고 있는 것인가?'
분명 분명
시온의 한 돌을 믿는 자는 결코 급절하지 않는다고
말씀해주셨는데…
일어섰다
그리고 신음처럼 외쳤다

이제는 한 가지 방법 밖에 없다
이곳저곳을 뒤져가며
집 안에 있는 동전 모두를 찾아냈다
그리고 집 밖으로 나와
힘껏 달리기 시작했다
분초를 다투어 시간을 초월해야 하는 자처럼
쏜살같이 달리고 달려갔다
그가 달려가는 곳
두 초등학교 사이에 있는 동산
그 당시만 해도
시골에는 공원이라 정식 지정된 곳은 없는 때였다
시내에 있는 동산인지라
사람들이 공원처럼 생각하며
이용하는 장소였다
특히 밤이면 청춘 남녀들이 산책을 즐기며
연애하는 장소로
소문난 곳이었다
많은 사람들이 대중적으로 모이는 장소
그래서였는지
그곳에 예외적으로 공중전화를 설치해 놓았다
거리에도 설치해 놓지 않은 공중전화를
수북이 쌓인 동산의 눈
치우는 사람은 없는 곳이다
쌓이면 쌓이는 대로…
녹으면 녹는 대로…
죽을 힘을 다해 달리는 그의 발목이

눈 속에 푹푹 빠지고 있다
헉헉대는 숨결사이로 터져 나오는 외침소리
"아버지 살려주세요! 아버지 살려주세요!"
피 맺힌 절규였다

그의 집에서 그 동산 전화기가 있는 장소까지는 대략
줄잡아 이 킬로미터
쏟아지는 이마의 땀을 손등으로 훔쳐내면서
한 움큼 쥐고 있던 동전을 전화기 동전 입구에
마구 쑤셔 넣고 있는 손이
벌벌 떨고 있다
"챌칵"
동전이 떨어지는 소리
통화가 연결되었다는 소리이다
당연히 교회 전화이니까
먼저 상대를 확인해야 된다

"누구세요?"
묻기도 전에 그쪽 소리가 먼저 들렸다
"상래야 걱정 말아라"
기적 같은 일이다
이때만 해도 읍 단위 시골에서는
개인적인 전화기가 귀한 때였다
간혹 급한 일이 생겨
우체국에 가서 시외 전화를 걸어도

제대로 통화가 잘 안되던 시절이었다
그 시대만 해도 통신 시설이 열악했던 터이라…
하물며 동산에 있는 공중전화
자주 고장이 나 있었다
그런 전화를 통하여 서울 전화로 통화가 되었다는 것
그것도 자주 걸어서 된 것이 아니라
단번에
그것도 모자라
상대방이 전화를 건 내 이름을 불러주었다는 것
전화를 건 나를 어떻게 아시고…
그리고
이쪽 일을 어떻게 아셨기에
"걱정하지 말아라" 하신 것인지…
또 어떻게 내가 전화 할 것을 아시고
전화를 기다리고 계셨는지…
이런 상황을 가리켜 이적 또는 기적이라 말하는 것 아닐까?
"네 아버지 저 상래예요"그리고는 엉엉 미친 듯이 울어버렸다
대롱대롱 매달린 수화기 속에서
"울지 말아라!
네 아들은 죽지 않는다"

얼마나 시간이 흘렀을까?
오랫동안 쌓여진 눈 속에 쓰러져 있었다는 것을 느꼈다
"우리 아들이…"
필사적인 힘을 다해 집으로 달려왔다
"아들아!" 바깥문을 열며 소리쳤다

방문이 열리며 집사람이 얼굴을 내민다
"당신은 지금껏 어디 계셨어요?"
"우리 아들 진호는 어디 있소?"
"어디 있긴요?
지금 늦은 점심을 먹고 있어요
밖에 있다오니
진호가 땀을 뻘뻘 흘리며 자고 있기에
깨워서
점심을 차려 지금 먹고 있어요"
방 안으로 뛰어든 나는 숟가락을 들고 있는
아들을 힘껏 끌어안았다
"아들아 고맙다!
아버지 감사합니다!"
영문을 모르는 아들과 아내는
아빠가, 남편이 왜 이러는지 알 수 없다는
이상한 눈으로 시선을 교환하고 있었다
아들이 밥을 다 먹고 난 후
아들과 아내에게 자초지종
오늘 일어났던, 겪었던 모든 일을 자세하게 설명했다
아내와 아들은
설마하는 눈초리였다
그러면서 울컥 울컥 소리내어 울어가며 하는
아빠의 진정어린 고백을
거짓말이라고 생각하는 것 같지는 않았다

제 8장

사총사

제 8 장
사총사

50대 중반
나이 탓일까?
하루하루가 달라지는 것 같다
체력이 전과 같지 않다
지난 밤에도
한 달 만에 잠자리를 같이 했다
어려운 감사도 마쳤고
직원들과 기분좋게 한 잔들 했다
늘상 진행되는 메뉴얼에 따라
2차 노래방에 가서
그동안 쌓였던 스트레스를 털어내고자
악을 악을 쓰다보니
새벽에 울어대던 닭 모가지처럼
파란 핏줄이 모가지 밖으로
불끈 솟아나 있었다

이런 일이 공무원 사회에서
평범한 일이며 일상적인 일이기도 했다
그래도 지금은
어느 정도 안전한 위치에서
아랫사람들을 관리 감독하는
한 과를 이끌어가고 있는 과장 자리에 앉게 되었다
국가 공무원으로
중앙부처 과장이 된다는 것
하루아침에 된 것 아니다
죽을 고생 다해가며 헌신 봉사 충성…
몸이 부서져라 자신을 아끼지 아니했다

그러다 보니
아내와 자식들에게는
부족한 아빠라는 이미지를 벗어날 수 없었다
쉬는 날, 공휴일
윗사람이 불러만 주면
불러주셨다는 그 부름에 감지덕지하며
죄를 짓지 않는 일이라면 최선을 다해
맡기는 그 일들을
몸이 부셔져라 최선을 다했다
성실했던 그런 점을 인정받아
장관 표창, 대통령 표창까지도 받게 되었다
그래서였을까?
가족들도
부족한 아빠

가정 생활에 있어서는 충실하지 못한 아빠라고
불평들은 하면서도
정직하고 성실한 공무원이란 점은
인정해주는 듯했다
그래도 근래에 와서는
결재를 받는 입장이 아니라 결재를 해주는
책임자의 위치에 서다보니
과거보다는 다소 시간적 여유가 생기기도 했다
"말단 공무원으로 시작해서
너같이 중앙 부서에 과장이 된다는 것 쉬운 일 아니야
당신 친구 아무개 있지?
행정고시 출신인데도 지금 국세청 과장이야
당신처럼 같은 급수야
당신은 공무원 세계에선 전설 같은 존재야"
그런 쓸데없는 아첨을 들을 때마다
값비싼 대가
항상 술값을 지불해야 하는
호구가 되고 말았다

그런데 잠자리에서 아내가 한 말이
귓가에서 지워지지 않는다
"당신 나이에 비해서 체력이 너무 약해진 것 같아"
아내의 말이 무슨 뜻인지 알고 있다
큰 맘 먹고
아내의 육체를 마음껏 유린하려고 생각하며 한
잠자리의 그 일이

아내를 기분 좋게 해주지 못했다
한 마디로 실패작이었다
"친구들 말로는
당신 정도의 나이로는 한창이라고 합디다
이제부터는
나이가 더 들기 전에
당신의 몸을 위해서라도 운동도 좀하고
기력을 돋우도록 열심을 다 하세요"
물론
그 이튿날부터 몸에 정력에 좋다는
TV 광고 시간에 선전하는 제품들이
안방 중요 위치에 하나 둘 눈에 띄기 시작했다

나도 과거에는
어느 정도는 체력에 자신이 있었다
초등학교 시절에 축구 선수
중학교 시절에는 핸드볼 선수
그 외 도내 체육대회에 400m 계주선수
넓이 뛰기 선수로
동메달도 받은 적이 있었다
그런데 어쩌다 보니
이 모양 이 꼴이 되어
아내로부터 이런 말까지 듣게 되다니…
참으로 한심하고 처량한 생각이 들었다
아내 말처럼
이제부터라도 운동을 해야겠다

그러나 그것도 만만치 않다
일요일 날이면
무조건적으로 아내를 따라 교회에 나가기로 했기 때문이다
아내는 교회 내의 직분이 권사이다
성가대에 소속된 딸도 집사라고 했다
아내와 딸에게
항상 가정 일에 소홀했던 미안한 짐을 덜려고
아내와 딸의 말에 기꺼이 승낙하고 말았다
신앙의 신(信) 자도 모르는 나를 이끌고
교회 당회장 목사에게 나를 소개했다
그런데 놀랍게도
아내가 목사에게 "아버지 이 사람이 저의 남편이예요"
인자한 미소를 띠우며
나의 눈과 머리를 유난히 살펴보신다
"잘 오셨습니다!
앞으로 부족한 저를 많이 도와주세요"
그때 그 교회 목사와 첫 대면이었다

나는 그때까지도
술과 담배를 즐기고 있었다
최소한
하루에 한 갑 반 정도 피우고 있었다
그날도 목사와 인사를 나눈 후
급히 화장실에 가서 담배를 거푸
세 가치를 피워댔다
예배드리는 중에는 담배를 피울 수가

없기 때문이었다
설교 시간이 다른 교회보다 길게 느껴졌다
귀 동냥한 얘기로는
목사들 설교 시간이 대부분 한 시간 미만이라 들었다
처음에는 안사람도 그런 식으로 말했다
그러나 정작 참여해보니
설교 시간만 한 시간 넘었다
볼멘소리에 물었더니
"새벽 예배에 참석해 보세요
40분 이상 넘지 않아요"
지금껏 살아오는 동안 아내의 말을 이겨본 적이 없었던 것 같다

그리고 나서 한참 후의 일이다
동네 대로변(大路邊)에 목 좋은 약국이 하나 있었다
사람들은 그 약국을 동네 약국으로 불렀다
그 약국 약사
누가 보아도 귀품 있어 보이는 잘 생긴 여자
남자들이라면 누구에게나
호감이 가는 여자였다
퇴근길에 들려
아내를 위해 무엇인가 하나를 사주고 싶었다
언뜻 친구와 전화 거는 대화 중에
갱년기라는 말을 들었다
"갱년기에 좋은 약이 있습니까?"
본인이 먹을 것인지 물어 본다
"내가 아니라 아내에게 주려고 합니다"

주저없이 "갱년기의 여자분들에게 좋은 비타민 계열의
약입니다"
약봉지를 넘겨받으면서 한쪽 편 벽에 걸려있는
정구 라켓을 보게 되었다
"혹시 정구를 하십니까?"
대화의 내용인즉
배운 지가 얼마 되지 않는다고 했다
매여 살다보니
심신이 약해져 친구의 권유로 정구를 배우기 시작했다는 것이다
동네 가까이 있는 공원 내
정구 코트가 있다는 것이다
그 코트에 가면 소속된 강사가 있고
한 달 회비를 내면
직접 강사가 개인 각자 한 사람씩 가르쳐 준다고 했다
새벽 시간, 낮 시간, 저녁 시간 그리고 일요일과 공휴일
하루에 한 번씩 개인 지도를 해준다는 것이다

물론 이렇게도 긴 대화를 해보긴 처음이지만
그동안 동네 약국인 터라
약을 사러 들락거리며 눈 인사정도는 하고 지낸
동네 사람이었다
옷깃만 스쳐도 인연이 된다더니…
그날 후로는
퇴근길에 한 번씩은 꼭 들리기 시작했다
피곤함을 내세우며
박카스, 우루사 등

전에는 전혀 쳐다보지 않았던 피로회복제
아내 것까지도
때로는 딸 나이에 먹어야 될 영양제도
하나하나 챙겨가며 사기 시작했다
물론 가족을 챙기려는 마음도 없지 않았지만
퇴근길에 꼭 들리는 이유 중에 하나
곱게 단장한 품위있는 그녀의 모습을 보기 위해서였다

그러한 세월의 흐름 속에서
또 다른 입장에서 그녀와 친숙해질 수 있는 기회가 생겼다
정구 코트에서 만나지는 일이었다
나보다 몇 개월 앞서 시작한 그녀였다
그래도 타고난 운동력이 있어서인지
되려 늦게 시작한 내가 그보다는 실력이 앞서 있었다
그녀는 항상 함께 시작한 친구와 나왔다
운이 좋은 날은
조를 짜서 실제적으로 연습하는 시간에 같은 한 조가 되어
다른 조와 연습게임을 할 때도 있었다
같이 다니는 그녀의 친구는 초등학교 교사였다
연습게임이긴 했지만
천성적으로 지기를 싫어하는 나는
할 수 있는 민첩성을 동원하여 상대방을 이기려고
몸을 아끼지 아니하고 최선을 다했다
한 조가 되어 최선을 다하는
내게 대하여 그녀 또한 점점 호의적이 되었다

운동을 끝낸 후
처음에는 공원에 있는 자판기
또는 음료수를 이용하기도 했다
그러나 시간이 갈수록 내용이 달라져 갔다
친히 맛있는 커피를 보온병에 끓여오기도 하고
간단히 김밥에서 초밥으로…
그렇게 세 사람은 친숙해져 갔다
그러한 시간이 갈수록 정구 실력도 조금씩 늘어갔지만
세 사람의 대화도 익어갔다

어느 일요일
세 사람이 야외로 놀러가기로 했다
물론 내게는 아내가 있고 그들에게도 남편이 있다
세 사람 모두가 작당을 한 것이다
나는 공무상의 급한 일로…
두 여자들도 분명 남편들에게 나와 같은
거짓말을 시켰을 것이다
좋은 차는 아니었지만
아내 아닌 두 여자를 태우고 드라이브 하는 일이
평생 처음 있는 일이다
아내나 처갓집 여인들을 태운 일은 있었지만
이성적인 여인들
한껏 멋을 낸 그들의 싱그러운 모습 앞에
운전을 하고 심장 뛰는 소리가 저들에게 들릴까
조심스러워지기도 했다

고풍스런 어느 바닷가 해변
모래사장이 펼쳐졌다
누구랄 것 없이 먼저 소년 소녀들이 되었다
뛰고 달리고
파도와 술래잡기도 하고
달려왔다 도망가는 파도의 거품으로
그 오랫동안 한 번도 씻어내지 못했던
각자의 치부를 씻어내고 있었다
그런 흥분의 탓이었을까?
그날만큼은
아무 스스럼없이 손에 손을 잡게 되었다
두 손을 높이 들고 힘차게 점프하는
그런 순간순간들을 카메라에 소중하게 담기도 했다
그러면서도
준비되었다는 듯 소리 내어 합창을 질러댔다
"오늘 찍은 사진들은
남편들이 보아서는 절대 안 됩니다"
그리고는 얼마나 깔깔대고 웃었는지
빠진 배꼽을 주워 담기도 했다

그런데 더욱 더 놀라운 일이 생겼다
얘기 끝에 그녀의 친구 선생이
집 사람과 같은 교회에 소속된 성도라는 것을 알게 되었다
그러나 그 당시의 들뜬 분위기 입장으로서는
그까짓 것은 아무것도 아니었다
다들 그렇게 생각하고 마음에 두지 않았다

그래도 다행스러운 것은
가을 바닷가였기에
인적이 많은 편은 아니었기에
중년이었던 사람들이
개구쟁이들처럼 주책없이 마음껏 뛰어놀 수 있었다

시장했다
횟집에 가서
맛깔스런 회와 매운탕으로
든든하게 속을 채웠다
그 시간만큼은
오랫동안 사귀어온 어릴 적 소꿉장난하던
그 친구들 모습인 듯했다
한 잔 또 한 잔 맥주의 거품이 입가에 묻어날수록
우리들의 대화는 거칠어져갔고 대담해졌다
부부들의 은밀한 그 부분까지도
얼굴도 붉히지 않고 서슴없이 노골적인 대화로
자신들을 타락시키고 있었다
'외형적으로 보면
다 괜찮은 분들인데
저런 불만을 가슴에 안고 살아가다니…
혹시
우리 집사람도 저런 불만을 노골적으로 드러내고 있는 건
아닐까?'
스스로 자신을 저들이 내뱉고 있는 불평불만의 잣대에
비추어 보았다

너무도 떳떳치 못한 것이 많다
나도 지금껏
아내에게 "당신을 사랑한다"고 말해본 적이 없다
사랑하니까 결혼했지
사랑하니까 자식 낳고 살았지
사랑하니까 평생 지금까지 사는 것 아닌가?
그런데 굳이
그것을 말로 해야만 되나?
이것이 고질적인 남편들의 문제점이라는 것이다
남성은 이성적이라면
여성은 감성이라고 한다는 것을
왜 늑대같은 남편들은
왜 그걸 모르지?

그 순간 입에서 그들이 뱉어놓은 말 가운데
가슴 속 깊은 곳에
못 박히는 말이 있었다
약사인 그녀 말이다
"나는 남편과 사는 동안
자식을 둘을 낳았다
그런데
약사인 내가
여자의 생리 세계
성감대의 세계를 가장 잘 아는 여자인 내가
지금까지 단 한 번도 오르가즘을 못해보았다
고등학교 교감 선생인 내 남편

어떤 무리 속에 끼워 놓아도
그 누구에게 빠지지 않는 출중한 외모를 가진 남편
남들은 그런 남편을 둔 나를 부러워했다
그러나 오늘의 나는
결코 결혼을 잘했다고 생각지 않는다
자식들 때문에 할 수 없이 사는 것이다"
그녀의 눈시울이 젖어가는 것을 보았다

결혼 첫날
초야를 치르는 그날 밤부터
술에 취한 짐승같은 모습으로
피곤에 지친 신부의 입장을 배려해주지 않고
사랑한다는 말
한 마디 해주지 않고
끓어올랐던 욕정을 내게 분풀이하듯
나를 폭행, 아니 강간을 하고 말았다
그날부터 시작된 그런 행동이
습관이 되었는지
그 버릇이 오늘에 이르기까지 이어져왔다
그 당시만 해도
그렇게 사는 것이 부부이려니 생각했는데
그렇지 않는 부부도 많이 있다는 것을 늦게서야 알게 되었다

그러던 어느 날 용기를 내고 내어
남편에 물었다
"왜?

당신은 나를 신사적으로 교양있게 대해주지 않고
폭행하듯 나를 취하는 이유가 무엇이냐?"
순간 당황스런 모습이 비쳐지긴 했지만…
"성적인 부부간의 문제는
남편이 하는 대로 순순히 받아주는 것이 여자의 도리다
그런 부분을 여자가 남자에게 따져 묻는다는 것
여자로서 가장 품위 없는
그런 것만을 밝히는 창녀와 같은 짓이야"
그 후로부터 그 남자는
더욱 더 난잡하게 강제적으로 폭행하듯
자기를 취한다는 것이다
순간 얼굴이 벌겋게 달아올랐다
그 정도는 아니었지만
꼭 나의 얘기를 하는 것 같았다
"혹시 선생님도 그런 유형인가요?"
눈시울이 젖어있던 느닷없는 그의 물음에
반사적으로 앉아있던 내가
용수철처럼 튀어 오르고 말았다
나의 치부가 드러난 것 같아
순간 반사적인 그런 행동을 보인 것일까?
눈시울이 젖어있던 그녀와 그의 친구
너무나 어이가 없었던지
배꼽을 쥐어 잡으며 깔깔거리며 가슴을 친다

술!
대단하다

품위있던 평소의 모습은 아니었다
대담해졌다
여자로서 입에 담기에 민망한 부분을
예사롭게 말하고 있다
남편이 아닌 다른 남자 앞에서…
문득 아내의 얼굴이 떠오른다
설마
내 아내도 저러지야 않겠지…
저들처럼 많이 배우지는 못했다
시골에서 고등학교를 졸업했다
그 시대로 그 지역으로 말하면
그런 정도면
그래도 괜찮은 편이었다
나 자신도 고등학교 출신이었다
직장 생활을 하면서
겨우 야간 대학교 졸업장을 딸 수 있었다
그러나 한 가지는 달랐다
그들이 가지고 있는 분위기
정서만큼은 아내와는 달랐다
한 마디로
고급스러웠다

술을 즐기는 편이기는 하지만
주량이 세지는 못했다
말단 공무원 시절부터 윗사람을 모시던 그 형편이
몸에 밴 것 같다

가능하면 절제하며
모시는 윗분들에 대한 뒤 책임을
염려하는 배려 탓인지
상사분들의 술자리에는 빠지지 않게 되었다
뒷바라지를 소신껏 해드렸기 때문이었다
더구나 오늘은
장거리를 뛰고 있는 운전자였다
권고하는 술잔을 뿌리쳤다
그리고 오늘만큼은
옛 실력을 발휘해서 두 사람의 뒤끝을 책임져야지
취기가 돌고 있는 그녀들의 이야기를
상사를 모시듯 차분하게 들어주었다

어지간히 쏟아져 낸 탓일까?
이그러졌던 얼굴들이 펴졌다
다시 한 번
쏟아낸 그들의 말을 정리하면
남편들도 다 속물이라는 것이다
남자들은 다 거지 같은 것들이다
지 마누라 귀한 줄 모르고 남의 여자에게만 잘한다는 것이다
남의 여자에게 잘한다는 의미
자기 마누라에게는 사랑의 매뉴얼을 지키지 않는다는 것
이미 내 것이 되었으니까
내 마음대로 해도 무방하다는 것
그런 작자들이 남의 여자들에게는 신사도를 지켜가며
사랑의 매뉴얼을 지킨다는 것

그것이 구역질이 난다는 것이다

그녀 친구의 말 중에 꼭 나와 같은 지적이 있었다
학교에서 근무하고 들어와
아이들을 거두고 나면
남편보다 먼저 지쳐 깊은 잠에 빠지게 된다
곤히 잠자다 보면
남편이 무작정 올라타 자기의 행위를
한다는 것이다
하다 보면 피곤 중에도 자신도 그 감성에
조금씩 빠져들어가는 순간
이미 남편은 자기의 일을 끝내고 만다는 것이다
끝냈다고 하여
아내를 포옹해주거나 키스를 해주는 그런 경우는
한 번도 없다는 것이다
끝나자마자 샤워실에 들어가 씻는 것이 그의 상투적인
습관이라는 것이다

듣다 보면
남의 얘기가 아니라
나 자신의 말을 듣고 있는 것이다
나도 그랬다
삶의 구조가 확연히 달라진 오늘날
서로 다른 많은 사람들이 한 무대 위에서
상부상조하며 살아가고 있다
그러다 보니

예기치 못한 서로 다른 얼굴들을 보게 된다
본다는 것은
느낀다는 것이다
알게 되고 판단되는 것이다

서 있는 제 자리에서
삼백육십도 한 바퀴를 돌아보라!
그 짧은 공간 속에서도
좋은 것이 있기도 하고
나쁜 것이 있기도 하고
친하고 싶은 것
멀리하고 싶은 것
소유하고 싶은 것
그리고 때로는
섹시한 것도 있다는 것이다
내 것은 아니지만
내 마음 그릇 안에 담을 수도 있다
이것이 인간만이 누릴 수 있는 무한대의 자유의지이다

배고픈 자는 음식을 탐하게 된다
돈이 필요한 자는 당연히 돈을
힘이 없는 자는 힘 있는 자가 되기를…
이것이 인간들이 가지고 있는 보편적 욕구 본능이다
그 본능의 세계
타고난 본능
선천적으로 혈과 육으로 이어받는 본능

후천적인 본능은
삶의 현장으로부터 습득하는 본능이다
브라운관을 통해 섹시가 넘치는 미인을 보았다
보는 순간 본능이란 나만의 그릇 속에 담아 놓는다
담겨진 그 여인은 내 그릇 안에서는
내 마음대로 할 수 있다
그러나 그것은 마음으로만 할 수 있는 일이다
누군가 그 여인을 대신할 수 있는 매체가 필요하다
대체 시킬 수 있는 상대
그 상대가 대부분이 자기들의 아내가 되는 것이다
그것을 가리켜 대리만족
그런 것 아닐까?
전문가가 아니니까 장담할 수는 없다
그러나 한 가지
어리석은 남자들이여! 당신들이 가지고 있는 그 생각
당신과 같은 인간인 여자들도 똑같다는 것이다
당신이 느끼는 그 이상으로
여성들의 감성의 세계
깊고 높다는 사실을 깨달아야 한다

부부간의 성문제는 부부간에 지켜야 할
가장 거룩한 부부의 인격이 되며
한 가정의 초석이 되는 자존심 자체이다
성경 속에서도
"아내를 사랑하는 자는 자신의 몸을 사랑하는 것이다"

어디 그뿐인가?
부부가 한 몸이 된다는 것
가장 큰 비밀이다
왜 비밀이라 말하는 것일까?
하나 된다는 것
몸, 혼, 영이 하나가 되는 것이다
하나가 되는 과정에서
첫째 육신의 문이 열려야 하는 것이다
"육의 몸이 있은즉
신령한 몸이 있느니라"
육의 몸을 열지 않고는
혼, 즉 마음의 문을 열 수 없다는 것이다
마음의 문이 열려야
각자의 영이 하나가 되는 것이다
하나가 되는 순간의 신성하고 거룩한 기쁨
그 기쁨의 시간이 곧
천국의 시간이 되는 것이다

기쁨과 즐거움과 감사함과 창화함이 넘치는 그곳을
에덴동산이라 하지 않았는가?
"에덴동산 한 가운데
생명나무와 선악을 알게 하는 나무를 두었다" 하셨다
오늘 우리들이야말로
우리 영혼의 지성소에
선과 악을 알게 하는 두 나무가 있지 않는가?
혈육의 쾌락을 찾거나 즐기고자 하는 사람은

영혼의 즐거움을 모르는 자이다
알 수 없는 자이다
혈과 육으로는 하늘의 기업을 받지 못한다 하셨다
그런 혈과 육이 우리의 주인이 된다면
우리의 속사람인 영혼의 존재
평생 자신 안에 그런 존재가 있다는 것
알지 못하고 사는 자는 존귀함을 모르는 자이다

그러므로
행복을 누리고 사는 부부는 서로 닮아간다는 말이 있다
맞는 말이다
영과 영이 하나가 되는 자는
내성의 꼴
영혼의 얼굴이 같아진다
그러므로 두 사람이 하나가 된다는 것
비밀 중의 비밀이 되는 것이다
그러므로
남자들은 문을 열 때 온 정성을 다해야 한다
문이 열려지면서 나오는 소리를 분별할 줄 아는
남자가 지혜로운 자이다
문이 열려지는 순간 고통소리가 나면
문을 잘못 열고 있는 사람이다
삐끄덕 소리 나지 않게 기름을 쳐야 한다
부드러운 윤활유 같은 것…

그러나 한 가지를 깊이 생각하고 명심해야 한다

문이 열려지는 순간순간마다
여자의 감성의 세계, 빅뱅이 된다
끝까지 참고 인내심으로
문을 두드리며 열어야 한다
세 번째 문을 열며 열어주고자 애쓰는 부부는
평소에
보기만 해도 보고만 있어도
성감대가 촉촉이 젖어가는 사람이다
굳이 그런 이들에게는
전희(前戱)라는 스킨십이 필요 없을 수도 있다

그런데 오늘날
유교사상에 젖은 탓인지
남자들 거의 대부분이 가부장적(家父長的) 위치에서
아내를 통치하고 있다
아니 아내를 다스리고 있다
살다보면
살다보니까
연륜이 쌓이다 보니
지나간 삶이 너무도 허무해 보인다
결국 남는 것이란
자신의 희생을 바탕으로 자식들을 낳아 키운 것
그것이 나의 전부가 되었다
왜 바보 같은 삶을 살았을까?
왜 그때그때마다 사랑의 매뉴얼을
지켜달라고 요구하지 못했을까?

물론 요구했다면
오늘날의 남편들이 무엇이라 말했을까?
'오직 그것 밖에 모르는 여자'
그 답변이 두려워서
이 땅에 사는 여자들이 자신들의 권리를 주장하지 못한 것 아닐까?
똑같은 사람, 평등한 인격을 가지고 있는데…
막급한 후회가
눈물로 쏟아지며 주름져가는 골을 타고 흐른다
뒤늦은 자신을 발견하였기에
OECD 국가 중에서 우리나라가
황혼 이혼율 1위
자랑스런 1위라고 말할 수는 없다
어느덧 많은 시간을 소비했다
취기는
바닷물에 서서히 씻겨가는 듯했다

그날 이후
우리들은 더욱 가까워졌다
남편들에게 꺼내지 못하는 속의 말도 주고받는 사이가 되었다
물론 그날 이후
아내에게 전에 하지 못했던 정성을 표시했다
자신이 남편에게 사다 준 정력제 탓이라 생각하는 것 같았다
그런 아내가 귀여웠다
그러나 문제가 생겨나기 시작했다
새로운 이성에 대한 관심, 호기심 이런 것들이

흐르는 시간 속에서 그리움으로 묻어나기 시작했다
이제는 하루 한 번 퇴근할 때가 아니더라도
수시로 전화기를 이용하여
안부 그 이상의 것도 물어보며 의논하며 상의하기도 하였다
오십이 넘은 나 같은 사람이
하루아침에 여자 친구가 두 명이나 한꺼번에…
말 같지도 않는 일이
내게 이루어지고 있다는 사실 이 자체가
생각만 해도 미소가 번진다
"과장님 요사이 좋은 일이 많으신가 봐요"
"그런 게 아냐"
"새롭게 시작한 정구가
나의 마음을 건강하게 밝게 만들어 주는 것 같아"

한 번은 이런 일이 있었다
주일 예배를 마치고 나오는 길에서
우연히
그녀의 친구 선생을 만나게 되었다
내심으로는 무척 반가웠으나 드러내놓고 인사는 하지 못했다
눈인사를 하는 그녀의 눈 빛이 순간
햇빛보다도 밝게 번쩍였다
아름다운 미소를 주고받았다
처음 교회를 나갈 때, 나가는 조건으로
일 년 동안은 오전 예배만 드리는 조건이었다
그 이유로서는
공무원 사회, 때로는 비상이 걸리는 때도 있기 때문이다

그러므로 일요일만큼은
황금같은 시간이었다
두 여자 친구와는 부득이한 경우라 할지라도
한 여자 친구와는
운동할 수도 있고 데이트를 할 수 있기 때문이다
시간이 도와준 탓인지
이제는 말도 놓고 지내는 사이가 되었다
정말 어릴 때 불알친구와 같은 사이
시내를 벗어나 외각에 나갈 때는
양쪽 두 손으로 두 여자를 손잡고 이끌기도 하였다
그러면서 우리는 너무너무 가까워졌다
누가 먼저랄 것이 없이
장난질을 쳐가며 스스럼없이 안기기도 했다
그러면서도
자연스럽게 순서라는 차례가 매겨지게 되었다
한 여자를 포옹해주면
다음에는 다른 여자를…
상상 속에서나 가져볼 듯한
꿈같은 일이었다

그러면서도 한 가지만은 지키기로 결심했다
이 이상의 선을 넘지 않는다
비록 아직은 어린아이와 같은 신앙이지만
그래도 나는
하나님을 믿는 사람이다
특히 이성문제만큼은

철없는 청년 시절에 있었던 서너 번의 과오
아내와 결혼 후에는
회식 자리에 생기는 많은 유혹의 손길을 받기는 했지만
한 번도 아내 외는 외도를 한 적은 없었다
그러나 한 가지
유혹을 받은 그날만큼은
다른 어느 때보다 뜨겁게 아내를 못살게 굴었다는 것이다

그러던 어느 날이었다
약국 문이 열리지 않았다
'혹시, 행여…?'
많은 걱정들이 스쳐간다
수차례 전화를 걸어보았다
선생 친구에게도
그러나 오리무중이다
무슨 일이 터진 것 아닐까?
근래에 주고받았던 그의 말들을
하나하나 주워 담아본다
가끔씩
농담인지 진담인지는 몰라도
여차하면
이혼을 하겠다는 말
입에 자주 회자되었던 말이다
'그렇다면 그런 일로 지금 전쟁 중?'
답답하여 견딜 수가 없다
퇴근하고 집에 온 후에도 수차례 걸쳐

약국 앞을 다녀왔다
그러나 그 날은 끝내 약국이 열려지지 않았다
'도대체 무슨 일일까?'
긴 긴 시간을
새웠는지 눈뜨고 있었는지
알 수는 없으나 기어이 날이 밝았다
그렇다고 하여
그녀가 연락해주지 않는다면
별다른 방법이 없다
속수 무책이다
여선생 친구에게도 수시로 연락해 본다

그러던 중 점심시간이 끝나기 직전
연락이 왔다
아무 곳에 있으니 어렵지만 와 달라는 것이다
선생 친구에게는 알리지 말고
혼자 오란다
직장에서 뒤처리를 잘 마무리하고 달려갔다
만나는 순간
무엇인가 큰일이 있었다는 것을 직감했다
선글라스를 쓰고 있기는 했지만
눈가에 시퍼런 멍이 보였다
"어떻게 된 일이니?"
우선은 밥부터 먹자고 했다
어제부터 지금까지 먹은 것이 없다는 것이다
눈에 띄는 밥집에 가서 설렁탕을 먹었다

그리고 조용한 데 가서
좀 쉬자고 했다
망설이지 않고 모텔에 들어갔다

'나만 잘 지키면 되지…'
카운터에 졸고 있던 할머니로부터
방 키를 받아가지고
지정된 방에 들어갔다
"여태껏 씻지 못했다
먼저 좀 씻어야겠다"
훌훌 옷을 벗어던지고 탕으로 들어갔다
알몸을 보는 것은 오늘 처음이었다
균형 잡힌 몸매라는 것
외형적 맵시를 통해 알고 있었지만
나이에 비해 탄력있는 몸이었다
나오기를 기다리는 동안 TV를 켰다
나오는 첫 장면이
남녀 섹스하는 장면이었다
이 방을 사용했던 전 사람이 그런 프로를 보고 있었던 모양이다
얼른 껐다
행여 그녀가 나오다 보면
나 자신을 그런 거나 밝히는 색한으로 오해받아서는 안된다
그녀가 나왔다
타월도 걸치지 않는 알몸으로
"안에 타월이 있지 않아?" 묻는 말에
그녀가 와락 달려들어 나를 껴안는다

그러면서 몸을 떨며 흐느껴운다
우는 그녀를 감싸주며
대화를 시작했다
이미 대화가 계속되고 있는 순간에는
서로가 서로의 알몸을 탐닉하며 부둥켜안고 있다

처음에는 완강하게 거절했다
절대 선을 넘어서는 안 된다고 사정을 해가며 설득했다
그러나 간절하게, 애절하게
흐느껴 속삭이는 그녀의 눈물 앞에
끝내 나의 마지노선도 무너지고 말았다
"오늘 딱 한 번만 나를 마음껏 가져줘"
"딱 오늘 한 번 뿐이야"
그렇게 두 사람은 지금까지 쌓아오던 우정을
불륜이라는 이름으로
망가뜨리고 말았다
난생처음
사랑의 매뉴얼을 박자와 리듬을 타가며
한 걸음씩 한 걸음씩
그녀의 영이 기다리는 그 깊숙한 곳으로…
처음 가져보는
처음 느껴보는
처음 알게 되는 그 처절한 진통의 희열을
마음껏 소리치며
마음껏 울어보며
마음껏 있는 힘을 다해 올인하고, 또 올인하고

또 올인했다
그녀의 입에서 탄식같은 소리가 새어나왔다
"이제는 내 인생이 끝난다 해도 후회하지 않겠다
정말 당신에게 진정 고맙고 감사한다"
마치 가슴을 찢고 들어오려는 듯이 마냥 파고든다

시간이 흐른 후 차분하게
싸운 이유를 들어봤다
교감 선생인 남편 학교와 자매 결연을 맺은 제주도에 있는
학교가 있었다는 것이다
제주 학교에서 온 열대여 명의 선생들
낮에는 경복궁을 비롯한 고궁을 중심으로 인도했단다
저녁 식사를 마친 후
잠자리에 들어가기 전
서울 중심가에 있는 나이트클럽에 갔다고 한다
제주도에서는 쉽게 접할 수 없는 곳
비록 선생들이라 할지라도 모두 성인들인 점에서
부담을 갖지 않았다는 것이다
물론 그들에게 그곳에 가도 좋겠느냐는
각자의 양해를 받았다는 것이다
모두 좋다고 하여 그곳에 가보니
생각보다 선생들이 좋아했다고 한다

물론 학교 측에서는
교감을 비롯, 생활 주임, 학년부장
오락을 담당하는 오락부장

그리고 학부모회를 대표하는 학부형 회장과 이사
젊은 남녀 선생들이라 그런지
들어서기가 무섭게
함께 춤추자는 러브콜이 물밀듯 들어왔다
처음에는 다소 눈치가 어색했지만
학부형회 회장과 이사가
"여기 들어온 이상 굳이 말릴 필요가 있겠느냐?"
추켜대는 바람에
그들의 자유의사에 맡기고 말았다는 것이다
그런데 실로 놀라운 것은
제주에서 온 젊은 선생들이 서울 자기네 학교
선생들보다 훨씬 춤을 잘 추더라는 사실이다

그래도
나이트 클럽의 하이라이트
완전 나신의 무희가 유리관 속에서
춤을 추는 장면이었다
춤 자체가 남녀가 섹스하는
그 율동, 그 모습이었다
그 순간이 되면
술취한 취객들이 온갖 괴성을 질러댄다
그런데 문제는
그 과정에서 그 광경에 빠져있던 이사라는 분이
자기 학교 오락부장인 여교사를
추행했다는 것이다
치마 속으로 손을 집어넣고…

참다못한 여교사가 그 이사를 벌컥 밀어
의자에 앉았던 그가 땅바닥에 나가떨어졌다는 것이다
일어난 그가 다시 여교사의 머리채를 감아쥐고
폭행이 일어났다는 것이다

다행히 한 켠 조명이 어두운 곳에서 일어난 사건이라
남들이 눈여겨보지 못했다는 것이다
무희의 나체 춤을 출 때는
온 조명을 그 곳에 집중시키고 다른 불들은 조명을
줄이기 때문이다
겨우 분을 참지 못하고 씩씩대는 이사를 문밖으로 끌고 나와
그나마 겨우 위기를 넘겼다는 것이다
그리고 나서 제주팀을 숙소로 보내고 나서
학부형 회장과 이사
오락부장과 학년부장
다시 술자리를 마련하고
뺨을 때린 오락부장으로 하여금
무릎 꿇고 이사에게 사과하도록 종용했다는 것이다
왜냐하면
그 이사는 돈, 권력을 가진 자였다
학교 측에서도 가장 필요로 하며 유익하게
사용하는 큰 교장이라 불리는 자였다는 것이다
많은 시선이 모여 있는 술집 바닥에 결국은 무릎을 꿇었으나
그래도 화가 풀리지 않아
두 사람을 따로 보냈다는 것이다
둘이 알아서 해결하라고…

아마도 여교사는 그 일로 자기에게 불똥이 튀어
불이익을 당할 것이 두려워
뒤늦게 그런 수모를 당하고 만 것이다

그런 말을 하던 남편 말이
지금쯤은 그 이사에게 끌려가서 몸까지 주고 있을 것이라고…
그 말이 끝나는 순간
나는 왜 그랬는지
나도 모른다
있는 힘을 다해 귀쌈을 때렸다
순간적으로 번개같이 일어난 일이다
한 남편 아내
아이들의 어머니
어린 제자들을 두고 있는 선생님
그런 고귀한 여자가
힘이 없다고 하여
힘이 있는 무례한 자의 욕정에 제물이 되다니
그러한 자기 부하를
알면서도 넘겨주다니
그런 기회를 만들어 주다니
그녀를 취하고 있을 그 늑대같은 자식보다도
부하를 지켜주지 못한 어리석은 남편이
순간
소름끼치도록 미워졌다
분노가 느껴지는 그 찰나, 남편의 귓보라지를
내갈긴 것이다

"당신 이게 무슨 짓이야? 너 미쳤어?"
남편에게 맞아본 적도 없는 내가
먼저 남편을 때린 전례(典例)를 남겼다
그 이후의 사건은
차마 들어주기가 민망했다
난생 처음 그렇게 많이 주먹으로, 발길질로
채이고 맞아본 적은 처음이었다는 것이다
그래도 뒷맛은 씁쓸하지 않았다
제물이 되었을 그 여인을 대신해서
보기좋게 귀쌈을 때린 그녀의 행동이
마음 속 깊은 장미꽃이 되었다

그 후로 우리는 더욱 깊은 사이가 되었다
여자들이 가지고 있다는 촉
대단했다
관계를 눈치챘다
그래서 솔직하게 고백했다
그날의 처지와 입장을…
"아픔에 떨고 있는 그녀의 손길을 거절할 수 없었다"고…
듣고 있던 그녀가
잘 해주었다고 진심으로 떨고 있는 나의 손을
꼭 쥐어잡아 주었다
그렇게 우리 세 사람은
격의 없이 부끄러움 없이 친구처럼, 애인처럼
때로는 부부처럼
시기하거나 질투하지 않고 살아가고 있었다

그러던 어느 날
놀라운 소식을 알게 되었다
교사인 그녀의 아들이 뇌에 종양이 생겼다는 것이다
평소에 공부도 잘하던 모범생이었다고 한다
가끔씩 머리가 아프다고 말하는 적이 있어
시간을 내어 CT 촬영을 해보았다
결과가
뇌에 악성 종양이 생겼다는 것이다
그것도 수술하기에 가장 어려운 부분이었다
하나밖에 없는 아들
의사로부터 최종 진단의 결과를 듣는 순간
정신을 잃고 쓰러졌다고 한다
다 키워놓은 아들
중학교 2학년생
약사인 그녀를 붙잡고 하염없이
울었다고 한다

그런데 뜻밖의 사건이 터졌다
고민하고 근심 속에서 두 손을 놓고 있는 그 때
교회 당회장 목사님께서 연락이 왔다
급히 다녀가라는 것이다
그렇지 않아도 찾아뵙고 이 문제를 상의하려던 참인데…
기다리고 있던 목사님께서
청천 벽력같은 놀라운 말씀을 해주셨다
"네 아들은 절대 죽지 않는다
놀라지 말라, 근심하지 말라, 염려하지 말라

그리고 하나님의 말씀을 믿기만 해라
네가 내 말을 믿는다면
내가 네 아들을 위하여 삼일 기도할 동안
아들을 병원에 입원시키지 말고 기다리고 있거라"
그 당시에는
수술 날짜를 빨리 받기 위해
병원 의사들과 친분이 있는 지인들을 찾기에 애쓰고
있던 때였다

고심 끝에 결단을 내렸다
목사님의 말씀대로 따르자!
물론 남편은 결사 반대였다
"악성 뇌종양을 너희 교회 목사가
무슨 수를 써서 그 병을 고치겠는가?
말도 안 되는 소리…"
"여보, 삼 일이야 삼 일, 삼십 일이 아니잖아!
우리 목사님은 영험하신 분이야
우리 아들보다 더 어려운 사람도 기도의 능력으로
고치신 분이야
여보, 내 말대로 해보자"
길길이 뛰는 남편을 그렇게 달랬다
내 자식을 위해 기도하신다는데
나도 삼 일간 금식기도를 시작했다
힘든 삼 일을 견뎌냈다

행여나 기다리고 있는데

빨리 교회로 오라는 전갈이 왔다
아들을 데리고 병원에 데려가 다시
CT 촬영을 해보라는 것이다
급히 아들을 데리고 병원에 갔다
다시 사진을 찍겠다는 우리의 의도에 대해
담당 교수의 낯 빛이 편해 보이지 않았다
요구한대로 사진을 찍었다
드디어 결과가 나왔다
처음 찍은 사진과 연신 비교해보며
담당 교수가 몹시 당혹스러워한다
"어떻게 이럴 수가 있지?"
있을 수 없는 일이 나타났다고
곤혹스럽게 설명을 시작했다
"자 보십시오
이 부분이 바로 악성 뇌종양입니다
그런데 두 번째 찍은 사진에서는 그 부분이 사라졌습니다
이런 경우
저도 나타난 결과에 대해 어떻게 설명을 해야
좋을지 모르겠습니다
행여 이런 일들을 가리켜 기적이 일어난다고도 하긴
하는데…"
사색이 다 되어 가는 그의 얼굴을 측은히 바라보며
"목사님 감사합니다!
당신께서 기도해 주셔서 이런 기적이 나타났습니다"
마음 속으로 감사 감사 또 감사를 드리면서
송구스러워하는 교수를 등지며

기뻐하는 아들과 함께
가벼운 발걸음으로 병원을 나왔다

그러다 병원을 바라보며
"믿음은 능치 못함이 없다 당신들도 우리 교회에 나온다면
오늘의 나처럼
하늘 은혜를 입을 것이다"
그제서야 한 가지 사실을 깨닫게 되었다
왜?
사람들이 원로 목사를 도사 목사로 부르는지
왜?
그를 말씀 아버지라고 하는지
왜?
그것을 진작 깨닫지 못하고 있었는지
새삼
그 분의 얼굴이 하늘 구름 위에서 바라보고 있었다

이 놀라운 기적같은 일을 알고 집에 들어온 남편
기분이 좋았던지 한 잔 얼큰하게 마시고 들어왔다
이런 기회를 이용해서
남편을 교회로 인도할 기회라 포착한 아내
침이 마르게 목사님의 영험함을 늘어놓으며 자랑했다
"정말 기도의 능력으로 그런 일을 할 수 있을까?"
"처음 촬영할 때 무엇인가 잘못했겠지"
순간 나도 모르게 남편의 귀때기를 때릴 뻔 했다
내 친구처럼

"어떻게 저렇게 배은망덕할 수가 있지?
차라리 저런 인간이나 잡아가시지…"
혀를 차는 아내의 얼굴을 바라보는 그의 눈이
그다지 곱지 않았다
"여보, 내일은 시간을 내서 찾아 뵙고 인사를 드려야지"
"당신이나 갔다오면 되지
왜 나까지 가자고 해?"
가시가 돋힌 말이었다
청계천 상가에서 종업원 두 명을 데리고
전자 상가를 운영하는 남편이었다
자기가 번 돈은 자기가 쓰기로 했다
생활비와 자녀 교육비는 공동으로 해결키로 합의했다
하지만 그 약속을 지키지 않은지 오래였다
돈에는 무척 인색한 사람이었다
그래서인지 종업원들이 오래 부지하지 못한다
"인사차 가는데 당신도 고마움의 인사를 해야죠"
간곡히 종용했지만
눈 하나 깜짝하지 않는다
할 수 없다
대학 갈 자식을 위해 들어놓았던 적금을 깼다
부족한 부끄러움을 느끼면서
도사 목사님의 두 다리를 움켜잡고 하염없이 울었다
그러자 도사 목사께서
"네가 네 눈물로 나의 발을 씻어주고 있구나"
그 때는 그 말이 무슨 뜻인지 몰랐다
오랜 세월이 흐른 뒤에야…

참으로 어리석은 인생들이 아닌가?

그리고
약사인 그녀의 얘기를 해야 할 것 같다
그 사건 이후
싸운 그 싸움 끝에 결론을 내리게 되었다
"교장을 앞두고 있는 터에
지금은 이혼할 수 없다
교장이 된 후에 이혼해주겠다
그 동안은 소문내지 않고 별거하며 살아가자"
한 집에 살면서
별거하며 살고 있는 그들의 모습
참으로 꼴불견이다
아이들의 눈을 가리기 위해 한 방을 쓰고 있다
말 한 마디 하지 않고
한 방을 쓰고 있는 그들의 어색한 모습을
교사인 그녀가 흉내내고 있다
모처럼 셋이 모여 배꼽을 쥐어잡았다

시간은 우리를 기다려주지 않는다
그러니까 믿음으로 우리가 시간을 잡고 있어야 한다
시간을 믿음으로 초월하는 자가
시간을 붙잡는 자이다
생각해 보라!
시편 90편 모세의 기도이다
지구의 시간 천 년이 하늘의 시간으로 1초

눈 깜박할 시간도 되지 못한다는 것이다
그리고 베드로후서 3:8 말씀에
"하루가 천 년같고 천 년이 하루 같은 이 한 가지 사실을 잊지 말라"
이 땅에 살면서 하늘의 시간을 사용하는 자
그런 자들이 세상 시간을 초월해서 사는 자들이다
금년 한 해도 저물어 가는 석양 같은 시간 속으로 기울어져 간다

그 때였다
도사 목사께서 찾으신다고 했다
인사드리는 저에게 또 벽력같은 소리를 해대신다
"너는 왜 그렇게 미련하냐?
너는 네 남편에 대해 얼마나 알고 있느냐?
지금 네 남편이 무슨 일을 하고 있는 줄 아느냐?"
심상치 않은 말씀이 계속된다
네 남편이 몇 년 전부터 젊은 여인을 취하여 살림을 차리고
자식을 낳고 살고 있다고 하셨다
참으로 기가 막힌 소리셨다
어떻게 그런 일이…
그래도 잠은 꼭 꼭 집에 와서 잤는데…
가끔 사업상 해외 출장이 일 년에 서너 번
사업상 바빠서 가끔 외박하는 일 외에는
꼭 꼭 집에 와서 자고 나갔다
그런데 그런 황당한 일이…
그러면서도 신기하기도 했다
돈에 대해서는 그 누구보다도 지독하고 인색한 사람인데

그런 사람이 새 여자를 맞아들이고
새 살림을 차리고
아이를 낳아 키우고…
나중에 알아본 결과 그 여자는
가게에서 데리고 있던 여자였다
'유난히 예쁜 여자를 직원으로 두었구나'
그 때 생각이 떠올랐다
나이로 말한다면 딸 같은 아이였다

상념 속에 빠져가는 순간
도사 목사님의 준엄하신 말씀이 귓가를 때리신다
"잘 들어라!
너를 생각하며 네 남편을 위해 기도했다
그러나 끝내 그 사람은
네 남편이 될 사람이 아니다
내가 일러주는 대로 하여 그 사람과 이혼해라"
그래서였을까?
어느 때부터인지 잠자리를 기피했다
사업상의 피로 때문에
섹스할 마음이 나지 않는다는 것이다
한 편으로는 다행스러운 일이구나 하면서도
저 사람이 진정 나를 아내로 인정하고 있는지?
자고 있는 남편의 등을 쓰다듬어 보기도 하고
뒤에서 안아보기도 했지만
귀찮다는 반응이다
그래도 결혼 초에는 그런 반응을 보이면

한 달에 한 번 정도는
같이 몸을 섞고 살았다

도사 목사님의 말씀을 듣는 순간
눈이 번쩍 떠졌다
새로운 나의 삶에 의의 태양의 빛이
쏟아지고 있었다
제일 먼저 친구에게 샅샅이 내용을 알려주었다
"참으로 신통하신 목사님이시구나
전에 네 아들 일로도
놀라운 사실을 알게 되었는데…
너나 나나
무엇인지는 몰라도 무언가 잘 되어 나가는 것 같지 않니?"
낄낄대며 웃었다
그러면서도 간곡하게 또 권유했다
"친구야!
너도 함께 교회에 나가자
그렇게 된다면
우리 삼총사가 더욱 똘똘 뭉치는 결과 아니겠니?"
장난스럽게 북한 말을 사용한다
그러면 그의 말은 항상 똑 같다
"좀 더 시간을 다구, 좀 더 생각해 볼게…"

인도해주시는 대로
실타래를 풀어 나갔다
처음에는 끝까지 오리발을 내밀던 그가

확실한 증거 앞에
꼬리를 내리고 말았다
지금의 아들의 양육권은 내가 가지기로 했다
집은 팔아서 양분하기로 했다
합의 이혼으로 가정 법원을 거쳐 끝내
이혼하기에 이르렀다
확정 판결을 받고 법원 청사 층계를 내려오던 그가
말을 건넸다
헤어지는 마당에 중국집에 가서
짜장면이나 한 그릇씩 먹고 헤어지자고 했다
결혼 전 처음 만났을 때도
짜장면을 사주던 그였다
"너나 실컷 짜장면 먹고 잘 살아라!"
뒤도 돌아보지도 않고
쏜살같이 층계를 나르듯 내려왔다
세상 소리
"십 년 묵은 체증이 내려갔다"
지금 이 순간이 100년 묵은 체증(滯症)이 내려간 순간이다
두 손을 들고 하늘을 향해
소리 소리치고 싶었다
그런 나를 뒤에서 바라보는 그 남자는 무슨 생각을…?
"늙은 년을 버리고 이제 젊은 년과 마음놓고 살게 되니
너무너무 기쁘구나"
아마 그 남자도 그렇게 소리치고 있을 줄도 모른다는
생각이 들었다

시내가 복잡하다
빨리 학교로 돌아가야 했다
이혼 문제로 인해
학교의 공적시간을 너무 많이 출혈했다
서두르는 운전 중에
버스와 접촉 사건이 일어났다
경미했을 거라 생각하며 그냥 진행했다
신호를 받고 가는 내 차를
꼬리를 물고 들어온 버스가 접촉한 것이다
일방적인 그쪽의 실수였다
그렇지만 오늘만큼은 너그러워졌다
많은 모든 사람들에게
나의 모든 것을 퍼주고 싶었다
얼마나 기분 좋은 날인가?
나도 내 인생을 멋지게 살아보자!

그런데
왠지 모를 눈물이 흐르고 있었다
문득 딸의 모습이 떠올랐다
이혼을 반대하던 딸에게
어떻게 이 모든 사실을 알린단 말인가?
그래도 그에게는 자신의 아빠인데
다소 걱정스러운 마음이 생겼다
할 수 없지
사실 그대로 말해줄 수밖에 없다
비록 상처는 받겠지만…

물론 이혼하기까지
부부간에 있었던 일은 딸에게 전혀 내색하지 않았다
비록 애틋한 정은 없어도
무난한 부부라 생각하고 있었을 게다
자식 앞에서
큰 소리 내며 싸워보지는 않았다
그렇게 믿고 있는 자녀에게
드러난 이 결과 이 사실에 대해 어떻게 말해야 좋을까?

생각하며 집에 돌아왔다
엄마의 눈치를 살피던 딸이 입을 열었다
"엄마, 내게 할 말이 없어?"
"글쎄…"
순간이긴 하지만 혹시 딸이 이미 알고 있었던 것 아닐까?
느낌이 이상했다
"엄마는 참 답답한 사람이야
나는 이미 오래 전부터 아빠에게 큰 문제가
있었다는 걸 알고 있었어
그래서 고민 고민 끝에 목사님께 찾아뵙고
내가 알고 있는 사실을 모두 말씀드렸어
그리고
우리 집에 깃들어 있는 어둠을 물리쳐달라고
간절히 부탁드렸어
분명히 목사님께서 엄마에게 무슨 말씀을 하셨지?"
세상에 이럴 수가…
어찌 나만 모르고 딸까지도 알고 있었단 말인가?

할 수 없이
다소 부끄럽기도 했지만
진행되었던 모든 과정과 결과를 다 말해주었다
특히 이혼을 결정했다는 그 부분에 있어서는
목사님의 권해주신 부분이라는 것을 강조했다
절대 그 남자는 너의 남편이 될 수 없는 사람이었다는 것을
이미 짐작하고 있었다는 듯
딸은 담담했다

그 후에 약속한 대로 그 집을 팔아 세금 정리를 한 후
똑같이 반반 나누어 가졌다
그리고 딸과 함께 살아갈 아파트를 하나 마련했다
새로 장만한 새 집에서
처음 감사예배를 드리기로 했다
도사 목사님께서 꼭 오셔서 함께 해주시기를
모시기로 작정한 순간부터 정성을 다해 기도드렸다
그래서였을까?
꼭 와주신다는 기별을 받았다
평소 같으면
구역을 담당하시는 전도사 아니면 부목사께서
오셔서 예배를 인도하는 것이 상례였다
그런데 도사 목사님께서 특별히 오신다는 것이다
마음이 육신을 떠나
춤추는 것 같았다

그러면서 한 가지 계획을 세웠다

나의 단짝 나의 분신 같은 약사인 내 친구
자연스럽게 초대하여
목사님과 대면시켜야겠다는 야심찬 계획을 세웠다
예배를 드리고 난 후
다과 시간대에 그녀를 오게 해서
자연스럽게 만나게 해드리자
혹시 오늘의 이 만남이 특별한 인연
만남이 될 수도 있지 않을까?
생각이 생각에 꼬리를 물고 마음을 흥분시킨다
"예수님!
나의 이 멋진 계획이 헛되지 않게 해주소서!"

드디어 그 날이 왔다
집안 청결을 강조하시는 분이다
새 아파트이긴 하지만
청소 용역에 맡기어 한 치의 흠이 없도록 최선을 다했다
그리고
신선하고 청결한 재료로서 음식을 준비했다
가능하면
도사 목사께서 좋아하시는 음식으로 준비했다
친히 오셔서 축복해주신 오늘의 말씀이
"새 술은 새 부대에 담아라"
딸과 나를 응시하시며 외치시는 말씀이
마치 우리들의 마음 속에 정을 대어
축복의 말씀을 새겨주시는 것만 같았다
울컥울컥 연속되는 은혜의 감동 속에서

흘려지는 눈물로
곱살시리 단장한 눈과 얼굴이 난장판이 되었다

그렇게 예배시간이 끝난 후
준비된 음식과 차와 다과를 드시는 시간
지금쯤이면 올 때가 되었는데…
마음이 조급해지며 초조해졌다
꼭 정해진 시간에 오기로 했는데…
아니나 다를까?
벨이 울렸다
문이 열리며 백합꽃을 한아름 안고 들어오는 그녀
덕담의 인사를 나누며
안으로 안내했다
도사 목사님이 계신 곳으로
표나지 않고 자연스럽게
"목사님, 저의 가장 소중한 친구예요"
"물론 알고 있지"
흐뭇한 미소, 반갑게 인사를 받아주신다
"저를 어떻게 아시나요?"
궁금한 얼굴로 친구가 여쭈어본다
"네가 네 남편 귀싸대기를 때리는 것을 보았지"
순간 그녀의 얼굴이 굳어졌다
'이런 것까지 다 얘기를 했단 말인가?'
힐끗 친구를 노려본다
'너 뭐야?
유치하게 이런 나의 사생활까지도 다 말했다는 거야?'

눈으로 묻고 있는 그의 눈에서 분노의 눈물이 흐르고 있었다
순간이라도 튀어나갈 기세였다
그런 찰나
"분노로 미쳐버린 당신 남편이
당신의 옷을 갈갈이 찢었지
심지어 나중에는 팬티까지도…
그리고 머리채를 휘어잡고 끌고 다니며
주먹과 발길질로
사정없이 때리고 차는 것을 내가 분명히 보았지"
말이 채 끝나기도 전에
이상하게 내뱉는 신음소리와 함께 그녀가
힘없이 아니 맥없이
썩은 고목나무처럼 쓰러지고 말았다
정신을 잃은 것 같다
얼음이 싸여진 수건으로 이마를 닦아주고 있을 때
그녀가 눈을 떴다

순간 용수철처럼 튀어오른 그녀가
"목사님!" 외쳐불렀다
그녀 자신도 자신의 소리에 놀랐다
죽을 힘을 다해 부른 소리였다
집안에 있던 모든 사람들이 놀랐다
"목사님, 너희 목사님 어디 계셔?"
"목사님은 교회로 돌아가셨어
네가 정신을 잃고 쓰러진 후 네 이마에 손을 대신 후
기도해주시고 떠나가셨어

그런데 왜 너는 정신을 잃고 쓰러진 거니?"
긴 숨을 토해낸 그녀의 고백은 이러했다
"처음에는 내가 너를 오해했다
나의 사생활까지도 일일이 목사에게 고하는 네가 순간 미웠다
괜히 왔다 싶어
곧 뛰쳐나가려 했지
그 순간
그 목사님이 하시는 말
너도 들었잖아
차마 그 일만큼은 너에게도 말하지 못했어
미쳐버린 그이가 나에게 한 일
말씀하신 그대로야
짐승처럼 돌변한 그 남자
나를 갈기갈기 찢어놓을 기세였지
입고 있는 옷을 갈기갈기 찢었지
발가벗겨진 나의 머리채를 움켜쥐고
이리저리 끌고 다니며
개 패듯이 패댄거야
너무도 분하고 원통했지만 차마 그 일을
너에게도 말하지 못했어
창피하고 부끄럽고 자존심이 상해서…
나 밖에 알 수 없는 그 일을 너희 목사께서 어떻게 알았지?
듣는 순간 거대한 망치가 내 머리통을 때렸어
그래서 정신을 잃었을 거야
도대체 너희 목사, 그분은 어떤 사람이야?
혹시 귀신 아냐?"

거듭 거듭 물고 늘어지는 그의 질문에
막상 그가 아닌 내가 진땀을 흘리고 있었다
"전에도 나의 일을 내가 말해 주었잖아
그 분은 예사로운 분이 아니야
세상 목사와 다른 분이기에 그 분을 가리켜
성도들이 도사 목사라고 부르는 것
너도 알고 있잖아?
아마도 오늘에 일어난 일들이 우연은 아닐 거야
필연적인 우연 속에서
도사 목사와 네가 얽히고 설킨 것 아닐까?"
평소와는 달리
오늘따라 그의 말들이 힘 있게
나의 가슴에 깊이 박히는 못 같았다
"어떻게든지
오늘 이 일들을 어떻게 아셨는지 꼭 듣고 말거야"

동네 약국
오늘의 약국과 그 시절의 약국의 개념이 달랐다
지금에는 의사의 처방전을 가지고 가야만
약국에서 약을 처방받을 수 있다
그러나 과거에는 의사의 처방전이 없어도
환자의 병세와 환자의 고통을 들은 약사가
판단하여 약을 지어주기도 하던 그 시절이었다
여자 약사가 그리 많지 않던 때였다
한가하다 싶으면
제약사에서 발표하는 신약들을 살펴보기도 하며

의학지에 발표되고 있는 새로운 학문에 관심을 두게 된다
문이 열리며 방울 소리가 들린다
"어떻게 오셨나요?"
"무엇을 도와드릴까요?"
상투적인 매뉴얼이다
"좀 거북스런 말이긴 하지만 내가 유독 사타구니에
땀을 많이 흘립니다
땀이 차면 가렵고 가려우면 손이 가 그곳을
긁게 됩니다
그러다 보니 그곳이 늘 헐게 됩니다
그래서 늘
연고를 바르고 있습니다만
무슨 특효약 같은 게 없을까요?"
손님의 말을 듣고 있던 그녀의 눈동자가 흔들리기 시작했다
아니 그의 동공이 찢어질 듯 확장되고 있다
"아니, 그 목사님 아니세요?"
정신을 잃고 쓰러진 내 머리에 손을 얹고 기도해주셨다던
분명 그 목사님이셨다

마음이 바빠졌다
'잠시 외출 중'이라는 표지판을 들고 밖에 나와 문에 걸었다
'죄송합니다, 목사님 한 번은 꼭 뵙고 싶었습니다
오늘의 결례를 용서해주세요'
안에서 커튼을 쳤다
그리고 조심스럽게 무릎을 꿇었다
"저를 어떻게 아시는지 오늘은 꼭 듣고 싶습니다

그것도 저 밖에 모르는 저의 치부를
꼭 말씀해주세요
이렇게 빕니다"
이미 그도, 도사 목사도
이런 상황을 바라보시며 오신 것 아니었겠나?
담담한 미소를 띠우시며 입을 여셨다
"세상 사람들이 도를 닦는 사람을 가리켜 도사라고 하지
도를 닦는다는 것은
먼저 나를 찾는 거야
나를 찾는 자 만이 남을 알 수 있지
나의 존재 안에
남을 알 수 있는 비밀이…
나의 존재 안에
만물을 알 수 있는 비밀이…
나의 존재 안에
우주를 알 수 있는 비밀이…
나의 존재 안에
하늘을 알 수 있는 비밀이…
내가 곧 우주이며, 하늘이며, 땅이며, 만물이요
그 모든 것이 나의 존재의 근원인 나의 생명 안에 들어있소
그 생명이 나의 핏 속에 들어있는 것처럼
나의 생명 안에는
시공을 초월할 수 있는 영과 혼이, 즉 마음이 들어있지
그들은 영생불사의 존재
그들은 하늘과 우주를 비상할 수 있는 영혼의 날개를 가졌지
그들이 내 안에

볼 수 없는 내 안에 있는 존재이지
그렇다면 그들은
스스로 존재하는 자들일까?
지어진 존재는 지은 이가 있기에 존재하는 것
내 안에 있는 그런 존재를 지은 이
그 또한
내 안에 있지
그런 나를 찾아가는 것, 찾아내는 것이
찾아내어 함께 하는 것이 도요, 신앙이요, 믿음이요
하늘이요, 하나님이시지
지금은
내가 하는 말을 이해할 수 없을 것이요
그러나
어느 정도는
도의 길을 통해 득도한 부분이 있기에
내가 당신을 알 수 있는 것이요
당신이 할 수 있는, 하고 있는 그 모든 것들도
우리 모두가 공유하고 있는
하나의 체질이요, 일체(一體)가 되는 것이요

생각해 보시오!
우주 안에 얼마나 많은 존재가 있는지…
그 모든 존재들에게도 처음, 시작이 있었고
그 시작도
처음 하나에서 시작된 것이요
하나에서 시작된 모든 것이기에

설사 존재하는 모든 것들이 달라 보일지라도
그들 속에는 하나로 된 근본의 영원성과
그들을 지은 이의 신성이 들어있는 것이요"

무릎을 꿇고 있던 그녀가 괴로운 듯 소리쳤다
"무슨 말씀인지 전혀 모르겠습니다"
"당연히 모르지!
알기를 원한다면 예수를 믿으시오!
그 예수가 하나님과, 하늘, 그 모든 세계를 지으신
하나님의 비밀이요, 하늘의 보화 보배요
하루속히 교회에 나오시오!
당신을
만나기 위해 많은 세월을 기다렸소!"
뚫어지게 바라보시는 그의 눈과 어조가
비수처럼 심장 깊숙한 부분까지 뚫고 들어왔다

두려웠다!
무서웠다!
세상 천지에 저런 사람이 있었다니…
행여
내가 감추고 있는 나의 모든 것까지도
다 알고 계시는 것 아닐까?
소름 속에 한기가 온몸을 떨리게 하고 있다
"알았습니다
속히 빠른 시일 내에 찾아뵙겠습니다"
손을 내밀어 주시며

다정하게 내 이름을 불러주신다
순간 어찌할 바를 몰라
손을 잡아 일으켜 주시는 그의 가슴팍으로
힘껏 내 몸을 던져버렸다
바다 같은 그의 넓은 가슴 속에서
평생 참고 살았던 슬펐던 그 모든 눈물들을
아낌없이 쏟아내버렸다

도사 목사님의 배려였을까?
이상하게도
남자 친구, 그의 부인 권사님 구역으로
우리를 소속하게 하여 주셨다
구역의 경계는 대부분 사는 지역을 경계로 하여
정해지는데
우리에게는 그런 입장을 벗어나게 해주셨다
그 권사님이 우리의 구역장이 되셨다
특히 구역장님 댁에서 예배를 드리게 될 때는
남자 친구가 함께 하는 경우도 있었다
한 구역 식구래야
열대여섯 뿐이다
처음에는 어색하고 묘한 분위기라 생각도 들었지만
구역장님의 열정적 순수한 신앙의 모습에
친근함이 느껴졌다
"차라리
나이도 비슷하니
친구처럼 사귀자"

세 사람이 그렇게 결정했다
그래서 그 때부터 삼총사가 아닌
사총사가 되었다

새 신자라는 입장에서
도사 목사께서 관심을 갖고 계시는 성도라는 입장에서
구역장 허권사는
진심을 다해 헌신적 노력을 아끼지 않았다
틈만 있으면
새로운 반찬을 만들어
때마다 찾아와 맛있는 식사를 먹게 해주었다
그리고 틈만 있으면
교회 소식, 성도들의 소식, 기초 말씀들을 개인교수처럼
자세하게 가르쳐주었다
자연적으로 머리가 숙여질 수밖에 없었다
그러다보니
분위기가 달라지기 시작했다
라켓을 들던 손에 성경책이 더 자주 쥐어지기 시작했다
두 여자의 신앙에 대한 열정
주변 사람들을 놀라게 하였다
늦게 온 한참 신참들 같은데 목사님을 부르는 그들의
목소리에는 확신에 찬 믿음이 배여 있었다
"누가 뭐라 해도
우리들은 당신을 믿습니다"
결의에 차 있는 그들의 얼굴이 더욱 아름다워졌다

그러다 보니
그들의 남자 친구가 소원해지기 시작했다
아내가 구역장으로서 두 여자 친구와 가까워지면 가까워질수록
남자 친구인 자신이 점점 찬밥 신세가 되는 것 같아
조바심이 생기게 되었다
특히 약국 친구가 아내와 친해질수록
내게 대하는 태도가 다소 달라지고 있었다
그 점이 몹시 신경이 쓰였다
그렇다고 해서
그날 있었던 그 일을 빌미로
그 여자를 내 여자로 만들 생각은 처음부터 없었다
불의를 참지 못해 남편 귀쌈을 때리고
남편에게 매 맞아 죽을 뻔했던 여자인 자신이
불륜의 관계를 맺는다는 것…

그 후
지나간 술자리에서 취중 고백이 있었다
더 이상은 그런 관계가 아닌
진실한 불알친구가 되자고
통쾌하게 건배를 했었다
그런데
왜 이런 감정이 생길까?
아내에게 내 여자 친구들을 뺏겼다고 느껴지는 배신감
배신감 정도는 아니겠지만 허탈감, 허전함…
이제는 나보다도
구역장인 아내를 더 좋아하고 있다

가끔은 질투라는 감정이 솟구치는 모습을 보았다
이러면 안 되는데…
너무 유치하잖아?

그러던 어느 주일날이었다
오전 대예배를 드리고 난 후 참을 수 없어
화장실에 들어가서
담배를 피우기 시작했다
성도 수에 비해 화장실 수가 부족했다
급한 사람이 많은지 자주 문을 노크한다
그럴 때마다 헛기침을 하며 자리를 지켰다
그때에 어린 아이의 목소리가 나를 참담케 했다
"안에서 담배 피우는 아저씨!
이젠 그만 피우고 나오세요!
교회에선 담배 피우면 안 되어요!"
또랑또랑한 어린이의 목소리였다
화장실 문 앞에 줄을 서 기다리는 분들이 동조하듯
"저 안에 있는 사람 도대체 누구야?"
'큰일났구나!
나갈 수도
나가지 않을 수도 없으니
나간다면 내 꼴이 뭐가 되겠는가?'
참으로 기가 찬 순간
참으로 부끄러운 순간
이 순간을 어떻게 감당할 것인가?
이때에 어린이가 또 소리친다

"아저씨 저 똥 싸겠어요!"
두 손으로 얼굴을 가리우면서
"죄송합니다!
용서해주십시오…"
문도 채 닫지 못한 채
뺑소니를 치고 말았다

아내와 친구들이 찾아왔다
'아뿔사, 이런 일이…?'
모든 사람들이 존경하시는 목사님의 전용 식사 자리가 있다
그 자리는 누구도 앉을 수 없는 자리이다
목사님이 계시지 않을 때에라도 그 자리는 항상
비워두는 자리였다
그런 그 자리에
목사님과 아내와 두 여자 친구가
앉아있지 않는가?
얼른 자리를 피하고자 돌아서는 나에게
"그렇잖아도
목사님께서 선생님을 찾으셨습니다
저기 계신 자리로 빨리 가보세요"
큰일이구나
연거푸 피운 줄담배
담배 냄새가 옷에 그대로 배어 있는데…
그런데다
변소 간에 오래 있어
그 냄새도 배어날텐데

도저히 안 되겠다 싶어
이유도 없이 줄행랑을 쳤다
도망치는 나를 바라보는 눈이 어이가 없는지
그 자리를 오래도록 지켜보고 있었다

오후 찬양예배를 드리고
세 여자들이 들이닥쳤다
심상치 않는 분위기였다
"당신 왜 도망쳤어?
목사님이 기다리고 계셨는데
도망친 당신 때문에 얼마나 죄송했는지 알아?
기다리고 계시니까 저리로 가세요 하자마자
쏜살같이 도망쳤다면서요?"
'아! 오늘은 완전히 지옥에 빠진 날이구나'
할 수 없이 화장실 사건부터 자초지종을 고백했다
말을 듣고 있던 여자들이 동시에 혀를 찼다
"그러기에 언제부터
그놈의 담배 좀 끊으라고 얼마나 잔소리를 했어요?
오늘 목사님께서
당신에게 집사 직분을 주신다고 하셨는데
담배도 끊지 못하는 당신이
어찌 집사 직분을 받을 수 있겠어요?"
사면초가!
이런 경우를 두고 하는 말인가 보다
아내에게 묵사발이 되고 있는 나에게 순간
혓바닥을 쏙 내밀며 약을 올린다

"말똥싸다!
실컷 혼 좀 나 봐라"

아! 아!
오늘은 정말 지독하게 꼬이고 넘어지는 날이다
그 놈의 원수 담배여!
아직도 어린아이의 또랑또랑한 그 목소리
'교회에서는 담배 피우면 안 돼요'
만약 그날 목사님의 밥상에 올라 밥을 먹다가
그 아이에게 들키면
그 아이가 뭐라고 하겠는가?
"어! 저 아저씨 화장실에서 담배 피우던 그 아저씨 아냐?"
생각만 해도 온 몸에 소름이 끼친다
말이 났은즉
오래 전부터 두 여자들로부터도 수없이 금연에 대해
권고를 받았었다
제발 담배 좀 끊으라고…
들을 때마다 결심하고 끊으려 최선을 다해 보았지만
항상 작심삼일(作心三日)이었다
그런 나에게 집사 직분을 주신다니…
걱정이 이만저만이 아니다
양심상 집사 직분을 거절한다면 아내와 딸 성화에
견딜 수가 없을 것이다
그렇다면 담배를 끊어야 되는데…
문득 한 가지 생각이 떠올랐다

어차피 담배로 인해
당해야 할 망신살 다 당했으니
도사 목사님께 어떻게 해야 담배를 끊을 수 있는지
비답을 얻어오라고 부탁해야겠다
생각하고 또 생각해보았다
좋은 생각이 틀림없겠다 싶어 아내에게 고백했다
펄펄 뛰던 아내도 꼬리를 내리며
"알았어요, 내가 말씀드려 볼게요"
그리고 난 며칠 후
아내에게서 비답이 왔다
목사님께서 주신 말씀
'믿음으로 끊으면 된다'고 하셨단다
믿음으로 끊어라!
무슨 뜻인지 알 것 같으면서도
선뜻 이해가 가지 않는다
두 여자 친구에게 살며시 물어보았다
"믿음으로 끊으라고 하셨는데 그게 무슨 뜻이냐?"
신앙의 차이인지는 몰라도
두 친구의 답이 비슷한 것 같은데 내용은 다른 것 같았다
"얼마나 모진 마음으로 결심을 했어도 항상
작심삼일이었는데
그렇다면 믿음이 무엇이기에 믿음으로 끊으면
된다고 하는 것인가?"
구역장이며 권사인 아내에게
진실하게 물어본다
'믿음으로 끊는다'는 그 믿음이 무엇인지

믿음에 관계된 성경 구절을 찾아준다

로마서 10:17
로마서 10:10
히브리서 11:1-3
히브리서 11:6
에베소서 4:13
데살로니가전서 2:13

함께 구절을 읽고 계속적인 설명을 들었으나 그래도 선뜻
마음에 와닿지 않았다
결론적으로 집 사람 왈 "당신이 신앙으로 어리기 때문이다"
그래도 두 여자보다는
아내의 성경 실력이 뛰어났다는 사실은 인정했다
"그동안 헛걸음치고 다닌 것은 아니었구나!"
새삼 가족을 살리겠다고
하늘나라, 천국으로 인도하겠다고
뛰어다녔던 그의 발걸음을
때로는 무시했고
방관했고
"당신 일이니까 알아서 하구려"
외면했던 오랜 세월이
오늘따라
마음을 아프게 했다

그러던 어느 날 밤의 꿈이었다

난생처음 꾸는 꿈
도사 목사의 꿈을 꾸었다
경관이 수려한 산 속이었다
나의 손을 잡아주시고 이곳저곳을 산책하시면서
많은 말씀을 해주시는 것 같았다
무슨 말씀을 해주셨는지 전혀 기억나지 않았다
그런데 언뜻 생각나기는
믿음에 관한 말씀을 해주시는 것 같았다

우리는 세상을 살아가면서 많은 사람들과 어울리며 살게 된다
때로는 좋은 사람도 만나게 되고
좋지 않은 사람도 만나게 되고
기쁜 사람, 슬픈 사람, 미운 사람, 속이는 사람, 위선적인 사람…
다양한 사람들을 만나게 된다
만난다는 것은 서로가 필요한 대화를 나눈다는 것이다
주고받는 그 대화의 비중도
내가 그 사람을 신뢰하고 믿는 척도가 다 각각 다르다
믿어지는 만큼 그를 신뢰하고 따르게 된다
그런 것들이 내가 상대방을 믿는 믿음이 되는 것이다

땅의 차원에서도 그러하거늘
하늘 차원에서도
자칭 많은 신들이 공존하고 있다고 말할 수 있다
그들은 각기 자신의 말을 믿으라고 요구하고 있다
요구하는 자신의 말을 믿으면
자기가 소유하고 있는 "신적 능력, 영광을 주겠노라!"

소리치고 있다
그런 차원의 입장에서
내노라 자랑하는 많고 많은 신(神)들 중에서
인류를 구원하시고자 우리를 위해 십자가를 지신 예수
그만이 우리의 영원하신 믿음의 주, 생명의 주, 영생의 주로
믿는 하나님의 본체, 하나님의 영광의 광채
그만이 지으신 만유의 세계의 만물을 붙드시고
그만이 죄를 사해주시는 권세
그만이 우편보좌에 앉으실 수 있는
유일무이(唯一無二)한 존재이심을
믿는 것이 곧 믿음이라고 말씀하시는 것 같았다
"나에 대한 그 믿음을 얻기 위해 성경 말씀을 읽고
목회자들로부터 말씀을 듣는 것 아니냐?"
젖을 먹는 어린이의 입장으로 들은 부분 중의 말씀이었다

산책을 끝내시려는 상황 속에서 내가 외친 한 소리
"담배 좀 끊게 해주소서!"
"내 말을 믿느냐?
믿음에는 능치 못함이 없느니라"
"예, 믿겠습니다 도와 주소서"
깨고 나서 오랫동안 누운 채, 가능하면 많은 기억을 살려내고자
마음을 집중해 보았다
기억해 낸 부분도 긴가 민가 하는 부분도 많이 있는 것 같다
그러나 마지막 끝 부분
"믿겠습니다! 도와주소서!"
이 부분만큼은 정확하게 기억하고 있는 부분이었다

그러나 이미
주변 탓으로 한 갑반 피우던 담배를
반 갑 정도는 줄인 상태였다
금연에 관한 유익하다는 많은 말들이 있다
기호식품을 끊으려면 더 좋은 기호식품을 이용하면 된다
그렇다면 담배보다 더 좋은 것
무엇일까?
껌
사탕
과자
이것저것 다 사용해 봤지만
그래도 스트레스를 한 방에 날려보낼 수 있는 것
솔직히 얘기하면 담배뿐이 없다
그러나 금연 광고를 살펴보면
그런 장점도 있긴 하지만
단점이 더 많은 기호식품이라는 것
틀림없는 사실이다
백해무익(百害無益)한, 사망으로 인간을 빠뜨리고 있는
최고의 무기라는 것!

공감을 하면서도 끊지 못하는 한심한 인생
오죽했으면 그런 꿈을 꾸었을까?
며칠 동안 침묵을 지키다가 아내에게 말했다
"좋은 꿈 같으니 열심히 기도하라"고 한다
열심히 기도!
나는 겨우 주기도문, 사도신경 밖에 외우는 것이 없다

기도의 실력, 능력
삼 분 이상 해본 적이 없다
예배를 마치는 통성 기도
입도 못 떼고 남들이 하는 기도 듣고 구경하고
옆에 앉아 소리쳐 기도하는 아내와 딸의 기도 소리에
겨우 "아멘!"으로 화답할 뿐이다

한 번은 이런 일이 있었다
구역예배 인도하러 오셨던 전도사께서
나보고 헌금 기도를 하라고 시켰다
얼굴이 벌겋게 달아오른 어쩔 줄 몰라 하는 나를 보고
민망했던지 즉시 다른 사람을 시킨 적도 있었다
세상적으로는
중앙 부서의 과장으로 브리핑도 해야 되고
높은 부서의 윗 사람들이 요구하는 내용에 대해
성실하게 답변해야 된다
비록 진땀을 흘리는 어려운 경우도 있었지만
그래도 중단하거나 포기한 적은 없었다
그런데 이상하게도
성경책을 읽을 때도 기도를 드릴 때도
한글, 한국말인데도
왜 그리 더듬어지는지 알 수가 없다
필요한 전문 서적 같은 경우 밤을 새워가면서도 본다
그런데 성경책만 읽으려 하면
몇 줄도 못 읽고 졸음에 빠지고 만다
교회에 다니는 성도이다 보니

제일 부러운 것이 기도 잘 하는 분
찬송 잘 부르는 분
특히 통성 기도 잘 하는 분, 그리고 방언 기도하는 분
그런 분들 앞에만 서면 당연히 쪼그라질 수밖에 없다

그러던 어느 주일날
예배를 드리고 나오던 중
도사 목사를 만났다
정중하게 인사를 드린 나에게
은단 케이스를 통째 주셨다
"믿음으로 먹어보세요
이 은단을 먹으면서 이것을 먹으면
담배를 끊을 수 있다고 믿으세요
이 은단이 능력이 있는 게 아니고
하나님의 사람의 말씀을 믿는 그 믿음이
담배를 끊게 하는 것입니다"
"저도 열심히 기도하겠습니다"
생각날 때마다 몇 개씩 먹었다
"이 은단을 먹으면 담배를 끊을 수 있다고 하신
하나님의 사람의 말씀을 믿습니다"
가르쳐주신 말씀대로 기도하면서 계속 먹어갔다
십 여일 남짓
마지막 은단을 먹게 되었다

오늘은 집에 나 혼자 있으니 나도 한 번
큰 소리로 기도를 해야겠다

열려진 창문을 닫았다
그리고 무릎을 꿇었다
입속으로 하던 기도를 바깥으로 내보내는 소리로
바꾸어 보았다
생각보다 작은 소리 같았다
아무도 없는데
더 큰 소리로 해보자
"예수님!" 목청껏 외쳐보았다
예상 밖에 큰 소리였기에 내 소리에 내가 놀랐다
"예수님!
제가 제일 못하는 것 중 하나가 기도입니다
오늘 이렇게 소리내어 기도하는 것도
처음 해보는 것입니다
기도 못하는 저를 용서해주십시오
그리고
아내와 딸을 따라 교회에 나가고는 있지만
저는 진실한 성도가 아닙니다
할 수 없이 끌려다니는 그런 못난 죄인입니다
용서해 주십시오
그리고 오늘 제가 이렇게 기도드리는 이유가 있습니다
목사님께서 제게 은단을 주시면서
이 은단을 믿음으로 먹으면서 기도드리면
담배를 끊을 수 있다고 하셨습니다
아직은 믿음으로 먹으라시는 목사님의 말씀을
잘 이해하지 못하고 있는 어리석은 죄인입니다
용서해 주시고

마지막 남은 이 은단을 믿음으로 먹게 해주셔서
담배를 제발 끊게 해주십시오!
제발 담배를 끊게 해주십시오!
제발! 제발! 예수님의 이름으로 기도올립니다 아멘!"
기도가 끝나 일어서는 순간
박수 소리가 터져나왔다
집 안에 나 혼자 있었는데 딸이 나타났다
"사실은 나 화장실에 있었어요
아빠가 그런 나를 보지 못한 거죠
아빠, 참 잘 하셨어요
그렇게 기도를 잘하시는 줄 몰랐어요
아빠의 기도 소리 속에는
진실한 마음이 담겨져 있다는 것을 저도 느꼈어요
예수님께서 꼭 들어주실 거예요"

믿음의 능력!
기적 같은 일이 벌어졌다
습관대로 일어나면서 화장실에 앉아
담배 한 대를 입에 물었다
불을 붙이고 힘껏 빨아들인다
빨아들일 때 연기 속에 들어있는 니코틴이
호흡기의 첫 부분을 관통할 때의 그 맛!
애연가들이라면 그 맛을 모르는 자가 없다
그런데 이변(異變)이 일어났다
힘껏 빨아들이는 순간 구역질이 나기 시작했다
설마하며

더욱 세게 힘껏 빨아들였다
연기에 의해 사레가 들렸다
더욱 더 심한 나쁜 증세가 나타났다
계속 이러다간 죽을 것 같았다
화장실에서 나오는 이상한 소리에 놀라 문을 열었다
"여보, 무슨 일이예요?"
진땀을 흘리고 있는 나에게 소리치듯 물었다
"여보, 나에게 이상한 일이 나타나고 있소"
화장실을 나와 아내와 딸에게
신중하게 화장실의 일을 얘기했다
듣자마자 아내가 소리쳤다
"아버지가 도와주신 거예요
은혜와 성령께서 도와주신 거예요
이제 당신은 담배를 피우려 해도 피울 수 없게 되었어요
은혜가 절대 피우지 못하게 역사하실 겁니다
여보, 함께 기도합시다"
세 식구가 눈물을 흘리며
목소리를 높여가며 감사의 기도를 드렸다
나도 기도를 드리면서 처음으로 눈물을 흘렸다

출근 후 오전 일과를 마치고
점심 식사를 하게 되었다
식후 흡연의 그 맛
산삼(山蔘)보다 낫다고 한다
시험 삼아 한 대를 입에 물고 불꽃을 붙였다
긴장된 마음으로 조심스럽게 살짝 빨아 보았다

살짝 빨기만 했는데도 집에서 힘껏 빨았던 때보다도
더욱 심한 현상이 일어났다
"아내의 말처럼 나는 이제 담배와는 영영 끝이구나!"
다시 한 번 도사 목사의 얼굴이 떠올랐다
만날수록 생각할수록
참으로 이상한 분이셨다
두 여자 친구들의 이야기
미심쩍기도 했는데 내가 겪고 보니
과연 그 분은 누구일까?
그래서 그 분을 도사 목사, 말씀 아버지
다양하게 불려지는 그 분에 대한 이름들이 있었다
내 소식을 들은 여자 친구들도
쌍수를 들어 환호하며 반겨주었다
"너는 다 좋았는데
그느무 담배 냄새가 별루였지"

모처럼 큰맘 먹고
도사 목사님을 모시고 좋아하시는 냉면을 대접하기로 했다
솔직히 말하면
말단 공무원으로부터 시작한 나는
큰돈을 개인적으로 써본 적이 없었다
월급 봉투째 안 사람에게 갖다 주고 필요한 부분만큼만
타서 쓰는 사람이다
"혹시나 모르니까 비상금이라도 가지고 계세요"
"주는 돈도 가지고 있으면 쓰게 된다"고 되주는 조막손이었다
그런 내가 큰맘을 먹은 것이다

도사 목사님과 그 교회 교역자들 전체를 모시고
대접하기로 했다
을지로에 있는 냉면 정식
불고기와 함께 먹는 냉면
사십 명 잡고 일 인당 오만 원
식사비로 200만 원 내어 보기는 처음 있는 일이다

아버지께서 무엇을 아셨는지
사총사를 다 부르셨다
약국 문도 몇 시간 동안 닫았다
교사 친구도 잠시 양해를 구하고 함께 동참했다
두 여자 친구가 "잘했다" 눈빛으로 칭찬해주었다
이렇게 돈 쓰는 일이 기쁘고 즐거운 일인지 처음 알게 되었다
'앞으로는 더 많이 사드려야겠구나!' 다짐했다
먹고 마시는 그 와중에서도
도사 목사께서 침을 튀기시며 보잘것없는 나를
연신 자랑스럽게 칭찬해 주셨다
정직하고 성실한 모범 공무원이라고…
그날만큼은
아내도 내 손을 꼭 잡아주었다
그의 눈시울이 젖어있었다
그런 아내에게
살짝 귀에 대고
"여보, 사랑해, 당신 정말 고마웠소
모두가 당신 덕이야"
울컥 눈물을 쏟으며 쏜살같이 화장실로 사라졌다

귀신같이 이 광경을 엿보고 있던
약사 친구가
엄지손가락을 내뽑으며
"잘했다"
소리나지 않는 물개 박수를 쳐주었다

호사다마(好事多魔)
행복한 세월이 너무 길었나 보다
국민보험공단에서 실시하는 신체검사
일 년에 한 번씩 검사받게 되어 있다
검사를 받지 않을 경우 불이익을 받기 때문에
누구나 다 한 번씩은 받게 된다
그런데 검사받은 내용 중에 재검 신청이 들어왔다
폐를 찍은 엑스레이 검사에서 문제가 나타났다는 것
CT 촬영으로 다시 찍겠다는 것이다
찜찜한 생각이 들긴 했어도
다시 검사를 받았다
설마 했는데 예상 밖의 일이 터졌다
폐암 3기말(末)이란다
그 동안에 이상 증상은 없었다
근래 와서 체중이 줄기는 했지만 나이 탓이려니 했다
그런데 폐암 말기암 환자라니…
대학병원에 가서 MRI를 찍었다
결과는 마찬가지였다
오랜 세월동안 피워왔던 담배가 그 원인이었을 것이다
왜냐하면 집안 내력으로 위 3대(代)를 조사해도

폐암으로 죽으신 분이 없다는 것이다
모두 놀랐다
가족들도
성도들도
그를 알고 있는 모든 사람들은 다 놀라고 놀랐다
그러나 한 사람 그분은 놀라지 않았다
"염려하고 근심하지 말고
병원에서 수술받고 치료받아라
내가 기도하겠다"
그리고 이사야 28:16 말씀을 주셨다
"시온의 한 돌, 시험하신 기초돌
그 돌을 믿는 자는 급절하지 아니하리라"

병이라는 것이 참으로 이상했다
병을 모를 때는 아무렇지도 않았는데
병을 알고 난 후부터는 급속도로 몸이 나빠지기 시작했다
시간만 나면
사총사가 모여 함께 기도하고 함께 위로했다
"걱정하지 말아
우리에겐 그분이 있잖니?"
"그래, 나도 믿고 있어
그런데도
너희들과 영영 헤어질까 두려워"
"바보 같은 소리
나만 믿으라고 하시는 그분 있잖니?"
"그런데

내가 마음에 걸리는 게 하나 있어
내가 지금껏 살아오는 동안에 소소한 거짓말은 했지만
크게 아내를 속인 일은 없었어
오직 우리들 사이 그 외에는…"
아내가 자리를 비운 사이의 일이다
순간
침묵이 흘렀다
"굳이 이런 때에 그 이야기를 할 필요가 있을까?
괜히
네 아내에게 충격만 주는 꼴이 되지 않을까?"
"그래 그 이야기는 다음에 생각하기로 하자"

수술날이 잡혔다
수술 전 먼저 방사선 치료를 받으라고 한다
모든 것을 맡겼다
육신은 의사에게
영혼은 우리 주님께
행여 죽음의 공포 앞에 두려워 떠는
못난 모습은 보여주지 말자
많은 교우들이 나를 위해 기도해주고 있다

특히
도사 목사께서 전해주신 위로의 말씀
"믿음은 능치 못함이 없습니다
병균도 믿음을 가장 두려워합니다
그 어떤 항생제와 약물보다도…

믿음으로 설계하시고 믿음으로 우주만물을 창조하신 겁니다
창조의 힘
그 자체가 믿음입니다
겨자씨 한 알의 믿음
상전벽해(桑田碧海)
태산을 움직일 수 있습니다
해와 달과 별들도 움직일 수 있습니다
그런 믿음이 있는 자라면
스스로의 생명도 지킬 수 있습니다
그런 믿음을 가지셨기에
예수께서
나는 부활이요 생명이라 하신 것입니다
생명의 원천이
곧 믿음이 되기 때문입니다
부활이요 생명이 되시는 예수님
그의 말씀 자체가 믿음인 것입니다
그의 말씀 자체가 생명과 부활인 것입니다
그러므로 그리스도의 말씀을 들음으로 믿음이 생기는 것입니다"
전해주시는 전도사님과
끝내 함께 울음을 터뜨리고 말았다
"감사합니다 예수님!
감사합니다 도사 목사님!"
이제는 어느 누구에게나 자랑스럽게
폐암 환자라고
담대하게 말할 수 있게 되었다

병은 두려워하는 자를 더 괴롭힌다
그렇다!
세상 이치도 그러한데…
얼굴빛이 달라졌다고 아내와 친구들이 좋아했다
그들의 칭찬 소리에 호기를 부렸다
"다 믿음 덕분이지
목사님이 전해주신 그 말씀
가슴 속에
아니 잘려나갈 폐 속에도 새겨둘거야"
목사님이란 말을 입에 담을 때마다
매번 가슴 속 마음이
울컥 눈물이 쏟아지는 이상한 병이 생겼다
참으로 이상한 분이시다
왜?
그리 남들을 잘 울리시는 분인지…
"그런데
너희들은 왜 울고 섰니?"
그들도 이미 울고 있었다
"네 말에 감동을 받아서"
잘려나갈 폐 속에도 그 말씀을 새기겠다고 한 그 말
너무너무 가슴이 아프고 감사해서
우리들도 어느 사이에 울보의 사총사가 되어가고 있었다
다 도사 목사님의 덕분이라는 것
모르고 있을 바보들은 아니었다
수술 전에 세 번의 방사선 치료를 받았다
직장에는 병가를 얻었다

드디어 그날이 되었다
아무리 대범한 척해보지만
막상 그 시간
남편의 얼굴에 초조함이 보였다
막 수술에 들어가려는 찰나
남편이 꿈 얘기를 했다
수술을 받고 있는 수술실에 도사 목사께서
똑같은 의사 복장을 하시고
수술 팀에 함께 계신 것을 보았다는 것이다
순간 아내의 입에서
괴성 같은 소리가 뻗쳤다 "할렐루야!"
병상을 끌고 함께 가던 그들 모두가 소스라쳐 놀랐다
여섯 시간에 걸친 수술이 끝났다
중환자실에 옮겨져
회복을 기다리게 되었다
수술하신 담당의사도 수술이 잘 되었다고 했다
한쪽 폐 삼분의 이를 절단했다고 한다

한 시간여
마취 기운이 사라지고
온전한 정신으로 회복해가고 있는 상태
본인의 병실로 돌아왔다
돌아온 그의 얼굴
맞을 매를 다 맞고 돌아온 시원한 얼굴이다
"수술실 앞에서
당신이 할렐루야 소리칠 때

그 순간
웃고 계시는 도사 목사를 보았지
여보! 고맙고 감사해!
당신은 우리 집안 가문의 영광이야"
눈물, 또 눈물, 그리고 또 눈물
그러나 그 눈물 속에서 우리의 영혼이 새롭게
소성되고 있다는 사실을 미처 깨닫지 못하고 있었다

수술을 받고 나서는 항암약을 투여했다
항암약에 대해서는 보험적용이 되지 않는다
하루에 두 알
아침 저녁에 한 알씩 두 번 복용
한 달 치 약값이 만만치 않다
이래서 투약을 포기하는 사람도 있겠다
계산해 보니
한 알에 십칠만 원 꼴
하루 삼십사만 원, 한 달 천이십만 원
그래도 담당교수 말로는
다른 암에 비해 폐암쪽 치료약의 효능이
많이 앞서 있다고 했다

덕분에 예상하고 있었던 일이 일어났다
방사선 치료를 받기 시작할 때부터 두발(頭髮)
머리카락이 빠지기 시작하여 지금은 벌거숭이 민둥산
그래도 두상이 잘생겨서…
아내와 친구들이 놀려댄다

그렇게 정해진 숫자
방사선 치료를 마치고 집으로 퇴원했다
삼 개월에 한 번씩 정기검진
CT 촬영과 MRI 촬영
재발(再發) 여부와 회복 여부를 확인하는 과정에
투여되고 있는
복용하는 약이 거듭될수록 약간의 부작용이 생긴다
조금씩 심해질 수도 있지만
참고 견디는 수밖에 없다는 것이다
집에 돌아온 지 한 달에
아내와 딸의 보호를 받으며 교회를 나가기 시작했다
나는 병고로 인해 집사 직분이 연기되었지만
두 여자 친구는 집사 직분을 받았다고 한다
진심으로 축하해주었다

이제는
사총사의 이야기를 마무리해야 될 것 같다
방사선 치료와 약물 투여
그리고 최선을 다하는 신앙 속에서의 기도의 감사와 기쁨
태산 같은 마음의 위로와 의지가 되어주시는 도사 목사
아름다운 친구들의 간곡한 성원과 보살핌
어찌 이보다 더 좋을 수가 있겠는가?
스스로 생각해 보아도
지금의 내 처지
우연의 시간 같지는 않았다
열심히 성실하게 달려온 삶에 대한 보상으로 주시는

휴식 같은 시간
사막 속에 있는
신비한 오아시스의 달콤한 낭만 속에 젖어 있는
동화 속의 주인공
페르시아의 왕자
비록 육신적으로는 큰 상채기의 흔적을 남기기도 했지만
그러나 오늘의 이 순간
너무도 감사하고 고마운 그 마음이
마르지 않는 눈물이 되어
내 영혼을 소성시키는 생명강이 되고 있었다

"오!
주님 감사합니다
나의 죄 값으로
나의 장기 한 부분을 지불하게 하시고
온전한 몸으로 지옥에 가는 것보다
병신이 되어 천국에 가는 것이 낫지 않느냐
하신 말씀대로
비록 부족한 몸이지만
거지 나사로처럼
아브라함의 품에 안길 수 있도록
허락해 주시고 축복해 주시고 약속해 주시는
주님의 말씀대로
오늘의 나!
주님의 것이오니
주님 뜻대로 살겠습니다"

유수 같은 세월의 흐름 속에서
드디어
그는 장로가 되었고
두 여자 또한 권사가 되었다
사총사!
도사 목사의 보이지 않는 그늘 속에서
없어서는 안 될
에덴동산 나무 같은 존재들이 되어주었다

제 9장

인자가 올 때
믿음을 보겠느냐?

제 9 장
인자가 올 때 믿음을 보겠느냐?

누군가 '세월이 약이라' 했다
세월이라는 약에 종속된 인생으로서
영생의 약을 먹는 자가 있는가 하면
죽음이라는 독약을 먹는 자들도 있다
좋은 약은 입에 쓰고
나쁜 약은 입에 달다
다양한 삶의 현장 속에서 살아가고 있는 오늘 우리들
좋든 싫든
세월이라는 약, 그 속에서 살아가고 있다
누구나 어차피 먹을 약이라면
굳이
죽음이라는 독약을 먹을 필요가 있겠는가?
그러나 그 약은 입에 달다
육체의 정욕, 안목의 정욕, 이생의 자랑
얼마나 탐스럽고 먹음직스런 열매인가?
누구랄 것 없이 그 열매에

먼저 손이 가는 것이 오늘의 현실이다
섹시하다, 이쁘다, 멋지다…
오관의 관능을 녹일 수 있는 명약(名藥) 중의 명약
송이 꿀보다도 더 달고
오묘하고 신비한 맛이 넘쳐흐르는
그 열매
그 열매를 먹는다면 죽어도 여한이 없다고 소리친다

그 열매가 오늘의 질서를 파괴하고 있는
사망의 독을 가지고 있는 죽음의 열매이다
그 열매가 온 세상을 만연(蔓延)시키고 있다
그 독이 세상 어느 곳에나
관영하고 있다
그 독주에 취해
섹스의 민낯을 유감없이 춤과 노래와 옷 조각을
이용하여 자신의 육체를
뭇 남성들을 흥분의 도가니로 몰아넣은
성적 제물로 만들기에 혈안되고 있지 않는가?
실제로 섹스할 때 하는 동작을 누가 더 잘 할 수 있는지
사실적으로 보여줄 수 있는 자가
절대적인 환호를 받으며 인기가 날로 높아지는
유명인이 되어가고 있는 것이 현실이다
과거에 그런 일들을 차마 보지 못했다

그런데 오늘의 현실은 어떤가?
부모 자신들이 유명 춤꾼들을 찾아가며

그들로부터 그런 춤을 배우게 하고 있지 않는가?
부부의 침대 속에서도 감히 할 수 없는 일들을
시집도 안간 젊은 처자(處子)들이
손 조각만한 천으로 겨우 앞가슴의 젖과 가려진 성기
그 몸을 가지고
흔들고 비틀고 꼬고 비비고 돌리고 튕기고…
할 수 있는 방법을 이용하며
관능의 한계를 초월하고 있지 않는가?
오죽하셨으면
하나님께서 "사망의 독주(毒酒)를 한 사람도 남기지 말고
먹게 하라
먹지 않으려 하거든
억지로라도 입에 부어 넘기게 하라"
예레미야 선지자에게 하신 말씀이다
독주를 마셨기에
설사 내일 죽는다 해도 오늘만큼은 여한이 없도록
먹고 마시고 노래하며 춤추며 즐기자

그것을 위해
우리가 아등바등 살아가는 목표가 아닌가?
남자가 여자로도 만족을 못해
여자가 남자로도 만족을 못해
서로 서로 동성으로도 만족을 못해
기어이
짐승을 이용해 성을 채우고자 하는 오늘 이 시대
과연 오늘 우리는

세월이 약이라는 세월 속에서
무슨 약을 먹고 있는가?
정력에 최고라는 정력제
인간의 성감대를 초월시키는 마약
장수에 좋다는 장수 보약
누구나 기본적으로 먹고 있는 비타민 계열 서너 가지…
세월이 약이라더니
약으로 사는 시대가 맞는가 보다
그러나 그런 약들은 유통기한이 있다
유통기한이 넘으면 폐기처분해야 한다

그러나 인간이 아닌
하늘이 주시는 보약은 다르다
유통기한도 없다
영원하다
죽어서도 살고 살아서도 영생할 수 있는 약
그런 약이 있는데도
그런 약을 공짜로 준다는데도
들으려고 안 한다
거들떠보지도 않는다
믿으려고 않는다
그런 약을 준다고 아무리 설득해도
너나 처먹고 영생하란다
참으로 슬프고 안타깝다
죽자마자 지옥인데…
지옥불이 어떤 불인데…

나만 혼자 가는 것이 아닌데
다 같이 가는데
억울할 것 없지 않느냐?

마지막 때는 노아 때
물로 세상을 심판했다
물로 세상을 심판한 그 동일한 말씀으로
불로 심판하기 위해 이 세상을 간수하셨다는데
오늘날
세상의 약에 취해
마셔버린 독주에 취해
성큼성큼 다가오는 지옥불을
성냥불로 착각하고 있다

물론
신약 마당 초림 때에는
간음하다 현장에서 잡혀온 여자
예수께서 용서해주셨다
왜?
죄인을 구원하러 오신 분이기 때문이다
그러나
재림 마당은 다르다
죄와 상관없이 죄악된 이 땅에 사는 의인들을
구원하신 오신 분이다
그러기에 성전 안만 척량하고
성전 밖 마당은 척량하지 말고 이방인에게

마흔 두 달 던지라 하신 것이다
그런 때인 오늘날
간음을 하는 자
간음을 하게 하는 자
사람의 관능을 자극시켜 흥분시키는 자
이 모든 것들은 다 싹쓸이
지옥행이다
절대 용서할 수도, 용서받을 수도 없는 때이다

심판인 그날이 오기 전에
하늘이 주는 영생의 보약을 먹어야 한다
그 약이 곧 피이다
돼지 선지피도 아니다
곰의 쓸개피도 아니다
녹용 속에 있는 사슴피도 아니다
산삼 속에 있는 산삼피도 아니다
그렇다면 그 피는
2000년이 넘도록 소리쳐온 피이다
그 피를 가리켜 보혈이라고 한다
그 피는 이 땅에서 죽고 죽어가는 사람의 피가 아니다
말씀이 육신이 되어 오신 예수님의 피이시다
그 피는
인류의 죄를 몽땅 짊어지시고
우리의 죄를 대신해서 흘리셨던 피이다
그 피는 지금도 살아계신다
유통기한 없는 거룩한 피이다

그 피는 만사형통의 능력을 가지고 있는 피이다
그 피는 돈을 받고 파는 피가 아니다

그 피와 살은 영원한 생명을 주시기 위한
하늘에서 내려온 영생의 떡이다
그 떡은 상하거나 썩는 떡이 아니다
그 떡을 먹으면
아브라함과 같은 축복을 받는다
그 떡을 먹으면
예수님의 친구가 될 수 있는 떡이다
그 떡을 먹으면
하늘에 있는 천군 천사들을 종으로 부릴 수 있는
하나님의 후사, 자녀가 될 수 있는 떡이다
그런 피와 살을 주신다는데…
그런 피와 살을
섞으셔서 친히 영생의 떡을 만들어
거저 주신다는데
오늘의 그대들은
왜 외면하고 반대하는가?

주님의 말씀을 들어보라!
"어찌하여 내 말을 깨닫지 못하느냐
이는 내 말을 들을 줄 알지 못함이로다
너희는 너희 아비 마귀에게서 났으니 너희 아비의 욕심을
너희도 행하고자 하느니라
저는 처음부터 살인한 자요 진리가 그 속에 없으므로

진리에 서지 못하고 거짓을 말할 때마다
제 것으로 말하나니 이는 저가 거짓말쟁이요
거짓의 아비가 되었음이니라"
이 정도 이쯤이라면
세상적으로도 흔한 말로 말세가 아니겠는가?
말세라면 당연히
동일한 말씀의 불로 마땅히 심판받아야 할 것 아닌가?

그렇다면 누가 이 세상을 심판할 것인가?
이 땅에 있던 사람 중에…?
말도 안 되는 소리…
노아 때와 같이 죄악이 관영했다는데…
관영했기 때문에
"인자가 올 때에 믿음을 보겠느냐" 하신 것 아닌가?
첫째 아담이 죄를 지으므로
영을 빼앗겼다
두 번째 혼을 빼앗겼다
세 번째 남은 거룩한 몸마저도 빼앗겼다
타락의 순서를 지적한 것이다
영이 타락하면 뒤따라 혼, 또는 마음이 타락하고
혼이 타락하면 남은 육신도 타락하고 마는 것이다
영이 타락했다는 의미는 종교의 타락을 말하는 것이다

그렇다면 종교의 타락은 무엇인가?
때에 맞는 열매를 맺지 못하고 있다는 것이다
때에 맞는 열매는 무엇인가?

지금은 의의 열매를 맺을 때이다
의인을 구원하러 오시는 때에 의의 열매가 없다면
오시는 분의 입장이 얼마나 통분하시겠는가?
그렇다면 오늘날 이 땅 위에서
하나님의 종들은 무슨 열매를 준비하고 있는가?
산 자의 열매가 아닌 죽어서 구원받는 열매를 준비하고 있다

생각해 보라!
의의 열매는 산 자의 열매를 말하는 것이다
하나님은 산 자의 하나님이시다
예수님은 죽은 자를 구원하시기 위해 죽는 이름으로
죽는 자의 하나님으로 이 땅에 오신 분이시다
그러나 재림주는
죄와 상관없이 오시는 분이다
죄와 상관이 없다는 것은 죄인이 아닌
의인을 구원하러 오셨다는 의미이다
산 자의 하나님으로 오셨다는 것이다
그런 이 때에
산 자의 복음이 무엇인지도 알지 못하고 있는
이 땅 위에 있는 교역자들
젖이나 먹이고 있어
진정 장성한 자들이 먹어야 할
때에 맞는 만나를 알지 못하는 오늘 이 때
이 시대를 가리켜 믿음이 있는 시대라 말할 수 있는가?
산 자의 하나님이 오시는 때에는
산 자의 믿음이 있어야 한다

죽는 자의 믿음으로는 그를 영접할 수 없다
그래서 재림주, 산 자의 하나님은 이 땅에 있는
죽는 자들의 믿음을 가진 그들을 통해서는
하늘 일을 할 수 없기에
"인자가 아버지의 영광으로 올 때에
거룩한 천사들과 함께 오리라" 한 것이다

때에 맞는 믿음이 없는 때를
패괴한 시대
패역한 시대라고 말하는 것이다
패역한 시대
사사 시대처럼 자기들의 생각대로
자기들이 판단해서 옳다고 믿어지는 대로 믿는 시대

성경은 짝이 있다
원인과 결과가 분명히 성경 속에 있다는 것이다
그래서 사람의 생각대로 정을 대서
돌을 쪼개지 말라고 하는 것이다
말씀을 사람의 생각대로 쪼개지 말라는 것이다
짝을 찾아 구슬처럼 꿰어 맞추라는 것이다
꿰어 맞출 수 있는
완전한, 무오한 말씀이라는 것이다
일점일획도 부족함이 없는 성령의 감동으로
기록된 말씀이라는 것이다
그런데
그 짝을 찾지 못하고

찾기가 어려우니까
찾을 수가 없으니까
정을 대서 말씀을 쪼개고 쪼개서
가루를 만들고 있는 이 시대가 아닌가?
그것을 가리켜 젖이나 먹인다
지적하시는 것이다

그렇다면
짝으로 되어 있는 하나님의 말씀을 찾지 못하는 이유,
구슬처럼 꿰지 못하는 이유,
그 이유가 무엇인가?
한 마디로 신앙이 어려서 그렇다는 것이다
단단한 식물을 먹지 못하므로 선악을 분별할 수 없는
초보의 신앙, 어린 신앙이기 때문에…

다음 성구를 깊이 생각해 보라!
이미 여러 번 등장하고 있는 구절이다

"그가 아들이시라도 받으신 고난으로 순종함을 배워서
온전하게 되었은즉 자기를 순종하는 모든 자에게 영원한
구원의 근원이 되시고 하나님께 멜기세덱의 반차를 좇은
대제사장이라 칭하심을 받았느니라
멜기세덱에 관하여는 우리가 할 말이 많으나 너희의 듣는 것이
둔하므로 해석하기 어려우니라 때가 오래므로 너희가 마땅히
선생이 될 터인데 너희가 다시 하나님의 말씀의 초보가 무엇
인지 누구에게 가르침을 받아야 할 것이니

젖이나 먹고 단단한 식물을 못 먹을 자가 되었도다
대저 젖을 먹는 자마다 어린 아이니 의의 말씀을 경험하지
못한 자요 단단한 식물은 장성한 자의 것이니 저희는
지각을 사용하므로 연단을 받아 선악을 분변하는 자들이니라"
(히 5:8-14)

멜기세덱은 어렵다
듣는 것이 둔하므로
아무리 얘기해 보았자 너희는 이해를 못한다는 것이다
마땅히 선생이 될 터인데…
주후 2000년이 지난 오늘
너희는 마땅히 멜기세덱을 가르쳐야 할
선생이 되어 있어야 될 터인데
아직도 초보의 말씀에서 헤어나오지 못하고 있다
그러므로 결과적인 입장에서 정리해 보면
한 마디로
멜기세덱을 모르는 사람은 초보의 신앙
젖이나 먹는 자라는 것이다

그렇다면 오늘날
대한민국 안에 있는 어느 교회들이 멜기세덱 반차와
멜기세덱을 정확히 가르치는 교회가 있는가?
이 글을 쓰고 있는 오늘의 이 저자(著者)가
멜기세덱을 증거하는 이유 하나만으로
이단으로 지목받고 있지 않는가?
멜기세덱을 모르는 사람은

예수를 전혀 모르는 사람이다
모세가 하나님의 선한 형상을 뒷모습만 본 것 같은 입장…
그렇다!
사실 그렇다!

생각해 보라!
창 2:7
"여호와 하나님이 흙으로 사람을 지으시고
생기를 그 코에 불어 넣으시니 사람이 생령이 된지라"

만들어진 대상이 있다는 것은
그로 하여금 해야 될 일이 있기에
시켜야 될 일이 있기에 그를 지으신 것이다
왜 첫 사람을 지으시고 지으신 그를 생령,
산 영으로 만드셨을까?
그 이유 만드신 목적을 모른다면
"하나님이 왜 당신을 지으셨습니까?" 묻는 물으심에
당신은 자신이 왜 지음을 받았는지
전혀 모르는 사람이 된다

어디 그뿐인가?
산 영인 아담을
동방에 창설하신 에덴에 그를 두시고
동산에서 나오는 각종 나무의 열매를 임의로 먹게 하시고
그것을 다스리며 지키게 하시고
최초의 계명을 주셨다

장성한 자에게 주시는 계명이 아니라 어린 생령에게 주신 계명,
원시 계명이라고도 했다

"동산 가운데 있는 선악을 알게 하는 나무의 실과는 먹지 말라
네가 먹는 날에는 정녕 죽으리라"

원시 계명을 주었다는 것
이 땅의 차원으로 말한다면 율법을 주었다는 의미가 된다
율법을 주신 목적
죄를 깨닫게 하기 위해 주신 것이다 (롬 3:20)
어린 생령인 아담
아직은 죄의 존재를 알지 못하고 있는 상태
죄를 이길 수 있는 능력이 없는 자가 죄를 안다는 것은
죄의 종이 될 수밖에 없는 존재가 된다
그러시기에
선악나무 열매를 따먹으면 죽는다고 하신 것이다
'정녕'이란 형용사가 붙은 것은
그런 상태에 있는 자가 그 열매를 먹으면
누구를 막론하고 결단코 죽는다는 것을 의미한 것이다

그러나 끝내 불순종하여
하와로 말미암아 그 열매를 먹으므로
"여호와 하나님이 에덴동산에서 그 사람을 내어 보내어
그의 근본된 토지를 갈게 하시니라"
결과는 이렇게 비참하게 나타났지만
그렇다고

이런 결과를 이루시고자 흙의 사람 아담을
생령으로 지은 것은 결코 아니다
그렇다면
하와와 아담이 뱀의 유혹을 물리치고
선악을 아는 열매를 먹지 않았다면
어떤 결과를 이루었을까?

생각해 보자!
시내산에서 모세를 불러 율법을 주셨다
결과적으로 율법의 마침이 되는 자가 누구였는가?
아무도 율법을 이긴 자가 없었다
즉 율법으로 알게 된 그 죄를 이긴 자가 없었다
그 죄를 이긴 자가 나타나야만, 그 시대
율법의 시대를 마감할 수 있는 것이다
그러므로
아담에게 "선악을 알게 하는 열매를 먹지 말라" 한 것이다
정녕 죽는다고 한 것이다
"선악을 알게 하는 그 율법에 빠지면 지금의 너로서는
결코 살아나지 못한다"는 것이다
그러므로 율법으로서는 의롭다함을 얻지 못한다고 하신 것이다
오직 믿음으로 의롭다함을 얻으리라

그런 율법의 과정을 뛰어넘게 하시고자
동산 가운데 생명나무와 선악을 알게 하는 나무를 두신 것이다
두시고 나서
사전에

"동산 나무의 실과는 임의로 먹되
선악을 알게 하는 나무의 실과는 먹지 말라
네가 먹는 날에는 정녕 죽으리라"
예고해 주신 것이다
그런데도 뱀의 유혹을 받아 하나님의 말씀을 뿌리치고
그 열매를 먹은 것이다

다음 성구를 생각해 보라!
"거기는 날 수가 많지 못하여 죽는 유아와 수한이 차지 못한
노인이 다시는 없을 것이라 곧 백세에 죽는 자가 아이겠고
백세 못되어 죽는 자는 저주받은 것이리라" (사 65:20)

아담은 백세가 되지 못해
저주받아 쫓겨났기에 이름을 받지 못했다
한 마디로
호적에, 생명록에 이름도 올리지 못하고 쫓겨났다는 것이다

여기에서 우리가 분명히 깨달아야 할 것이 있다
율법에서 벗어나지 못하고는
이기지 못하고는
결코 생명록에 기록되지 못한다는 것이다
율법의 종이 된 자는 결코 구원받지 못한다는 것이다
그런 입장과 상황을 고려해서
때가 차매
예수께서 오신 것이다
세상 끝에 오신 것이다

구약의 마당을 62이레로 정하신 끝 시간에
오셨다는 것이다
그래서
6개월 전에 먼저 왔던 세례요한의 사명

"모든 선지자와 및 율법의 예언한 것이 요한까지니"
(마 11:13)

그가 먼저 와서 이스라엘 백성들에게
세례를 준 것이다
세례를 가리켜 하나님의 의를 이루는 것이라 했다
세례를 받은 자만이 율법의 남편에서 벗어나
은혜와 진리로 오신 새 신랑을 맞이할 수 있는 자격이
주어지기 때문이다 (롬 7:1-3)
그러나 세례요한이 실족하므로
예수의 제자들이 세례를 대신했다
때가 되매
드디어 십자가 상에 매어 달리신 예수께서
칠언의 말씀을 이루시므로
율법의 마침이 되어주셨다 (롬 10:4)

율법의 세상이 끝이 나고
은혜와 진리의 시대
새로운 지평이 열리는 새 시대가 되었다는 것이다
새로운 시대가 열렸다
은혜와 진리의 시대가 되었다

그것은 곧
창조 본연의 세계로 접어들었다는 신호
즉 선언을 한 것이다
본래
율법은 장자가 아니다
은혜와 진리가 장자이다
에덴동산 한가운데 있던 생명나무
그가 곧 장자이시다
그런데 하와, 아담 두 사람이 선악을 알게 하는 그 열매를
먼저 선택하므로 말미암아
율법이 먼저 등장될 수밖에 없었다
율법이 장자로 등장할 수밖에 없는 이유
"사망의 쏘는 것은 죄요 죄의 권능은 율법이라" (고전 15:56)

죄의 권능이 율법이기 때문이다
그래서 모세를 통해 율법을 주고
그 율법을 통해 죄를 알게 하신 것이다
죄를 알게 했다는 말은
죄에 종속시켰다는 것이다
진 자는 이긴 자의 종 (벧후 2:19)
율법의 종으로 만들었다는 것이다
그래서
구약의 마당, 율법의 시대를 종의 시대라고 한 것이다
이런 결과가 이루어진 것
인류의 첫 조상인 아담의 선택의 결과인 것이다
이러한 결과를 막기 위해

"선악을 알게 하는 나무 열매를 먹지 말라
먹으면 정녕 죽으리라" 한 것이다
그렇다고 하여
죄가 앞선 자가 되는 과정에서
완전한 입장에서 정당하게 이긴 자가 된 것은 아니었다

다음 성구를 보라!
"뱀이 여자에게 이르되 너희가 결코 죽지 아니하리라 너희가
그것을 먹는 날에는 너희 눈이 밝아 하나님같이 되어 선악을
알 줄을 하나님이 아심이니라" (창 3:4-5)

하나님의 이름을 팔아 비겁한 방법으로 이긴 것이다
그래서
하나님이 뱀을 저주하셨다
"내가 너로 여자와 원수가 되게 하고 너의 후손도 여자의 후손과
원수가 되게 하리니 여자의 후손은 네 머리를 상하게 할 것이요
너는 그의 발꿈치를 상하게 할 것이니라 하시고" (창 3:15)

이 내용 속에는
"생명나무이신 예수께서 여자의 후손으로 가신다
가셔서 뱀의 머리를 상하게 하신다
너는 그의 발꿈치를 상하게 할 것이다"
비겁하게 싸워 이긴 그에 대한 보응이시다

그리고 아담과 그 아내를 위하여
가죽옷을 지어 입히셨다 (창 3:21)

가죽옷을 입혀 주셨기 때문에
율법에 종속된 상태에 있는 그들이었지만
짐승의 핏 속에 있는 생명을 통하여
일회적이지만 죄사함을 받을 수 있는 방편을 주신 것이다
그 가죽옷을 지어 입혀 주시지 않았다면
또다시 그들은 노아 때처럼
완전 타락으로 이루어졌을 것이다
그렇다면 이쯤에서
분명하고 확실하게 한 가지 짚고 넘어가야 될
또 한 가지 문제점이 생기게 된다

생각해 보라!
죄가 관영하므로 노아 때 물로 심판했다
물론
방주 안에는 1층에 부정한 짐승, 2층에 정결한 짐승
3층에는 노아의 8가족이 탔다
심판을 이기고 남은 노아의 가족들
그들은 어떤 사람들이었을까?
심판을 이기고 남은 그들
죄인이라 할 수 있을까?
노아 자신이 의의 후사라고 한다면 (히 11:7)
그의 가족들 또한 의로운 사람들이라 할 수 있다
그러한 그들에게 율법을 줄 수는 없었을 것이다
그러나
결과적 입장에서 본다면
함의 불순종으로 말미암아 의의 가정이 깨어졌다

그러므로
함의 넷째 아들 가나안이 저주를 받았다

그렇다면 그런 그때에도 율법을 줄 수도 있었던 때가 아니냐?
그렇게 반문할 수도 있다
축복받는 셈을 통해서 율법을 줄 수도 있지 않았을까?
연속되는 반문
그렇다면 율법은 어느 때에 주어야만 되는가?
정해진 때
주어야만 하는 어떤 기준이 있는 것인가?

여호와가
모세를 통하여 이스라엘 백성들에게 율법을 준 때를
생각해 보자!
모세 개인에게 준 것은 아니다
요셉을 통하여 야곱의 칠십 가족이 함의 장자격인
애굽으로 갔다
사백삼십 년이란 세월 통해
야곱의 칠십 가족이
200만이라는 거대한 민족이 되었다
나라를 세울 수 있는 모든 조건이 갖추어지고 있는 그때
물론 그때 주신 것은 아니었다

에덴동산을 생각해 보라!
에덴동산 한가운데 생명나무와 선악을 알게 하는 나무
같이 두게 하신 것이다

그렇다면
하늘에서 이루어진 대로 이 땅에서도
그렇게 이루어져야 하는 것 아닌가?
원시 계명을 받기 전
아담은 죄를 알지 못했고 죄를 짓지도 않았었다
그러한 때 원시 계명을 주신 것이다
즉
자신이 가지고 있는 자유 의지로 선택하게 하신 것이다
그렇다면
이 땅에서도 그러한 조건과 기준이 맞을 때가
율법을 주어야 할 때가 아니겠는가?

출애굽 전
사백삼십 년 동안
요셉이 총리로 재직할 삼십 년을 제외한 400년 동안
(출 12:40-41)
이스라엘 백성들은 노예처럼 살았다
그 과정 안에서
채권자에게 채무자가 빚을 갚듯
진 자로서 이긴 자에게 빚을 갚게 하셨다
아담으로 말미암아 운명적으로 짊어지게 된 빚
원죄, 유전죄, 자범죄

다음 성구를 보라!
"네게 이르노니 호리라도 남김이 없이 갚지 아니하여서는
결단코 저기서 나오지 못하리라 하시니라" (눅 12:59)

세 가지 죄를 한 호리라도 갚지 못하고는 나오지 못한다는
것이다
왜 그들에게 갚아야 하는가?

다음 성구를 보라!
"대저 나는 여호와 네 하나님이요 이스라엘의 거룩한 자요
네 구원자임이라 내가 애굽을 너의 속량물로,
구스와 스바를 너의 대신으로 주었노라" (사 43:3)

여호와가 이미 그렇게 정해 놓으셨기 때문이다
요셉이 생명나무의 지혜로
애굽의 모든 백성이 7년 대기근으로 멸망 받아야 할 그때
그들을 살려내므로 원죄, 영적인 빚을 갚았다
그리고 애굽인들이 이스라엘 백성들의 자식 중
딸은 살리고 남자 아이는 다 죽이게 하였다
남자 아이들이 죽게 되므로 유전죄를 갚게 해주셨다
이어
사백 년 동안 종살이하는 대가로 자범죄를 갚게 해주셨다
세 가지 죄를 갚게 해주시므로
떳떳이 당당하게 나올 수 있는 조건이 이루어졌다
(시 105:42-43)
그러고 난 후
갚아야 할 그 이상의 짐을 지게 한 그들에게
아울러 그 대가를 치르게 하셨다
열 가지 기사이적을 통하여 그들을 징치하셨고
그들의 신들에까지 벌을 내리셨다

그리고 난 후
라암셋에서 1월 15일 출발해서 3월 1일 시내산 앞에
도착하여 장막을 쳤다
라암셋에서 출발한지 45일 만에 도착한 것이다
여기에서 한 가지 주목할 점이 있다
사전 예고, 준비없이 나왔기에 미처 양식을 준비 못 했다
당시 가지고 있던 양식만을 가지고 나왔기에
출발한지 한 달 만에 가지고 나온 양식이 다 떨어졌다
그 지점이 신광야였다 (출 16:1)
온 백성이 원망하므로 여호와께서 모세를 통하여
다음과 같이 지시하였다

"모세가 또 가로되 여호와께서
저녁에는 너희에게 고기를 주어 먹이시고
아침에는 떡으로 배불리시리니 이는 여호와께서 자기를 향하여
너희의 원망하는 그 말을 들으셨음이니라
우리가 누구냐 너희의 원망은 우리를 향하여 함이 아니요
여호와를 향하여 함이로다" (출 16:8)

"저녁에는 메추라기가 와서 진에 덮이고 아침에는 이슬이
진 사면에 있더니 그 이슬이 마른 후에 광야 지면에 작고 둥글며
서리 같이 세미한 것이 있는지라" (출 16:13-14)

그날부터 시작하여 한 달 모자라는 40년 동안 백성들의
양식으로 만나를 주셨다
참고로 백성들이 시내산 앞에 도착하기까지

열 번의 장막을 쳤었다
도착한 날로부터 모세가 여덟 번의 부르심을 입었다
네 번째 부르심을 받고 난 후
이스라엘 백성들과 율법의 언약을 맺은 것이다 (출 24:4-8)

생각해 보라!
떨기나무 불꽃 속에서 하신 말씀

"하나님이 가라사대 내가 정녕 너와 함께 있으리라
네가 백성을 애굽에서 인도하여 낸 후에 너희가 이 산에서
하나님을 섬기리니 이것이 내가 너를 보낸 증거니라"
(출 3:12)

이 말씀대로 모세를 통해 출애굽 시켰다
도착하자 모세가 이곳을 제일 먼저 찾았다는 것 당연한 일이다

여기서 잠깐 당시의 현황을 살펴볼 필요가 있다
한 나라가 세워지기 위해서는
첫째, 백성이 있어야 한다
둘째, 토지, 즉 땅이 있어야 한다
셋째, 주권이 있어야 한다
이미 백성은 야곱의 칠십 가족을 통해 거대한 민족을 이루었다
토지, 백성이 거할 땅은 이미 아브라함 3대(代)가 묻혀있는 곳
젖과 꿀이 흐르는 가나안 땅, 예비해 놓으셨다
이제 백성을 다스리고 지키게 할 법만 세우면 된다
그러나 이 백성들은 하나님의 백성들이다

"너는 바로에게 이르기를
여호와의 말씀에 이스라엘은 내 아들 내 장자라" (출 4:22)

"이스라엘은 내 아들 내 장자라" 하신 여호와의 백성이다
그러므로 이스라엘 백성들의 주권은 사람이 만든 것이 아니라
여호와가 주시는 주권이 곧 법인 것이다
그래서 시내산으로 그들을 부르시고
부르신 그들에게 모세를 통해 율법을 주신 것이다

그 과정에서 모세를 여덟 번 부르셨다
여덟 번이나 모세를 부르셨다는 것은 그만큼 신중하게
흠이 없이 율법의 언약을 맺으셨다는 것을 의미한다
그렇다고 하여 모세를 통하여 율법만 주신 것은 아니다
돌비, 십계명
하나님이 친수로 새겨 써 주신 십계명을 주시기도 했다
모세를 여섯 번째 부르시어
성막 식양에 관해 보여주셨고 가르쳐 주셨다
(출 25:1-31:11)
그리고 언약의 두 돌비를 주신 것이다
(출 24:12下, 31:18, 32:15-16, 신 9:9-11)

이미 첫 번째 제시한 내용
언제 어느 때에 율법을 주신 것일까?
물론 에덴동산에서는 아담이라는 한 개인에게 주셨다
그는 한 개인이면서도 인류 전체를 짊어지고 있는 개인이다
그러면서도 아담은 장차 오실 자의 표상이기도 하다 (롬 5:14)

여기서 말하고 있는
장차 오실 자의 표상이라고 하는 주인공은
곧 예수를 말씀하고 있다
문제는 그분이 어떤 모습, 어떤 영광으로 오실지
그분의 영광이 첫째 아담에게 달렸다는 것이다
그것을 가리켜 오실 자의 표상이라고 한 것이다
물론 그가
원시계명을 책임 준종하였더라면
뱀을 이긴 자로서 새로운 계명을 받았을 것이다
그것이 곧 이긴 자로서 걸어야 할 삼일길이 되는 것이다

다음 성구를 생각해 보라!
"귀 있는 자는 성령이 교회들에게 하시는 말씀을 들을찌어다
이기는 그에게는 내가 감추었던 만나를 주고 또 흰 돌을 줄 터
인데 그 돌 위에 새 이름을 기록한 것이 있나니 받는 자 밖에는
그 이름을 알 사람이 없느니라" (계 2:17)

이기는 자에게는 감추었던 만나를 주고 흰 돌을 주겠다는
것이다
에덴동산에서의 감추었던 만나는 무엇이었을까?
그것은 에덴동산 한 가운데 있었던 생명나무였다
그리고 흰 돌 위에 쓰여진 이름
그것은 생명록에 기록되는 자신의 새 이름이다
물론 아담이란 이름이 아닌 본래 사람이라는 이름이다
그렇다고 이 땅에 사람으로 존재하고 있던 아담
땅에서의 이름은 분명히 있었다

그러나 땅에서의 그 이름은 하늘 차원에서는
아무 의미가 없는 것이다

생각해 보라!
죽는 자의 이름이 산 자의 세계에서
존재해야 할 이유가 없지 않는가?
이 점에서도 우리가 꼭 새겨야 할 교훈이 있다
예수의 이름이다
예수라는 이름은 자기 백성을 위해 죽는 이름이다 (마 1:21)
이 땅에서 불려지는, 불려져야 할 죽는 자의 이름이다
그런데도 예수의 이름은 이 땅에서뿐만 아니라
오늘날 하늘 위에서도 불려지고 있다
우편 보좌에 계시는 그분을 재림 예수라 부르고 있다
부활의 능력으로 사망의 권세를 깨시고 승리하신
죽는 자와 산 자의 주가 되신 그를
아직도 죽는 자의 이름 (롬 14:9)
예수라 부르고 있는 무지함 속에 빠져있다
참으로 힘주어 말하고 싶다
성경 말씀을 올바로 깨닫지 못하고 오해하는 그 부분이
이단의 본질이 된다는 것을 꼭 잊지 말자는 것이다

이 말씀 전에
아담을 '오실 자의 표상'이라 했다
표상이라는 의미는
장차 오실 자를 위하여 미리 예정된 사람
오실 자를 위하여 대표적으로 지정된 사람

결과를 위하여 원인의 입장으로 선택된 사람
나중을 위하여 처음으로 준비된 사람
이것이 대충은 표상의 의미라고 할 수 있다

그러면 다음 성구를 생각해 보자!
"하나님이 또 모세에게 이르시되 너는 이스라엘 자손에게
이같이 이르기를 나를 너희에게 보내신 이는 너희 조상의
하나님 곧 아브라함의 하나님, 이삭의 하나님, 야곱의 하나님
여호와라 하라 이는 나의 영원한 이름이요 대대로 기억할
나의 표호니라" (출 3:15)

"저는 만군의 하나님 여호와시라
여호와는 그의 기념 칭호니라" (호 12:5)

출애굽기에서는 '나의 표호'라 했고
호세아서에서는 '나의 기념 칭호'라 했다
그렇다면
표상, 표호, 기념 칭호
이 세 표현이 나타내고 있는 진실한 의미는 무엇인가?
이 문제에 대해 틈만 있으면 거론하고자 애썼다
그 이유로서는 이 문제가 안고 있는 내용이
너무도 중요하기 때문이다
결론적으로 말한다면
표호, 기념칭호, 표상이라는 단어가 가지고 있는 의미는
같은 것이라고 볼 수 있다
첫째 아담이 둘째 아담의 표호, 기념 칭호, 표상이 되는 것처럼

여호와도
하나님의 본체, 영광의 광채이신 말씀이 육신이 되어 오시는
약속의 자손 (창 3:15)으로 오시는 예수
참 하나님이신 (딛 2:13, 요 17:3, 요일 5:20) 예수님의
표호, 기념 칭호, 표상이라고 말할 수 있다

이 점을 가리켜 바울은
다음 성구를 통하여 이렇게 지적하고 있다
"내가 또 말하노니 유업을 이을 자가 모든 것의 주인이나
어렸을 동안에는 종과 다름이 없어서 그 아버지의 정한
때까지 후견인과 청지기 아래 있나니 이와 같이 우리도
어렸을 때에 이 세상 초등 학문(율법) 아래 있어서 종노릇
하였더니 때가 차매 하나님이 그 아들을 보내사 여자에게서
나게 하시고 율법 아래 나게 하신 것은 율법 아래 있는 자들을
속량하시고 우리로 아들의 명분을 얻게 하려 하심이라"
(갈 4:1-5)

이 말씀 속에서는 여호와를 '후견인, 청지기'라 했다

다음 성구를 보라!
"이같이 율법이 우리를 그리스도에게로 인도하는
몽학선생이 되어 우리로 하여금 믿음으로 말미암아
의롭다 함을 얻게 하려 함이니라" (갈 3:24)

이 말씀 속에서는 율법을 '몽학 선생'이라 했다

또 다음 성구 속에서는
"그런즉 율법은 무엇이냐 범법함을 인하여 더한 것이라
천사들로 말미암아 중보의 손을 빌어 베푸신 것인데
약속하신 자손이 오시기까지 있을 것이라" (갈 3:19)

구약의 마당 속에서는
분명히 율법을 주는 자가 여호와이었다
그런데 이 구절 속에는
천사들을 통해 주었다고 말씀하고 있다
거듭 말하지만
왜?
이 부분을 꼬치꼬치 캐고 있는 이유는…?
오늘날 주장하고 있는 신학의 한 부분이 잘못되었다는 것을
지적하기 위해서이다
오늘날 신학의 가르침에 있어서는
여호와가 하나님이고 여호와가 예수이시다
이것이 정통이며 이렇게 가르치지 않는 자는 이단이라는 것이다
그렇게 주장하는 배경의 이유…?
구약의 마당 전체를 보아도 여호와와 하나님의 관계를 동일하게
지칭해 놓았기 때문이다
그 부분은 충분히 공감이 갈 수도 있는 부분이기는 하다

그러나 창조의 세계를 자세히 살펴보면
무에서 유를 창조한 궁창, 하늘의 세계가 있다
그 세계는 여호와가 아닌
태초의 말씀이셨던 예수께서 지으신 것이다

"만물이 그로 말미암아 지은 바 되었으니 지은 것이 하나도
그가 없이는 된 것이 없느니라" (요 1:3)

"그가 세상에 계셨으며 세상은 그로 말미암아
지은바 되었으되 세상이 그를 알지 못하였고
자기 땅에 오매 자기 백성이 영접지 아니하였으나" (요 1:10-11)

"이 모든 날 마지막에 아들로 우리에게 말씀하셨으니 이 아들을
만유의 후사로 세우시고 또 저로 말미암아 모든 세계를
지으셨느니라 이는 하나님의 영광의 광채시요 그 본체의
형상이시라 그의 능력의 말씀으로 만물을 붙드시며
죄를 정결케 하는 일을 하시고 높은 곳에 계신
위엄의 우편에 앉으셨느니라" (히 1:2-3)

위 성구에서 보여주고 있는 실제의 진실은 무엇인가?
무에서 유를 창조하신 우주만물
하나님의 영광의 광채
그 본체이신 하나님의 형상과 영광
만물을 지으신 이시기에
지으신 이의 능력의 말씀으로 만물을 붙드시고 운행하시며
죄를 사해주실 수 있는 능력을 가지시고
우편 보좌에 앉으실 수 있는 예수 그리스도
그가 지으신 세계이기에
"내가 안식일의 주인이라" 하신 것이다
창세기 1장 전체와 창세기 2:3까지
칠 일의 창조 속에는 여호와라는 이름이 절대 들어있지 않다

그 창조 속에는 여호와가 절대 개입하지 못했다
여호와 자신도 예수께서 지으신 그 세계 속에 포함된
피조물이다

다음 성구를 자세히 보라!
"주도 하나이요 믿음도 하나이요 세례도 하나이요 하나님도
하나이시니 곧 만유의 아버지시라 만유 위에 계시고 만유를
통일하시고 만유 가운데 계시도다" (엡 4:5-6)

본 구절에서 지적하고 있듯이
하나님은 한 분이시다
한 분이신 하나님의 이름도 하나이시다
그 이름이 아버지이시다
그런데 성경 속에는 마치 하나님의 이름이 하나가 아닌 것처럼
다양하게 등장하고 있다
다양하게 등장하는 이름들을 가리켜
하나님의 표호, 기념 칭호, 표상으로 등장하는
이름들이라 지적하고 있는 것이다

잘 생각하고 또 생각해 보라!
"여호와 하나님이 흙으로 사람을 지으시고 생기를 그 코에
불어 넣으시니 사람이 생령이 된지라" (창 2:7)

여호와가 지으신 세계!
아담을 지으신 것이지
여호와 자신이 하늘의 발등상이 되는 지구

태양계를 지은 존재가 아니다
지어진 존재의 대상 속에서
자신이 지은 아담을 위하여
그에게 필요한 모든 것을 지어나가는 존재였다
아담을 중심으로 구속사의 세계를 펼치시려는
하나님의 뜻을 위하여
그를 대신하여
하나님의 표호, 기념 칭호, 표상으로 등장한 존재일 뿐이다
그런 그를 구약 마당에 등장하신 하나님처럼
소개하시는 하나님의 저의(底意)…

"때가 차매 하나님이 그 아들을 보내사 여자에게 나게 하시고
율법 아래 나게 하신 것은 율법 아래 있는 자들을 속량하시고
우리로 아들의 명분을 얻게 하려 하심이라 너희가 아들인고로
하나님이 그 아들의 영을 우리 마음 가운데 보내사
아바 아버지라 부르게 하셨느니라" (갈 4:4-6)

티끌같은 우리들에게
자신의 영을 부어주시므로 하나님을 "아바", "아버지"로
부를 수 있게 하여주시는 것
약속의 자손이시며 하나님의 후사가 되시며
독생하신 하나님이신
말씀이 육신이 되어 오시는 그분
예수가 이 땅에 오시기 때문이다
온전한 것이 오면 부분적인 것은 사라지게 되어있기 때문이다

다음 성구를 보라!
"그러나 너희가 그때에는 하나님을 알지 못하여 본질상
하나님이 아닌 자들에게 종노릇 하였더니
이제는 너희가 하나님을 알뿐더러 하나님의 아신 바 되었거늘
어찌하여 다시 약하고 천한 초등 학문으로 돌아가서
다시 저희에게 종노릇 하려 하느냐" (갈 4:8-9)

본문에 지적했듯이
하나님이 아닌 자들에게 종노릇 할 때가 언제이었는가?
구약의 마당, 여호와 때이었다
그렇다면 약하고 천한 초등학문은…?
율법을 지적하고 있는 것이다
율법은 죄를 깨닫게 하는 것 (롬 3:20)
율법으로는 의롭다 함을 입지 못하는 것
율법으로는 구원받지 못하는 것이기에
약하고 천한 학문이라 한 것이다
율법으로는 절대 하나님의 아들이 될 수 없다
하나님의 아들이 되기 위해서는 오직 예수
그가 주시는 그의 영을 통해서 만이
아들이 될 수 있는 것이다 (갈 4:6)

물론 아들들에게만 아버지가 있는 것만은 아니다
종들에게도 그들의 아버지가 있다는 것이다
여호와도 창세기 2:7 말씀처럼
재창조의 입장에서 그도 하나님 같은 존재라고 말할 수 있다

다음 성구를 보라!
"너는 그에게 말하고 그 입에 말을 주라 내가 네 입과 그의
입에 함께 있어서 너의 행할 일을 가르치리라
그가 너를 대신하여 백성에게 말할 것이니 그는 네 입을 대신
할 것이요 너는 그에게 하나님같이 되리라" (출 4:15-16)

모세가 아론 앞에 하나님 같은 존재가 된다면
여호와도 재창조된 대상들에게는
그가 지은 대상들에게는 하나님 같은 존재라 하여
잘못된 것이라 말할 수는 없다
그러기에 구태여 구약의 마당에서
여호와를 하나님과 구별할 필요가 없었다

다시 이 성구를 생각해 보라!
"내가 아브라함과 이삭과 야곱에게 전능의 하나님으로
나타났으나 나의 이름을 여호와로는
그들에게 알리지 아니하였고" (출 6:3)

세 사람에게는 여호와로 그 이름을 가르쳐주지 않고
전능의 하나님으로 가르쳐주었다는 것이다
그 의미 속에는
가르쳐 준 이름대로 부르게 하셨다는 것이다
하나님께서 가르쳐주셨을 때는
그들의 계열과 소속대로 가르쳐 주셨음이 분명하다
그러므로 이 땅에서는
가르쳐주신 각자 이름대로 자신들의

하나님을 부를 수밖에 없을 것이다

다음 성구를 살펴보라!
"선지자의 이름으로 선지자를 영접하는 자는 선지자의 상을
받을 것이요 의인의 이름으로 의인을 영접하는 자는
의인의 상을 받을 것이요" (마 10:41)

각자 믿고 영접하는 그대로 상을 받는다고 하신 것이다

대충 지금껏 말씀을 정리해 본다면
여호와 하나님은 결코 같은 분이 아니다
그러나
하나님과 예수는 결코 다른 분이 아니라 같은 분이다
대충이라고 표현한 것은
창조의 세계의 순서를 보면 더더욱 확실해질 수 있다는 뜻이다

스스로 계신 자
영원한 생명과 부활이신 자
무에서 유를 창조하시기 이전
독생하셨던 하나이신 그가
최초로 지은 집
만유 위에 지은 자기의 집이셨다
(엡 4:6, 요 14:2-9, 딤전 6:15-16)

그리고 난 다음
만유를 지으신 것이다 (엡 4:6, 골 3:11)

무에서 유를 창조하신 것이다
그리고
만유 안에 들어오신 것이다
이것을 가리켜 두 번째 창조의 세계라고 한다

그리고 나서
하늘의 발등상인 지구라는 이 땅 위에서
여호와가
하늘에 이미 존재해있던 하나님 아들들의 형상과
모양대로 (창 1:26)
이 땅 위에서 창세기 2:7 말씀대로
흙, 사람, 코에 생기를 불어 생령이 되게 한 것이다

더욱더 분명하게 선언한다면
하나님의 지으신 세계는 무에서 유를 창조한 세계이고
여호와가 창조한 세계는
이미 지어진 존재인 지구 위에
하나님의 뜻대로 구속사의 세계를 펼치기 위해
흙으로 사람, 그리고 생령을 지은 것이다
그러므로 본질적 차원으로나
근본적 차원의 입장에서도
여호와와 하나님은 다른 존재인 것이다
하나님은 창조주이신데 반(反)하여 여호와는 거룩히 지음 받은
피조물 중의 하나였다

다시 한 번 만유 위에 지으신 아버지의 집을 생각해 보라!

홀로 계시는 하나님이 자신의 집을 아무리 영광스럽게
빛으로 자기 집을 지으셨다 하자
외롭고 고독하신 것은 마찬가지다
누군가 자기의 영광을 세세 무궁토록 찬양해 줄
존재가 필요한 것이다

다음 성구를 생각해 보자!
"이 백성은 내가 나를 위해 지었나니 나의 찬송을 부르게
하려 함이라"(사 43:21)
그래서 비록 피조물이지만
아버지의 영광을 위하여 지어야 되는 존재
영광의 빛 속에 아무도 볼 수도, 가까이 갈 수도
함께 할 수 없는(딤전 6:15-16)
그 하나님과 함께 할 수 있는 존재
죄와 상관없이 지은 존재가 네 생물이었다

다음 성구를 생각해 보라!
"집마다 지은 이가 있으니 만물을 지으신 이는 하나님이라
또한 모세는 장래에 말할 것을 증거하기 위하여
하나님의 온 집에서 사환으로 충성하였고
그리스도는 그의 집 맡은 아들로 충성하였으니"(히 3:1-6)

이 성구의 내용처럼
집을 지었을 때에는 그 집을 맡아 관리할 자들이
꼭 필요하다는 것이다
그래서

비록 만유 위에 지은 절대 지존이신 하나님의 집
영광의 빛으로 지으신 그 집에도
절대 관리자가 필요했다는 것이다
그 필요 존재가
네 생물이었다는 것이다

그러한 네 생물의 존재는 피조물이기는 하지만
만유 이전에 지음 받은 거룩한 피조물 중 으뜸이 되었다
만유 위, 아버지의 집에서 지은 네 생물 (요 10:29)
만유를 지으시고자 믿음으로 뜻을 세우시는 그 과정 안에서
네 생물의 필요 존재를 깊이 생각하시는 가운데
네 생물 속에 네 가지의 형상과 모양을 만들어놓으셨다
그것이 네 생물 속에 있는 네 가지의 고유적 인격이 되었다

다음 성구를 보라!
"보좌 앞에 수정과 같은 유리바다가 있고 보좌 가운데와
보좌 주위에 네 생물이 있는데 앞뒤에 눈이 가득하더라
그 첫째 생물은 사자 같고 둘째 생물은 송아지 같고
셋째 생물은 얼굴이 사람 같고 그 넷째 생물은 날아가는
독수리 같은데 -(중략)- 그 생물들이 영광과 존귀와 감사를
보좌에 앉으사 세세토록 사시는 이에게 돌릴 때에"
(계 4:6-11)

"또 내가 들으니 하늘 위에와 땅 위에와 땅 아래와 바다
위에와 또 그 가운데 모든 만물이 가로되 보좌에 앉으신 이와
어린 양에게 찬송과 존귀와 영광과 능력을 세세토록 돌릴찌어다

하니 네 생물이 가로되 아멘하고 장로들은 엎드려
경배하더라" (계 5:13-14)

"그 사면 날개 밑에는 각각 사람의 손이 있더라
그 네 생물의 얼굴과 날개가 이러하니 날개는 다 서로
연하였으며 행할 때에는 돌이키지 아니하고 일제히 앞으로
곧게 행하며 그 얼굴들의 모양은 넷의 앞은 사람의 얼굴이요
넷의 우편은 사자의 얼굴이요 넷의 좌편은 소의 얼굴이요
넷의 뒤는 독수리의 얼굴이니 그 얼굴은 이러하며 그 날개는
들어펴서 각기 둘씩 서로 연하였고 또 둘은 몸을 가리웠으며"
(겔 1:8-11)

계시록 4장에 등장하는 네 생물은
네 가지의 얼굴을 가지고 있다는
얼굴 각자의 독립성을 나타내었고
에스겔 1장에 등장하는 네 생물의 모습은
얼굴 각자의 독립성이 아니라
네 면, 네 얼굴들이 둘씩 연하여 있는 연합체로서의
특징을 보여주고 있다

특히 하나님의 보좌의 특징을 살펴보면
보좌에 가장 가까운 위치에는 네 생물이 존재하고 있다
그 다음 위치가
이십사 장로들이 차지하고 있다는 것이다
그 이십사 장로들이 네 생물의 통제를 받고 있는
모습이 드러나고 있다

이십사 장로들이 찬송으로 영광을 돌릴 때에
네 생물이 "아멘"으로 화답하고 있지 않는가?
이러한 네 생물의 존재를 제일 처음 안 존재가 바울이었다

다음 성구를 보라!
"육체는 다 같은 육체가 아니니 하나는 사람의 육체요
하나는 짐승의 육체요 하나는 새의 육체요 하나는 물고기의
육체라 하늘에 속한 형체도 있고 땅에 속한 형체도 있으나
하늘에 속한 자의 영광이 따로 있고 땅에 속한 자의 영광이 따
로 있으니 해의 영광도 다르며 달의 영광도 다르며 별의 영광
도 다른데 별과 별의 영광이 다르도다 (고전 15:39-41)

네 생물 속에 있는 네 가지 인격을 모르고는 이 글을 쓸 수 없다
네 생물 속에 있는 비밀과 암호를 해독(解讀)했기에
구속사 속에 있는 네 가지의 육체, 네 가지의 형체,
네 가지의 영광을 말할 수 있는 것이다
다시 말하면
네 생물 속에 이미 하나님께서는 만유를 지으시기 전에
만유 안에 지을 존재들을 위해
네 가지의 육체, 얼굴, 영광을 그 속에 지어 놓으셨다는 것이다

다음 성구를 보자!
"깊도다 하나님의 지혜와 지식의 부요함이여 그의 판단은
측량치 못할 것이며 그의 길은 찾지 못할 것이로다
누가 주의 마음을 알았느뇨 누가 그의 모사가 되었느뇨
누가 주께 먼저 드려서 갚으심을 받겠느뇨 이는 만물이

주에게서 나오고 주로 말미암고 주에게로 돌아감이라
영광이 그에게 세세에 있으리로다 아멘" (롬 11:33-36)

네 생물과 생물 속에 있는 네 가지의 얼굴
그들과는 어떤 관계로 이루어졌는가?
생물을 그룹이라고 했다
그룹의 존재는 천사의 의미를 가지고 있다
그러나
그룹 속에 있는 네 가지의 얼굴을 가진 존재들은
천사의 차원이 아니라
사람이라는 인격적인 차원의 존재들이다
천사 차원의 존재, 그룹은 영원히 변하지 않는 존재이다
그러나
네 가지 형체를 가지고 있는 그들은 부활과 변화를 받을 수 있는
대상들이다
비록 그들이 생물 속에 있는 존재라 할지라도
그들 자신들이
구속사에 뛰어들어 하나님의 표호, 기념칭호, 표상으로
역사를 마치고 나면
그들은 피조물로서 가장 큰 영광을 받게 된다
영광을 받은 그들, 보좌 주위에서
네 생물, 그룹, 또는 스랍으로서 그들의 영광을 찬양하는
존재가 되는 것이다

다음 성구를 보며 깊이 깊이 새겨보라!
난해하고 난해한 구절이다

그만큼 중요한 구절이다

"그 생물의 머리 위에는 수정 같은 궁창의 형상이 펴 있어
보기에 심히 두려우며 -(중략)- 그 머리 위에 있는 궁창 위에
보좌의 형상이 있는데 그 모양이 남보석 같고
그 보좌의 형상 위에 한 형상이 있어 사람의 모양 같더라
내가 본즉 그 허리 이상의 모양은 단 쇠 같아서
그 속과 주위가 불같고 그 허리 이하의 모양도 불같아서
사면으로 광채가 나며 그 사면 광채의 모양은 비 오는 날 구름 위에 있는 무지개
같으니
이는 여호와의 영광의 형상의 모양이라
내가 보고 곧 엎드리어
그 말씀하시는 자의 음성을 들으니라" (겔 1:22-28)

"그 보좌의 형상 위에 한 형상이 있어 사람 모양 같더라"
과연 이 사람은 누구를 말하고 있는 것일까?
이 사람이 누구이기에 이처럼 거룩한 위용을 가질 수 있는
존재일까?
누구이기에
그 사면 광채는 비 오는 날 구름에 있는 무지개 같다고 했을까?
누구이기에
이는 여호와의 영광의 형상의 모양이라 말하고 있는가?
놀랍고 놀라운 가히의 말씀이다
여호와의 존재가
네 생물 속에 있는 인자였다니…!

그렇다!
그는 만유 위, 아버지 집을 위해 지음 받은 존재였다
그런 그였기에
구약의 마당에 등장해서 단 한 번의 실수도 없이
하나님을 대신해서
구속사의 세계를 차질없이 이끌고 갔던 존재였다
그리고 하나님이 지으신 만유의 세계 속에서
하늘의 발등상이 되는 이 땅 위에
하나님의 선하신 뜻대로
재창조의 세계를 펼치지 아니하였던가?
죄와 상관없이 지어진 존재였기에
그만이
정죄의 직분과 의의 직분이라는 두 가지 도맥을
짊어질 수 있는 존재가 아니었던가?
정죄의 직분에 소속된 자들에게는
여호와로서 역사하였고
의의 직분을 가진 자들에게는 멜기세덱으로 역사했다

그런 입장의 세계를 파악했기에
아브라함이 동시대(同時代) 속에서
멜기세덱과 여호와를 인자 대 인자로서
만날 수 있었고
그들로부터 축복받을 수 있었던 것이다
이미 언급한 바 있지마는
네 생물이 재림 마당에 등장했다면
분명 그 속에 임마누엘이 되어 있는 그들의 주인공

함께 이 땅에 등장했다는 의미가 된다
왜냐하면 재림 마당에는
일곱 날의 빛과 같은 영광이 이루어지는 때이다 (사 30:26)
해와 달과 별과
별과 별들의 다른 영광이 탄생되는 마당이다

재림의 마당은 죄와 상관없이
자기를 바라는 자들에게 오시는 마당이다 (히 9:28)
여기서 말하는 바라는 자들은
"인자가 아버지의 영광으로 올 때에 거룩한 천사들과
함께 오리라" (마 16:27)
오실 때에 함께 데리고 온 자들을 말하는 것이다

"천국은 제 밭에 좋은 씨를 뿌린 것과 같다"
오시는 분이
천국이 이루어질 제 밭에 뿌린 씨를 말하는 것이다

"내가 생각건대 하나님이 사도인 우리를 죽이기로
작정한 자같이 미말에 두셨으매 우리는
세계 곧 천사와 사람에게 구경거리가 되었노라" (고전 4:9)

미말에 죽이기로 작정하여 데리고 온 자들!

"각각 저희에게 흰 두루마기를 주시며 가라사대 아직 잠시동안
쉬되 저희 동무 종들과 형제들도 자기처럼 죽임을 받아
그 수가 차기까지 하라 하시더라" (계 6:11)

순교의 수를 채우시기 위해 데리고 온 자들
대략적으로 그런 그들이 곧 바라는 자들이다
그들은 본질적으로
하나님의 씨를 가지고 있는 자들이다
그들은 각자 자기의 십자가를 짊어지고 태어난 자들이다
그들은 하나님의 은사와 후회함 없으신 부르심을 입은 자들이다
그들은 마지막 천국의 비밀인
작은 책, 다시 복음
감추었던 만나를 먹을 수 있는 자들이다
그들은 해를 입은 이 땅의 주와 두 감람나무의
증거를 갖게 되는 자들이다
그들이 곧 바라는 자들이 되는 것이다

일반 성도들은 결코 바라는 자들이 될 수 없다
그들의 모든 권세는 깨어지게 되어 있다
그러기에 성전 밖 마당은 측량하지 말고
마흔두 달 동안 이방인에게 던지라고 한 것이다
그리고
산 자의 복음의 주인공이 되시는 멜기세덱을
영접할 수 있는 믿음을 가지지 못한 자들은
결코 바라는 자들이 될 수 없다
바라는 자들로 인침받지 못하는 자는 누구를 막론하고
첫째 부활, 의인의 부활에 참여하지 못한다
그리고 재림 예수를 바라고 있는 자들은
결코 의인의 부활에 참여할 수 없다

"재림 예수! 재림예수!" 부르짖고 있는 자들은
우편 보좌에 계시는
하늘의 대제사장이 되어 계시는 그분을 억지로
끌어내리려고 하는 자들이다
그 분은 그 보좌에서
"네 원수가 네 앞에 무릎 꿇기까지"라고 하신대로
그 영광을 받으셔야 되는 분이다
그런 그분을 끌어내리려는 그들이
진정 구원받을 수 있다고 생각하는가?
때의 주인이 누구인지도 모르는 오늘의 이 시대,
미련하고 어리석은 인생들도
자기들의 시대, 자기들의 때가 있다고 외치고 있지 않는가?
자유당 때, 민주당 때, 공화당 때, 민정당 때…
그런데
오늘날을 살아가고 있는 오늘의 목자들
그들은 누구이기에
때에 맞는 주인을 몰라
오직 예수만을 가르쳐주고 있는가?
그러기에 "인자가 올 때 믿음을 보겠느냐" 하신 것이다

제 10장

양화교 다리 밑 도사 목사

제 10 장
양화교 다리 밑 도사 목사

하천이라기에는 폭이 좁고 흐르는 물량이 적다
그렇다고 또랑이라고 하기에는 규모가 큰 것 같다
가장 적당한 표현
개울,
시내권을 흐르고 있는 개울
폭이라 하면 7~8m
시내권을 관통하여 흐르는 개울이라서인지
차량 통행이 빈번한 다리 하나가 놓여져 있다
왕복 1차선 다리
다리 주변에는 상가와 주택이 시가지를 이루지 못하고 있다
간혹
도로변 쪽으로 일, 이층 상가 중심으로 세워지는 건물들이
생겨나기 시작하고 있다
이대로라면 머지않아 시내권으로 이어질 것 같다

동냥하고 있는 오늘의 이 다리

양화교 다리
동 이름 그대로 붙여진 이름인 것 같다
여름철이라 그런지
개울을 흐르고 있는 물 그 자체
지독한 냄새가 피어오르고 있다
그 시대 그 시절
새로 짓는 건물들은 대체로 수세식 화장실로
개선되어가고 있었지만
구 건물들은
아직도 푸세식 화장실이 많았던 때였다
특히 여름철
어지간히 비가 오기만 하면
푸세식 화장실에서 퍼내어 버리는 똥, 오줌들이
개울물을 적시던 때였다
그런 기회를 틈타 배설물을 해결하다 보니
때로는 당연히
개울물에서 악취가 나기도 했다
그런 그 물에서
고기를 잡아먹기도 했고
밤이면 남몰래 여자들이 목욕도 하던
그런 개울물이었다

그 개울물 위에 세워진 다리
언제부터 인지도 알 수 없지만
그 다리를 지붕삼아 헌 가마니 때기로
벽을 두르고 사는 사람이 있었다

집 없이 헐벗고 굶주리고 힘겹게 사는 사람들 중에
다리 밑을 거주지로 삼고 살아가는 사람들이
종종 눈에 띄어지던 시대였다
보편적으로 그렇게 살아가는 사람들을 가리켜
거지들이라고 했다

거지들의 삶!
식사 문제는 동냥질을 하여 해결하고 있다
집집마다 찾아가 구걸하며 얻은 음식물을
끼니마다 먹고 사는 삶이었다
때로는 혼자 사는 거지들도 있지만
떼를 이루어 살아가고 있는 거지들도 있었다
떼를 이루고 있다는 것은
조직적인 힘을 가지고 있다는 것이다
힘이 클수록
동냥하기에 좋은 지역을 차지할 수 있다
부자촌을 나의 지역으로 만들 수 있다
힘이 클수록
시내 쪽에 큰 다리 밑을 점령할 수가 있다
마치
부자가 좋은 집에 살아가고 있는 것처럼
힘이 있는 거지들
떼를 이루고 있는 그들은
좋은 다리를 점령하고 있는 반면
힘없는 솔로들은
시내에서 멀리 떨어진 외각쪽 다리 밑으로

밀려나게 된다

그러나 그 때의 그 거지들과
오늘날의 노숙자들과는 그 차이가 있다
오늘의 노숙자들은 먹을 것이 없어, 있을 곳이 없어
일할 곳이 없어 거지가 된 사람들이 아니다
사업에 실패하여 가족을 볼 면목이 없어…
카지노에 손을 대다 패가망신 손상된 자신의
자존감을 찾을 수 없어
술, 도박, 여자, 마약, 주식
즐기고, 도전하고, 투자하고, 허랑 방탕 마음껏
써보고 싶은 대로 써보고
해보고 싶은 것 다 해보고
그런 과정의 끝
벼랑 끝에서 떨어진 자들이다
오도가도 갈 데가 없는 자들
남들이 자기를 알아봐서는 안 되는 자들
스스로 자신을 생각하고 또 생각하여도
도저히 자신을 용서할 수 없는 자들
그러면서도
인간의 탈을 쓰고 저지른 짐승 같은 자신의 죄에 대하여
아직도 그 미련을 버리지 못해 뒤척이며
지하도 바닥에서 잠 못 이루고 있는 자들
어느 정도는
오늘의 노숙자들의 색깔이 아닐까?
그러나 육십 년 대(代) 초

그 때의 거지들은
거지라는 기준이 없었다
잠잘 데 없고 배고프다 보면
누구나 거지가 될 수밖에 없는 때였다

그러한 그 때에
눈여겨 볼 한 사람이 있었다
양화교 밑에 살고 있는 그 다리의 주인
사십 대 정도의 나이
헐벗고 굶주린 탓인지 외모로는
다소 분간하기 어려웠다
커 보이지 않는 키
일 미터 육십오 센티 정도
다부진 몸매는 아니었다
입고 있는 그의 옷이 너무나 헐렁해 보였다
언제부터 입고 있었던 옷인지는 알 수 없으나
낡고 오래된 군복을 입고 있었다
무릎 부분은 이미 다른 헝겊을 대고 몇 번이나 기운 것 같다
특히 엉덩이 부분은 더욱 심해보였다
양쪽으로 손바닥 넓이 만큼씩 구멍이 나 있었다

'어떻게 하지?
오늘도 남산엘 갔다 와야 하는데…'
생각 끝에 좋은 묘수를 찾아냈다
다른 나무 잎에 비해
가로수 잎은 크기가 면적이 꽤 넓다

초록색을 띠고 있는 이파리인지라
어울리는 색깔이라 생각했다
늦지 않게 서둘러야겠다
어제 저녁에 얻어다 놓은 밥
운 좋게 마음씨 좋은 식당 아주머니가
버리기 직전의 음식 주신 것이 있었다
큰 깡통 속에 밥과 반찬들이 뒤죽박죽
곤죽처럼 어우러져 있다
안주머니 속에 간직하고 있던 숟갈을 꺼내
손바닥으로 한 번 쓱 문지르고
맛있는 아침 식사를 시작하고 있다
행여 모르니까
조금은 남겨둘까?
혹시 더 이상 두었다가는 상해서 못 먹지 않을까?

그렇다!
동냥질해서 얻어온 음식들…
버리기 직전에 음식을 주는 경우도 많다
나름대로
깡통 속에 음식물이 상하지 않도록 많은 궁리도 해보았다
다리 양쪽 끝 부분에는
협소하지만 그런대로 은밀한 공간이 있다
다리 밑에서는 가장 시원한 부분
그곳에
음식물이 들은 깡통을 감추어 놓고
깡통이 보이지 않게 앞 부분을 돌로 쌓아 가리어 놓는다

할 수만 있으면 그런 부분을 많이 만들어
옷가지등 중요한 물건을 감추어 놓아야 한다
일반인들이라면
거저 주어도 가져가지 않을 물건이지만
그러나
거지들끼리는 거지들의 물건을 훔쳐가기도 한다
다행히
도사 목사의 옷은
거지들의 옷 중에서도 가장 낡은 하품의 옷이다

그런데 문제는
사람보다도 더 경계해야 할 대상이 있다
들쥐들이다
사람 냄새, 음식 냄새를 맡은 그들이 한 마리도 아닌
여러 마리 떼 지어 괴롭히기도 한다
도사 목사의 바지 궁둥이 쪽 큰 두 구멍
들쥐들이 갉아먹은 부분이었다
뒷주머니에 넣었던 음식 냄새가 배어있었는지
들쥐들이 그 부분을 작살을 내고 만 것이다

아침 식사를 마치고 뒤치다꺼리를 끝낸 다음
플라타너스 이파리를 주워다
구멍난 바지 구멍을 막아보았다
옷 핀을 사용하여
가로수 잎이 떨어지지 않도록 바지에 꿰어 달았다
바지를 입고 손으로 만져보니 그럴듯했다

개울가를 벗어나고 있는 그의 발자취를 따라
지독한 그 역겨운 냄새가 그를 따르고 있었다

전차를 탔다
차비로는 전차가 가장 싸기 때문이다
6.25 전쟁 전투 중에 다쳤던 상처
적군이 쏜 기관포에 맞아 죽을 고비를 넘겼던 그 상흔
그 바람에 상이 군인이 되었다
그러나 목회자로서 길을 걸은 그 와중에서
미처 상이 군인증을 받지 못했다
그러나 거짓이 아닌 진실이기에 끝까지 우겨대며
전차를 이용해야만 했다
싸우는 중에도 여자 차장은 지독한 그 냄새에 코를 막고 있었다
그가 앉은 옆자리 탔던 사람들도
기겁을 하며 멀리 떨어지기 일쑤였다

남산이었다
팔각정을 뒤로 등지고 앉아있는 한 사람
양화교 다리 밑 주인이었다
광화문 쪽 시청을 바라보고 있는 것일까?
이상하게도 두 손을 높이 쳐들고 있다
그리고 큰 소리로 외치고 있다
옆으로 지나다니는 사람들 아랑곳하지 않고
외치고 있는 그의 목소리가 침통했다
소리치는 내용은 알 수 없으나
근래에 자주 와서

늘상 이렇게 하고 있는 것 같았다

기도였다
핏기 없는 얼굴이었지만
그의 눈에는 핏발이 서 있었다
핏발이 선 눈이 아파서였을까?
눈물이 흐르고 있었다
기도 중에 이런 말이 새어 나왔다
"은혜 속에서 건강하게 잘 자라다고…
내가 너희들을 위해 이곳에서
매일 이렇게 기도하고 있단다"
핏발이 선 그의 눈동자 속에는 남산 북쪽 아래 자리잡고 있는
어느 여고의 모습이 아른거리고 있었다
행여 그곳에 저 사람의 딸이라도 있는 것인가?
물어보고 싶었지만 가능한 일은 아니었다
그 당시의 내 입장으로서는…

오랫동안 앉았다 일어난 탓일까?
두 구멍을 메우고 있었던 가로수 잎이
수분이 마르면서 부서져 버렸다
맨살인지
쩔어진 팬티의 색깔인지
구별은 잘 안되었지만 본인 자신도 그것을 아는 듯
움직이는 가운데도 연신 두 손으로
그 부분을 가리기에 분주했다
전차를 타고 돌아오는 길

차장이 흠칫흠칫 구멍이 난 엉덩이를 훔쳐보기도 한다
그렇게 집으로 돌아왔다

돌아온 그가 무엇인가 망설이는 듯 했다
저녁 문제이다
이미
아침에 먹은 밥으로 밥그릇은 비어있었다
얻어다 먹고 잘 것인가?
그냥 자고
아침 동냥으로 새로 시작하여 새 밥을 먹을 것인가?
일어섰다
결심이 선 모양이다
그런데
깡통 밥그릇 중 하나만을 들었다
밥 동냥을 가려면 밥그릇 두 개, 두 깡통은 들고나가야 한다
하나는 밥그릇
하나는 반찬 그릇
그런데 오늘은 하나만 들었다

웬일일까?
그의 발걸음이 신속해졌다
신속해진 그의 깡통 속에는 두꺼운 책이 한 권 담겨져 있었다
낡고 낡은 성경책이었다
저걸 들고 어디로 가는 것일까?
그가 찾아간 곳
영등포 시내에 있는 한 공원이었다

공원은 늦게까지 가로등이 켜져 있는 곳이다
그리고 공원에는 누구나 먹을 수 있는 식음대가 있다
열악한 최악의 환경 속에 살고 있는 그에게
공원은 마치 신천지와 같은 곳이다
특히 여름철에는
모기가 득실거리는 다리 밑보다는
공원, 이곳이야말로
낙원이 아닌가!
밤새도록 불이 켜져 있어 늦게까지 성경을 볼 수도 있다
수건만 있으면
늦은 시간에 수건에 물을 묻혀
평소에 쉽게 씻을 수 없는 사타구니도 얼마든지 닦을 수 있다

말이 났으니
한 마디쯤 하고 싶다
장안산에서 삼 년 육 개월 칠 일
지리산에서 삼 년 육 개월 칠 일
구도의 과정에서 물을 가까이 접할 수 없었다
특히 여름철 습하디 습한 땀방울 속에서
씻지도 못하는 그 고역
그 고역 속에서, 체내 속에서 가장 수분이 채이는 그곳
남자들이라면 다들 잘 알고 있을 것이다
사타구니이다
알게 모르게 손끝이 가서 긁어내기 시작한다
어떤 때는 피가 흐르기까지 긁어대기도 한다
그러다 보니 만성습진도 아니고

무좀도 아니고
어떤 약을 써도 듣지 않는 그런 고질병이 되어 버렸다
목욕탕에 가보면
다른 사람들의 사타구니는 뽀얗고 깨끗하게 보이는데
나의 사타구니는 허벅지 안쪽 부분까지
시커매져 있다
그런 그 부분을 공원 식수대를 통해 말끔히 닦아낸다는 것
그 순간
찌푸려져 있던 몸뚱어리가 펴지는 상쾌, 통쾌함을 느끼게 된다

그러나 공원이라고 해서
마냥 자유스러운 곳은 아니다
시간마다 2인 1조씩 경찰이나 방범대원이 순찰을 돈다
공원 내에서도 뜻밖의 사건들이 생겨나기 때문이다
처음에는 의심에 찬 눈초리로
많은 경계의 대상이었다
낡고 낡은 성경책과 시간을 아껴가며 성경을 보고 있는
그 진실성을 인정했는지
가끔은 친절하게 인사를 건네기도 했다

그때 그 시절
통금이 있던 시절이다
공원 내에도 통금의 제한을 받는다
그런데 다행스럽게도
관내 파출소 소장이 신앙심이 좋은 분이었다
그 분의 배려로

공원 내에 밤새워 머물 수 있는 특혜를 받기도 했다
대신 공원 내에서 발생하는 사건을
즉시 즉시 통보해 달라고 했다
세상 소리 중에도
"꿩 먹고 알 먹고…" 그런 말이 있지 않는가?
꿩 먹고 알 먹게 해주시는 하나님께 감사드립니다

비록 공원 신세를 지고는 있지만
그래도 하루에 한 번 정도는 내 집에 다녀와야 한다
사람이 거주하고 있는 흔적이 보이지 않으면
다른 사람이 내 집을 점유하게 된다
비록 보잘 것 없는 곳이기는 하지만 그런대로
애를 많이 써놓은 곳이다
특히 잠자리 처소만은, 침소만은 공을 많이 들였다
처음에는 다리 밑, 가장 높은 처소에
습기가 올라오지 못하도록 버려진 비닐 장판을 깔고
그 위에 찬기를 막아주고 온기를 보존할 수 있는 대체물
스티로폼, 종이 박스, 신문지, 보온 덮개
주워 오는 대로 깔아 이용했다
그리고 잠자리 주변에는 삥 둘러 주워 온 내용물로
벽을 만들었다
될 수 있으면 밖에서 안이 보이지 않도록…
그 중에서도 가장 요긴하게 사용된 것은 헌 가마니였다
개 눈에는 똥만 보인다
그래서인지
주변에 버려진 것 중에 쓸만한 것이 있으면

닥치는 대로 주워 모을 수밖에 없었다

그러던 어느 날
덮고 자던 담요들을
햇볕에 말리고자 잠자리를 정리하던 중
잠자리 속에서
독사 새끼 한 마리가 기어나왔다
"저 독사 새끼와 밤새껏 동침을 했단 말인가?"
소름이 끼쳤다
그리고 온 몸에 한기가 덮친다
빨랫줄을 걷어 올리던 작대기로 수 십 차례
독사 새끼를 난도질했다
분이 안 풀린 탓일까?
모닥불을 피웠다
그리고 타는 불꽃 위에
피투성이가 된 독사 새끼를 올려놓았다
불심판을 생각했다
마귀 새끼인 너를 내가 심판하는 것이다
불꽃 속에서 타고 있는 독사의 냄새가
고소하게 코끝을 간지럽히고 있는 것 같다
죽으면서까지 저 자(者)가 나를 시험하고 있는 것일까?
그 이후
잠자리가 되는 침구, 침대 문제를 깊이 생각했다
땅바닥이 아닌 공중에 매어 달린 침대
고물상에 가서
전화선으로 사용되는 삐삐선을 구했다

다릿 발에 나와있는 철근을 이용하여 행거처럼 줄을 매었다
매여진 줄 위에
각목과 송판을 주워다 깔았다
이치적으로 말한다면 두 개의 그네 줄을 만들어
나무를 이용 연결하여 공중에 매어 달린 침대를 만든 것이다
이제는 뱀이나 들쥐의 공격은 피할 수 있게 되었다
한 가지 결점이 있다면
다리의 상판 면과 가까워 차바퀴 소리가 땅 아래보다
더 가깝게 들린다는 것이다

새 침대에 누웠다
공중에 매어달린 침대
이 정도의 잠자리라면 부러울 것이 없다
새삼 내 집이 편안하다는 생각이 들었다
웬만한 장맛비가 쏟아진다고 해도
굳이 피할 이유가 없게 된 것 같다
바닥에서 기생하고 있는 벌레들과도
같이 살아야 할 이유도 없어진 것 같다
그러나
처음부터 오늘까지 변함이 없는 한 가지
시내에서 버려진 오물, 폐기물, 정화조, 음식물 찌꺼기
오염된 화학물질…
그것들이 썩어가면서 내뿜는 지독한 그 냄새
이제는 그것들 마저도
스스럼없이 나의 몸을 타고 나의 냄새로
젖어가고 있었다

그러던 어느 한 날
영원히 잊혀지지 않을 사건이 생겼다
아침 동냥을 나섰다
두 개의 깡통 그릇을 들고…
손에 들고 다니기에 불편해서
깡통에 구멍을 두 군데 뚫어 긴 줄을 매어 어깨에 메고 다녔다
한 어깨에 하나씩…
동냥질도 마음대로 하는 것이 아니다
어느 정도는 자기 구역이 정해져 있다고도 할 수 있다
남의 구역을 침범했다가는
그 구역을 장악하고 있는 자들로부터 큰 봉변을 당하게 된다
구역으로 말하면
양화교 주인이 가장 하빨 구역이라고 할 수 있다
시내와 다소 떨어져 있기 때문이다
세상 소리에도
큰 나무 밑에 가야 주워 먹을 것도 많다
그러나 그가 있는 곳은 큰 나무가 없다

오늘따라 평소와는 다른 길을 걷고 있다
코끝에 닿는 야릇한 냄새
아니 유혹적인 냄새였다
냄새를 따라갔다
본능적이었다
그가 멈추어 선 곳
'돼지갈빗집'이란 큰 간판이 눈에 띄었다
창 안에 비춰진 모습

세 사람이 연탄 화덕 앞에 앉아
돼지갈비를 구워 소주와 곁들이고 있는 모습
문틈 사이로 그 냄새가 새어나오고 있다
자신도 모르게 문을 열고 들어갔다
그들이 뜯어먹고 버린 갈비뼈
무심코 그 뼈를 집기 위해 엎드렸다
순간 갈비를 뜯고 있던 자가 느닷없이 엎드려 있던
그의 엉덩이를 걷어찼다
무방비 상태에서 엉덩이를 차였던 그가
막 청소해 놓은
물이 촉촉하게 고여있는 시멘트 바닥에
엎어져 미끄러져 갔다
코끝의 살이 벗겨져 피가 벌겋게 맺혀있다
발길질했던 그가 소리쳤다
"아침부터 재수 없게 거지새끼가 설쳐대다니…"
씩씩대는 그를 바라보는 그의 손에는
그가 먹다 버린 돼지뼈가 쥐어져 있었다
보고 있던 여자 주인이 안됐고 측은했는지
불에 올려지지 않은 돼지갈비
살만 자르고 남은 돼지뼈 열 개 정도를 깡통에 담아주었다
문을 열고 나오는 그의 입에서
"저 사람의 죄를 용서해주소서!" 기도 소리가 터져 나왔다
집으로 돌아오는 그의 발걸음이 평소보다 힘 있어 보였다

돌아오자마자
국 그릇 깡통 그릇에 물을 채우고

아줌마가 주었던 돼지갈비 열 대
그리고 끝까지 놓치지 않고 주웠던 그 갈비 한 대
부지런히 끓이고 끓였다
오늘만큼은 지독하기 그지없는 개울 냄새보다
깡통 속에서 거듭 끓음 속에 고아지고 있는
돼지갈비 냄새가 압도적이었다
깊게 고아진 돼지갈비 국물
다소 붙어있는 살을 뜯으며 먹고 있는 그의 모습
천하에 부러울 것 없는 행복한 천사의 모습이었다
그러한 그의 입에서는
연신 알 수 없는 말이 끊이지 않고 새어 나오고 있었다
"아버지 오늘의 이 환란이 저에게 주신 그 시간을
단축할 수 있게 해주소서"
뜯고 마시는 이마에서는
땀방울이 송글송글 맺히고 있었다
참으로 오랜만에 꿀맛 같은 성찬을 맛보고 있는 듯했다
신나게 먹고 있던 그가
상처에서 오는 아픔을 느꼈는지
가만히 코끝을 만져본다
감추어두었던 비밀 창고에서
손거울을 찾아
벌겋게 부어오른 왕 코를 바라본다
'코 하나만은 참으로 잘 생겼구나!'

양화교 주인이 하는 일
아침저녁으로 동냥질을 하고

낮 시간 틈틈이 빨래 및 집안 정리
그리고 가능한 시간을 동원하여 성경 읽기
밤 시간에는 기도 시간, 찬송 시간
그것이 마음 속에 짜여진 그의 일과표였다
그리고 부족한 부분을 채우기 위해 공원에 나가
보충하는 것이다
그곳은 밤새워 성경을 읽을 수 있는 촛불, 가로등이 있기
때문이다

그러던 어느 날
공원의 불빛 속에서 성경을 읽고 있던 그의 귀에
애원하며 절규하는 부르짖음이 들렸다
사람이 저런 소리를 낸다는 것은 매우 절박한 상태
책을 덮고
소리 쪽을 향해 조심스럽게 달려갔다
고등학생인 것 같았다
그 때에 학생들의 두발(頭髮)은 똑같았기 때문이다
모두 까까머리였을 때이다
세 사내아이가
한 여학생인 듯싶은 한 여자를 강제로 옷을 벗긴 후
차례대로 막 취하려는 상태였다
크게 헛기침을 하며 소리쳤다
"이게 무슨 짓들인가?"
"그러는 당신은 누구요?"
대답했다
처음 해보는 짓들 같지는 않았다

"나 말이냐?
나는 이 공원을 담당하는 방범 대원이다
빨리 돌아가지 않으면 내가 즉시 파출소에 연락할 것이다
내가 가지고 있는 호루라기를 불면
즉시 파출소 순찰대들이 달려올 것이다"
듣고 있던 그들도 그의 말에 신뢰가 느껴졌는지
재수없다고 침을 뱉으며 사라져갔다

벗겨졌던 옷을 입혀주었다
두려움에 떨어 옷을 제대로 입지 못했다
연신 머리를 숙이며 고맙다고 조아리던 그에게 한 마디…
"언젠가 나를 꼭 만나게 될 것이다
그때는 네가 꼭 나를 도와주어야 한다"
뜬구름 같은 말을 뱉어냈다
옷을 입은 학생을 안전한 지역까지 바래다주고 돌아온 그가
조용히 벤치에 앉아 기도하기 시작했다
"오늘도 찾아야 될 한 마리 양을 찾았습니다"
어느새 그의 얼굴에는 영문도 모를 눈물이 흘러내리고 있었다
낮에는 공원이 안전한 지대라 말할 수 있지만
늦은 시간의 공원은 위험한 사각지대가 되기도 했다
그 시대, 그때에는
청소년 학생들은 밤 10시 넘어서는 모든 활동을
중단시키던 때였다
학교에서도 생활 주임 선생을 중심으로 조를 짜서
학생들을 위한 순찰활동을 하던 시기였다
극장 출입을 하는 학생들

성인들만이 갈 수 있는 곳을 가고 있는 학생들
여러 가지 기준으로 학생들을 단속하던 시대였다

다시 남산의 자리로 위치가 바뀌었다
구멍 난 그 부분이 얇은 조각으로 기워져 있었다
국방색, 군인들이 사용하던 담요
다행히 색깔이 비슷해
아주 흉해 보이지는 않았다
그 시절만 해도
양말을 비롯해 입고 다니던 속내의(內衣)
심지어는 겉옷까지도 누덕누덕 기워 입고 다니던 사람들이
흔하던 시대였다
역시 변함없는 그 자리
역시 변함없는 그 모습
두 손을 들고 항상 그 한 곳을 응시하며
기도하는 그의 모습 변함이 없었다
"가정형편이 어려워 아직도 이 학교에 들어오지 못한 자들이
있습니다
그들의 형편을 도와주시고 배려해주시어
모자라는 학기 과정도 초월케 해주시사
제가 찾아낸 그 모든 이들을 하루속히
이 학교로 모이게 해주시어
하늘나라의 역사를 위하여 제 밭에 모두 함께 하게 해주소서"

난해한 그의 기도 중에 들을 수 있었던 기도의 한 토막이었다
참으로 이상하고 신비한 존재였다

언젠가는 한 번 만나 솔직한 대화를 해봐야겠다고
굳게 결심했다
"당신은 절대 평범한 사람 같지는 않습니다
예사롭지 않은 사람이 왜 굳이 양화교 다리의 주인이 되었는지
당신이 늘 하고 있는 기도는 도대체 무슨 뜻인지
가까이 다가갈수록 당신은 점점 알 수 없는 그런 사람입니다
도대체 당신은 누구입니까?"

지극히 공을 들여서인가?
그렇지 않으면 부득이 알아야 할 사람이기에 알려주는 것일까?
꿈이라고 말해야 좋을지
계시라고 해야 좋을지
기어이 만나고 말았다

"당신은 성경을 보고 기도를 드리고 찬송을 부르고
분명 교회에 다니는 분이라는 것 압니다
그럼 당신은 어떤 분입니까?
목사님? 아니면 전도사? 그렇지 않으면 내가 모르는
또 다른 신앙의 종사자?"

지그시 눈을 감으시고 조용히 말씀이 시작되었다

"나는 목사였습니다
그리고 앞으로도 목회자로서의 길을 걸을 것입니다"
"그렇다면
교회에 가셔서 몸담고 계심이 마땅한 일 아닙니까?

그런 분이
왜 양화교 다리 밑에서 거지 생활을 하고 계십니까?"
"부득이 그렇게 해야만 될 일이 있기 때문입니다"
"그래도 그 부분을 말해줄 수 없나요?"
"글쎄요, 쉽게 말할 수 있는 부분이 아닌 것 같아요
혹시 이 성구를 생각해 보세요!

'그러므로 우리에게 큰 대제사장이 있으니 승천하신 자
곧 하나님 아들 예수시라
우리가 믿는 도리를 굳게 잡을지어다
우리에게 있는 대제사장은 우리의 연약함을 체휼하지
아니하는 자가 아니요 모든 일에 우리와 한결같이 시험을
받은 자로되 죄는 없으시니라' (히 4:14-15)

다른 성구도 살펴보세요!
'그는 육체에 계실 때에 자기를 죽음에서 능히
구원하실 이에게 심한 통곡과 눈물로 간구와 소원을 올렸고
그의 경외하심을 인하여 들으심을 얻었느니라
그가 아들이시라도 받으신 고난으로 순종함을 배워서
온전하게 되었은즉, 자기를 순종하는 모든 자에게
영원한 구원의 근원이 되시고 하나님께 멜기세덱의 반차를
좇는 대제사장이라 칭하심을 받았느니라' (히 5:7-10)

이 성구를 깊이 새겨보면
누구를 막론하고 하나님의 부르심을 입은 자들이라면
이 땅 위에서

인생들의 연약함을 몸소 체휼해야 하고
인생들이 받고 있는 그 시험도 함께 받아야 한다는 것입니다
그래서 예수께서도
자신이 하나님의 아들이라는 것을 아시면서도
죄악된 이 땅 위에서
받으시는 고난으로 순종함을 배워서 온전케 되었다고
하셨습니다

그러한 동일한 입장에서 여호와께서 이사야 선지에게
'네 허리에서 베를 끄르고 네 발에서 신을 벗을찌니라 하시매
그가 그대로 하여 벗은 몸과 벗은 발로 행하니라
여호와께서 가라사대 나의 종 이사야가 삼 년 동안 벗은 몸과
벗은 발로 행하여 애굽과 구스에 대하여 예표와 기적이 되게
되었느니라' (사 20:2-3)

때로는 이렇게 예표와 기적을 세우기 위해
생각할 수 없는 일을 명하기도 합니다
그러기에 쉽게 설명할 수 없다고 한 것입니다
나도 그런 입장에서
양화교 다리의 주인이 된 것입니다
정해주신 기간 동안 그곳에서
체휼과 순종과 시험을 통해 온전함을 배워 나가야 합니다
그것이 내가 거지로 살아가야 하는 이유입니다"
"그렇다면 남산에서 늘상 기도하시는 것을 보았습니다
가끔 부분적으로 엿듣기도 했습니다
그 학교에 있는 여학생들이란 누구를 가리키고 있는 것입니까?"

"남산 밑에 있는 여학교를 말하고 있습니다
그 학교에 꼭 입학해야 되는 학생들이 있습니다
서로가 친구가 되어야만 되는 사람들입니다
그래야만 그들이 결혼해서 가정을 이루고
같은 신앙을 가진 친구들이 되어
하늘의 큰 뜻을 받들어 섬기며 이루어 드리는 합력자들이
될 수 있기 때문입니다
그 목적을 위하여
자라고 있는 그들을 바라보며 기도하고 있는 것입니다"
"그렇다면 그들은
선생님을 알고 있나요?"
"모르죠
지금의 그들은 나를 전혀 알 수 없죠"
"그런데 선생님은 그들을 어떻게 알고 있는 것이죠?"
"글쎄요
거기까지는 말씀드릴 것이 없습니다"
"하나만 더 묻겠습니다
공원에서 어떤 여학생
강간당하기 전에 구해주신 여학생 생각나시죠?"
"예, 생각나지요"
"그 때 그 여학생에게 '나중에 꼭 나를 만나게 된다' 하셨는데
그러면 그 여학생도
이미 알고 있던 사람이었나요?"
"맞습니다
그 여학생을 찾기 위해 공원에 자주 나갔던 것입니다"
"그게 가능한 일인가요?"

"글쎄요 굳이 불가능하다고도 말할 수는 없겠죠
예수께서도
'나는 길 잃어버린 양을 찾으러 왔다' 말씀하셨습니다"

"선생님
혹시 결혼하신 분인가요?"
"예, 결혼했습니다
아들이 셋이나 있습니다"
"혹시 이산 가족이신가요?"
"아닙니다
가족들 모두 건강하게 살아가고 있습니다"
"그런데 왜
아내도 있으시고 아들들도 있는 가정을 가지신 분이
이렇게 비참하게 살아가고 있나요?"
"글쎄요
하나님이 그렇게 살으라고 하셔서
할 수 없이 보신 대로 살아가고 있습니다
그러나
보시는 내 처지가 딱해 보일 수 있겠지만
마음만은 절대 그렇지 않습니다
그리스도의 인격을 좇아가는 오늘의 이 고난이야말로
제게는 기쁨이요, 감사요, 즐거움이 됩니다
의를 위하여 고난을 받는 자
복이 있다고 하셨습니다
그러므로 불시험이 오는 것을 이상히 여기지 말라고
하신 것입니다

'사랑하는 자들아
너희를 시련하려고 오는 불시험을 이상한 일 당하는 것 같이
이상히 여기지 말고 오직 너희가 그리스도의 고난에 참예하는
것으로 즐거워하라 이는 그의 영광을 나타내실 때에
너희로 즐거워하고 기뻐하게 하려 함이라' (벧전 4:12-13)"

세상 소리에도 기묘자란 말이 있다
그런데 예수님도 기묘자로 오셨다고 한다 (사 9:6)
기이하고 묘한 사람

"유월절에 예수께서 예루살렘에 계시니 많은 사람이
그 행하시는 표적을 보고 그 이름을 믿었으나
예수는 그 몸을 저희에게 의탁지 아니하셨으니
이는 친히 모든 사람을 아심이요
또 친히 사람의 속에 있는 것을 아시므로 사람에 대하여
아무의 증거도 받으실 필요가 없음이니라" (요 2:24-25)

생각해 보라!
뽕나무 위에 올라갔던 삭개오
누가 사전(事前)에 그의 이름을 알려준 자 있었던가?
사마리아 우물가의 사건
그 여자의 과거 중에 다섯 남자와 살았던 사실
지금 남자도 남편이 아니라는 것
누가 알려준 사실이 있는가?

어디 그뿐인가?

제자들이 데려온 장님에게
자신의 죄도 아니요 부모의 죄도 아니요
하늘의 일을 위해 장님이 된 것이다
실로 가히의 역사가 아닌가?
그러나 그분은 말씀이 육신이 되어 오신 분이다
하나님의 본체요, 영광의 광채라고 하셨다
그런 분이니까
당연히 그런 역사를 하실 수 있겠지…

그런데
양화교 다리 밑
거적 때기 속에 살고 있는 그 자(者)가
장차 이루어질 하늘의 역사를 위하여
그 역사에 필요한 자들을 미리미리 찾아다니며
그들을 위해 기도한다니
도대체 말이 되는가?
기도의 대상자들인 그들은 아직도 미성년자들인데
자기들을 위해 기도한다는
그 자를 전혀 알지도 못하고 있는데
도대체 그가 누구이기에…

그러면서
인생들의 고통을 직접 체휼하기 위해
양화교 다리 밑의 주인 거지가 되었단다
이사야 선지처럼
삼 년 동안 바지를 벗고 신발을 신지 말고…

자신도 그렇게 살라고
자신의 바지 엉덩이 쪽 두 군데를 쥐새끼들이 갉아 먹었단다
그래서
차마 엉덩이를 내놓고 다닐 수가 없어
가로수 이파리를 이용해
엉덩이 맨살을 가리기에 급급했다는 것이다
여름철이면 파리와 모기떼가 들끓는
썩어가는 똥물 위에 살아가면서,
죄의 결과가 인생들의 삶에 어떤 영향을
끼치고 있는지 깨달으라는 것이다
그 과정을 감내하면서 시험 받으라는 것이다
그래서
양화교 다리 밑의 주인이 되었다는 것이다

'정말일까?
그렇다면 저 사람에게 그런 지시, 그런 명령을 내리는 존재는
누구란 말인가?'
생각하고 또 생각할수록
의심이 의심을 낳는 지독한 미로 속에 빠져들어가고 있었다
그러면서도 꺼림직하게 걸리는 한 가지가 있었다
구걸하며 살아가고 있는 거지 주제임에도
그가 보여주고 있는 행동만큼은 경건하고 거룩하다는 것이다
정확한 기도 생활
시간을 아껴가며 성경 보는 태도
자신의 인격을 무참히 짓밟는 자를 위한 용서와 사랑의 모습

생각해 보라!
돼지갈빗집 사건
얼마나 치욕적인 모욕이었는가?
그럼에도 불구하고
문을 열고 나오는 그의 입에서 새어 나온 말
"저들을 용서해주십시오
저들이 나에게 행한 것
당신이 행한 것이라 믿습니다
불시험을 주시는 당신의 사랑임을 믿습니다"
분수도 모르는 거지 주제에
산신령 같은 말을 하고 있는 그가 더욱 얄미워지고 있다

그런 그에게도
납득되지 않는 한 가지 꼴불견이 있다
다리 밑 거적 때기 방 안에서 밥 먹는 꼴
좀 웃기는 것 같다
두 깡통 그릇에는 곤죽 같은 밥이 들었고
또 한 그릇에는 뒤범벅이 되어 있는 반찬이 들어있다
숟가락이 없는 건지 필요찮은 건지
두 손으로 밥을 먹고 있다
마치 인도 사람들처럼
손가락을 빨아가며 먹고 있는 그 모습
천상 거지였다
그 잘났던 품위는 어디에 내팽개쳤는지
천박하게 먹는 꼬락서니
천상 거지 중의 거지였다

거기에다
단 꿀 빨던 그 손가락으로 입안을 몇 번 문지른다
손가락으로 양치질을 하는 건가?
비위가 상하여 토각질을 할 것만 같았다
그런 나를 향하여 들으라고 하는 말일까?
"네 뱃속 창자 속에는 냄새나는 이 개울 똥물보다
더 더러운 똥이 가득 차 있다
네가 누운 똥을 바라보며 냄새를 맡아보라
그 똥 창자 위에 아무리 좋은 음식을 먹는다 하여
그 음식이라 하여 똥이 되지 않겠는가?

'예수께서 가라사대 너희도 아직까지 깨달음이 없느냐
입으로 들어가는 모든 것은 배로 들어가서
뒤로 내어 버려지는 줄을 알지 못하느냐
입에서 나오는 것들은 마음에서 나오나니 이것이야말로
사람을 더럽게 하느니라
마음에서 나오는 것은 악한 생각과 살인과 간음과 음란과
도적질과
거짓 증거와 훼방이니 이런 것들이 사람을 더럽게 하는 것이요
씻지 않은 손으로 먹는 것은 사람을
더럽게 하지 못하느니라' (마 15:16-20)

내가 아무리 음식을 게걸스럽게, 천박하게 먹는다 할지라도
한 입 한 입 음식을 삼킬 때마다
만물을 지으신 하나님께 감사하고 먹는데
네가 왜 남의 일에 참견하느냐?

개도 밥 먹을 때에는 건드리지 않는다 하지 않았느냐?"

아무리 아무리 눈에 불을 켜고 대들어 보았자
소용없는 일이었다
"그렇습니다 당신 말이 맞습니다
인정하고 인정하겠습니다
양화교 다리 밑 주인, 당신을 하늘에서 내려온 거지로
인정하겠습니다
그렇다면 언제까지…?"
"하나님이 인정하시는 그 분량으로 자랄 때까지…"
"아내와 자식들 보고 싶지 않으십니까?
"왜 보고 싶지 않겠나?
그러나 매일 보고 있지"
"가정에 돌아가 가족들과 함께 살고 싶지 않습니까?"
"살고 싶기에 오늘도 이렇게 살아가고 있잖나?
온 이 세상이 나의 가정이고
세상 모든 사람들이 나의 가족이지
예수께서도
'누가 나의 부모이며 형제들인가
오늘 이 자리에서
하나님의 말씀을 듣고 있는 여러분들이
나의 부모요 형제요
가족들이 아닌가' 말씀하셨다
그러한 예수의 마음을 품으라고 하시지 않았나?

'너희 안에 이 마음을 품으라 곧 그리스도 예수의 마음이니

그는 근본 하나님의 본체시나 하나님과 동등됨을
취할 것으로 여기지 아니하시고 오히려 자기를 비어
종의 형체를 가져 사람들과 같이 되었고 사람의 모양으로
나타나셨으매 자기를 낮추시고 죽기까지 복종하셨으니
곧 십자가에 죽으심이라' (빌 2:5-8)

누군가 그리스도의 마음을 품고 그를 본받아
그처럼 자기를 낮추시고
죽기까지 복종하는 자가 있어야 할 것 아닌가?
오늘에 이르기까지 세상 인간 중에서 어느 누가
예수처럼 하나님의 본체인 자신의 몸을 베고 낮추어
생축으로 십자가를 짊어진 자가 있는가?
오로지 보이는 하나님 아들의 영광만을 품으려 하지
십자가를 품으려 한 자가 누가 있단 말인가?"
"예수님이 오셨던 그때와 오늘날
우리가 살고 있는 시대와는 역사적 문화적 차이가 있지
않습니까?
오늘날 우리가 살고 있는 이 시대에서
어떻게 인류의 죄를 짊어지고 십자가형을 받을 수 있습니까?"
"그런 시대인 줄 알기에
'저희 시체가 큰 성길에 있으리니
그 성은 영적으로 하면 소돔이라고도 하고 애굽이라고도 하니
곧 저희 주께서 십자가에 못 박힌 곳이니라' (계 11:8)
현 시대의 입장에서는 불가능하나
영적으로는 가능하다는 것이다
영적으로 보면 이 시대 속에도 예수님 때와 같은 입장이

존재하고 있다는 것이다
지금껏 이 땅의 인간들 중에서 그런 자가 없었기에
나 같은 거지라도 한 번쯤 도전해 보려고
양화교 다리 밑 거지가 되었다"는 것이다

자존심이 상하고 상했다
"하루살이에 밟혀 죽을 인생들아!" 구절이 순간 떠올랐다
'양화교 다리 밑에 사는 거지에게 밟혀죽을 인생들아!'
찰나, 생각이 바뀌어져 버렸다
찰나, 쓴 물이 입에 고여 세차게 침을 뱉어버렸다

무더위에 이어 장마철에 접어든
어느 날이었다
철답게 굵은 장대비가 며칠째 계속되고 있다
장마로 인해 피해 지역이 늘어나고 있다는 내용이
뉴스의 중심이 되고 있다
봉천동 산 중턱에 자리하고 있는 어느 가정
단란한 가정의 모습이 보인다
식사를 마친 후
참외를 깎아 후식을 즐기고 있는 모습
이어지는 대화 역시
장마로 인해 커지는 피해 지역에 대한 염려였다
"아빠 우리 집은 괜찮겠죠?"
"물론이지
만약 우리 집이 수해를 입게 된다면 서울 시내는 다 물에 잠겨
물바다가 되고 말지

우리 집은 산 중턱에 자리잡고 있잖니?"
딸의 걱정을 덜어주고 있는 인자하신 아버지의 모습이다

그런데 딸의 모습이 눈에 익다
어디서 분명히 본 기억이 있는데 더듬어 찾다보니
"아! 그 학생…"
늦은 밤 공원에서 위경에 처해 있던 그 여자
분명히 그 여자였다
세월 탓인가?
그 때보다는 더 성숙해 보였다
밤은 깊어지고 있는데도 비는 여전히 세찬 비였다
그래도 걱정이 되셨는지
우비를 쓴 아버지가 집주변을 살펴보신다
산세(山勢)가 있는 도랑물이 거센 소리를 토해내며
쏟아져내려간다
"이제는 좀 비가 잦아져야 하는데…"
근심스레 집 안으로 들어가셨다
그때 그 시절에만 해도
봉천동 산꼭대기 쪽으로는 판잣집이 즐비했다
깊어가는 어둠 속에서 빗소리도 세차게 어두워가고 있다

한 밤중 깊은 잠 속에 빠져있는 그 여학생
잠꼬대인가?
"왜 저를 부르세요?
아저씨는 누구신대요?"
"나를 모르겠니? 영등포 양화동 그 공원 사건"

"아! 생각나요
그날, 나를 살려주신 방범대원 아저씨"
"그래, 맞다 그 아저씨란다"
"그런데, 어떻게 저를 찾아오셨나요?"
"아가야, 밖에 빗소리가 들리지?
지금도 장대비가 세차게 쏟아지고 있단다
그런데
산 위로부터 쏟아지는 거센 물기운에 의해
흙탕물이 쏟아져 부분적으로 산사태가 일어나고 있단다
너희 집도 위험하니 빨리 대피해야 한다
시간이 별로 없다
아버지와 어머니를 빨리 깨워
이 위험에서 벗어나야 한다"
"감사합니다"

잠꼬대가 끝나는 순간 아버지 방으로 뛰어들어갔다
"아버지 큰일 났어요!
산사태가 일어나고 있대요!"
산사태라는 말에 잠에 취해계셨던 아버지가
기겁을 하시며 놀라신다
밖에서 이상스런 요란한 소리가 들렸다
문밖을 살피시던 아버지가 소리쳤다
"여보, 빨리 밖으로 나오시오!
이미 담이 무너지고 진흙이 산더미처럼 밀려오고 있소!
미련 두지 말고 애를 데리고 빨리빨리 나오시오!"
아마도 엄마는 무엇인가를 챙기고 있었나 보다

남편의 비명소리와도 같은 벼락소리를 듣고 딸의 손목을 잡고
뛰쳐나온다
"여보, 빨리 공회당 쪽으로 피해야 합니다
그곳이 가장 안전한 곳 같아요"

어렵고 힘든 밤을 보냈다
다행히 날이 밝으면서 비도 멈췄다
동네 꼴이 말이 아니었다
판자촌 동네
부실한 집들이 세찬 빗줄기 탁류에 휩쓸려
태반이나 쓸려버렸다
다행히 여학생의 그 집
브로크 담은 다 무너졌지만 집만은 온전히 남아있었다
시멘트 콘크리트 기초 위에 세운 집이라 다행스럽게
산 위로부터 쏟아져 내린 진흙탕이
산 위쪽 뒤뜰 벽을 덮치기는 했지만 그 이상의 피해는 없었다
불행하게도 판자촌 집에 살던 할머니, 노인분들 중에서
몇 분과 어린아이들 중에 몇 아이가 죽었다는
불쌍한 소식이 봉천동 산골 사람들의 슬픔이 되었다

뒤뜰 벽에 쌓인 진흙을 제거하는데 많은 시일이 걸렸다
땀 흘리시며 일하시던 아버지께서 궁금하시던 그 일을
캐물으셨다
"딸아,
그날 밤, 그 일을 너는 어떻게 알게 된거니?"
어디서부터 어떻게 설명해야 할지 난감했다

순간
놀라운 거짓말을 뱉어냈다
"돌아가신 할머니가 나타나서 꿈에서 가르쳐주셨어"
순간 아버지 눈에서 쏟아지는 눈물을 보았다
"괜한 거짓말을 한 것일까?"
그러면서도 한편 공원 그 아저씨에게 미안한 마음이 들었다
그 고마운 분에게 감사는 커녕 거짓말까지 했으니…
생각할수록 기가 찼다
자기 자신이 그 분에게 대한 행동이 너무나 바보같았다는
사실을 뒤늦게 알게 되었다
참으로 어리석은 바보라고 지긋이 입술을 깨물며 결심했다
그 고마우신 은인의 이름도 연락처도
물어보지 못한 바보 천치같은 어리석은 자여!

궁금해지기 시작했다
'도대체 그분은 누구이신가?
어떤 분이시기에 내 꿈속에까지 찾아오셔서
위험에 처해있는 우리 가족들을 살려주셨을까?
생각할수록 놀랍다
그래서 나를 다시 만날 수 있다고 하신 것일까?'
그녀의 마음 속에 서서히 그 아저씨가 자리 잡아가고 있었다

제 11장

땅이여, 땅이여, 땅이여!

제 11 장
땅이여, 땅이여, 땅이여!

전차 안이다
그제나 이제나
등하교 시간이 전차가 가장 바쁜 시간이다
손님들의 대부분이 학생들이다
그 당시의 학생들의 교복은 거의 동일했다
남자의 두발은 까까머리
여자들의 머리는 단발머리였다
때묻지 않은 학생들의 청순하고 순수한 모습
그들의 마음속에 터져 나오는 소리 또한
아침 햇살 속에서 지저귀는 새소리들 같았다
언제 보아도 청춘의 그 민낯
여드름이 얼룩지고
털갈이로 솜털이 빠져가고
흉물스럽지 않는 검은 털이 깨알처럼 솟아나는
청춘들의 흉상
언제 어느 때 보아도 아름답고 귀하여라!

햇볕에 모여든 숫병아리, 암평아리들처럼
코끝을 비벼대며 깔깔거린다
그러면서도
안보는 척, 보는 척, 서투른 내숭을 떨어가며
쪼아대는 그들의 눈치코치 앞에
있는 폼, 없는 폼 잡아보려 애쓰고 있는 숫병아리들이
로뎅의 생각하는 사람이 되어
그녀들의 눈길을 끌고자 애쓰고 있다

한 쪽 편 구석에 앉아
그들을 바라보고 있는 양화교 그 거지 아저씨
한 여학생의 가슴에 달려있는 이름표를 유심히 바라보고 있다
아니 꿰뚫어보고 있다
풀 먹인 백옥 같은 하얀 칼라
그 위에 달려있는 학교 뱃지 숭의여고 뱃지였다
함께 스크럼을 짜듯 몰려있는 그들
숭의 여고생들이었다
하나하나 그녀들의 얼굴을 살피고 있는 건지
마치 밭에 감추어놓은 보화를 찾는 듯했다
그물로 잡은 고기를
하나하나 분별하듯 고르고 있는 듯했다
"그렇지, 저것들이었구나!"
그의 입에서 새어나오는 신음소리였다
"어서 빨리 자라거라!
어서 빨리 짝을 만나 가정을 이루거라!"
기도인지, 바램인지, 신음소리인지

전차에 타고 있는 그 누구도 그의 소리를 아는 자
한 사람도 없었다
'그렇다면
저가 남산 위에서 기도하던 그 대상이
숭의여고 학생들이었단 말인가?'
내뱉고 있는 그의 목소리가 떨리고 있었다
'그렇다면 자기의 딸이 아니었잖아?'
생각할수록 기가 찼다
아니 두려워졌다
'저 사람의 말이 다 진실이었단 말인가?
그렇다면 저 사람은 누구이지?
어떤 사람이기에 과거, 현재, 미래의 일을 스스로
펴나갈 수 있단 말인가?
믿어지지 않는, 믿을 수 없는 일을
지금 내 눈으로 직접 보고 있지 않는가?'

비상수단을 사용했다
"어떻게 그런 일을 할 수 있지요?"
"내가 함께 데려온 사람들이니까…
내가 뿌린 사람들이니까…

다음 성구를 생각해 보시오!
'인자가 아버지의 영광으로 그 천사들과 함께 오리니
그 때에 각 사람의 행한 대로 갚으리라' (마 16:27, 막 8:38,
눅 9:26)
'천국은 좋은 씨를 제 밭에 뿌린 사람과 같으니' (마 13:24)"

자신이 그들을 데려왔다는 것이다
천국이 이루어질 제 밭에 뿌렸다는 것이다
"어떻게 밥 먹고 똥 싸는 인간 주제에
예수도 아닌 거지 주제에
그런 일을 할 수 있다니 당신 제 정신입니까?"
"물론 할 수 있지, 제 정신이구말구
당신이 의심하는 대로 밥 먹고 똥 싸는 인간으로서는 할 수 없지
그러나
해를 입는다면 경우가 달라지지
해를 입는다는 것은
곧 예수를 입는다는 뜻이지
예수님이 십자가상에서 이 땅에 떨친 보배 보화가 있었지
유월절 어린 양으로 가지고 계셨던 하나님의 비밀 (골 2:2-3)
아사셀 양으로 전환되는 과정에서
아버지의 뜻대로
가지고 계셨던 하나님의 비밀 보배 보화를
성체를 타고 흐르시는 그 피 속에 감추시고 이 땅 위에
떨치셨지"

그 문제를 상의하시기 위해
변화의 산에서 모세와 엘리야를 불러 상의했다
상의했던 그들만이
해의 비밀을 알고 있는 유일한 사람들이었다
그 해가
예수님이 말씀하신 "나는 부활이요 생명이다" (요 11:25-26)
에서 그 생명과 부활이 곧 해인 것이다

그 해를 버리시고 죽으셔야 했기 때문에
"통곡과 눈물로 기도하시므로 들으심을 얻었다"(히 5:7)하신
것이다
해를 버리신 이상은 스스로 살아날 수 없으셨기에 그렇게
통곡과 눈물로 기도하셨던 것이다
그렇다고 버리시지 않는다면 그 해를 마귀에게 고스란히
바치게 되는 것이다
그럴 수 없기에 그 해를 이 땅 위에 떨치신 것이다
하늘에 있는 천사들도 아들들도 마귀들도
그 누구도 알 수 없게 땅에 떨치신 것이다

"이 지혜는 이 세대의 관원이 하나도 알지 못하였나니
만일 알았더면 영광의 주를 십자가에 못 박지
아니하였으리라"(고전 2:8)

그렇다면 해를 이 땅에 떨치신 예수께서 언제 영광의 주가
되셨는가?

"성결의 영으로는 죽은 가운데서 부활하여 능력으로
하나님의 아들로 인정되셨으니
곧 우리 주 예수 그리스도시니라"(롬 1:4)

유월절 양으로 오신 예수께서
아사셀 양으로 죽었다는 것은 하나님의 아들이 아닌
우리와 성정(性情)이 똑같은 인간 예수로 죽었다는 의미이다
부활의 능력으로 사망의 권세를 깨시고 승리하시므로

피조물의 입장에서 최초로 사망을 이기신 승리의 주,
영광의 주가 되셨다는 것이다

"그러나 이제 그리스도께서 죽은 자 가운데서 다시 살아
잠자는 자들의 첫 열매가 되셨도다" (고전 15:20)

"우리가 살아도 주를 위하여 살고 죽어도 주를 위하여 죽나니
그러므로 사나 죽으나 우리가 주의 것이로라
이를 위하여 그리스도께서 죽었다가 다시 살으셨으니
곧 죽은 자와 산 자의 주가 되려 하심이니라" (롬 14:8-9)

아사셀 양, 즉 인간 예수로 죽으셨다가 살아나셨기에
이 땅에서 40일간 계실 수 있었던 것이다
만약 유월절 양으로 죽었다가 살아나신다면 부활과 동시에
하늘 보좌로 즉시 올라가셔야 되는 것이다
왜?
예수께서 그렇게 죽으셔야만 되는 이유 가운데 하나
그는 둘째 아담으로 오셨기 때문이다

아담은 예수님의 표상이라 했다
첫째 아담의 입장에서 십자가를 지라고 하신 것이다
첫째 아담이 상실한
첫째 아담을 통하여 이루시고자 하셨던 그 영광의 세계를
회복하시기 위해
첫째 아담의 입장에서
아사셀 양으로 십자가를 지라고 하신 것이다

아사셀의 의미는 다음과 같다

"아사셀을 위하여 제비 뽑은 염소는 산대로 여호와 앞에 두었
다가 그것으로 속죄하고 아사셀을 위하여 광야로 보낼찌니라"
(레 16:10)

"아론은 두 손으로 산 염소의 머리에 안수하여
이스라엘 자손의 모든 불의와 그 범한 모든 죄를 고하고
그 죄를 염소의 머리에 두어 미리 정한 사람에게 맡겨
광야로 보낼찌니 염소가 그들의 모든 불의를 지고
무인지경에 이르거든 그는 그 염소를 광야에 놓을찌니라"
(레 16:21-22)

아사셀의 이름의 의미는
마귀에게 내어준다는 이름이다
예수님도 이렇게 인류의 모든 죄를 짊어지게 하시고
마귀에게 내어주신 것이다
스스로 마귀의 밥이 되시는 예수
그렇다고 하여 내가 아사셀 양이시다
그렇게 드러내 놓을 수 없기에 해가 빛을 잃지 않고 있는
세 시간 동안에는
유월절 양으로서 세 말씀을 하신 것이다
그리고 해가 빛을 잃고 난 후
죽음 직전 동시 다발적으로 네 말씀을 하신 것이다
네 말씀은 유월절 양이 아닌
아사셀 양으로서 네 말씀을 하셨기에

마귀가 알지 못하고 속은 것이다
유월절 양으로 오신 예수
그들도 처음부터 잘 알고 있었다
"우리의 때가 남았는데 왜 우리를 멸하러 오셨나이까?"
"당신은 하나님의 아들이신 줄 우리가 아나이다"

그런 그들의 입장에서
인간들을 이용하여 그를 죽인다면
그가 부활하여 하늘로 올라간다는 것을 너무도 잘 알고 있었다
그것이 마귀의 노림수였다
그 노림수를 이용하여 유월절 양으로 십자가에 달리게 하시고
아사셀 양으로 죽게 하신 것이다
그 비밀을 마귀가 몰랐다는 것이다

생각해 보라!
유월절 양으로 죽으신다면 해를 안고 죽으시기에
스스로 부활하시는 분이다
하나님 아들로 오셔서 죽었다가 삼 일 만에 부활하신다면
그는 이 땅 위에서 영광의 주가 되지 못한다
부활하자마자 하늘 보좌로 올라가신다
올라가신다면 이 땅에 가지고 오셨던 하나님의 비밀
천국의 보화 보배
그 모든 것을 모두 가지고 올라가시게 되는 것이다
마귀는 그 점을 노린 것이다
그렇게 된다면
예수님의 피는 보혈의 피가 되지 못한다

왜?
예수님의 피를 보혈이 피라고 하는가?
그 핏 속에는
하나님의 비밀, 천국의 보배 보화
예수님이 가지고 계셨던 그 모든 것들이
담겨져 있기에
예수님의 피를 보혈의 피
또는 능력의 피라고 하는 것이다
그 피를 이 땅에 두고 가신 것이다
그 피가 이 땅에 없다면 피의 상징성은 있으나
피의 능력은 그림의 떡이 되는 것이다

다시 한 번 로마서 1:4 말씀을 깊이 생각해 보자!
"그제서야 하나님 아들로 인정받으셨다"
이 구절 속의 의미는
예수께서 하나님 아들로서 죽지 않았다는
사실이 역력히 나타나고 있다
하나님 아들로서 죽었다가 살아나는 것은
너무나 당연한 것이다
그래서 예수께서 "나는 부활이요 생명이라" 하신 것이다
하나님 아들로서 죽었다가 살아나는 것, 그 자체는 절대
영광의 주가 되지 못하는 것이다
영광의 주가 되었다는 의미는 죽음에 종속되어 있는 피조물이
죽음에서 초월하여 산 자가 되었다는 뜻이다

생각해 보자!
에덴동산에서 쫓겨난 아담과 하와
얼마나 부끄러운 존재인가?
그러나 그들이
준비되어 있는 생령으로서 걸어야 될 그 길을 완전하게 이루었다면
부끄러운 존재로 이 땅에 오지 않았을 것이다

고린도전서 2:8
거기서 제시하고 있는 '영광의 주'는 그런 존재를 말하고 있는 것이다
'영광의 주'를 다른 입장으로 표현한다면

"그 이름을 번역한즉
첫째 의의 왕이요 또 살렘 왕이니 곧 평강의 왕이요
아비도 없고 어미도 없고 족보도 없고 시작한 날도 없고
생명의 끝도 없어 하나님 아들과 방불하여
항상 제사장으로 있느니라" (히 7:2-3)

소개된 성구의 내용대로
피조물인 흙 차원의 인생, 생령인 아담이
메시아로서 걸어야 될 삼일길
그 길을 통해 부활의 능력으로 사망을 이기고 승리한다면
그가 곧 의의 왕, 살렘의 왕, 평강의 왕
영광의 주가 된다는 것이다
그러므로 예수께서 영광의 주가 되기 위해서는

둘째 아담으로서 첫째 아담이 상실한 그 영광의 세계를
이루시며 회복하기 위해서는
흙, 사람, 생령의 길을 통해서만이
도전할 수밖에 없는 것이다

그제서야
아들로 인정받으시는 그 순간이
하늘의 대제사장, 멜기세덱이 된 순간이다
그 순간이 곧 영광의 주가 되시는 순간이었다
영광의 주는
이 땅에서 영광 받은 이 땅의 왕으로서
하나님과 인간 사이에서 중보의 역할을 하는
하늘의 대제사장이 되는 것이다
지금 예수님이 계시는 우편 보좌
하늘의 대제사장의 자리에 계신 것이다
그 자리에 계시기에
지금도 끊임없이 우리를 위해 기도해 주시고 계시는 것이다

다음 성구를 자세히 보라!
"보라 여호와의 크고 두려운 날이 이르기 전에
내가 선지 엘리야를 너희에게 보내리니
그가 아비의 마음을 자녀에게로 돌이키게 하고
자녀들의 마음을 그들의 아비에게로 돌이키게 하리라
돌이키지 아니하면 두렵건대 내가 와서 저주로
그 땅을 칠까 하노라 하시니라" (말 4:5-6)

엘리야를 통하여 중보자가 어떤 존재인 것을 말씀하고 있다

다음 성구도 생각해 보라!
"너는 그에게 말하고 그 입에 말을 주라 내가 네 입과 그의
입에 함께 있어서 너의 행할 일을 가르치리라 그가 너를
대신하여 백성에게 말할 것이니 그는 네 입을 대신할 것이요
너는 그에게 하나님 같이 되리라" (출 4:15-16)

아론과 모세를 통하여
중보의 세계를 암시적으로 보여주고 있는 말씀이다

다음 성구도 생각해 보라!
"오직 너희는 택하신 족속이요 왕 같은 제사장들이요
거룩한 나라요 그의 소유된 백성이니" (벧전 2:9)

어찌 되었던 이스라엘 백성들은 하나님의 선민이요
왕 같은 제사장 나라라는 사실을 강조하고 있다

여기서 다시 한 번
진행되고 있는 오늘의 이 말씀을 통해
사도행전 1:10-11 말씀
"너희 가운데서 하늘로 올리우신 이 예수는
하늘로 가심을 본 그대로 오시리라 하였느니라"

그날의 입장으로 말한다면
자신들이 너무도 잘 알고 있는 예수

그분이 올라가시는 것을 보았다
그러나
그날의 그 사람들은 예수께서 이 땅에 사십 일 계시는 동안의 삶
그 삶을 모르고 있었다는 사실이다
사십 일 동안 머물러 계셨던 예수의 삶
죽은 자의 삶이 아니라 산 자의 삶이셨다
시공간을 초월하시는 산 자이신 영광의 주의 삶이셨다
절대로
예수로 올라가신 것이 아니라, 하늘의 제사장 멜기세덱으로
올라가신 것이다

다음 성구를 자세히 보라!
"또한 이와 같이 다른데 말씀하시되 네가 영원히 멜기세덱의
반차를 좇는 제사장이라 하셨으니" (히 5:6)

"하나님께 멜기세덱의 반차를 좇은 대제사장이라
칭하심을 받았느니라" (히 5:10)

"그리로 앞서 가신 예수께서 멜기세덱의 반차를 좇아
영원히 대제사장이 되어 우리를 위하여 들어가셨느니라"
(히 6:20)

"여호와는 맹세하고 변치 아니하시리라 이르시기를 너는
멜기세덱의 반차를 좇아 영원한 제사장이라 하셨도다"
(시 110:4)

"레위 계통의 제사 직분으로 말미암아 온전함을 얻을 수 있었
으면 (백성이 그 아래서 율법을 받았으니) 어찌하여 아론의
반차를 좇지 않고 멜기세덱의 반차를 좇는 별다른 한
제사장을 세울 필요가 있느뇨" (히 7:11)

"그는 육체에 상관된 계명의 법을 좇지 아니하고
오직 무궁한 생명의 능력을 좇아 된 것이니
증거하기를 네가 영원히 멜기세덱의 반차를 좇는
제사장이라 하였도다" (히 7:16-17)

이 성구를 읽고 또 읽어보면
하늘로 승천하시는 그 분이 예수가 아니라
멜기세덱이라는 것을 알 수 있다
이 구절을 읽고도 깨닫지 못하는 자들은
실로 사람이 아니라 짐승이든지 마귀 새끼일 것이다
그래서 예수께서
"인자가 올 때에 믿음을 보겠느냐"
말씀하시는 그 분의 저의를 분명히 깨달아야 한다

생각해 보고 또 생각해 보라!
"땅이여, 땅이여, 땅이여, 여호와의 말을 들을찌니라"
(렘 22:29)

주시는 갈대자를 가지고
진땀을 흘려가며 땅을 쳐본다
재림주의 이름은 예수가 아니라고…

하늘로 승천하신 그분
예수의 이름으로 올라가신 것이 아니라고…
하늘의 대제사장 멜기세덱으로 올라가신 것이라고…
목줄기가 터지라고 외치고 외쳐보지만
어느 누구 하나 들어주는 자 없다

일천 개의 교회 문을 두드려 본다
영혼을 태워가며 쓴 글, 책을 무료로 사정하며 준다
읽어 본다는 보장도 없지만
그래도 사정해 가며 주고 있다
세미나에 참석해 달라고 두 손 빌어가며 애원한다
일천 개 교회 중 일 퍼센트라면 열 개의 교회가 될 것이다
세미나에 참석해 주시는 분, 일 퍼센트도 되지 않는다
지역에 따라 다소 차이는 있지만…
그러나 참석해 주시는 분 대부분이 큰 교회 목사는 거의 없다
아직 개척 교회를 세우지 못했거나
교회는 치리하고 계시지만 별로 성도들이 많지 않은 교회
운영하기가 힘든 교회
때로는 장애인으로 힘든 목회 생활을 하는 분
교회 운영을 유지하기 위해 별도의 일을 하는 교회
과부가 과부의 사정을,
홀아비가 홀아비의 사정을 알아주는 것일까?
힘들고 어려운 분들만이
겨우 참석해 주시는 세미나가 아닌가?

예수님 때에도 누가 세례를 받았는가?

세리와 창기들이 세례를 받았다
바리새인, 서기관, 유사, 제사장들은
스스로 세례를 받지 아니하므로 하나님의 의를 저버렸다고 했다

"누구든지 이 음란하고 죄 많은 세대에서 나와 내 말을
부끄러워하면 인자도 아버지의 영광으로 거룩한 천사들과
함께 올 때에 그 사람을 부끄러워하리라" (막 8:38)

세미나를 통하여 외치는 말씀
'작은 책', '다시 복음'이라 했다
하나님의 오른손에 있던 책
하늘이 인류에게 주시는 마지막 메시지
그리스도의 마음을 가지고 전국 교회의 문을 두드리고자
꺼져가는 배를 움켜잡고
터져 찢어져 가는 발가락의 상처를 싸매가며
꽃송이를 찾아가는 꿀벌처럼
한 교회, 한 교회 소중히 찾아가고 있지만
총회, 노회, 지방회…
전화 한 통하면
모든 것이 순식간에 종료되고 만다

참으로 안타깝고 지독한 그대들이여!
바울의 외침을 생각해 보라!
"예수를 사랑하지 않는 자들은 저주를 받을지어다!"
"작은 책, 다시 복음을 받지 않는 자들은 저주를 받을지어다!"
나 또한 그렇게 그렇게 외치고 싶다

천 명, 만 명, 십만 명, 몇십만 명
성도를 이끌며 성공한 목회자라
회심의 미소를 띠고 있는 목회자들이여!
그대들이 성도들에게 먹이고 있는 오늘의 양식
정을 대어 쪼개고 쪼갠, 그대들이 만들어 낸 그대들의 작품
아닌가?
변질된 하나님의 말씀 위에 모여들고 있는 그들의 영혼
내 말 외에는
내가 가르쳐준 것 외에는
모두 모두가 이단들이다, 마귀들이다
오늘도 변함없이
그렇게 가르치고 있지 않는가?
"오직 예수! 오직 예수!"
예수만을 외치게 하면서도
정작 예수의 말씀을 가장 못 믿게 하는 자들이 누구인가?
바로 그대들이 아닌가?

수천, 수만, 수십만 성도들에게 젖이나 먹이고 있는 그대들
젖을 먹고 있기에 오늘의 그들
단단한 식물 먹지도 못한다
단단한 식물이 뭔지도 모른다
왜?
그들이 젖이 무엇인지
단단한 식물이 무엇인지 분별할 수 있는
능력이 없는 자가 되었는지
그 이유가 무엇인지 아는가?

젖을 먹이면서 먹이고 있는 그 젖이 단단한 식물이라고
가르치고 있기 때문이다
부분적인 은혜를 온전한 은혜라 가르치고 있기 때문이다
초보를 가르치면서 장성한 자의 것이라고 가르치고 있기
때문이다
정을 대어 쪼개고 쪼갠 변질된 말씀을 가지고
영적인 말씀이라고 가르치고 있기 때문이다

행여
성도들을 빼앗길까?
관리하기에 어려운 성도들이 될까?
성경을 읽기보다는
기도에 전념시키기보다는
무조건 교회에 나와 봉사만을 권장하고 있지 않는가?
그렇다 보니
평생 신자(信者)라는 분들이 성경 열 번 읽어보기도 힘들다
평생 기도하신다는 분들이
올바른 하늘의 응답 받아보지도 못한다
왜 그런가?
장님이 장님을 인도하기 때문이다
성도들이 팽창할수록
그대들의 늘어나는 실력
관리 능력 아닌가?
돈이 있는 자와 없는 자
권력이 있는 자와 없는 자
쓸모가 있는 자와 없는 자

말을 잘 들을 수 있는 자와 없는 자
인생들을 분별하는 관리 능력만이 배양되고 있지 않는가?
오늘날 성도들이 잘못 알고, 잘못 믿고 있는 그 모든 일들이
누가 가르쳐준 것일까?

"오직 재림 예수!"
"아무리 의인일지라도 과도하게 술을 마시면
노아처럼 패가망신 당한다"
"모세의 시체는 마귀가 가져갔다"
"여호와가 하나님이시고, 여호와가 예수이다"
"해를 입은 여인은 교회이고
그가 낳는 철장의 권세를 가진 아이는 예수이다"
"이 땅의 주 앞에 섰는 두 감람나무는 우리 각자이다"
"예수는 우리의 신랑이고, 우리는 그의 신부이다"
"잘 믿다 죽으면 천국, 하늘나라 간다"
"하늘나라는 이 땅에서 이루어지는 것이 아니고
우리들이 천국 가서 이루는 것이다"
"첫째 부활, 의인의 부활을 통해 이 땅에서 산 자의 세계
천년 왕국이 이루어진다는 것을 전혀 모른다
믿지 않는다"

이런 내용들을 대충 제시해 보았다
누가 이렇게 성도들로 하여금 제시해 놓은 이 말씀들을
누가 믿게 해놓았는가?
누가 그들에게 가르쳐주었는가?
그렇게 가르쳐 온 그들이야말로 진짜 이단들이 아닌가?

다음 성구들을 살펴보자!
"내가 이 책의 예언의 말씀을 듣는 각인에게 증거하노니
만일 누구든지 이것들 외에 더하면 하나님이 이 책에
기록된 재앙들을 그에게 더하실 터이요
만일 누구든지 이 책의 예언의 말씀에서 제하여 버리면
하나님이 이 책에 기록된 생명나무와 및 거룩한 성에
참예함을 제하여 버리시리라" (계 22:18-19)

그런데 오늘의 그대들은 말씀을 더하고 빼는 것이 아니라
말씀의 내용을 아주 바꾸어 버린다는 것이다
그 점을
잘못 가르치고 있는 그 부분을
오해하고 있는 그 부분을 바로 잡기 위해
하나님이 주신 작은 책의 말씀을 가지고
세미나를 개최하고 있는 것이다
성전을 측량하고 있는 것이다
땅을 치고 있는 것이다

생각하고 또 생각해 보라!
마지막 때 양과 염소를 구별하는 기준이 무엇인지 아는가?
보잘 것 없는 소자라는 것이다 (마 25:31-46)
소자를 부끄러워하는 것이
소자의 말을 듣는 그 자체를 창피스러워 하는 것이
보잘 것 없는 소자의 증거를 들어준다는 자체가
자존심이 상하는 것이
그를 보내신 이를 부끄러워하는 것이다

그 소자를 보내신 분이 누구인줄 아는가?
거룩한 천사를 데리고 아버지의 영광으로 오시는 분이다
(막 8:38)
하늘의 두 이적 중 한 이적이 되시는
해를 입은 여인이시다
이 땅의 주가 되시는 분이시다
죽는 순간까지도 순종해야 될 이유가
그분들에게 있기 때문이다
그래서 성도들이 아닌 목회자들을 대상으로 세미나를
행하는 것이다
"성전 밖 마당은 아예 척량하지 말라" 하셨다
성전 안을 척량하신 이유를 그대들은 아는가?
행여 소자가 오늘의 사기꾼, 거짓말쟁이가 아니고
진정 그들이 보낸 자라면
대한민국에 있는 한국 교회 목회자들은
진실로 부끄러움을 당할 것이다

다음 성구를 보라!
"땅의 임금들과 왕족들과 장군들과 부자들과 강한 자들과
각 종과 자주자가 굴과 산 바위틈에 숨어
산과 바위에게 이르되 우리 위에 떨어져 보좌에 앉으신 이의
낯에서와 어린 양의 진노에서 우리를 가리우라
그들의 진노의 큰 날이 이르렀으니
누가 능히 서리요 하더라" (계 6:15-17)

보내는 분이 보내는 자에게 일러주신 말씀을 들어보라!

"말씀하실 때에 그 신이 내게 임하사 나를 일으켜 세우시기로
내가 그 말씀하시는 자의 소리를 들으니
내게 이르시되 인자야 내가 너를 이스라엘 자손 곧 패역한 백성, 나를 배반하는 자에게 보내노라 그들과 그 열조가 내게 범죄하여 오늘날까지 이르렀나니
이 자손은 얼굴이 뻔뻔하고 마음이 강퍅한 자니라
내가 너를 그들에게 보내노니 너는 그들에게 이르기를
주 여호와의 말씀이 이러하시다 하라
그들은 패역한 족속이라 듣든지 아니 듣든지
그들 가운데 선지자 있은 줄은 알찌니라" (겔 2:2-5)

"그들은 심히 패역한 자라 듣든지 아니 듣든지 너는 내 말로
고할찌어다" (겔 2:7)

"그 말이 응하리니 응할 때에는 그들이 한 선지자가
자기 가운데 있었던 줄을 알리라" (겔 33:33)

이 말씀을 깊이 새겨보라!
보낸 소자의 말이 정녕 응한다는 것이다
그 말이 이루어지는 그때에
행여 그들이 변명하지 못하도록 미리 앞서 가서
증거해주라는 것이다
그 말이 이루어진 때
그때 가서야 그들이 알게 된다는 것이다

머저리 같은 자들이 찾아와 책을 주며
하늘이 인류에게 주시는 마지막 메시지 '작은 책' '다시 복음'을
들어보라고 초청장을 주었던 그들이
진짜 하늘이 보낸 소자들이라는 것을 알게 된다는 것이다

놀라며 두려워하며 떨고 떨지어다!
자신들이 저지르고 있는 일 조차도
때에 맞는 일인지 알지 못하는 오늘날의 목회자들이여!
단단한 벽에 박힌 못이라고 뽐내지 말라
보이는 부분은 온전할지라도
벽 속에 박힌 그 부분은 이미 녹슬어 삭아져 있다
"메네 메네 데겔 우바르신"
자신의 존재
달아보라!
그대들의 입에서 나오는 입김보다
가벼운 존재들이 아닌가?

지옥에서 울부짖는 자
나사로에게 물 한 방울 간절히 애원하고 있던 부자의 음성을
들어보라!
그 부자처럼 지옥에서 후회하는 자 되지 말고
이 땅에서 먼저 후회하라!
그리고 회개하라!

작은 책, 다시 복음이 마지막 재림의 마당에 주시는
감추었던 만나라는 것을 알아야 한다

천상천하 누구를 막론하고
마지막 때는 감추었던 만나를 먹은 자만이 살 수 있다
영생 얻기를 바라겠는가?
먹음직 보암직 탐스럽기 그지없는
선악 나무 열매를 택할 것인가?

초림 때를 생각해 보라!
대제사장을 비롯해 이만사천 명의 제사장
바리새인, 서기관, 유사, 율법사…
그들이 예수를 죽일 때
그들 자신들은 하늘 일을 위해 그를 죽였다고 믿었다
그들의 그 믿음
스스로들 보배로운 믿음이라고 자부했다
그러기에 주님 십자가 앞에서 주님을 비웃고 조롱하고
모욕하고 저주하지 않았는가?
오늘날 성공한 목회자라 자랑하는 그들의 오늘의 믿음
그때와 무엇이 다르다는 말인가?
별반 다를 것이 없다
'신학 과정을 거쳐 목회자가 되고
주어진 목회자의 길을 따라 최선을 다하고 있는 믿음
무엇이 잘못되었다는 말인가?
그래도 이 정도의 길을 걸은 자라면
이 정도의 목회자로서의 성공을 이룬 자라면
주님께서도 인정해 주실 수 있는 당연한 결과 아닌가?
최소한 거룩한 천국의 백성으로서
당연히 생명록에 기록될 수 있는 자격자가 아니겠는가?'

이 땅의 목회자들치고 그런 의식 갖지 않는 자 있을까?

앞선 말씀을 생각해 보라!
오늘날
이 땅에 있는 목회자들이 얼마나
하나님의 말씀을 오해하고, 잘못 가르치고, 변질시켰는지
포도원 농부의 비유를 생각해 보라!
잘못된 말씀
오해된 말씀
변질된 말씀
모르는 말씀
그 부분을 바로 잡고 올바로 가르치려고
얼마나 많은 소자를 보내었을까?
보내는 족족
이단, 삼단이라는 굴레를 씌워
얼마나 많이 처단하고 죽였는가?
마치 공산당 인민재판식으로 자신들이 하나님의 자리에 앉아
천국 소자들을 죽이며
그들이 세우고자 하는 하늘나라의 유업을 뺏으려
얼마나 많은 십자가를 세웠는지
그대들은 아는가?

"좋은 날 보기를 원하거든 혀를 금하라" (벧전 3:10)
진실로 그대들은 혀를 금했나?
간음하다 잡혀온 여자에게처럼
"저 놈은 이단이요!"

소리만 치면 가차없이 그 말이 끝나기 전에
돌을 던졌던 그대들이 아니었는가?
보내신 자를 이단이라고 처단했던 그대들 앞자락에
묻어있는 그 피가
지금도 아벨의 피처럼 소리치고 있는데…
천국 일등석 자리를 넘보고 있는 오늘 그대들!
진정
하늘이, 만물이, 땅이
그리고 천사들이 두렵지 않습니까?
무섭고 떨리지 않습니까?
그러한 이 땅을 바라보며
만물들이, 의인들이, 성령께서
탄식하고 있다는 것 진정 모르십니까?

몸이 흔들리고 있다
누군가 몸을 두드린다
"일어나 보세요"
"무슨 일이 있으신가요?"
"주무시면서 웬 소리를 그렇게 지르시나요
무슨 좋지 않은 악몽이라도 꾸셨나요?"
아뿔사!
'그렇다면 지금까지 꿈 속에 있었단 말인가?
차라리 꿈이 아니라 현실이었으면
그 편이 좀 더 낫지 않았을까?'
아쉼에 침을 닦았다
그리고 다시 한 번 희미해져 가는 꿈결의 내용을

되찾아 본다
'혹시 그렇게 하라고 계시적으로 보여주신 것 아닌가?'

깊은 생각 속에 빠져든다
생각 속에서도
근심이 생긴다
마음은 급히 앞서 가는데 몸이 따르질 못한다
할 일은 많은 것 같은데 손이 모자란다
돈 쓸 일은 많은데 돈이 없다
그런 뜻인가?
순간
문득 양화교 주인 그분이 생각났다
얼마나 오랜 세월을 참고 기다리시는 분인가?
그분 입에서 나온 말로도
줄잡아 이십 년 가까이 기다리셨다는 것 같은데
오늘의 나는 무엇 때문에
시간에 목메어 안달하고 있는가?
왜?
그리고 조급함에 쫓기고 있는가?
세월을 따라가기보다는
차라리 세월을 앞에서 막고 있는 것이 낫지 않을까?
반 때라는 운명의 시간을 짊어진 탓일까?
반 때라는 그 시간이 너무도 짧게 느껴지고 있다

작은 책, 다시 복음
반 때의 말씀이다

하늘에서 구름을 입고 내려오는 힘센 다른 천사
그 천사가 어린 양으로부터 받은 책
본래 하나님의 오른손에 있던 책이었다
그 책이 그 천사에 의해
천국이 이루어질 제 밭에 뿌려진 좋은 씨,
그에게 때에 맞는 말씀을 주셨다
그리고 본인 자신이 이 땅 위에서
때에 맞는 말씀을 하셨다
그리고 남은 책, 남은 말씀이 '작은 책'이 된 것이다
작은 책의 이름처럼
전 삼년 반에 등장했던 광명한 자 중 가장 작은 자
집비둘기 새끼에게 반 때의 말씀
즉 작은 책을 주신 것이다

반 때 안에서 작은 책의 말씀을 다해야 한다
말보다 글이 대중들에게 짧은 시간 안에서
더 많이 전달될 수 있기에
책을 쓰기에 혈안이 되고 있다는 것이다
그러면서 세미나를 계속 이어가고 있는 것이다
물론 거지 목사를 통하여 전개되고 있는 세계
세미나의 세계와는 전혀 다른 시대 차가 있다는 것을
감안해야 한다

이해를 돕기 위해 설명을 보충한다면
이 글을 쓰고 있는 이 소자는
그로부터 받은 은혜와 말씀의 세계를

적나라하게 이중적으로 전개해 나가고 있는 것이라는 점
깊이 새겨야 할 것이다
비록 이 글들이
소설 형식으로 이끌어가고는 있지만
내용으로 볼 때는
철저하게 성경 말씀을 중심으로
써가고 있는 소설이라는 점을 밝혀 두고 싶다

다음 성구를 다시 한 번 살펴본다
"내가 또 보니 힘센 다른 천사가 구름을 입고 하늘에서
내려오는데 그 머리 위에 무지개가 있고 그 얼굴은 해 같고
그 발은 불기둥 같으며 그 손에 펴 놓인 작은 책을 들고
그 오른발은 바다를 밟고 왼발은 땅을 밟고
사자의 부르짖는 것 같이 큰 소리로 외치니 외칠 때에
일곱 우레가 그 소리를 발하더라" (계 10:1-3)

비록 천사라는 꼬리표는 붙어있지만
구름을 입었고
머리에는 무지개가 있고
얼굴은 해 같고
발은 불기둥 같고
그 손에는 펴 놓인 작은 책이 있고
사자의 부르짖는 것 같이 우레를 발하는
이 천사 곧
계시록 12장에서 말하고 있는 하늘의 이적이 되는
해를 입은 여인이다

그 여인이 이 땅에서 하는 가장 큰 중요한 일
철장의 권세를 가진 아이를 낳는 것이다

"내가 영을 전하노라 여호와께서 내게 이르시되 너는
내 아들이라 오늘날 내가 너를 낳았도다" (시 2:7)

여기서 '낳았다' 하는 말씀은
여자가 아기를 낳았다는 뜻이 아니다
믿음으로 아들을 낳았다는 뜻이 아니다 (고전 4:15)

로마서 1:4 말씀처럼
부활의 능력으로 사망의 권세를 깨고 이기고 살아난 자
산 자가 된 그를 가리켜
"내가 오늘 너를 낳았다" 한 것이다
그러므로 해를 입은 여인이 철장의 권세를 가진 아이를
낳는다는 것은
사망의 권세로부터 죽음을 당케 하시고
그를 살려내는 것을 말하는 것이다
그 역사의 내용이
이 땅의 주와 주 앞에 섰는 두 감람나무의 역사이다

그러므로 해를 입은 여인과 이 땅의 주는
동일한 인물임을 알아야 한다
궁극적으로 말한다면
해를 입은 여인, 이 땅의 주, 멜기세덱
동일한 한 사람이 걸어야 될 삼일길이다

메시아가 될, 걸어야 할 삼일길인 것이다
그것을 모르는 입장에서
계시록을 아무리 애써 파고든다고 해도
결코 알 수 없는 것이다

예수께서도 이 땅에서 사생, 공생, 영생의 길을 걸으셨다
내용상으로는
마리아가 낳은 인간의 아들로서 사생의 길을 걸으셨고
하나님의 아들로서 공생의 길을 걸으셨고
영광의 주
하늘의 대제사장 멜기세덱으로서 영생의 길을 걸으셨다
부활하신 후 이 땅에 계셨던 40일
그 길이 영생의 주로서 계셨던 때이었다
40일, 이 땅에 계셨던 40일의 행적을 살펴보라!
죽은 자가 아닌 산 자로서 역사하고 계셨다

그렇다면 이러한 사실들을 어떻게 알 수 있는 것일까?
이미 수 차 이 부분에 있어 설명한 부분이 많이 있다
계시록 안에는 두 종류의 계시가 들어있다
일반계시와 중간계시이다
중간계시와 일반계시는 각자의 독립적인 내용을 가지고 있다
동일한 계시의 입장에서 보면 앞뒤가 맞지 않는 부분이 있다
또 자세히 살펴보면
겹쳐지고 반복되는 인, 나팔, 대접의 역사를 보게 된다
또 진행되는 역사의 순서가 바뀌어진 부분도 있게 된다
그렇게 되어 있는 모든 이유가

계시록 자체가 이중 계시로 되어있기 때문이다

일반계시와 중간계시
중간계시라는 의미는 일반계시 속에, 계시의 중간 안에
또 다른 계시를 삽입했다는 뜻이다
그래서 중간계시를 삽입 계시라고도 할 수 있다
여기서 우리가 집중해야 할 내용이 있다
왜?
하나님이 일반계시 속에 중간계시를 넣으셔야만 되었는지
그 이유를 알아야 된다는 것이다
그 이유를 모른다면
때를 따라 역사하시는 하나님의 뜻, 때의 비밀을
알 수 없는 눈뜬 장님 같은 존재가 되는 것이다

왜?
중간계시라는 카드를 사용하셔야만 되는 하나님의 입장
과연 무엇일까?
때가 단축되었기 때문이다
"형제들아 내가 이 말을 하노니 때가 단축하여진고로"
(고전 7:29)
때가 단축하여졌다는 의미는
"욕심이 잉태한즉 죄를 낳고 죄가 장성한즉 사망을 낳느니라"
(약 1:15)
급속하게 죄가 관영하고 있기 때문이라는 것이다

"네 자손은 사 대만에 이 땅에 돌아오리니 이는 아모리 족속의

죄악이 아직 관영치 아니함이니라 하시더니" (창 15:16)

이 성구를 깊이 새김질하여 보면
아무리 적국이라 할지라도 죄가 관영치 아니하면 멸망시킬 수 없다는 것이다
이스라엘 편에 계시는 하나님이시지만
적국이 이스라엘 백성들보다 죄가 없다면
그 백성들이 이스라엘 백성들보다 죄가 깊어질 때까지 기다려야 된다는 것이다
세상 소리에도 똥 묻은 개가 겨 묻은 개를 나무란다
말이 되지 않는 모순이라는 것이다
예수께서도 들보가 들어있는 자가 티 묻은 눈을 가진 자를 나무라는 모순을 지적하기도 하셨다
이러한 원리를 상대적으로 적용시킬 수도 있는 것이다
예상보다 죄가 빠르게 관영한다면
하나님은 때를 단축시킬 수 있는 것이다

때를 단축시킨다는 말은
때를 단축시킬 수 있는 조건을 만든다는 것이다
때의 중심은 사람이다
때를 단축시킬 수 있는 사람을 만든다는 것이다
때를 단축시킬 수 있는 사람은 밥 먹고 똥 싸는
그런 인간이 아니다
부활의 능력으로 사망의 권세를 이기고, 영육 간에 부활한 산 자를 말하는 것이다
산 자만이 철장의 권세를 가질 수 있다

그룹이 가지고 있었던 화염검을 말하는 것이다 (창 3:24, 히 4:12)
그 화염검을 가진 자만이
붉은 용과 그의 사자들과 싸워 이길 수 있는 것이다
그래서
해를 입은 여인이 철장의 권세를 가진 아이를 낳으면 삼키려 하는 이유가 거기 있는 것이다
그 아이가 하늘 보좌로 올라오면 자기들의 시대가
끝나기 때문이다
그 아이를 통해 분리되었던 궁창의 세계
하늘나라를 본래의 영광으로 회복하는 것이다

그렇다면
해를 입은 여인은 그 아이를 어떻게 낳는 것일까?
'아이 낳는다'는 의미를 언급했다
우선 먼저
때를 단축시키기 위해
천국이 이루어질 제 밭을 만드셔야 했다
마치 모리아 한 산을 준비해 놓으신 것처럼
그리고
열국의 어머니 사라를 준비해 놓은 것 같이
해를 입은 여인이
자기에게 주어진 때에 맞게 모든 것 준비하셨다
준비된 제 밭을 통하여 좋은 씨를 뿌렸다
영적인 때에 맞는 좋은 씨
영적 장자이며 횃불 언약을 통해 열매 맺은 산 자의 씨

그를 이 땅에
천국이 이루어질 제 밭에 뿌렸다
그 좋은 씨를 위하여 이미 그 배우자도 준비하셨다
준비하기 위해
뻐꾸기처럼 때마다 남산에서 그렇게 울었나보다
그리고 그와 함께 제물이 되어야 할
집비둘기 새끼도 준비하셨다

가지고 계시는 해의 능력을 가지시고
도둑이라는 별난 옷을 입으시고 걸으셔야 될
자신의 길을 걸으시는 그를
이 세상 그 누구도 알지 못했다
단지 붉은 용과 그의 사자들만이 그를 알고 있었다
사십 일 금식하신 후
마귀에게 세 번 시험을 이김으로써
창세기 3:15
여인의 후손으로 오시겠다는 그분이심을 그들이 알게 된 것처럼
장안산 삼 년 육 개월 칠 일
구도의 길을 승리하심으로
붉은 용과 그의 사자들이 알게 되었다
알게 된 그들이
마귀를 통하여 제 밭에 가라지를 뿌리게 했다
제 밭에 가라지를 뿌린 그 마귀
많은 물 위에 앉은 음녀라고 성경은 지적하고 있다 (계 17:1-4)

그리고 한편

붉은 용과 그의 사자들이
이 땅에 있는 어리석은 인생들
선악을 분별하지 못하고 단단한 식물을 먹지 못하는 그들
젖 밖에 모르는 초보의 신앙을 가진 그들
그들을 통해 해를 입은 여인을 핍박하기 시작했다

그런 상황을 성경에서는
"하늘에 또 다른 이적이 보이니 보라 한 큰 붉은 용이 있어 머리가 일곱이요 뿔이 열이라 그 여러 머리에 일곱 면류관이 있는데 그 꼬리가 하늘 별 삼분의 일을 끌어다가 땅에 던지더라 용이 해산하려는 여자 앞에서 그가 해산하면 그 아이를 삼키고자 하더니" (계 12:3-4)

붉은 용에 의해 하늘의 별이 삼분 일이 떨어진다
꼬리로 끌어다가 땅에 던지더라
이 의미는 하늘의 별 삼분의 일을 자기 편으로 만든다는 것이다
자기 편으로 만든 그들을 이용해
해를 입은 여인을 공격하는 것이다
그들이 노리는 붉은 용의 한 수
돈, 여자 문제, 출신 성분 등을 이용하여 그를 침몰시키는 것이다
이단이라는 구렁텅이로 그를 몰아넣고
영영히 그로 하여금 목회 생활을 못하게 만드는 것이다
그렇다고 하여
이 세상 안에서 이단으로 몰렸던 그들로 오해해서는 안 된다
그는 이 세상 목회자로서도

일점일획 흠이 없는 분이다
자신을 가리켜 메시아니, 재림 예수니…
그런 분이 아니시다

성경을 자세히 보라!
재림 마당에 등장하는 사람
도둑같이 오시는 분이다
자기 밖에 모르는 이름을 가지고 오시는 분이시다 (계 19:12)
세상적으로 자기 자신을 메시아적 차원으로 드러내는 자들은
그 누구라도 가짜이다
해를 입었기에 성경 말씀 중 일점일획이라도
더하거나 빼는 분이 아니시다
예수께서 율법을 완전하게 이루러 오셨다고 한 것처럼
해를 입은 여인은
지금까지 알려진 성경 말씀을 완전하게 이루시는 분이다
그분만이 역대 선지, 선열 및 아비와 조상들을
부를 수 있는 분이며
그들에게 물을 수 있는 분이다
그러나 한 가지 분명한 사실은 그분도 이단이라는
굴레를 쓰고 많은 고난을 받으셨다는 것이다

분명히 선언하고 외친다!
그를 이단이라고 말한 그 혀는 그의 영광이 나타나는 때에
입 속에서 분명히 썩을 날이 올 것이다 (슥 14:12)
그래서 "좋은 날 보기를 원하는 자는 혀를 금하라"
(벧전 3:10)

오늘날 목회자들의 자세는 어떠한가?
총회, 노회, 지방회 소속된 이단 감별사들이
그 누구든 하나를 지적하여 이단이라 하면
자기 교회 소속 성도들에게 주저없이 지적된 그를
이단으로 단정지어
이단이라고 부르게 하고 있지 않는가?
그런 결과가 무엇을 낳고 말았는가?
대한민국 성도들의 혀를 다 썩게 만들었다는 것이다
왜?
재림 마당에서 성도들의 권세가 다 깨어진다고 하셨는지
그대들은 아는가?

다음 성구를 자세히 살펴보라!
"그 중에 하나가 세마포 옷을 입은 자 곧 강물 위에 있는 자에게 이르되 이 기사의 끝이 어느 때까지냐 하기로 내가 들은즉 그 세마포 옷을 입고 강물 위에 있는 자가 그 좌우 손을 들어 하늘을 향하여
영생하시는 자를 가리켜 맹세하여 가로되
반드시 한 때, 두 때, 반 때를 지나서 성도의 권세가
다 깨어지기까지니
그렇게 되면 이 모든 일이 다 끝나리라 하더라" (단 12:6-7)

한 마디 결론적으로 말하면
재림 마당에서 성도의 권세가 다 깨어지는 이유는
다 목사들의 책임이라는 것을 알아야 한다
이렇게 말한다면

이게 무슨 소리야?
얼마나 열심히 기도하며, 가르치며, 성도들을 올바로
인도하였는데…
울컥 화를 내고 말 것이다
당연하다
나름대로 열심을 다 했을 수도 있다
그러나
그들의 열심은
초보의 신앙 차원에서 열심을 다한 것이다
젖을 먹이는 유모로서 최선을 다한 것이지
그 이상은
아무 것도 하지 못했다

생각해 보라!
대한민국에 초등학교 밖에 없다고 하자
국민의 전체 수준은 초등생이다
초등생의 국민 수준을 가지고 무엇을 할 수 있겠는가?
기껏해야
이스라엘 백성들이 애굽에서 종살이하던 것처럼…
그런 신세에서 벗어날 수 있겠는가?
그런데
세상 끝, 재림의 마당은
붉은 용과 그의 사자들이 이 땅에 내려오는 때이다 (계 12:9, 12:13)
그런 그 때를
젖이나 먹고 먹이는 그대들이 알 수 있겠는가?

일반계시조차 모르는 그대들이
일반계시 속에 감추어 놓은 중간계시를 알 수 있는가?
당신들이 양육했다는 성도들이
붉은 용과 그의 사자들과 싸워 이길 수 있겠는가?
그들이 유혹하는 대로
그들이 이용하고자 하는 목적대로
쓰임받을 수밖에 없는 양들을 만들어 놓고
자신들이 할 일을 다 해놓은 사람처럼 우쭐대며
자랑하고 있으니
얼마나 기가 막힌 일이겠는가?

다시 한 번 지적하며 소리치고 싶다
성도의 권세가 다 깨져야 하는 이유…
양들을 때에 맞게 올바로 가르치지 못했기 때문이다
마지막 재림 때는 죄인을 구원하러 오시는 것이 아니다
죄와 상관없이 두 번째 자기를 바라는 자들에게
오신다는 것이다 (히 9:28)

죄와 상관없이 자기를 바라는 자들
그들은 죄인이 아닌, 의인들을 말하는 것이다
의인이란 성도들을 말하는 것이 아니라 성도 중의 성도를
말하는 것이다
성도 중의 성도, 또는 성별된 성도
다니엘과 세 친구
또는 노아, 욥, 다니엘
이런 의인들을 구원하러 오는 것이다

그래서
성전 안을 측량하라고 하신 것이다
성전 밖 마당은 측량하지 말고 마흔두 달, 이방인에게
던지라고 하신 것이다

다음 성구를 생각해 보라!
"또 천국은 마치 바다에 치고 각종 물고기를 모는 그물과 같으니
그물에 가득하매 물가로 끌어내고 앉아서 좋은 것은 그릇에
담고 못된 것은 내어버리느니라 세상 끝에도 이러하리라
천사들이 와서 의인 중에서 악인을 갈라내어
풀무불에 던져 넣으리니 거기서 울며
이를 갊이 있으리라" (마 13:47-50)

장님이 장님을 인도하면 두 사람 다 실족하게 되어 있다
이 원리처럼
목자가 의인이 되지 못해 있다면
그 사람이 인도하고 있는 백, 천, 만, 십만 명의 양들이
진정 의인이 될 수 있겠는가?
"제자가 그 선생보다 또는 종이 그 상전보다 높지 못하나니
제자가 그 선생 같고 종이 그 상전 같으면 족하도다
집 주인을 바알세불이라 하였거든
하물며 그 집 사람들이랴" (마 10:24-25)

한 마디로 일축하면
목자가 의인이 아니면
그의 양들은 다 의인이 아니라는 것이다

이쯤이면 왜 성도의 권세가 다 깨어지는 것이
목자의 책임이라는 점에 한해서는 두 말하지 못할 것이다
그래도 굳이 우겨댄다면
우겨대는 당신에게 묻습니다
"당신은 멜기세덱을 아십니까?
예수께서 멜기세덱 반차를 따라 하늘의 대제사장이 되신 것
하늘의 대제사장 멜기세덱으로 올라가시어
우편 보좌에 계신 것 믿습니까?
올라가심 본대로 오신다는 것을 믿습니까?
멜기세덱이 아브라함보다 어떻게 더 높은 것을 알고 있습니까?

네 생물이
언제, 어떻게, 어떤 목적으로 지음 받을 줄 알고 있습니까?
일반계시 속에 있는 중간계시가 무엇인 줄 알고 있습니까?
작은 책이 왜 반 때 말씀인 줄 알고 계십니까?
작은 책 속에 어떤 내용이 들어있는 줄 아십니까?
대충 묻고 있는 이 질문의 세계를 알지 못한다면
당신은 정녕
초보의 신앙 속에 살고 있는 젖이나 먹는 자입니다
그런 사람을 가리켜 어떻게 의인이라고 말할 수 있습니까?
그러한 그 시대를 가리켜
주님께서는 "믿음이 없는 패괴한 시대"라고 하신 겁니다
(창 6:12)
그러시기에
'인자가 올 때 믿음을 보겠느냐' (눅 18:8)
하신 것입니다

예수께서 말씀하시는 믿음은 세상을 이기는 믿음
마귀를 이길 수 있는 믿음을 말씀하신 것입니다
나 자신과, 이 세상과, 마귀를 이길 수 있는 믿음 말입니다
마귀를 이길 수 없는 믿음은 믿음이 아닙니다"

"(중략)- 세상에서는 너희가 환란을 당하나 담대하라
내가 세상을 이기었노라 하시니라" (요 16:33)

"대저 하나님께로서 난 자마다 세상을 이기느니라
세상을 이긴 이김은 이것이니 우리의 믿음이니라
예수께서 하나님의 아들이심을 믿는 자가 아니면
세상을 이기는 자가 누구뇨" (요일 5:4-5)

예수께서 이 땅에 오신 목적 중에 하나
마귀의 일을 멸하러 오셨다 했다 (요일 3:8)
예수께서 우리에게 주신 믿음
세상을 이길 수 있는 믿음
마귀의 일을 멸할 수 있는 믿음
그러한 믿음을 주셨기에
하늘에서 내려온 붉은 용과 사자들과 싸울 수 있는 것이다

그런데 오늘날
그대들이 자랑하는 믿음
그 믿음은 어떤 믿음인가?
어떻게든지 무슨 수단 방법을 이용하든지
성도들만 많이 모으는 것이

최상의 믿음이라고 생각지 않는가?
어떻게든지
무슨 비상 방법을 쓰든지
남들에게 자랑할 만한, 내세울 만한 교회를 짓는 것이
최고의 믿음이라고 생각하고 있지 않는가?
어떻게든지, 최후의 방법을 동원해서라도
이루어온 체재를 족벌 체재로 이끌고 가고자
법정 투쟁을 벌이고 있는 그 믿음을
순교적 믿음이라 떠벌이고 있지 않는가?
하나님에게 바쳐지는 그 수많은 헌물들을 착취하며
희생의 대가로 내게 주시는 보상금이라 생각하는 그 믿음
진정 그러한 믿음들이
하나님을 기쁘시게 해드릴 수 있는 믿음이라 할 수 있는가?
(히 11:6)
낡고 쇠하여져 가는 믿음
썩고 부패해져 가는 믿음이라고
믿음의 주이신 (히 12:2) 예수께서 지적하고 계신다

그러한 믿음의 역사 속에서
진정 때에 맞는 의인들이 탄생할 수 있을까?
이 점을 깊이 깊이 생각해 보라!
외적인 교회의 팽창, 부흥이
꼭 하늘 은혜의 차원에서 주시는 축복으로만 생각지 말라는 것이다
마귀가 예수님을 세 번 시험할 때
순식간에 천상천하의 영광을 보여주면서

"네가 내게 절하면 이 모든 영광을 네게 주리라"
교회를 통하여 나타나는 외적, 양적 변화를
단순하게 하늘이 주시는 축복이다
그렇게 생각해서는 안 된다는 것이다
마귀도 충분히 그렇게 역사한다는 것을 잊지 말라는 것이다
자기에게 절하며 복종만 한다면
놀라운 물질적 축복뿐만 아니라 그들의 영적 능력도
준다는 것이다
신유 은사, 방언, 예언, 투시 은사
원하는 대로 절하고 복종하면 아낌없이 주겠다는 것이다
이미 예수님 이후
오늘에 이르기까지 계속적으로 이어오고 있다는 사실이다

마태복음 23장을 생각해 보라!
일반 성도가 아닌 종교지도자들에게 하시는
예수님의 일곱 가지 화(禍)의 말씀이다
오늘의 목회자들 중에서 일곱 가지 주님의 저주의 말씀 앞에
"나는 온전하다"
자신있게 말할 수 있는 자들이 있을까?
사랑의 하나님
그 하나님을 믿는다고 하면서도
자기 사람들이 아니면
이웃들을, 나그네들을 경계하며 선을 그어 편을 가르며
불평하며 대적하고 있지 않는가?
"원수를 사랑하라!" "기도하라!" 면서
그들의 마음속에서는

이웃 사랑, 하나님보다는
물질의 축복만을 기웃거리고 있지 않는가?
진실하고 참된 성도 하나보다는
비록 거짓되고 참되지 못할지라도
가짜일지라도
열 명 백 명이 온다면
참보다는 거짓을 택할 수밖에 없는 목자들의
뱀 같은 지혜가 아닌가?
끝내 신앙의 정절과 순결을 지키던 그들이
뱀의 유혹에 빠져
그렇게 허물어져 가는 목회자들이 얼마나 많은 줄 아는가?

명분상으로는
개척 교회를 자립할 때까지 도와준다고 하면서
껌 값 주고 있는 목회자들 중에는
쌓여지는 물질로 말미암아 잠 못 이루는 목자들이
얼마나 많은가?
"부자는 천국에 들어가지 못한다"는 주님 말씀처럼
부자 교회는 절대 천국에 들어가지 못한다는 것을
분명히 알아야 한다
특히 부자 교회에 소속된 목자들
주인이 도둑질을 하면
당연히 종들도 도둑질을 하게 된다
보고 배우는 것이 교육의 본질이다
그런 교회 소속되어 있는 전도사나 신임 목사들
결국 보고 배워 나가서는 동일한 길을 걷게 되는 것 당연하다

잠시 이쯤에서
다시 화두를 바꾸고자 한다
일반적인 개념에서 보면
선택받는 선지자, 제사장, 사도, 소자
특별한 소명의 부르심을 입음으로
특별한 하늘의 은혜, 은총을 입는 것으로
생각하게 마련이다
물론 틀린 생각은 아니다
그러나 소명의 부르심과 함께 먼저 주시는 것이 있다
시련과 고난이다

"보라 내가 너를 연단하였으나 은처럼 하지 아니하고
너를 고난의 풀무에서 택하였노라" (사 48:10)

"나의 가는 길을 오직 그가 아시나니 그가 나를 단련하신
후에는 내가 정금 같이 나오리라" (욥 23:10)

"인자야 너는 비록 가시와 찔레와 함께 처하며 전갈 가운데
거할찌라도 그들을 두려워 말고 그 말을 두려워 말찌어다
그들은 패역한 족속이라도 그 말을 두려워 말며 그 얼굴을
무서워 말찌어다 그들은 심히 패역한 자라 듣든지 아니 듣든지
너는 내 말로 고할찌어다" (겔 2:6-7)

"그들이 너를 치나 이기지 못하리니 이는 내가 너와 함께하여
너를 구원할 것임이니라 여호와의 말이니라" (렘 1:19)

"이사야에게 일러 가라사대 갈찌어다
네 허리에서 베를 끄르고 네 발에서 신을 벗을찌니라
하시매 그가 그대로 하여 벗은 몸과 벗은 발로 행하니라
여호와께서 가라사대 나의 종 이사야가 삼 년 동안 벗은 몸과
벗은 발로 행하여 애굽과 구스에 대하여 예표와 기적이 되게
되었느니라" (사 20:2-3)

"느부갓네살이 분이 가득하여 사드락과 메삭과 아벳느고를 향
하여 낯빛을 변하고 명하여 이르되 그 풀무를 뜨겁게 하기를
평일보다 칠 배나 뜨겁게 하라 하고 -(중략)- 극렬히 타는 풀
무 가운데 던지라하니 -(중략)- 이 세 사람은 결박된 채 극렬
히 타는 풀무 가운데 떨어졌더라" (단 3:19-23)

"이에 왕이 명하매 다니엘을 끌어다가
사자 굴에 던져 넣는지라" (단 6:16)

"그가 아들이시라도 받으신 고난으로 순종함을 배워서
온전하게 되었은즉" (히 5:8-9)

"그는 근본 하나님의 본체시나 하나님과 동등됨을 취할 것으로
여기지 아니하시고 오히려 자기를 비어 종의 형체를 가져
사람들과 같이 되었고 사람의 모양으로 나타나셨으매
자기를 낮추시고 죽기까지 복종하셨으니
곧 십자가에 죽으심이라" (빌 2:6-8)

"사랑하는 자들아

너희를 시련하려고 오는 불시험을 이상한 일 당하는 것같이
이상히 여기지 말고 오직 너희가 그리스도의 고난에 참예하는
것으로 즐거워하라 이는 그의 영광을 나타내실 때에 너희로
즐거워하고 기뻐하게 하려 함이라 너희가 그리스도의 이름으
로 욕을 받으면 복 있는 자로다" (벧전 4:12-14)

"그러므로 하나님의 뜻대로 고난을 받는 자들은 또한 선을 행
하는 가운데 그 영혼을 미쁘신 조물주께 부탁할찌어다"
(벧전 4:19)

"선을 행함으로 고난 받는 것이 하나님의 뜻일찐대"
(벧전 3:17)

대략 이 정도의 성구이면
하나님의 소명의 부르심을 입은 자들
편안히 있다가 부르심을 받는 것이 아니라는 것 분명히
알 수 있다
또 반대로 부르심을 받고 난 후
즉 사명자로 부르심을 받고
그 사명을 감당할 수 있는 자로 만드시기 위해
고난의 길을 걷게 한 자도 많이 있다

"내가 생각건대
하나님이 사도인 우리를 죽이기로 작정한 자 같이 미말에 두
셨으매 우리는 세계 곧 천사와 사람에게 구경거리가 되었노라
-(중략)- 바로 이 시간까지 우리가 주리고 목마르며 헐벗고

매 맞으며 정처가 없고 -(중략)- 우리가 지금까지 세상의
더러운 것과 만물의 찌끼같이 되었도다" (고전 4:9-13)

"네 하나님 여호와께서 이 사십 년 동안에 너로
광야의 길을 걷게 하신 것을 기억하라 이는 너를 낮추시며
너를 시험하사 네 마음이 어떠한지 그 명령을 지키는지 아니
지키는지 알려하심이라" (신 8:2)

한 마디로 양을 인도하는 목자로서 고난의 길
십자가의 길을 걷지 않은 자는 참 목자가 아니라는 것이다
십자가의 길을 걷지 않고 세속적인 입장으로
목회 길을 걷는 그들
마치 상속을 받듯
부모가 닦아 놓고 쌓아 놓은 목회자 길을
거저 넘겨받고 목회 생활을 하는 그들
진정 참 목자라 할 수 있을까?
십자가의 고난을 알지도 못하는 그들이
십자가의 사역을 온전히 감당할 수 있을까?
온실에서 키워놓은 화분을 추운 바깥으로 내어놓아 보라
순식간에 얼어 죽고 만다
자식에게 자신의 유업을 넘겨주는 것처럼
교회와 교권을 넘겨주는 자들
결과적인 입장으로 말한다면 그것은 자식을 살리는 것이 아니고
죽이는 것이다

교회는 하나님의 집이다

예수께서 피로써 세우신 집이다
절대 개인의 소유가 아니다
그런 하나님의 소유를 유산 상속하듯 자식에게 넘겨주는 자
그것은 하나님의 것을
도둑질한 것이나 다름없는 것이다
세상 사람들 간에도
어려서 고생은 사서라도 시킨다고 한다

내가 땀 흘려, 눈물 흘려, 내 생애를 다 바쳐 세운 것인데
내 마음대로 한다고 해서
누가 뭐라 말할 수 있겠는가?
어리석은 자여!
밤사이 자식의 영혼을 데려가시는
생사화복을 주관하시는 하나님이심을 깨닫지 못하느뇨?
예수께서도 분명히 말씀하셨다
가이사의 것은 가이사에게…
그리고
하나님 것은 하나님에게…
주님의 몸 된 교회
자신이 세웠으니 내 것이라고 생각하는 자
절대 구원받지 못한다
사람의 생각을 열매 맺게 하시는 분
하나님이시다

다음 성구를 생각하라!
"여호와의 말씀에 내 생각은 너희 생각과 다르며

내 길은 너희 길과 달라서
하늘이 땅보다 높음 같이 내 길은 너희 길보다 높으며
내 생각은 너희 생각보다 높으니라" (사 55:8-9)

"어떤 길은 사람의 보기에 바르나 필경은 사망의 길이니라"
(잠 14:12, 16:25)

"여호와께서 온갖 것을 그 씌움에 적당하게 지으셨나니
악인도 악한 날에 적당하게 하셨느니라" (잠 16:4)

"깨끗한 자에게는 주의 깨끗하심을 보이시며
사특한 자에게는 주의 거스리심을 보이시리니" (시 18:26)

하나님의 것을 자기 것으로 판단하는 순간
하나님은 이미 그런 자에게 주의 거스림을 주신다는 것이다
그런 그를 사특한 자로 여기신다는 것이다
설사 목회자로서 훌륭한 자식이 있다고 하자
그 자식은 스스로 교회를 개척하게 만들어야 한다
그것이 목회자로서 올바른 양식이다
물론 원칙 외에도
부득이한 경우도 없지는 않다
모세의 가정도 그러한 가족에 해당한다고 할 수 있다
그런 경우는 개인 스스로의 선택이 아니라
후회함이 없는 하나님의 부르심에서 이루어지는 경우이다
(롬 11:29)
그러한 특별한 경우가 아니고는

예수님 말씀대로
가이사의 것은 가이사에게
하나님의 것은 하나님에게
당연히 소속되어야 하는 것이다

다른 남자와 싸우는 남편을 돕기 위해
다른 남자의 음낭을 잡게 되면
어떤 경우라도 그 손목을 자르게 되어 있다
하물며 하나님의 것을 도적질한다면
자기의 것이라고 우겨댄다면
도적질한 자의 그 손목
당연히 잘라야 마땅하지 않겠는가?
그런 원칙을 적용한다면
오늘날 대한민국 안에 있는 목회자들 가운데
손모가지가 잘려질 자가 얼마나 많겠는가?
신앙의 양심이 살아있다면
행여, 아예 그런 생각은 가져서는 안 될 것이다

생각하고 또 생각해 보라!
부잣집 대문 옆에 거적 때기를 쓰고 있는 나사로
지금, 당신의 교회 정문 옆에
거지 나사로와 같은 목회자들이 얼마나 많이 있는지
생각해 보았는가?
쌓여지는 물질 때문에 잠 못 이루지 말고
아낌없이 거지 나사로 같은 목회자들을 위해 자비를 베풀라
보이는 형제 같은 목자들을 사랑하지 못하는 자들이

보지도 못하고 있는 하나님을 어찌 사랑할 수 있겠는가?
목회자 한 사람이 거느릴 수 있는 양의 한계
이백 명에서 최고 삼백 명까지이다
그 이상은 과욕이다
과욕으로 빚내어 가장 큰 교회를 지으려 몸부림치지 말고
과욕된 그 돈으로
많은 교회를 지어 안수 받고도 목회 생활을 하지 못하고 있는
그들 각자에게
주님의 마음을 가지고 자비와 긍휼을 베풀어라
그것이 하나님이 기뻐하시는 일이다

그리고 한 가지
거지 목사에게 들은 이야기 중
유독 귀에 박힌 메시지가 있다
본인 자신은 길을 가다가도 십자가가 없는 절이나 타종교의
건물이 있다면 가던 길을 멈추고
돌아서 간다는 것이다
무엇인가 마음에 와 닿는 부분이 있다

학교 시절 경주로 수학여행을 간 적이 있었다
과정 중 불국사를 들른 적 있었다
경내를 안내를 받아가며 견학 중이었는데
단체로 온 아주머니 일행이
경내를 구경하며 다니면서
함께 찬송을 부르는 것을 본 적이 있었다
중학생이었던 그때에도

그분들의 그런 모습이 선뜻 마음에 들지 않았었다
교회 분들이 단체로 견학오신 것 같은데
'굳이 절에 와서까지 찬송을 부르고 다닐 바에는
차라리 이곳을 오지 않는 것이 더 낫지 않았을까?' 하는
마음이 생겼던 적 있었다

시대의 요구에서일까?
오늘날
문화적 행사에 보면
종교적 구분없이 종교 지도자들이 한 자리에 모여 있는 모습을
종종 보게 된다
심지어 교회 행사에도 불교 지도자들이 축사를 하기도 하고
교류 차원인지
절의 행사에도 목사들이 초대를 받아 그쪽 행사를 빛내주기도
한다

다음 성구를 보라!
"너희는 믿지 않는 자와 멍에를 같이 하지 말라 의와 불법이 어찌 함께하며 빛과 어두움이 어찌 사귀며 그리스도와 벨리알이 어찌 조화되며 믿는 자와 믿지 않는 자가 어찌 상관하며 하나님의 성전과 우상이 어찌 일치가 되리요 우리는 살아 계신 하나님의 성전이라" (고후 6:14-16)

십자가가 없는 종교는 예수가 없는 종교이다
예수가 없는 종교는 구원이 없는 종교이다 (행 4:12)
예수를 하나님 아들로 인정하지 않고 믿지 않는 종교는

다 우상이다
영육 간에 부활하신 예수를 믿지 아니한 자들 적그리스도이다
그런데도 오늘날
폭넓은 교제의 명분을 내세워
타종교의 지도자들과 거침없는 우의를 나누는 자들이 얼마나 많이 있는가?
물론 종교적 차원이 다르기는 하지만…
아담도
모세도
단 한 번의 죄로 말미암아 에덴동산에서 쫓겨났고
모세도 젖과 꿀이 흐르는 가나안에 들어가지 못했다

다음 성구를 생각해 보라!
"한 번 비췸을 얻고 하늘의 은사를 맛보고 성령에 참예한바 되고 하나님의 선한 말씀과 내세의 능력을 맛보고 타락한 자들은 다시 새롭게 하여 회개케 할 수 없나니 이는 자기가 하나님의 아들을 다시 십자가에 못 박아 현저히 욕을 보임이라" (히 6:4-6)

두렵고 떨리지 않는가?
목회자가 우상과 손을 잡고 교제한다면
그는 '예수를 다시 십자가에 못 박는 죄'라고 말씀하시고 있다
그런데도 보이는 자신의 처세를 과시하고자
우상과의 교제를 자랑스럽게 나타내고 있으니
참으로 기가 막힐 일 아닌가?
그러기에

양화교 거지 목사는 아예 우상의 거처나 흔적이 있는 곳은
가던 길을 바꾸어 멀리 돌아간다는 것이다
양화교 거지 목사만도 못한 목회자들이여!
정신 차리고 정신 차리어
양화교 거지 목사의 말에 귀 기울일지어다!

제 12장

동방의 아버지

제 12 장
동방의 아버지

그 후
세월이 흐른 뒤 다리 밑을 찾아갔다
전에 있던 다리는 사라지고 새로운 다리가 놓여있다
차량 통행이 늘어나고
도로 폭이 넓어지므로
거기에 맞게 새로운 다리를 놓은 것 같다
그러나 다리 밑에는 사람이 거주하고 있는 흔적이 없다
그리고 이미
다리를 건너 꽤 먼 거리까지 시가지가 형성되어 있다
문득 돼지갈빗집이 생각났다
찾아가 거지 목사에 대해 물어보았다
생김새를 대충 얘기해주었다
그 여자는 그 거지가 목사라는 것을 전혀 모르고 있었다.
그런데 얼마 전에 그분이 찾아왔더라는 것이다
신세가 달라진 그분을 알아볼 수 없었는데
그분 자신이 그날 그 경우를 당했던 본인이라고 말해서

알았다는 것이다
오셔서 돼지갈비와 된장찌개를 시켜서 먹었다 했다
일부러 오셨다는 것이다
그때 아주머니가 주셨던 불에 굽지 않고 고기만 썬 갈비 열 대
두고두고 잊지 못해 이렇게 찾아왔다는 것이다
일부러 인사하러 왔다고 했다
궁금하기도 해서 안부를 물었더니
지금 영등포에서 개척교회를 세워서 목회생활을
하고 있다고 했다는 것이다
그렇게 훌륭한 분이 그때 왜 그 수모를 당했는지
몹시 궁금한 듯 그분에 대한 안부를 되묻기도 했다

'기어이
당신이 말한 그 기간을 마치고 이제 본격적으로
목회 생활을 시작하셨구나'
알 수 없는 마음의 뜨거움이 울컥 눈물로 쏟아졌다
그분이라면
당연히 큰 나무, 큰 거목이 되리라 생각하며
다시 한 번 다리 밑 그곳으로 찾아갔다
국가 경제가 살아나고 새마을 사업이 요동치므로
삶의 수준이 높아지고 있는 탓일까?
서서히 눈에 띄던 거지 떼들이 사라지고 있었다
여기저기 새로운 주택들이 건설되기 시작했다
단독주택의 개념이 공동주택으로 바뀌어가고 있는 탓인지
연립주택이 눈에 띄기 시작했다
그 당시 연립주택은

보통 2층으로 된 연합주택이었다
한 동에 밑의 층 여섯 가구, 이층 여섯 가구
열두 가구가 한 동을 이루고 있다

일 층에 있는 어느 집이었다
여자는 이십 대 후반, 남자는 삼십 대 초반
신혼 부부 같았다
꿀물이 떨어지는 신혼 분위기 가득 차 있다
남편의 한 팔을 베고 자고 있는 그녀를 누군가 조심스럽게
깨우고 있다
낯익은 목소리였다
놀라 눈을 비비고 있는 그녀에게
"조용히 소리내지 말고 내 얘기를 잘 듣거라
지금
너희 집에 도둑이 들었다
지금 건넌방에서 물건을 뒤지고 있다
남편을 깨우지 말거라
그 사람은 겁이 많은 사람이다
도움이 안 된다
옷을 빨리 챙겨 입고 목청껏 소리쳐라
도둑이야 하지 말고 불이야 소리쳐라
그래야 네 이웃들이 도와줄 것이다"
심호흡을 했다
그리고 소리치기 시작했다
"불이야 불이야!"
자고 있던 남편이 불이라고 외치는 소리에

놀라 어찌할 바 모르고 떨고 있다

그 당시 지은 연립주택
공간 소음을 차단하는 방음 시설이 부족했다
악을 쓰고 외치는 불소리에
그 동 전체의 주민들이 깨어났다
그 틈새 속에서 침범했던 그 도둑 사람도
재빠르게 줄행랑을 치고 말았다
영문을 몰라 우왕좌왕하던 동민들에게
자초지종 실토를 했다
부득이하여 소리를 쳤다는 그 여자의 말을 듣고
돌아가면서 하는 말
"도둑이 들면 나도 그렇게 해야겠구먼…"
모든 상황을 알게 된 남편도
아내가 행한 처신에 대해 칭찬했다
그리고 물었다
"도둑이 들은 것을 당신은 어떻게 알았소?"
누워 있는 남편의 배를 쓸어주던 여자가 말했다
"나도 깊은 잠에 빠져 있었어요
그런데 목사님이 나를 깨우시더라구요
어떻게 우리 방에 들어오셨는지 사방을 둘러보아도
목사님이 보이지 않는거야
그냥 목소리만이 들리시며
자초지종을 말씀해주셨어
그리고 남편은 겁이 많은 사람이니 깨우지 말고
소리치라고…"

듣던 남편이 고백했다
집에 도둑이 들어왔다면 나는 겁이 나서 일어나지 못할 거라고
미안한 듯 배를 쓰담어주고 있는 아내를 와락 껴안는다
그러면서 잊지 않고 하는 말이 있었다
"참으로 우리 목사님이 대단하신 분이시네…"
"그럼!
어느 집사님이 그러시는데
어느 산에서 삼 년 육 개월 칠 일간 쌀 두말을 가지고 사셨대
지금도 그 산 아래 있는 동리 사람들은
그 분을 도사님이라고 부른대…"
신바람이 난 듯한 아내 입을
신랑인 남편이 거칠게 막아버렸다
두 사람의 뜨거운 열기가 겨울밤을 뜨겁게 익혀가고 있었다
뒤늦게서야 알게 된 내용이지만 그녀 또한 앞서 말한
그 고등학교 학생이었다는 것이다

직장 일을 마치고 퇴근시간이 되어
두 사람이 약속한 장소에서 만났다
목사님께 감사의 인사를 드리기로 했다
평소보다는 묵직한 선물을 준비했다
늘상 뵈올 때마다 변함없는 모습
성경을 보시고 계신다
한 번에 네 줄씩 성경을 읽으신다는 소리를 들었다
이미 찾아온 이유를 알고 계시기에 먼저
"잃어버린 것은 없었니?" 물으셨다
가르쳐 주신 대로 하였다는 그날 밤의 일들을 대충 말씀드렸다

남편도 조심스럽게 나의 말을 거들어주었다
빙그레 미소 지으시며 우리에게 물으셨다
"결혼한 지 몇 년 되었니?"
"예, 5년 차 되었어요"
"이제는 아이를 가질 때도 되었구나"
남편의 눈이 번쩍였다
그렇지 않아도 근래 들어 남편이 아이를 갖자고 볶고 있던
때였다
아직은 때가 아니라고 남편을 달래고 있던 터에
목사님의 물으심이 불꽃에 기름을 부어주신 격이 되고 말았다
"목사님, 그래도 조그마한 내 집이라도 장만하고 아이를
가지려 해요"
그런데 목사님이 뜻밖의 말씀을 하셨다
"복덩이 아이를 낳으면 되지
복을 불러오는 아이도 있단다"
평범한 목사님이 아니라는 것을 느끼게 된 입장에서
순종하기로 마음으로 약속드렸다
순종하는 마음으로
아이를 갖기 위해 더 열심히 사랑했다
그렇지 않아도 금슬이 좋기로 소문난 부부인데
그들은 밤마다 보름달을 바라보며
염치없이 사랑하고 또 사랑했다

그런데 이상한 일이 생겼다
일 년이 넘도록 아이를 갖지 못했다
염치없는 줄 알면서

목사님께 솔직하게 말씀드렸다
"순종하는 마음으로 열심히 아이를 가져보려 애썼지만
아직도 아이를 갖지 못했습니다"
듣고 계시던 목사님이 사모님을 부르셨다
어려운 살림살이를 꾸려 가시면서 세 아들을 키워 가시는
사모님
입성이 항상 초라하시다
얼굴에도 깊은 수심에 차 계신다
"여보, 내가 먹던 아스피린 통이 어디 있지?"
분주히 찾으시던 사모님 손에 아스피린 통이 들려있다
"먹고 남은 아스피린이 삼분의 일쯤 남아 있을거다
하루에 한 알씩 먹고
먹을 때마다 꼭 기도해라
내년 이맘 때 너희가 아이를 안을 수 있을 것이다
잊지 마라
약을 먹을 때마다 꼭 기도해라"

집에 돌아온 남편의 얼굴이 편해 보이지 않는다
"여보, 아스피린은 해열제 감기약이야
그 약을 먹었다 해서 아기가 생길까?"
도무지 이해가 안 간다는 뜻이다
순간 목사님 설교 말씀이 떠올랐다
엘리사가 행한 이적 중에
물에 빠진 빌려온 도끼로 난감해하는 제자 앞에서
나뭇가지를 꺾어 물에 던지므로
물속에 가라앉았던 도끼를 떠오르게 했다

이것이 말씀의 능력
기도의 능력이라고 하셨다
기도의 능력은 능치 못함이 없다고 하셨다
무조건 목사님의 말씀을 믿자
믿고 기도하고 먹으면 이루어질 것이다

의심에 찬 남편의 말을 외면하고
열심히, 하루에 한 알, 먹으며 기도했다
목사님께서 말씀하신 복을 불러올 수 있는 아이
"복덩이를 낳게 해주소서!"
그러는 와중에 남편이 졸라대기 시작했다
자기도 행여나 하여
병원에 가서 남자의 씨에 대한 검사를 받았다는 것이다
그러니 당신도 검사를 받아보라는 것이다
매일 매일 성화에 못 이겨 할 수 없이 남편이 소개한
병원에 갔다
진찰받은 결과가 예상을 초월했다
아이를 낳기에 어려운 조건을 가지고 있다는 것이다
불임이라는 것이다
남편보다도 여자 자신이 더욱 놀랐다
'목사님이 자진해서 아이를 가지라고 하셨는데
이러한 참담한 결과가 나타나다니…'
성년이 되고 나서는 처음으로 이불 속에서 울었다
영영히 아이를 낳지 못한 경우에서 새어나오는 눈물 같았다
울다 지친 꿈속에서 목사님의 음성이 들려왔다
"믿음에는 능치 못함이 없다 염려하지 말고 믿기만 해라!"

꿈속에서 들려준 말씀을 듣고도 쉽게 근심이 떠나가질 않았다

그러던 어느 주일 설교 말씀
엘리사가 수넴여자에게 아이를 준다고 했다
수넴여자가 그 말을 농담으로 받아들였다
하지만
엘리사의 말씀대로 아이가 생겨 아이를 낳았다
자라는 과정 어느 날
머리가 아프다고 칭얼대던 아이가 죽고 말았다
다시 한 번 그 아이를 주었던 엘리사가 그 아이를 살려냈다
설교의 중심은
왜?
그 아이가 죽었다가 살아나야만 할 이유가
감추어진 말씀의 핵심이었다
엘리사의 말씀을 농담으로 여겼기 때문이었다는 것…
말씀을 하시는 목사님의 두 눈동자가
가슴 속 깊이 뚫고 들어오고 있었다
"죄송합니다
목사님의 말씀을 제가 믿지 못하고 있었습니다
사람의 말로 듣지 말고
하나님의 말씀으로 들어야 된다고 늘 가르쳐 주셨는데
이 죄인이 수넴여인처럼
주시는 말씀을 농담처럼 여기고 말았습니다
믿음이 없는 이 죄인을 용서해주소서"

다음 성구를 살펴보자!

"가라사대 너희 믿음이 적은 연고니라 진실로 너희에게
이르노니 너희가 만일 믿음이 한 겨자씨만큼만 있으면
이 산을 명하여 여기서 저기로 옮기라 하여도 옮길 것이요
또 너희가 못할 것이 없으리라" (마 17:20)

엘리야, 엘리사가 이 땅 위에서 많은 역사의 흔적을 남겼다
상식적 입장에서 본다면 위대한 믿음을 가진 자들이라
생각할 수 있다
그러나 그들의 믿음이 예수께서 말씀하신
겨자씨 한 알의 믿음이다
믿음은 삼십 배, 육십 배, 백 배, 천 배 자랄 수 있는
생명력을 가지고 있다
홀로 유일무이한 하나이셨던 하나님 자신도
겨자씨 한 알만한 믿음의 존재이셨다
겨자씨 한 알만한 영원한 생명의 존재이셨다
영원한 생명력을 가진 겨자씨 한 알만한 그 믿음으로
뜻을 세우시고 말씀으로 만유의 세계를 지으신 것이다
그러므로 믿음이 없는 자는 존귀함을 모르는 짐승 같은
존재가 되는 것이다 (시 49:20)
믿음과 말씀이
온전한 하나를 이루는 인격적인 존재가 될 때
믿음의 주이신 예수, 또는 믿음의 주이신 하나님으로 부르심을
입게 되는 것이다

우리가 "행함이 없는 믿음은 죽은 것이다" 라고 말한다
그렇다!

믿음은 행함을 통하여 온전해진다
믿음이 없는 말씀은 그저 세상의 소리일 뿐이다
믿음으로써 말씀이 완전해지고
말씀을 통해서만이 믿음의 실체가 나타날 수 있는 것이다
그래서 "말씀을 들음으로써 믿음이 생긴다"(롬 10:17)고
하신 것이다

제자들이 예수께 장님을 데려왔다
그는 태어날 때부터 장님으로 태어난 자이다

"제자들이 물어 가로되 랍비여 이 사람이 소경으로 난 것이
뉘 죄로 인함이오니이까 자기오니이까 그 부모오니이까
예수께서 대답하시되 이 사람이나 그 부모가 죄를 범한 것이
아니라 그에게서 하나님의 하시는 일을 나타내고자 하심이니라
-(중략)- 이 말씀을 하시고 땅에 침을 뱉아 진흙을 이겨
그의 눈에 바르시고 이르시되 실로암 못에 가서 씻으라 하시니
(실로암은 번역하면 보냄을 받았다는 뜻이라)
이에 가서 씻고 밝은 눈으로 왔더라"(요 9:1-12)

우리는 이 성구에서 놀라운 일을 발견하게 된다
예수께서 공생애 과정 속에서 장님의 눈을 뜨게 하는 역사가
있었다
그 중에서 이 사건은
가장 비위생적이며
가장 비인격적이며
가장 모욕적인 사건으로 비쳐질 수도 있는 모습이었다

왜 그에게는 다른 사람들과 달리 그런 행위로서
역사하셔야 했을까?

"땅에 침을 뱉아 진흙을 이겨 그의 눈에 바르시고" (요 9:6)

땅에 침을 뱉아 진흙을 이기실 때 어떤 방법으로 진흙을
이기셨는지 아는가?
손으로 이기셨는지, 발로 이기셨는지 표면적으로는
나와 있지 않다
그러나 내용의 의미를 깊이 새겨보면 진흙을 이긴 방법은
손으로 하지 않고 발로 했다는 것이다
예수님의 입장에서 보면 엎드려 침과 진흙을 손으로
이기는 것보다는 발로 이기는 편이 쉬웠을 것이다
단지 이기는 방법이 쉬웠기 때문에 그 편을 택했다는 뜻이
아니다
예수께서 앞서 말씀하신 것처럼
그는 하늘의 일을 위해서 장님이 된 사람이라고 했다
하늘 일과 상관없이 이 땅에서 장님이 된 존재가 아니다
만약 이 땅에서 장님이 된 존재라면 절대 발로 비빌 수 없다
손으로 침과 진흙을 이기셨을 것이다

주님의 손은 창조의 손인 반면, 주님의 발은 복음의 발이다
이 땅의 장님에게는 창조의 의미를 가지고 있는 손으로,
하늘의 일을 위해 장님이 된 자에게는
하늘의 일인 복음의 발로 이긴다는 것
너무도 당연한 일이다

이렇게 성경 구절구절 속에는 이처럼 놀라운 비밀이 담겨있다

이러한 창조원리의 비의를 올바로 깨달을 수 있는 자라면
왜 아스피린을 먹으면 아이를 낳을 수 있다 말하고 있는지
어느 정도는 깨달을 수 있는 것이다
그렇다고 어느 누구에게나 동일하게 똑같이 그러는 것이 아니다
하늘의 일을 위해서 부름받은 자에게만 가능한 일인 것이다
하늘이 아닌 이 땅에 소속된 자에게 그렇게 해보라!
단번에
눈깔을 휘둥그렇게 뜨고
"당신 제정신이오? 미쳤소?
아스피린을 먹고 아이를 낳을 수 있다고 하는 당신은
목사가 아닌 미친 사람이요
사이비 이단들이 그렇게 말도 안 되는 비이성적인 일을 한다
더니 당신이 바로 그런 이구료" 그럴 것이다

언제 어디서 듣고 왔는지
남편 왈
"그 목사가 아무개 집사에게 그런 말을 했다고 했소
여보, 당신은 정말 그 말을 믿소?"
그런 남편의 어깨를 살며시 두드려주며
"여보 이 일은 내가 알아서 하겠어요"
남편을 달래주었다
그러나 주일설교 말씀은 나에게 주시는 간곡한 부탁이시며
애원이셨다
"예, 말씀대로 믿고 순종하겠습니다

비록 부족하고 부끄러운 사람이긴 하지만 그 장님처럼
저도 하늘의 일을 위해 불러주신 사람임을 믿고 순종하겠습니다.
감사드립니다"
주신 아스피린 30알이었다
한 달 만에 떨어졌다
행여 "다 먹었습니다" 말씀을 드릴까 했지만 생각을 고쳐먹었다
'아스피린 자체가 아이를 낳게 하는 것이 아니다
그 말씀을 믿고 행하는 그 믿음이 아이를 낳게 하는 것이다'
그것을 깨닫는 순간
평소와는 달리 눈앞이 밝아졌다

그 이후
설교 때마다 주시는 말씀이 송이꿀처럼 달기 시작했다
하루라도 말씀을 듣지 않고는 견딜 수 없는 갈급함이
통증처럼 아파졌다
"요사이 당신 지나치게 교회에 열중하고 있는 것 아냐?"
안하던 투정을 남편이 시작하고 있다
아스피린 사건 이후
급속하게 목사님에 대한 신뢰감이 눈에 보이게 떨어지고 있다
상대적일까?
그럴수록 더 열심을 냈다
초신자로서 직장생활을 하면서 새벽 제단을 쌓는 일
쉬운 일은 아닌 것 같았다
다소 힘겨움을 느꼈지만 큰 소망을 품고 있는지라
최선을 다해, 나 자신과 불평불만이 늘어가고 있는 남편과
하루하루를 싸우며 나아가고 있다

'인내는 쓰나 열매는 달다!'
친정어머니로부터 연락이 왔다
이상한 꿈을 꿨다고 꿈 얘기를 해주셨다
꿈에 하늘에서 큰 별이 떨어지는 것을 내 치마로 그 별을
담았다는 것이다
분명히 직감적으로 태몽 꿈이라는 것을 느꼈다고 하셨다
"몸에 별 이상 없느냐?
궁금해서 참다못해 연락을 하셨다"는 것이다
순간 무엇인가 잊고 살았다는 생각과 동시
"아, 그렇구나…!"
이미 있어야 할 그것이 지나가버렸다는 것을 까마득
잊고 있었다
열심히 새벽 제단을 쌓다보니
잠시 세월과 시간을 잊고 살았다는 것을
어머니의 소식을 받고 새삼 알게 되었다
마치 복권의 숫자가 다 맞고 끝자리 숫자 두 자만을
기다리는 심정이랄까?
흥분이 되면서도 초조하고 가슴이 뛰기 시작했다
기뻐지는 마음에 남편에게 오늘의 이 소식을 전할까 하다
끝내 멈추고 말았다
'공연히 오두방정을 떨면 안 되지…
좋은 일일수록 더욱 더 조심해야지…'

평소보다 일찍 퇴근을 하여 병원을 찾아갔다
순서를 기다리는 와중에도
목사님께서 해주셨던 말씀과 기도들이 마음속 깊은 한 가운데서

나를 향해 다시 한 번 소리치고 있었다
"임신이 된지 삼 주째입니다"
의사의 말소리가 마치 구름 속에서 들려오는 목사님 소리
같았다
돌아오는 발걸음
마치 구름 위를 걷고 있는 것만 같았다
빨리 집으로…
그러다 마음을 바꿨다
빨리 목사님에게…
믿음으로 주신 아기인데 당연히 먼저 그 분에게 가
인사를 드려야지
보고를 들으시는 목사님의 얼굴이 그렇게 환해지는 것을
처음 보았다
"목사님 얼굴이 마치 해같이 밝아지셨어요"
"당연하지
내가 해를 입은 사람인데…"
순간 무슨 말씀인 줄 알지는 못했지만 특별한 의미를 담고 있는
말씀 같아서
마음 속 깊이 담아두기로 했다
기쁨으로 축복 기도를 해주셨고 또 앞으로의 일을 위해
태어날 아기를 위해서도 특별한 기도를 해주셨다

늦은 시간에 돌아온 탓에 남편의 표정이 부어있었다
삐져있는 남편을 바라보며
살짝 약을 올렸다
"오늘 퇴근하고 교회 들렸더니 사모님이 맛있는 것을 주셔서

배가 터지도록 실컷 먹고 왔지…"
아니나 다를까?
순간 남편의 눈동자 튀어나올 듯 확장되었다
"잘한다, 남편은 배곯아 쫄쫄 굶고 있는데…
잘한다, 잘해!
당신 이제 점점 교회에 미쳐가는 것 아냐?"
순간
'아차, 내가 실수 했구나
태어날 새 생명인 아기를 위해서도 남편이나 나 말조심을
하라고 권면하셨는데 내가 이런 어리석은 짓을 하다니…'
"여보 방금 전에 한 말은 농담이구요
오늘 내가 아빠에게 가장 귀한 선물을 사가지고 왔어요"
일그러졌던 남편의 얼굴이 순간 펴지기 시작했다
그리고 들고 있는 가방을 유심히 살펴본다
기대를 바라는 눈치이다
"너무도 귀한 선물이라 바깥에서는 줄 수 없어
안에 들어가서 줄께요"
따라 들어온 남편의 모습이 선물을 기다리는 어린아이 같았다
"빨리 줘! 어떤 선물인데?"
조심스럽게 겉옷을 벗었다 그리고 중간 속옷도 벗기 시작했다
"당신 지금 뭐 하자는거야?
초저녁 시간인데 그걸 해달라는 거야? 당신 미쳤어?"
"여보, 그게 아냐"
그리고 조용하게 숙연하게
"당신 와서 내 배에 당신 귀를 대어보세요
분명 당신을 부르는 소리를 들을 수 있을 거예요"

순간 남편 얼굴이 환해지기 시작했다
아니, 붉다 못해 빨개지기 시작했다
"여보! 그렇다면 우리 아기가 생겼다는 거야?"
배에 귀를 대는 남편의 숨소리가 방안 가득 차고 있었다
"정말 정말 아기를 가진 거야?"
"그래요
오늘 일찍 퇴근을 해서 산부인과 병원에 다녀왔어요
임신된 지 3주째래요
그래서 돌아오는 길에 교회 목사님을 찾아뵙고 감사 인사를
드리고 아기를 위한 축복기도를 받고 왔어요"
"여보 참 잘했소! 정말 잘했소! 그분이 말씀하신대로 모든 일이
잘 되었잖소!"
평소와는 전혀 다른 말이 튀어나왔다
나타난 거짓이 아닌 진실 앞에 그 자신도 모르게 목사님의 말
씀을 믿겠다는 신앙고백이었다
"오늘은 이미 당신이 다녀왔으니까
내일은 나와 함께 같이 갑시다
실은 내가 당신 모르게 회사 내에서 적금을 하나
들어 놓은 것이 있소
5년 만기 적금인데 얼마 안 있으면 끝나게 되어 있소
적금 대출을 받아 목사님에게 진심으로 감사를 드리고 싶소
그동안 내가 알게 모르게 목사님을 얼마나 비난하고
불평불만했는지 당신은 모를 거요
회사에 가서도 내가 우리 목사는 아스피린 주면서
이걸 먹으면 임신한다고…
얼마나 비웃었는지 아오?

참으로 목사님께 너무도 많은 죄를 지은 놈이요
찾아뵙고 백배사죄 드리겠소"
참으로 신기한 일이다
"열 길 물속은 알아도 한 길 사람 속은 모른다" 세상 말이다
'어떻게 한 순간에 사람의 마음을 저렇게 바꿀 수 있단 말인가?'
참으로 말씀의 능력, 기도의 능력의 위대함을
다시 한 번 깨달을 수 있었다

그 뒤로는 그 부부가
목사님의 목회 사역에 없어서는 아니 될
중요 인물이 되었다는 것은 너무도 뻔한 일이다
그러면서 그녀의 마음 속 한 구석 안에서는
잊혀지지 않은 새겨진 말씀이 있었다
"당연하지
내가 해를 입은 사람이지"
'기회가 주어진다면 언젠가는 그 말씀이 무슨 뜻인지
꼭 물어봐야지'
기회를 노려보고 있었다
그리고 행여 그 말씀을 알고 있는 사람이 있을까 하여
목사님의 신뢰를 받고 있는 분들에게 조심스럽게 물어보았지만
아무도 그 말씀에 대해 아는 사람이 없었다
모두 처음 듣는 말씀이라 했다

오래 전 그 시대에 있었던 일이었다
같은 또래의 여자들이 모여 수다를 떨고 있는 모습…
아직도 참석하지 못한 사람들을 재촉하는 전화가 계속

이어지고 있다
그 시대에는 이런 여자들의 모습이 자주 눈에 띄던 시대였다
은행 문턱보다 쉽게 목돈을 만질 수 있는 조직
그것을 가리켜 계모임이라 했다
서로 마음이 통하며 신뢰할 수 있는 사람들끼리 모여
대부분이 계모임을 만들던 시대였다
계주가 계원을 모집해서 한 달 내는 곗돈을 모아
한 사람씩 순번대로 모아진 목돈을 타가는 것이다

잠시 계모임의 특징을 말한다면
계원이 열두 명이 모여진다고 하자
그러면 계주의 입장에서 계원이 열다섯 명 모임이라고 선언한다
계주 자신이 세 명 숫자를 짊어진 것이다
그리고 첫 번째로부터 세 번째까지는 우선적으로
자기가 곗돈을 타는 것이다
자기가 탄 곗돈을 다시 계원들에게 이잣돈을 놓아먹는 것이
그 시대에 경제 논리를 알고 있는 눈 밝은 여자들이라고 했다
그러나 계주에게도 위험성이 항상 도사리고 있기도 하다
계원 중 곗돈을 미처 내지 못할 경우 계주가 그것을 책임져야 한다
그런 위험성 때문에 계주가 계원을 모을 때에는 계원의 신상을 자세히 살펴보게 된다
착오없이 곗돈을 잘 낼 수 있는지, 그것이 계주의 입장에서 가장 중요한 문제인 것이다
그런 계모임에 등장하는 사람들은 그래도
어느 정도 자기 수입을 갖고 있는 자

남편으로 인하여 어느 정도 살림 돈 외에 조금씩은 여유가 있는
사람들이다
그렇지 않고서는 계모임의 일원이 될 수 없다
뿐만 아니라 계모임의 또 다른 성격도 있었다
계모임은 경제적 입장만 아니라 일종의 사교적인 모임의 성격도
가지고 있었다
계를 타는 사람 순서순서마다
목돈을 타는 그 사람들이 그날만큼은 정해진 내용에 따라
진탕 먹고 마시기도 한다
때로는 계원의 동의에 따라 남들의 눈을 피해 멀리 외곽에 있는
캬바레 같은 곳에 나가 춤을 추고 즐기는 그런 계모임도
종종 있었다
그런 일들로 인해
때로는 계모임 자체를 비난하는 측들도 있던 시대였다

재촉하는 전화를 받고 달려오는 그들
평소와는 다른 모습들로 나타나고 있다
할 수 있으면 곱고 아름답고 화려하게 꾸미고 모인 곳이
계모임이었다
그것이 계모임에 모이는 여자들의 자존심이었다
그래도 나는 이렇게 살고 있다는 자신들의 뽐냄이었다
"야! 이제 다 온 것 같으니 빨리 그분 오시라고 해"
그 시절에 있어 내놓으라고 하는 큰 식당이었다
"오시기 전에 오늘의 일을 빨리 끝내고 맛있는 식사를 하자"
계주가 서둘렀다
"오늘은 정옥이, 네가 타는 날이지?

자 오늘 네가 탈 네 몫이야" 계주가 계산된 돈을 넘겨준다

그때였다!
노년에 가까운 중년 신사 한 분이 헛기침을 하시며
방 안으로 들어오신다
방 안에 있던 모든 사람들이
일제히 일어나 정중하게 맞이한다
"아버지 어서 오세요"
앉으시자마자 오늘 곗돈을 탔던 정옥이라는 여자 분이
보자기에 싼 곗돈을 그 분에게 넘겨드린다
"고맙다, 너희들이 이렇게 애를 써주어 감사하다" 하시며
잠시 기도해주신다
"아버지 다음 달에는 춘자가 탈거예요"
주고받는 대화를 통해 알게 된 내용이 있었다
그들이 계모임을 조직한 것은 사적인 목적을 위해 모은 것이
아니라는 것이다
교회 재정을 위해, 목사님이 하시고자 하시는 그 일을 위해
계모임을 조직했다는 것이다
타는 순서를 통해 받은 그 돈을 친히 오시게 해서 그 돈을
직접 받아가게 한다는 것이다

모여있는 하나하나의 얼굴들
어디선가 분명 본 듯한 얼굴들이었다
그렇다!
그들은 같은 학교 동창생들이었다
거지 목사께서 남산 팔각정을 등지고 정해진 한 지점을

바라보시며
두 손 들고 기도하시던 그분
양화교 다리 밑 주인이었던 그 거지 목사이셨다
모여진 사람들 중에는 거의가
그분을 통해 하늘의 역사의 체험을 몸소 체휼했던 사람들이었다
다들 결혼하여 자녀를 낳고
이제는 애 키우는 일에서도 어느 정도 벗어나 개인적인 자기의
시간을 즐길 수 있는 그런 입장이 된 세대들
거의가 전차 안에서 이마를 맞대었던 암평아리 새끼들
바로 그들이었다
거지 목사께서 기도하신 대로
그들이 이렇게 모이어 거지 목사인 그를 돕는 아름다운 조직이
되고 말았다

나중에 알게 된 사실이지만
이런 계모임을 조직하게 하시고 곗돈을 이용하게 하신 것이
거지 목사의 계략이었다는 것이다
그러한 계모임이 여러 팀이 조직되어 있다는 것이다

어디 그뿐인가?
노심초사 그렇게 기도해주시던 그들이 그 목사님의 목회 생활 중
제 2세대가 되었다는 것이다
그 제 2세대의 중심이 숭의여고 출신들이었다는 것이다
그들이 교회 중요직분을 담당하여 주도적인 역할을
해오고 있었다
그러나 교회의 행정적인 차원의 중요역할은 교사 출신들이

담당하고 있었다
그 선이 분명했다
그 색깔이 분명하게 나뉘어졌다
숭의 출신들은, 마치 예수님 때로 비유한다면
다섯 마리아와 같은 여자들이었다는 것이다
그런 분담의 역할과 경계의 부분은 철저하게 구분하시는
거지 목사님이셨다
그리고 목사님의 자녀들도 이제는 성년들이 되어가고 있었다

날로 날로 예상을 뛰어넘어
교회는 부흥되고 있었다
처음 자립 교회를 세우시는 과정…
힘들고 어려운 과정이었다
그 힘든 어려운 과정에서 제대로 먹지도 못했고 입지도
못했던 그들,
그 1세대의 주인공들,
이미 어느덧 노년기의 문턱을 넘어서고 있었다
그리고 이어 제 2세대를 중심으로 외곽 지역에서
다소 시내쪽으로
더 큰 교회, 교회를 세우게 되었다

문제는 그때부터였다
'말씀 아버지'
'동방에 오신 아버지'
말씀하신 내용을 가지고
쓰시는 글의 내용을 가지고

찬송을 쓰신 작사의 내용을 가지고
때가 찼는지
어둠의 구름이 서서히 도사 목사의 교회를 덮어가기 시작했다

제 13장

거룩한 천사들이 이 땅에서 짊어진 아름다운 십자가

제 13 장
거룩한 천사들이 이 땅에서
짊어진 아름다운 십자가

속과 겉이 다르기에 겉만 보고는 속을 알 수 없다고 한
것일 게다
한 지체 안에 있는 마음의 그릇 속에는
많은 정보가 담겨질 수 있다
마음의 그릇 외에도 본질적으로 유전적으로 받은
고유적 정보가 있다
피라는 생명의 그릇 속에도
조상으로부터 물려받은 정보가
바로 그것이다
마음의 그릇 안에는 외적으로부터 정보를 수집하게 된다
그러나 생명의 그릇 속에 있는 정보는 외적인 정보가 아니라
내적인 정보가 된다
외적인 정보는 한계와 바닥이 있다
바닥이 나지 않기 위해서는 끊임없이 새로운 정보를
흡입해야 한다
그러나 내적인 정보는

마르지 않는 샘물처럼 끊임없이 솟구친다
내적인 정보가 온전치 못한 사람
마음이 나쁜 사람, 때로는 악한 사람으로 불려지기도 한다
그런 경우를 가리켜 천성이라고 표현하기도 한다
타고난 성품!
어느 사람치고 좋은 성품타고 나기를 원하지 않는 사람 없다
그러나
이 세상 만물 속에도 다양한 존재들이 서식하고 있는 것처럼
인간들 또한 다양한 인격들이 존재하고 있다
그러한 형편과 입장을 성구는 이렇게 나타나고 있다

"못된 열매 맺는 좋은 나무가 없고 또 좋은 열매 맺는
못된 나무가 없느니라 나무는 각각 그 열매로 아나니
가시나무에서 무화과를, 또는 찔레에서 포도를 따지 못하느니라
선한 사람은 마음의 쌓은 선에서 선을 내고
악한 자는 그 쌓은 악에서 악을 내나니
이는 마음에 가득한 것을 입으로
말함이니라" (눅 6:43-45, 마 7:16-20)

좋은 사람, 나쁜 사람
그 열매를 통해 알 수 있다
그 열매는 개인 자신의 결과일 수도 있고 또 자식일 수도 있다
그러나 한 가지 유의해야 될 점이 있다
내적으로 좋은 정보를 가진 자라 할지라도
외적인 마음의 그릇 안에 나쁜 정보가 가득하면
좋은 내적인 정보를 가지고 있을지라도

악화가 양화를 구축하는 것처럼, 내적인 정보의 역량이 힘을
발휘하지 못한다

아담과 하와를 생각해 보라!
생령이라는 내적인 정보를 가지고 있었다
거기에다 하나님께서 "먹으면 정녕 죽는다"는
사전 예고까지 하셨다
그런 그들이 외적인 정보
"하나님처럼 된다"는 유혹에 쓰러지고 만 것이다
그래서 "마음은 원이로되 육신이 약하도다" (마 26:41)
탄식하는 오늘 우리들의 모습들이 아닌가?
그래서 겉을 보고는 속을 알 수 없다고 하신 것이다

다음 성구를 생각해 보라!
"나의 깨달은 것이 이것이라 곧 하나님이 사람을 정직하게
지으셨으나 사람은 많은 꾀를 낸 것이니라" (전 7:29)

문제는 정직하게 지으셨으나
죄악이 관영하고 있는 환경에서는 본래도 무너지고
만다는 것이다
타고난 좋은 성품도 환경의 지배를 받게 된다는 것이다
앞에서 언급한 내용 중에
열매로 그 나무를 안다고 했다
그러나 좋은 열매는 당대(當代)에 맺히는 열매를
말하고 있는 것이 아니다
1대(代), 2대(代), 3대(代)를 거쳐 사 년에 맺히는 열매

그 열매를 하나님이 취하신다는 것이다
삼 년까지 맺히는 열매는 할례받지 못한 것으로
취급하신다는 것이다 (레 19:23)
이 말씀 속에는
악인도 당대에 맺히는 열매는 아름다운 좋은 열매를 맺을 수도
있다는 것이다
그것을 '악인의 꾀'라고 말하고 있는 것이다
그래서 4대(代)에 맺히는 열매를 통해서 그 나무의 진가를
판명하신다는 것이다

생각해 보라!
에녹, 므두셀라, 라멕 그리고 노아였다
아브라함, 이삭, 야곱, 그리고 요셉이었다
그들은 좋은 나무에서 열린 좋은 열매였다
그들은 좋은 나무에서 열린 4대의 열매들이다

왜 4대를 기다려야 하는가?
4수는 동서남북 땅을 가리키고 있는 팔달수(八達數)다
땅의 4수이다
우리가 7수를 영적 완전수라 말하는 이유
하늘의 3수와 땅의 4수가 합쳐진 수이기 때문에
7수를 영적 완전수라고 하는 것이다
그런 의미와 차원에서 사람은 같이 살아보아야 아는 것이다
살아보지 않고는 알 수 없다는 것이다
그것도 일 년, 이 년, 삼 년이 아니고 사 년을 살아보아야
알 수 있다는 것이다

사 년을 살아보아야 좋은 사람인지 나쁜 사람인지
동서남북 땅의 4수가 판단하고 인정한다는 것이다
그래서 열 길 물속은 알아도 한 길 사람 속은
알 수 없다고 한 것이다

오늘 소개할 이 가정
도사 목사께서 오랜 세월 동안 기도의 대상이었던
어느 집사의 가정이다
지인의 소개로 만난 사이였다
드러난 표면적인 입장으로 보면 별로 결격(缺格) 사유가 없는
그런 가정이며 그런 사람이었다
훤칠한 키와 잘 생긴 외모
지방 명문대 출신에 광나루 신학교 출신
특히 여자의 마음에 와닿는 한 가지 특징
시아버지 될 그 남자의 부친께서 고아 어린이를 위한
자선 사업을 하고 계셨다는 것
장남인 외아들
그를 목회자의 길을 걸을 수 있도록 오랜 열망 속에서 기도하며
친히 교회를 세우기도 하셨다는 것이다
도사 목사 안에서 신앙생활을 했던 그녀의 입장으로서 그 점이
마음을 움직였던 가장 큰 장점이었다는 것이다

만나볼수록 한 가지 다른 점이 있었다면
부잣집 아들로서 세상모르게 너무도 애지중지 키웠다는 것이다
한 마디로 나이에 비해 철이 없고 세상모르고
현실에 맞지 않는 지나친 이상 속에 빠져 있다는 것이다

'자라온 환경 탓이겠지…!'
이해하는 가운데 드디어 결혼을 하게 되었다

시부모님이 마련해 준 신혼집에서 신혼살림이 시작되었다
당연히 결혼을 했으면 가장(家長)의 입장으로
가정을 꾸려나갈 계획을 가져야 한다
그런데 남편이란 사람은
전혀 그런 책임감을 느끼지 않는다
부모님이 마련해주시는 생활비, 너무도 당연한 듯
받아들이고 있다
그래도 '신혼생활을 마치면 무슨 대책이 있겠지!' 생각하며
새로운 환경 속에서
신혼의 단 꿈을 펼쳐나갔다
그러는 가운데도 몸에 배어있는 신앙생활
조심스럽게 기도, 성경 읽기…
소홀히 하지 않았다
그런 모습을 힐끗힐끗 바라보며 자신이 나온 광나루
신학대학교 침이 마르게 자랑하기도 한다
그런 그가 결혼하고 나서
단 한 번 성경을 보거나 기도,
아니 식사 기도조차도 해본 적이 없다
'저런 사람이 어떻게 목사가 된다는 것이지?'
걱정스런 마음이 들기 시작했다
그리고 더욱 이상스럽게 느껴지고 있는 것은
그런 아들에게 아버지와 어머니가 전혀 아무 걱정도
하지 않는다는 것이다

'어떻게 하시려고 저러시지…?'

한 번은 조심스럽게 입을 열었다
"아버님, 저라도 직장 생활을 해야 되지 않겠습니까?
결혼해서 살림을 차린 저희들이 이렇게 안일한 생활을
해서야 되겠습니까?"
너무도 죄송하고 안타까워서 드린 호소였다
그러자 시부모께서는 까무라칠 듯 놀라셨다
"아가야, 그게 무슨 말이냐?
여자가 나가서 직장생활을 하다니…
혹시 무엇인가 부족해서 그러냐?
말해라
내가 다 해결해주마"
착하신 분들이었다
아들이라면 자신들의 생명이라도 내놓을 분들이었다
말을 여쭌 자신이 민망할 정도였다

그런데도 남편은 유유자적 바쁘신 분이다
땡전 한 잎 벌지도 못하는 주제에
매일매일 친구들을 만나 활보하고 다닌다
자신이 이 시대의 최고의 귀공자라고 생각하고 있다
백마 탄 왕자라고 떠벌이고 있는 모습이 눈에 선하다
그러니 친구들이 오죽이나 좋아하겠나?
뻔히 눈에 보인다
그들의 호구가 되어있는 그 사람의 모습이…

조금씩 조금씩 걱정이 쌓여진다
'지금은 부모님이 도와주신다고 하지만
언제까지 부모님의 도움을 받고 살 수 있는가?'
그렇다고 부모님들이 재벌이 아니다
조금 여유있게 사시는 수준인 것이다
원래 계획은 이런 것이 아니었는데…
남편은 남편대로 직장 생활을 하고
아내는 아내대로 직장 생활을 하여
하루속히 부모의 그늘에서 벗어난
독자적인 생활이 첫 삶의 계획이었다
그런데 오늘의 이 지경
대책없는 사람, 자체였다

굳게 다짐하고 결심하면서 따지듯 물었다
"앞으로 우리는 어떻게 살 것입니까?
무슨 계획을 가지고 있는 것입니까?"
어이가 없다는 듯 비웃으며 그는 이렇게 소리쳤다
"걱정하지 말아,
내가 일만 한다고 하면 사방 각지에서 서로 오라고 해
나 광나루 출신이야
내가 마음만 먹으면 지금이라도 목사할 수 있는 사람이야
우리 아버지가 세워놓은 교회도 있지 않아?"
말이 통하지 않는 사람이구나
결혼하고 처음으로 후회라는 생각을 가져보게 되었다
"아, 아, 잘못되어도 크게 잘못되었구나!"

그렇게 후회가 젖어들기 시작하는 그때에
아이를 갖게 되었다
딸 아이였다
시부모님과 남편도 좋아하며 기뻐했다
무책임한 남편이긴 했지만
개인적인 입장에서는 그래도 아내에겐 잘해주는 편이긴 했다
아이를 키우기엔 정신이 없었지만
그래도 남편은 변한 것이 없었다
늘 그 상태였다
달라지고 있는 건
굳이 지적한다면 부모님이 가지고 계셨던 땅들이
줄어들고 있다는 것이다
시간이 갈수록 아이가 자랄수록
가슴 속에 있는 돌덩이가 점점 자라고 있다는 것이다

견디다 못해 시부모님께 허락을 얻어 시내 가까이 있는
주암산을 찾았다
아기를 업고 수소문해서 기도원을 찾아갔다
삼 일 동안 머무르면서
아기를 업은 채 밤새껏 외치며 통곡하며
소나무를 껴안고 몸부림쳤다
"아버지, 저 어떡해야 하겠습니까?
응답해주세요! 응답해주세요!"
등에 업힌 아기와 함께 평생 울어야 할 울음보를
터트리고 말았다
집에 돌아온 며느리를 바라보는 시아버지의 눈이 어두워졌다

심상치 않는 얼굴이다
'무엇인가 결심하고 돌아온 얼굴이구나'
돌아온 며느리를 반겨주시는 시어머니는 며느리의 얼굴
속에 있는
그것을 발견하지 못했다
전통적인 시아버지의 신앙과는 다르게 시어머니는 의외로
무속적인
신앙을 띠는 경향도 있는 분이셨다
아마도 시아버지 같은 분을 만나지 못했다면
무속 신앙으로 빠질 분이 아닌가 싶었다

그러던 어느 날, 놀라운 소식이 왔다
'꿈인가? 생시인가?' 진짜로 볼을 꼬집어보았다
아버지께서
시아버지가 세우신 교회로 부흥회를 하시러 오신다는 것이다
이미 그렇게 약속이 이루어졌다는 것이다
꿈만 같은 일이 벌어진 것이다
가슴이 설레고 심장이 요동친다
'내 기도를 들어주셨구나!
나를 위해 일부러 오시는구나!'
눈물이 아닌 피가 옷고름을 적시고 있었다
그날
그 순간
영원히 잊으려야 잊을 수 없는 순간이 왔다
눈치코치 보지 않았다
아버지를 만나는 순간

두 다리를 껴안고 마음껏 통곡했다
순간 하늘에서 비가 내렸다
아버지의 두 눈에서 떨어지는 피 같은 눈물이셨다
그 눈물이
내 등을 적시고 있었다
내 등에 쌓이고 있었다
"아버지!" 소리쳐 외치는 그녀의 눈물이
그날 밤 주암산 소나무들을 적시고 있었다
"감사합니다!
우리들도 함께 기뻐하겠습니다!"

3박 4일 부흥회
"십자가의 피"라는 주제의 말씀이셨다
지난 날 본 교회를 통해서 주셨던 말씀이셨다
그렇지만
그때와는 전혀 달랐다
오늘 이곳에 와서 주시는 말씀은 나를 위해 주시는 말씀이었다
그때 깨닫지 못했던 새로운 분야를 바라보게 해주셨다
본 교회 일로 바쁘시다는 이유로 첫날 새벽예배, 오전예배
저녁예배를 마치시자마자 떠나가셨다
남은 시간은 함께 오신 다른 목사님이 담당하시기로 하셨다
떠나가시기 직전 울고 있는 손목을 잡아주시며
"항상 너를 위해 기도하고 있다 걱정하지 말아라"
사라져가는 차를 바라보며 이렇게 인사를 드렸다
"누가 뭐래도
당신은 나의 아버지이십니다"

부흥회 사건 이후
남편과의 관계가 더욱 나빠졌다
처음 만나는 순간의 그 일이 시비의 원인이 되었다
아무리 목사님이시긴 하지만
남녀 사이가 유별한데 남편 앞에서 목사님의 두 다리를 껴안고
통곡했다는 그 이유가
다툼의 물고가 되었다
"그런 당신은 우리를 위해 특별히 오셔서 부흥회를 해주시는
부흥 강사님의 설교를 듣지 않은 그 점이
용서되지 않는 부분이라"고 고함을 쳤다
더욱이 억울하고 분한 이유 중의 하나
남편은 소문난 사교 춤꾼이었다
자신은 매일 밤 캬바레에 가서 남의 여자를 품고 춤추는
주제에…
그러면서도
그것을 자랑삼아 뻔뻔스럽게 얘기하고 있다
얘기를 해주어야 질투하면서 남편을 더 소중하게
생각한다는 것이 그의 자랑스런 철학이었다

드디어 한 통씩 시부모님께, 남편에게 편지를 써놓고
군산에 있는
친척 집에 몸을 숨겼다
머물러 있는 친척의 도움을 받아 군산에 있는 미군 비행장에
임시 근무자로 일하게 되었다
한편 시댁에서는 난리가 났다
서울에 있는 친정집을 중심으로 교회로, 친구들에게로

수소문을 해가며 찾고 있었다
자식이라면 벌벌 떨던 시아버지가 이번 사태를 통해 처음으로
아들과 다투었다고 한다
"너 없이는 살 수 있어도 그 며느리 없이는 살 수 없다
며느리를 빨리 찾아오지 않는다면
너와 의절하겠다"는 아버지 호통 앞에 난생처음 무릎을 꿇었
다는 후문이었다
그럴 줄 알고 친정집에도, 친구들에게도 그 어느 누구에게도
오늘의 처지를 알려준 자가 없었다
그러니 아무리 애써보았자 헛 일, 뻔한 일이다

그러나 역시 연륜이 있으신 분이 달랐다
서울 목사님이 보통 분이 아니라는 것을 아셨다
찾아가셨다
그리고 그분 앞에 가서 무릎을 꿇으셨다
자식을 잘못 키운 부모로서의 죄를 사죄드렸다
그리고 다시 한 번 기회를 주신다면 며느리와 아들을
서울로 보내서 살게 하겠다고 약속하셨다
그렇게 된다면
"우리 며느리도 하고 싶은 일을 하면서 목사님 교회에 다닐 수
도 있다"는 점을 거듭 강조하셨다
"알겠습니다! 행적을 찾아보고 추후 다시 연락드리겠습니다"
돌아가시는 뒷모습을 바라보시면서 혀를 차고 계셨다
'착하시고 좋으신 분인데…'

"초달을 차마 못하는 자는 그 자식을 미워함이라

자식을 사랑하는 자는 근실히 징계하느니라" (잠 13:24)

"아이를 훈계하지 아니치 말라 채찍으로 그를 때릴지라도
죽지 아니하리라 그를 채찍으로 때리면 그 영혼을
음부에서 구원하리라" (잠 23:13-14)

참으로 딱한 일이다
'아들을 잘못 키워 저런 고생을 하시게 되는구나!'

그 후의 일이다
도사 목사님의 배려와 주선으로
서울로 이사를 오게 되었다
그리고 여자는 직장생활을 하게 되었다
그러나 남자는 서울에 올라와서도 직장을 구하지 못했다
오랜 세월동안 백수로서 세월을 보냈다
친정 식구인 친척의 도움으로 항공사에 직원으로 출근하게
되었다
그러나 오랜 세월 동안 세속(世俗)에 물들어 있던 그 버릇이
그를 몹시 힘들게 했다
겨우 일 년 남짓
그것이 직장 생활의 끝이었다
방종했던 나태한 생활이 직장에서도 인정받지 못했다
끝내 스스로 사표를 내고 나왔다
학교 졸업장과 허우대가 아까운 사람이라고 주변 사람들 수근
댔다
또 다시 사이가 벌어지기 시작했다

큰 돈은 아니지만 시댁에서 정해진 생활비 꼬박꼬박 보내주셨다
'혹시라도 신앙생활을 하다보면 달라지지 않을까?' 고민하며
기도하기 시작했다
정말, 간절하게, 간절하게…!
세상 말로 꼬셔가며, 달래가며, 교회로 인도하기에 최선을 다
했다
"주일만은 꼭 지켜야 해요
그러면 당신이 원하는 대로 다 해드릴게요"
선천적인지는 몰라도 탁월한 정력가였다
시도 때도 없이 졸라대는 그를 냉담하게 거절했었다
그런 그 점을
허락해주겠다는 조건으로 주일을 지키기로 약속한 것이다
물론 오전 대예배만이다
교회 내에 있는 식당에서 함께 식사를 마친 후 그는 먼저
돌아갔다
그런 그를
도사 목사께서도 배려해주시는 모습이 역력했다
때로는 목사님 옆자리에 앉히기도 하시고
많은 사람들 앞에서
있지도 않는 자랑을 해주시기도 했다
'저렇게 애쓰시는데,
어서 혹시 새 사람으로 변화되었으면…'
입술을 깨물며
손가락이 아프도록 두 주먹을 움켜쥐었다

고진감래(苦盡甘來)!

그 정도는 아니겠지만
그래도 모처럼 남편 집안에 좋은 경사스런 일이 생겼다
도사 목사님의 특별한 배려로
자격도 안 되는 남편을 장로로 장립시켜 주신 것이다
지방에서 부모님 내외와 가까운 친척들이 함께 해주셨다
찾아와주신 시부모님께서 도사 목사님 앞에 무릎을 꿇으시고
흐느끼시며
"자식을 바로 잡아주시는 목사님이야말로 저희 부모이십니다"
가까이 주변에 계시는 분들도 눈물을 훔치시는 분도 있었다
그날 장로 장립을 받은 분들이 모두 열두 분이셨다
교회와 도사 목사님을 위해 목숨을 바쳐 헌신, 봉사, 희생하신
분들이셨다
그 분들 곁에 서 있는 남편
저분들처럼 잘 해내야 할 텐데…
걱정의 그림자가 온 몸을 감싸기 시작했다

집에 돌아온 남편에게
"여보, 이제부터는 잘 하셔야 돼요
이젠 당신은 장로님이 되셨어요"
"장로가 대순가?
나는 본래 목사가 될 수 있는 사람인데
나는 광나루 신학교 출신이야"
비스듬히 누워 TV를 바라보는 입에는 이미 담배가 물려 있었다
"여보, 아이가 누워있는 이 방에서는 절대 담배 피우지 말라고
부탁했잖아요"
못마땅한 듯 일어나 방문을 열고 나간다

이미 아기가 세 살이 되었다
장로 장립을 받은 그 당시에도 술 담배를 끊지 못했다
특히 담배는 줄담배였다
'언제 저 담배를 끊을 수 있을 것인가?
아버지 제발 저 놈의 담배를 끊게 해주세요'

그래도 다행스럽고 감사한 것은
서울에 와서 생활하게 되었고 사업을 할 수 있게 되었다
그리고 교회생활을 하면서
단짝 친구들을 만나 수다를 떨 수 있게 되었고
다시 계모임에 동참할 수 있게 되었다는 점이다
감사! 감사!
이 모든 것이 당신의 기도의 덕분입니다

그녀가 개인 사업을 할 수 있었던 내용 중에는
동창생으로 이루어진 계모임이 큰 뒷받침이 되었다
이미 결혼 전에 그녀는 그 계열에서 두각을 나타내고 있었다
주변에 있던 지인(知人)들이 그 점을 인정하고 있었기에
모두들 그를 아낌없이 지원해주었다
특히 보이지 않는 중심에서 도사 목사께서 큰 역할을 해주셨다
지원해주시는 투자금에 대한 배당 정확히 지불하게 하셨다
공사를 정확히 구분하시는 분이시다
성도들이 헌금하는 예물을 십자가에서 흘리시는 주님의 피처럼
여기시는 분이다
그리고 늘 이렇게 말씀하시는 분이시다
"하늘의 사업은 결코 손해 보아서는 안 된다

더 큰 것을 얻기 위해 손해를 감수하는 것은 있어도
손해보기 위해서 하는 투자는 결코 용서할 수 없다
특히 골프 사업은 인맥이 중요한 사업이다
유명 인사 한 사람을 영입하면 그를 통해 많은 사람이
가입할 수 있다"

사업이 번창해질수록
그녀의 모습도 날로 날로 변해가고 있다
이름값을 한다는 유명 인사들…
교제가 빈번할수록 그녀의 이름도 유명세를 타고 있었다
심지어는 방송사에서도 섭외가 들어오기도 했다
여류 인사와의 대담
그것도 사업상 나쁘지 않을 것 같아 조심스럽게 응해갔다

상대적일까?
한 쪽이 상승세를 타면 한 쪽은 하강 기류를 탈 수밖에 없다
남편의 안색이 저기압이다
한바탕 천둥이 치고 소나기가 쏟아질 것 같다
백수건달!
피둥피둥 놀고먹는 그 일도 지겨워졌는지
무엇인가 새로운 돌파구를 찾으려는 것 같다
그래도 남편이다
아이 아빠다
어떻게든 잘 달래서 교회에 몰두하게 만들어야 한다

모처럼 시간을 내서

종로에 갔다
그곳에 가면 상류층만이 이용한다는 고급 양복점들이 있다
별도 바지에 양복 한 벌
그리고 명품 구두 한 켤레와 양복에 어울리는 넥타이
그리고 몇 점의 와이셔츠…
내 손으로 벌어서 사준 남편에 대한 최초의 정성어린 배려였다
그도 또한 몹시 좋아했다
첫 직장에 나갈 때 사주었던 기성복과는 금액으로도 엄청난
차이가 있었다
우는 아기 젖 먹이며 달래기…
'그래도 최선을 다하다 보면 달라질 때도 있겠지!'
시댁에 전화를 드렸다
더 이상 생활비를 보내시지 말라고…
고맙다고 말씀하시는 아버님의 목소리에 물기가 묻어나왔다
점점 기울어져 가는 가세…
눈에 뻔했다
가슴앓이를 앓고 있던 한 가지 문제 기어이 내 손으로 해결했다
체증이 뚫렸다
그리고 감사를 드렸다
오늘의 이 자리를 만들어주신 예수님께 그리고 도사 목사님께!

첫 사업은
유명 호텔 옥상에서부터 시작했다
그 당시만 해도
골프업계에 여자들이 적극적으로 나서는 때는 아니었다
특히 실내 골프

거의 남자들의 독점사업인 것처럼 여기던 시대였다
그런 그때에
이미 어느 컨트리 클럽에서 캐디 30명을 이끌어가던 실력
핸디 70대 초반
쟁쟁한 실력이었기에 운영하던 사업장보다
규모가 몇십 배 더 큰 교외(郊外) 새로운 연습장을 짓게 되었다
눈코 뜰 새 없이 바빴다
이제는 가정 주부가 아닌 사업가로서 주변에서도 다 인정했다
바빠질수록
남편의 불만은 날이 갈수록 심해졌다
교회에 나가는 조건으로 약속했던 그 조건
사업, 인허가, 운영상에 필요한 인맥관리, 현장지도
몸이 열 개라도 모자란다
특히 대통령이 오실 때마다 개인 지도를 해드렸다는
인지도(認知度) 때문인지 유명 인사들이 올 때마다
한 수씩 배우려 한다
그러한 입장에서 집에 들어오면 파김치가 된다

그런 입장에서 무슨 부부의 정을 맺을 수 있겠는가?
접근해 오는 그가 짜증이 나고 귀찮을 뿐이다
점점 말투가 거칠어지고 무례해진다
대놓고는 아내에게 쌍욕을 하지 않았었다
그런데 이제는 의처증까지도 생기는 것 같았다
사업상 찾아주는 고객들에게 친절하게 대접할 수밖에 없다
골프치는 폼을 가르치다 보면 가벼운 스킨십은 어쩔 수 없다
물론 고객을 지도하는 세미 프로들이 있다

그런데도 과장된 소문 탓인지 여사장인 그녀에게
꼭 지도를 받으려 한다
가끔 와서 그런 그림을 보고 간 적이 있었나 보다
그리고 회원들 중 어느 정도 실력을 갖추게 되면
직접 필드에 나가 첫 걸음을 시도하게 된다
그것을 가리켜 머리를 올린다고 한다
그러다 보면 지방에 있는 골프 클럽을 찾게 되고
심지어는 제주도까지도 나가게 된다
점점 집을 비우는, 외박하는 경우가 생겨난다
남편과 아이를 위해 가정부를 두었다
그러다 보니 교회 생활에도 소홀히 여기는 경우가 생기게 된다
모자라는 그 부분을 열심히 벌어서 갚아드려야 했다
악을 쓰며 더욱 열심히 사업가로서의 능력을 발휘했다
그런 탓일까?
이름에 유명세가 붙었다
방송뿐만 아니라 여성 잡지에도 종종 등장하게 되었다
그런 점이 몹시 걱정이 되셨는지
시아버님께서 조심스럽게 내색하시기도 했다
"아내가 너무 훌륭한 인사가 되면 남편이 기가 죽게 된다
알아서 조신하게 처세를 잘하라"는 말씀이시다

그런데 한 가지, 고백할 것이 있다
마음 속에 쌓여지는 그늘이었다
사업장 많은 남자들을 만나게 된다
특히 가부장적(家父長的)인 대한민국 남자들
자신들의 아내에게는 영원히 왕(王)이다

"내게 시집온 이상 너는 영원히 나의 소유, 내 그늘 속에서만
좋든 싫든 살아야 된다"
그런 그들이 남의 여자들에게는 절대 그렇지 않다는 것이다
심리적 상대성
내가 왕으로 살아가니까 다른 여자에게는 왕이 아닌 종으로…
그런 입장을 취해보는 것도…
나의 욕구를 충족시키는 만족감!
참으로 웃기는 가부장들이다
가정에서 벗어나 세상에 나와보니까
여러 유형의 남자들을 보게 된다
그 모든 남자들이 그래도 내 남편보다는 근사하게 보여진다
참으로 알쏭달쏭한 것 같다
가부장적인 남편들은 자기들의 아내를 종으로
남편있는 다른 아내들은 가부장적 남의 남자들의 우상으로
'얽히고 설키고 돌고 도는 세상'이란 말이 헛말 같지는 않다

그러다 보니 남편이 내게 느끼는 것처럼
내 마음 속에서도 남편이 점점 시들어져가고 있었다
그래서 옛 어른들이
"여자는 바깥에 내어보내서는 안 된다" 하셨구나!
그렇게 서로가 이 지경이다 보니
서로 서로의 얼굴에 날이 서 가고 있었다
이제는 쌍말 정도가 아니다
드디어 내놓고 상대방을 모욕하고 짓밟는다
"내 친구가 그러는데 당신이 어떤 놈과 대낮에 호텔에
들어가는 것을 보았다는 친구가 있어"

이제는 그런 정도가 아니었다
"당신네 교회 목사가 그렇게 여자를 좋아한다면서?
그런 문제로 그 목사가 이단으로 걸려들었어"
참으로 무례하고 망령된 사람이 아닌가?
자기가 다니는 교회 목사님이시다
자기를 장로로 장립 시켜준 목사님이시다
자기를 얼마나 사랑하고 아껴주신 목사님이신가?
나이 많으신 자신의 아버지께서 무릎 꿇고 절을 하신
목사님이셨다
'이 세상에서 존경하시는 분'이라 고백까지 하셨다
참으로 배은망덕한 사람이다

결혼 후
두 번째 눈물을 쏟았다
'더 이상은 살아야 될 사람이 아니구나!'
그 이후부터
그 사람 남편은 두 번 다시 교회에 나가지 않았다
그러므로 두 사람의 약속도 무의미하게 연기처럼 사라졌다
교회에 나가지 않는다는 묵시적 이유를 내세워
평소에 넉넉히 주었던 용돈도 과감하게 줄였다
더 이상 호의를 베풀지 않기로 했다
임시적인 방편이 아니라
변치 않을 굳은 결심이었다

그러던 어느 날 충격적인 일이 벌어졌다
각 방을 쓰고 있었는데

잠결에 이상함을 느껴 깨어보니 손과 발이 굵은 청색 테이프로
묶여있었다
직감적으로 도둑인가 생각했다
그런데 어처구니없게도 도둑이 아니었다
진동하는 술 냄새를 풍기는 남편의 손에 부엌칼이 들려 있었다
"사실대로 고백해! 너랑 살을 맞대고 내통하는 놈이 누구야?
지금 사실대로 말하지 않으면 오늘 나 죽고 너 죽고 할거야!"
이미 칼끝이 목에 대어져 있었다
'에라, 이렇게 끝장날 바에야 비굴하게 꼬리를 내릴 필요가 없다'
독기를 품은 눈을 부릅뜨고 그의 얼굴을 쏘아보았다
"당신 미쳤어? 이게 무슨 짓이야?"
날카로운 부르짖음에 움찔 그가 놀란다
예상치 못했던 역공이었다
"나는 지금껏 당신하고 결혼 이후 어느 남자하고도
연애해 본 적이 없어
그런데 지금 당신이 하고 있는 이 짓
영원히 용서받지 못할 짓이야"
손에 쥐고 있던 칼끝에 힘이 실어졌다
뜨끔하는 찰나 피가 흐르고 있었다
순간 그의 약점이 생각났다
그가 가장 무서워하는 분이 그의 아버지였다
"당신 아버지가 이 모습, 이 꼴을 본다면 아마도 목을
매달으시고 죽으실거야"
주춤하던 그가 손에 들고 있던 부엌칼을 내어던진다
그리고 담배를 입에 문다
길고 긴 한숨 속에 담배 연기를 뿜어낸다

그러던 순간 그의 눈에 빛이 났다
여자의 앞 가슴을 풀어헤친다
젖가슴이 드러났다
징글거리는 눈으로 젖꼭지를 바라본다
"마지막 기회야
어느 놈인지 말해 고객이야? 목사야?
말하지 않으면 이 담뱃불로 네 젖꼭지를 지져 버릴거야"
"하나님
이런 때는 어떻게 해야 되겠습니까?"
두 눈을 감아버렸다
순간 젖꼭지가 담뱃불에 지져지고 있었다
이를 악물었다
소리치면 지는 것이다
"지독한 년, 끝내 입을 다무는구나"
집안 공기가 이상하다는 낌새를 느꼈는지
가정부 아줌마가 문을 두드린다
아기가 소스라쳐 울어댄다
더 이상 어쩔 수 없었는지 방문을 뛰쳐나간다
들어온 아줌마에게 테이프를 끊게 하고 소독약을 가져오게 했다
물론 젖을 떼기는 했지만…
여자의 생명 중 하나는 유방이다
상하게 해서는 안 된다
소독 처리를 하고
아주머니에게 신신당부를 했다
"오늘 집에서 일어난 일 절대로 밖으로 새어나가게 해서는 안 된다"

두둑히 용돈도 챙겨주었다
몸도 마음도 갈기갈기 찢어졌다

주일을 지키기 위해 교회를 찾았다
말씀하시는 목사님의 얼굴을 바라보기가 죄송스러웠다
이러한 나로 인해 목사님께 누를 끼쳤다는 부끄러움이
가슴을 아프게 한다
그러는 순간
성도들의 탄식 소리가 비명처럼 터져나온다
"교회 장로 중 하나가 의처증에 걸려
자고 있던 아내를 테이프로 결박하고
피우던 담뱃불로 젖꼭지를 지졌다"
순간 내 입에서 비명이 터졌다
'어떻게 어젯밤의 일을 보고 계신 것처럼 말씀하실 수
있을까?'
이어 다음과 같은 말씀이 들렸다
"은혜 안에서 기도 중에
그의 젖꼭지 타는 냄새를 맡게 되었다"
말씀하시는 그의 눈 안에서 솟구쳐 내리는 물소리가 들렸다
행여 비명 소리가 터질까 혀를 깨물었다
"아버지! 아버지!
진심으로 감사 감사드립니다"
다른 때와 달리 예배를 마치자마자 집으로 돌아왔다
전화 소리가 빗발쳐 들어온다
친구들이 눈치를 챈 것이다
그렇다!

오늘만큼은 아무도 만나지 말자
약국에서 사온 약으로 치료를 했다
거울에 비쳐지는 젖꼭지를 바라보며
"수고했다! 잘 참아주어 고맙다!"

다음 날 목사님의 부름을 받았다
"이제는 되었다. 그동안 수고했다
시부모님에게 잘 말씀드리고 이혼해라"
마음의 준비를 하고 결심이 선 그날
지방에 내려갔다
시부모님을 만나 뵈었다
자초지종, 거짓없이 모든 것을 다 고했다
처음에는 믿지 못하셨다
할 수 없이 시어머니에게 상처를 보여드렸다
시어머니로부터 들으셨는지 시아버지께서 입을 다무셨다
'혹시 충격으로 실어증(失語症)이 걸리신 것 아닌가?'
걱정이 되었다
그러시던 아버님이 며느리의 두 손을 잡으며
무릎을 털썩 꿇으셨다
"아가야, 내가 이렇게 빈다
나를 봐서라도 이혼만은 말았으면 좋겠다"
그러나 이미 쏟아진 물이었다
끝내 시아버지의 눈물을 외면하고 돌아섰다
돌아서 가며 사라져가는 며느리를 바라보며
그는 이렇게 가슴의 피를 쏟아냈다
"스스로 네 복을 찼구나! 저렇게 훌륭한 아내를 저버리다니…"

그 이후
두 번 다시 며느리를 만나지 못했다
속전속결
진행이 빨라졌다
이혼 과정에서 제일 어려운 문제가 아이였다
아이의 양육권
돈으로 해결했다
양육권 뿐만 아니라 호적에 관한 것도 포기하는 조건으로
그 당시로는 생각하지도 못할 거금을 건네주고
필요한 모든 각서를 받았다
본인 자신도 흡족했는지 두 번 다시 거론하지 않고
순순히 이혼해주었다

그 이후 도사 목사께서 조용히 부르셨다
"이제는 사업체를 정리하고 돌아오라"고…
아쉽고 안타깝기는 했지만
나의 앞길을 아시는 분이 하시는 말씀이다
이제는 더 이상 불순종해서는 안 될 것 같았다
그리고 목사님께서 왜 사업을 거두라고 하시는지 대충은 이해가
되고 있었다
"금덩이가 땅 위에 있으면 스스로 흙 속에 묻히게 된다
마찬가지다
꽃이 피면 나비든 새든 찾아오게 되어 있다
꽃은 그들을 거부할 수 없는 것이다
너도 그만한 이치는 터득하지 않았느냐?
하루속히 정리하고 돌아오라

너를 왜 불렀는지 아느냐? 네가 꼭 할 일이 있기에 부른 것이다"

무슨 할 일이 있는지는 몰라도
그분의 말씀을 거역할 수는 없었다
소문의 소문이 꼬리를 물고 있는 탓일까?
그 동안에 알게 된 유력 인사들 중 더러는 홀아비들도 있었다
상처(喪妻)를 해 홀로된 분 중에 눈에 밟히던 인사들도 있었다
비록 나이 차이는 많이 났지만 은행 행장하시던 분도 있었다
정식으로 교제를 요청하기도 했다
동창 친구의 남편 중에 부인으로부터 많은 유산을 넘겨받은
졸부도 있었다
교통사고로 아내를 잃은 그가 공식적으로 자기와 결혼해 준다면
을지로 큰 도로변 7층짜리 상가 빌딩을 이전해주겠다고
수소문해가며 쫓아다니던 사람도 있었다
그러나 이제는 남자들의 세계, 속성을 어느 정도는 알게 되었다
순간 연애는 하고픈 대상은 있었지만
딱히 결혼하고 싶은 대상은 없었다

잠시 땅 차원을 벗어나
하늘 세계를 소개할까 한다
역시 도사 목사와의 대화이다
이미 그녀의 처음과 나중을 알고 계시면서…
"그렇다면 처음부터 그녀의 삶을 왜 간섭해주시지 않았나요?"
"간섭할 수가 없는 것이란다
어느 누구를 막론하고 이 땅에 태어난 존재는 이 땅에서
살아갈 수밖에 없는 자기의 정해진 운명을 짊어지고

태어나는 것이다
하나님이 사람으로 오셨던 예수께서도 이 땅에서 정해진
운명대로 이 땅에서 사셨던 것이다
겟세마네 세 번의 기도도 언뜻 보기에는 없었던 새로운 삶을
주시는 것처럼 보일 수도 있었지만
그것까지도 이미 정해진 운명과 숙명이라는 것이다
예수님은 유월절 양으로 오셨지만 아사셀 양으로도 죽게 되어
있었던 것이다
그것 또한 그분이 이 땅에서 짊어져야 할 십자가였던 것이다
그것은 간섭이 아니라 해야 할 일을 때에 맞게 가르쳐주시고
있는 것이다

다음 성구를 생각해 보자!
"내가 너를 복중에 짓기 전에 너를 알았고
네가 태에서 나오기 전에 너를 구별하였고
너를 열방의 선지자로 세웠노라 하시기로" (렘 1:5)

어디 그뿐인가?
다음 성구도 보라!
"내가 은밀한데서 지음을 받고 땅의 깊은 곳에서 기이하게 지
음을 받은 때에 나의 형체가 주의 앞에 숨기우지 못하였나이다
내 형질이 이루기 전에 주의 눈이 보셨으며 나를 위하여 정한
날이 하나도 되기 전에 주의 책에 다 기록이 되었나이다"
(시 139:15-16)

이 땅에서 짊어지고 살아야 될 자기의 운명 자체가

그를 부르신 이로부터 받아야 될 상급이며 보상이라고
할 수 있다
그러므로 그 누구도 어떤 존재의 운명을 간섭할 수 없는 것이
하늘의 법도이며 창조원리의 근간이 되는 것이다
그러므로 설사 내가 안다고 하여, 알고 있다고 하여
간섭할 수도 없고 간섭해서도 안 되는 것이다
이미 하나님이 정해놓으신 일인데 어느 누가 그것을 바꿀 수
있겠는가?
그러기에 나도 어쩔 수 없는 것이다
다만 그를 위해 기도할 뿐이다
기도의 능력으로 하여금 그에게 은혜를 입히고자 할 뿐이다
그것이 그를 위해 할 수 있는 최선이다
설사 그가 이혼을 하여 새로운 삶을 산다 하여 고난 끝,
행복만이 있다는 것 아니다
아직도 그는 이 땅에서 지불해야 할 고난이 많이 있다
그것이 이 땅에서 살아가고 있는 인생들의 삶의 동일한
운명이며 숙명이다"
"왜 아직도 그렇게 지불해야 할 것이 많이 있나요?"
"죄가 있기 때문이다
그 죄를 사단 마귀들이 항상 참소하고 있기 때문이다
참소하는 자가 있는 한
그 죄는 가려져야 되는 것이다
고소하는 자가 있는 한, 고소하고 있는 내용이 존재하는 것처럼
죄의 결과에 따라 패배하는 자는
칠 배로 갚아야 한다
그러므로 성구에서도 "해가 지기 전에 회개하라"

밤이 되면 마귀가 너희를 참소하게 된다
죄는 마귀에게 지는 빚이다
그 빚을 한 호리라도 갚지 못하고는 항상 무거운 죄의 무게
속에서 헐떡이는 삶을 살아야 되는 것이다

그러기에 다음과 같은 성구가 있는 것이다
"죄가 있어 매를 맞고 참으면 무슨 칭찬이 있으리요 오직 선을
행함으로 고난을 받고 참으면 이는 하나님 앞에 아름다우니
라" (벧전 2:20)

"인생은 고난을 위하여 났나니 불티가 위로 날음 같으니라"
(욥 5:7)

"네가 장차 받을 고난을 두려워 말라 볼찌어다 마귀가 장차
너희 가운데서 몇 사람을 옥에 던져 시험을 받게 하리니 너희가
십 일 동안 환난을 받으리라 네가 죽도록 충성하라
그리하면 내가 생명의 면류관을 네게 주리라" (계 2:10)

"내가 이제 너희를 위하여 받는 괴로움을 기뻐하고
그리스도의 남은 고난을 그의 몸 된 교회를 위하여
내 육체에 채우노라" (골 1:24)

우리가 이 땅에 태어난다는 자체
천국에서 태어난 것이 아니다
죄악된 땅에서 태어난 것이다
태어나는 순간부터 우리가 살아가기에 적합한 환경,

정서가 아니다
왜냐하면 이 땅 자체가 하늘로 가기 위한 광야길이며
도적(道的) 마당이라 할 수 있다
거기에다 인류의 첫 사람이라 할 수 있는 아담의 불순종으로
우리도 태어나는 순간부터 빚진 죄인으로 태어났다
그러므로 이 땅에서 걸어야 될 우리의 삶은 결코
쉬운 것이 아니다
형통한 날이 있는가 하면 곤고한 날도 있다 (전 7:14)
"웃을 때에도 마음에 슬픔이 있고 즐거움 끝에도
근심이 있느니라" (잠 14:13)
울 때가 있으면 웃을 때가 있고 슬플 때가 있으면
춤을 출 때도 있다 (전 3:4)

이런 것들이 곧 인생의 삶의 본질이다
선악을 아는 열매를 먹은 대가라고 할 수 있다
선악을 알기에
선악의 열매를 먹었기에
인생의 삶이 선과 악으로 반반이 나뉘어졌다고도 할 수 있다
나뉘어진 삶이기에
우리는 그들이 요구하는 삶을 살아야 된다

"그러므로 내가 한 법을 깨달았노니 곧 선을 행하기 원하는
나에게 악이 함께 있는 것이로다 -(중략)- 오호라 나는 곤고한
사람이로다 이 사망의 몸에서 누가 나를 건져 내랴"
(롬 7:21-24)

그들이 요구하는 두 가지 각자의 삶
티끌 같은 우리들로서는 감당할 수 없는 조건들이다
짊어질 수 없는 일이다
세상 말에도 두 마리 토끼, 다 잡을 수 없다
그렇다면 한 마리라도 정확하게 잡아야 한다
두 가지 욕구를 충족할 수 없다
한 가지만이라도 분명하고 확실하게 충족시켜야 한다
그렇게 한 가지를 택하여 순종한다면
다른 한 가지가 가만있지 않을 것이다
이를 갈고 대적하므로 그로 받는 그 고난
실로 대단할 것이다
어차피 둘 중에 하나를 택하면
이런 뻔한 결과가 나타나게 되어 있다
그럴 바에는 차라리 선과 악 중, 선을 위하여 고난받는 것이
낫다는 것이다
선을 위하여, 또는 의를 위하여 고난받는 것을 하나님의 뜻이라
한 것도 이러한 원리에 근거를 두고 하신 말씀이다
내가 너희를 위하여 기도하는 것도
될 수 있으면 악을 위하여 고난받는 자가 되지 않고
의를 위하여 고난받는 자 되기를 원하는 것이다
설사 내가 너희의 가는 길을 안다 하여
직접 간섭해 준다면 그 자체가 하나님의 의를 버리는 것이다

그러나 예외적인 경우도 있다
첫 번 부르심을 받고 이 땅에서 자기의 일을 마치고 천국에
올라가

안식을 누리고 있는 자들
그들을 부를 경우
처음 온 사람과는 입장이 다르다
두 번째 오는 사람들은 죄와 상관없이 오는 것이다
원죄, 유전죄, 자범죄
이미 전생(前生)에 와서 그 모든 것, 호리라도 남기지 않고
다 갚은 사람들이다
그런 그들이 다시 올 때는 고난과는 상관없이
의를 위해서 오는 것이다
죄악된 세상일지라도
다시 오는 그들일지라도
이 땅에 온 이상은 고난을 받을 수밖에 없다
그러나 그들이 받는 고난은 죄 때문이 아니라
의인으로서 받는 고난이다
그런 그들을 위해서 기도해야만 되는 이유가
그들은 의를 위해서 고난을 받고 있기 때문이다

생각해 보라!
다니엘과 그의 세 친구
그들이 의인으로서 고난을 받기에 그들을 도와주고 있는 것이다
마지막 때인 오늘
마찬가지다
이 땅에는 아버지께서 데리고 온 거룩한 천사로 온
인자(人子)들이 있다
그들을 위해서 기도하는 것이다
그들이 받아야 될 고난을 위해서 기도하는 것이다

다시 한 번 죄와 싸워 이겨주기를 기도하는 것이다
왜?
마지막 때의 죄의 권세가 가장 크기 때문이다
싸워 이겨주기를 바라는 그들에게 천국,
마지막 비밀을 줘야 되는 것이다
그 비밀의 말씀을 가져야만
마지막 재림 마당에 등장하는 세 짐승과
싸워 이길 수 있는 것이다
그 말씀이 곧 일반계시 속에 들어 있는 중간계시이다

그 중간계시가 곧 작은 책이다
작은 책이 곧 다시 복음이다
작은 책, 다시 복음을 듣지 않고는 재림의 비밀을
그 어느 누구도 알 수 없다
아무리 귓구멍에 쑤셔 넣어 주어도 믿지 못한다
그러므로 마지막 때에도 일반계시 속에 있는 자들이
중간계시 속에 있는 자들을 가리켜 이단이라 저주할 것이다
그것을 가리켜 성경 속에서는
"육신의 자녀들이 약속의 자녀들을 핍박한다"고 외치고 있는
것이다 (갈 4:29)
그런 이유와 원인 때문에 성도의 권세가 다 깨어진다고
하는 것이다

지금까지 수없이 거듭거듭 강조하는 말
재림주는 죄인 때문에 이 땅에 오시는 분이 아니다
의인 때문에 오시는 분이다

의인이란 성도가 아니라, 성도 중의 성도를 말하는 것이다
왜 성도의 권세가 깨어지는 줄 아는가?
성도는 의인이 아니다
아직은 죄를 짓고 살아가는 신자(信者)들이다
그들을 좋게 말할 때 거룩할 '성(聖)' 자(字)를 붙여
성도(聖徒)들이라 말해주는 것이다
완전한 자들이 아니다
아직은 초보의 말씀, 부분적인 은혜 속에서 사는 자들이다
그러한 초보의 신앙 속에서 살아가고 있는 젖 먹는 자들이
우리나라, 대한민국 신자들의 98%가 된다고 해도
과분하게 평가해주는 것이다
그런 그들의 실상을 말해주는 자(者)가 없기에 그들 자신들이
젖이나 먹고 있는 어린아이들이라는 것을 알지 못한다

그렇다면 그들에게 젖먹이는 자들은 누구인가?
그날이 오면 아이 밴 자와 젖먹이는 자들에게 화(禍)가
있다고 했다
그렇다면 오늘날 아이 밴 자와 젖먹이는 자들이 누구이겠는가?
뻔할 뻔 자 아닌가?
대한민국에 있는 교역자들이라 한다면
아마도 그냥 두지 않을 것이다
그것도 뻔할 뻔 자 아닌가?
그러나 누군가는 꼭 해야 할 말이기에 처음부터 작정하고
이 글을 쓰고 있는 것이다
지금이야 당신들이 옳다고 정당하게 주장하겠지만
그날이 오면

실상이 다 드러나게 되어 있다
드러나는 그날을 위하여 미리 이렇게 못을 박아 놓는 것이다
그날이 오는 그때에
아무도 변명하지 못하도록, 핑계대지 못하도록
당신들의 교회 문을 일일이 두드리고 있는 것이다
한기총에 등록되어 있는 모든 기독교 교회들을 빠짐없이
두드리고 있는 것이다
척량하고 있는 것이다
땅을 치고 있는 것이다
초라하고 보잘 것 없는 소자의 입장으로
당신들의 교회를 다녀갔다는 사실을 꼭 기억해야 한다

제 14장

지금은 어느 때인가?

제 14 장
지금은 어느 때인가?

진행되고 있던 대화가 잠시 멈추어졌다
다시 본래의 이야기 속으로 빠지기 시작했다
"할 일이 있으니 정리하고 돌아오라고 하셨는데
할 일이란 어떤 일을 말씀하신건가요?"
"그 일은 그만이 알 수 있는 일이지"
"그렇다면 그분도 자신이 할 일을 알고 있단 소리예요?"
"알 수 없지
때가 되면 자신이 할 일을 알 수 있게 된다는 뜻이지
자기가 할 일은 자신 안에 있는 거야
자신 안에 자기가 할 일이 곧 자기 십자가야
십자가는 이 땅에 와서 짊어지는 것이 아니야
태어날 때 짊어지고 오는 것이지
엿장사 마음대로가 아니야
하나님의 뜻대로지
십자가를 지고 온 자만이 순교할 수 있는 거야
재림 마당에서 이루어지는 순교는

감람나무 역사 속에서만 순교의 역사가 이루어지는 것이지
다른 순교는 없다는 거야
즉 중간계시 속에서만 순교의 수가 채워진다는 거야
일반계시 속에서는 순교의 수가 이루어지지 않아
일반계시 속에서 죽어가는 인생들
그들은 다 자기의 죄로 죽는 인생들이지
의로 받는 고난의 죽음이 아니라는거야"

오직 순교자는
의의 고난으로 죽는 자들을 말하는 것이지
그 외의 순교는 있을 수 없다는 것이다
자신의 십자가를 지고 있는 자들만
주님의 십자가를 따를 수 있는 것이다
"십자가를 진 자만이 나를 따르라" 하셨다
과연 오늘날 교역자 자신들이 자신의 십자가를 지고
계신 건지…?
스스로의 양심은 알고 있을 것이다
물론 초보의 신앙의 입장에서
생활의 순교를 말할 수 있다
이 세상을 살아가는 자체가 십자가라고도 말할 수 있다
아마도 그렇게 주장할 수도 있을 것이다
그러나 중간계시 속에서 일어나는 순교는 일반계시와는 전혀
다르다

성경을 자세히 보라!
두 감람나무의 주검을…

그리고 셋째 화를 통하여 세 짐승으로부터 받는 환란
아버지의 이름과 어린 양의 증거를 가진 자들이 받는 환란

성구를 보라!
"또 내가 보좌들을 보니 거기 앉은 자들이 있어 심판하는
권세를 받았더라 또 내가 보니 예수의 증거와 하나님의 말씀을
인하여 목 베임을 받은 자의 영혼들과 또 짐승과 그의 우상에게
경배하지도 아니하고 이마와 손에 그의 표를 받지도 아니한
자들이 살아서 그리스도로 더불어 천 년 동안 왕 노릇 하니"
(계 20:4)

내용의 이 사건들은
중간계시 속에서 이루어지는 사건들이다
첫째 부활 속에서 이루어지는 사건들이다 (계 20:6)
그리스도와 더불어 산 자들이 천 년 동안 왕 노릇하는 때이다
그런데 왜 그대들은 첫째 부활에 대해서도 전혀
언급하지 못하는가?
이 땅에서 이루어질 산 자의 세계
천년왕국에 대해서는 왜 입도 떼지 못하는가?
왜?
성경에 기록된 말씀들을 가르치지 못하는가?
언제까지 '죽어서 천당 간다'는 죽는 자의 복음만을
가르치려는가?
예수님은 죽은 자를 위한 하나님도 되시지만
그분은 분명히 산 자의 하나님이시다 (롬 14:9)

지금은 죽는 자의 하나님만을 가르칠 때가 아니다!
지금은 분명히 산 자의 하나님을 가르칠 때이다!
재림주는 죽으러 오시는 분이 아니시다!
산 자의 하나님, 영광의 주, 그러시기에
"인자가 아버지의 영광으로 올 때에 거룩한 천사들과 함께
오리라" (마 16:27, 막 8:38)
아버지의 영광으로 오신다고 하시는데
왜 '오직 예수'만을 고집하고 있는가?

그래서 예수께서
"이것을 비사로 너희에게 일렀거니와 때가 이르면
다시 비사로 너희에게 이르지 않고 아버지에 대한 것을 밝히
이르리라" (요 16:25)

"예수께서 가라사대 여자여 내 말을 믿으라 이 산에서도 말고
예루살렘에서도 말고 너희가 아버지께 예배할 때가
이르리라" (요 4:21)

지금이 어느 때인가?
아버지께 예배드릴 때이다
아버지의 영광으로 오신다고 하신 그분께
거룩한 천사를 데리고 오신다 하신 그 아버지께
예배드릴 때이다
그러나 오늘날 모든 교회들이 그를 알지 못한다
그분은 도둑같이 오시기 때문이다
죄와 상관없이 오시기 때문이다

그러므로 일반 성도들은 그를 알지 못한다
알 수도 없다
오직 일반계시가 아닌 중간계시 속에 속한 자들만이
그를 알 수 있다

다음 성구를 보라!
"너희는 알지 못하는 것을 예배하고 우리는 아는 것을 예배하
노니 이는 구원이 유대인에게서 남이니라" (요 4:22)

특히 재림주는 자기 밖에 모르는 자기 이름을 가지고
오시는 분이다 (계 19:12)
그렇기 때문에 모르는 자들은 '오직 예수'만을 고집하며
예수의 이름으로,
아는 자들은
'아버지의 이름'으로 오시는 그분께
예배를 드릴 수밖에 없는 것이다
천상천하에 예수 이름 모르는 자가 있는가?
그런데 왜 도둑같이,
자기밖에 모르는 자기 이름으로…?
이게 말이 되는가?
말이 안 된다고 믿어지면
결단의 의지를 가지고 한 번쯤은 생사를 걸고라도
기도해 보아야 되지 않겠는가?
물론 기도한다고 쉽게 응답받을 수는 없다
하늘 문을 닫았기 때문이다
누가?

이 땅의 주와 주 앞에 선 두 감람나무가!

그런데 오늘날 이 땅의 주 앞에 선 두 감람나무를
누구라고 가르치고 있는가?
성도 각자 자신들이라 가르치고 있지 않는가?
왜?
그렇게 가르치고 있는 이유는…?

"네 집 내실에 있는 네 아내는 결실한 포도나무 같으며 네 상에 둘린 자식은 어린 감람나무 같으리로다 여호와를 경외하는 자는 이같이 복을 얻으리로다" (시 128:3-4)

이 말씀을 적용하여 감람나무는 어느 특정인을 말하는 것이 아니라
'밥상에 둘러앉은 많은 사람,
각자 우리들을 말하는 것'이라 가르치고 있다

어디 그뿐인가?
"또한 가지 얼마가 꺾여졌는데 돌감람나무인 네가 그들 중에 접붙임이 되어 참감람나무 뿌리의 진액을 함께 받는 자 되었은즉" (롬 11:17)

"네가 원 돌감람나무에서 찍힘을 받고 본성을 거스려 좋은 감람나무에 접붙임을 얻었은즉 원 가지인 이 사람들이야 얼마나 더 자기 감람나무에 접붙이심을 얻으랴" (롬 11:24)

성구의 내용으로 보면 (롬 11:13-24)
이방의 구원을 말씀하고 있다
두 감람나무를 중심으로 설명하고 있다
돌 감람나무의 가지를 참 감람나무에 접목시키는 방법
그 방법으로 이방을 구원시키겠다는 것이다
그렇게 이방을 구원시킴으로
순종치 아니하는 본방 백성들로 시기케 하여 상대적으로
그들 또한 구원하시고자
그렇게 역사하시겠다는 것이 성경 말씀의 요지이다

생각해 보라!
본방 백성들은 포도나무의 역사로
이방 백성들은 감람나무의 역사로
즉 구원시키는 구원의 대상이 정해져 있다는 것을…!

"세계 민족 중에 이러한 일이 있으리니 곧 감람나무를 흔듬 같고 포도를 거둔 후에 그 남은 것을 주움 같을 것이니라"
(사 24:13)

포도나무도 감람나무도
분명히 이 땅에 존재하고 있는 나무 중에 하나이다
그렇다고 해서
"우리들 자신이 다 포도나무이다"라고 할 수 있겠는가?
예수님 자신이 "나는 포도나무라"고 말씀하셨듯이
이방을 구원시킬 수 있는 감람나무도 누군가 한 사람이
정해져 있는 것이다

정해진 그 나무가 있기에 그를 통해 접붙임을 할 수 있는 것이다
그래서 본 가지와 무성한 가지에서 열매를 맺는 것이다

"그러나 오히려 주울 것이 남으리니 감람나무를 흔들 때에
가장 높은 가지 꼭대기에 실과 이삼 개가 남음 같겠고
무성한 나무의 가장 먼 가지에 사오 개가 남음 같으리라
이스라엘의 하나님 여호와의 말씀이니라" (사 17:6)

각자 '나'라는 감람나무는 각자 '나'라는 열매를 말하는 것이다

생각해 보라!
구원이라는 그 도맥(道脈) 속에는 두 가지의 길,
또는 뿌리가 있다
부활과 변화이다
구약의 입장으로 말한다면 모세와 엘리야
부활과 변화의 대표적인 사람들이라고 할 수 있다
그러나 그들은
부활과 변화의 도맥 속에 소속된 사람들이지
실체들이라 말할 수는 없다

그렇다면 부활과 변화의 실체는 누구를 말하고 있는 것일까?
떡과 포도주의 축복
횃불 언약
떡과 포도주의 축복은 멜기세덱이 축복해 준 것이다
반면 횃불 언약은 여호와와 맺은 언약이다
먼저는 축복이다

두 번째는 언약이다
먼저 축복이 되시는 떡과 포도주이신 예수님은 언약을 맺고
오시는 분이 아니다
아담의 불순종으로…
이미 여인의 후손으로 이 땅에 오시게 되어 있는 분이다
그러므로 언약의 차원이 아니라
어떤 여인의 길을 통해서 오실 것인지
오시는 그 길을 축복해주셨다는 것이다
오시겠다는, 오셔야만 되는 이유가 이미 아브라함 이전에
정해져있기 때문에 언약의 차원이 아니라 축복의 차원으로
정했다는 것이다

그러나 횃불 언약은
이미 있었던 언약이 아니라, 새롭게 맺은 언약이라는 것이다
새롭게 맺었다는 의미 속에는
무지개 자체는 존재해 있었지만, 그 무지개를 인자화(人子化)
시키기 위한 최초의 새로운 언약이라는 것이다
노아와 맺었던 무지개의 언약을
인자화시키기 위한 언약
인자화되는 그 주인공을 아브라함 후손 중에서
택하겠다는 것이다
그래서 횃불 언약의 내용 중에 4대(代)만에 이루어진다
하신 것이다

그런 비의와 차원에서
요셉이 태어나므로

야곱을 고향으로 돌아가게 한 것이다
요셉이 함께 하므로 야곱의 가족을 지켜주신 것이다
칠십 가족 속에 있는 요셉
구름 속에 있는 무지개와 같은 존재였다
그 요셉의 해골을 법궤 속에 있는 돌비와 함께
이스라엘 백성들로 하여금 짊어지게 한 이유
짊어지고 젖과 꿀이 흐르는 가나안 땅에 들어가게 한 이유
그 모습은 마치
신랑 신부의 모습이라고 할 수도 있다
그러므로 떡과 포도주는 신랑인 예수
횃불 언약의 주인공인 요셉은 신부의 모습

시편 128편의 내용을 다시 한 번 상기해 보자!
결실한 포도나무 같은 아내
밥상에 둘러앉은 어린 감람나무들
여기서 말하고 있는 결실한 포도나무와 같은 아내의 존재
과연 그는 누구를 말하고 있는 것일까?
그는 재림 마당에 등장하고 있는 해를 입은 여인을
말하고 있는 것이다
철장의 권세를 가진 아이를 낳는 여인
산 자를 낳을 수 있는 태를 가졌기에
그를 여인이라 표현하고 있는 것이다
그가 입은 그 '해'
그가 입고 있는 그 '해'가 곧 포도나무인 것이다

예수께서 흘리신 그 피와 물

그 피와 물을 오순절 강림하신 성령께서 찾아
피와 물, 성령이 하나가 되신지라 (요일 5:5-8)
그 피와 물, 성령이 하나가 되신, 그 하나를 가리켜
해라고 하신 것이다
그 셋이 하나된 '해'를 입었다는 것은
그가 곧 포도나무와 같은 존재
예수님이 가지고 계셨던 모든 것을 몽땅 입었다는 것이다

그래서 예수께서
"나는 내 아버지의 이름으로 왔으매 너희가 영접지 아니하나
만일 다른 사람이 자기 이름으로 오면 영접하리라" (요 5:43)

다른 사람이 자기의 이름으로 오는 그가
결실한 포도나무 같은 아내라고 할 수 있다
그가 낳은 철장의 권세를 가진 아이와
그를 통해서 등장하는 그의 형제들
즉 그의 나무에서 열매 맺는 자들
그들이 한 자리에 놓여있는 아름다운 모습
장성한 믿음으로 그려볼 수 있는 한 폭의 동양화…
그러기에
이 땅의 주 앞에 섰는 두 감람나무
구약의 모습으로 본다면
모세가 이 땅의 주와 같은 존재라면
아론이 주 앞에 선 존재 (출 4:16)
예수님이 이 땅의 주이셨다면
세례요한이 주 앞에 섰는 존재, 그렇게 말할 수 있다

그런데
두 감람나무가 각자 '나'라는 자신들이라면
'나'라고 하는 그대들
큰 성 길에 죽은 자로 삼일 반 동안 누워있는가?
그대들의 죽음으로 세상 목사들이 기뻐 선물을
교환하고 있는가?
그대들의 입에서 불이 나오고 있는가?
그대들의 손에 갈대자 있는가?
그대들에게 주어진 자기의 때, 한 때, 두 때, 반 때의 비밀을
알고 있는가?
그대들이 죽었다가 삼일 반 후에 영육 간에 부활해서
하늘 보좌로 올라간다고 믿고 있는가?

한 치 앞도 보지 못해
오늘날이라고 외쳐지는 오늘의 반 때 속에서
먹고 마시고, 시집가고 장가가고
아내로서 남편으로서 자기 위치를 탈선하여
온갖 짓을 다하고 있는 그대들이 진정 감람나무라 믿고 있는가?
하늘이 두렵지 않는가?
그 말을 하고 있는 그대들의 혀가 온전해질 수 있다고
생각하는가?
그렇게 가르치는 전도사, 목사…
진정 구원받을 수 있다고 생각하는가?
이미 수 차례에 걸쳐
재림의 마당에서 이루어질 구속사의 세계, 거듭거듭
증거한 바가 있다

예수께서도 십자가의 칠언 중
"다 이루었다"고 하셨다 둘째 아담으로 오셔서 첫째 아담이
상실한 그 영광을 다 회복하셨다
회복하셨기에 그가 영광의 주가 되셨다 하신 것이다 (고전2 :8)

그렇다면 재림 마당에서 이루어질 구속사는 무엇인가?
오직 남은 한 가지 횃불 언약만이 남아있다는 것이다
그것도 횃불 언약의 영광만이 남아있다는 것이다
"열한 볏단이 절하더이다"
이루어진 말씀이다
이제 남은 것
"해와 달과 별들이 절하더이다"
이것이 횃불 언약의 남은 부분이다
남은 그 부분이 이루어지는 때이므로
재림 마당을 통해 이루어질 부분을
70이레 중 남은 한 이레라고 말하는 것이다
그 한 이레를 중심으로 전 삼년 반, 후 삼년 반으로
나눈 것이다
이 한 이레의 역사를 가리켜 영적인 때, 영적인 역사라고
하는 것이다
이 역사의 세계를
일반계시가 아닌 중간계시라고 말하는 것이다
작은 책, 다시 복음을 전하고자
특별한 천사가 등장하는 모습이 이채롭지 않는가?
그가 전해주고 있는 작은 책, 그 책의 내용이
다시 복음인 것이다

본래 그 책은
하나님의 오른손에 있던 책
천상천하에 받거나 펴거나 읽을 자가 없었기에 크게 울었던 책
그 책을 어린 양 예수께서 받으셨고
받으신 그 책이 해를 입은 여인에게로…
해를 입은 여인 자신도
철장의 권세를 가진 아이로 태어날 두 감람나무를 통해
한 때, 두 때의 역사를 함께 하시고
그 남은 반 때를 위해
남아있는 소자에게, 집비둘기 새끼에게
작은 책을 주신 것이다
그 작은 책, 다시 복음을 받지 않고는
재림 마당에서 이루어지고 있는 그 어떤 일도 그들은 알 수 없다

재림 마당에서 이루어지고 있는 일
지금, 신천지 이만희의 등장
그 또한 반 때에 등장하고 있는 세 짐승 중
땅에서 올라온 새끼 수양, 바로 그 자(者)인 것을 아는 자가 없다
그는 붉은 용에게 소속된 자이다
붉은 용이 바다의 짐승에게, 바다의 짐승이 땅에서 올라온
새끼 수양에게 권세를 주는 모습이
계시록 13장에 잘 소개되어 있다
지금
이 땅에서 이처럼 놀라운 하늘의 역사가 이루어지고 있는
이때!
이 땅에 있는 하나님의 종들은

무슨 일을 하고 있는가?

필자(筆者)가 쓴 책을 전달하는 과정에서
그것도 무료로…
책을 쓴 필자를 신천지라 대놓고 면박하는
사람들도 많이 있었다
필자는 일반 성도들에게 복음을 전하지 않는다는
원칙을 가지고 있다
그 원칙은 스스로 정한 것이 아니다
이 말씀을 주신 분이 정해놓은 원칙이다
내게는 시간이 없다
그래서 주어진 짧은 시간 안에 많은 글을 쓰고자 애쓰고 있다
남의 교회 성도를 빼앗자고 복음을 전하는 그런 사람은
절대 아니다
여러분들의 성도를 온전히 때에 맞게 지키고 인도하라고
복음을 전하고자 하는 것이다
육백 육십 육(666) 세 짐승으로부터 양을 지키라고 글을 쓰며
세미나를 개최하는 것이다
웃기는 소리, 미친 자의 소리라고 당연히 믿으시겠지만
오늘의 이 말씀들은
사람의 생각으로 전해지는 말씀이 아니다
분명 하나님의 오른손에 있던 책
작은 책, 다시 복음의 말씀이다

신천지 이만희, 지금은 아무 것도 아니다
앞으로 그가 발휘할 사건들과 그의 능력

지금과 비교할 수 없다
무서운 능력을 행할 것이다
여러분들이 경악할 수밖에 없는 능력을 행할 것이다
하늘의 전쟁에서 패하고 쫓겨 온 붉은 용과
그의 사자들이 그와 함께 할 때
이 땅에서 놀라운 사건들이 일어날 것이다
신천지 이만희는 어쩌다 등장하는 일반적인 존재가 아니다
그는 성경 속에 등장하는 실존적인 인물이다
그는 세 짐승 중 세 번째 땅에서 올라온 새끼 수양이다
그래서 끝까지
기독교의 입장을 고수하는 것이다

그런 이 때에
666이 컴퓨터, 바코드, 교황…
젖이나 먹고 있는 어린아이 옹알이 같은 소리나 하고 있으니
참으로 기가 차고 기가 막힐 일 아닌가?
가는 곳마다
'신천지 이만희'라 문전박대 당하고 있는 오늘
지금 이 시간도
잠 못 이루고 이 글을 쓰고 있는 시간이다
이제는 같은 말을 번복하여 쓰는 것도 싫증이 난다
아니 짜증이 날 정도이다

횃불 언약의 주인공, 요셉은 이스라엘의 영적 장자이다
영적인 때
천국이 이루어질 제 밭에 오직 그만이

좋은 씨로 뿌려질 유일한 대상이다
왜 그가 천국이 이루어질 제 밭의 주인공이 될 수 있는가?
그는 영적 장자이며
횃불 언약의 주인공이며
산 자의 열매가 된 존재이다
이미 레위기 19:24 말씀을 통해
4대(代)째 열매인 요셉을 하나님이 취하셨다는 사실
수없이 증거했다

그 요셉이
해와 달과 별들로부터 영광을 받기 위해서는
그 자신도 이 땅에서 산 자가 되어야 한다
해와 달과 별들, 하늘의 존재들로부터 영광을 받기 위해서는
그 자신도 이 땅 위에서 산 자가 되어야 한다
로마서 1:4 말씀대로
부활의 능력으로 사망의 권세를 깨고 영육 간의 부활을 해야만
하나님의 아들로서 인정받을 수 있는 것처럼
그도 그렇게 인정받아야 하는 것이다
인정받기 위해 등장한 그의 모습이
이 땅의 주 앞에선 두 감람나무 두 촛대이다 (계 11:4)

그가 이 땅의 주 앞에 꼭 서야 하는 이유
그만이 그를 살릴 수 있는 유일한 존재이기 때문이다
그가 곧 해를 입은 여인이다
일반계시의 입장으로 보면
해를 입은 여인, 철장의 권세를 가진 아이

이 땅의 주, 주 앞에 선 두 감람나무
도무지 감이 잡히지 않는다
어떻게 풀어야 할지,
어떤 연관성을 가진 존재들인지,
힘들고 어렵다
그러나 중간계시의 입장에서 보면 아주 쉽고 간단하다

해를 입은 여인이 철장의 권세를 가진 아이를 낳는 역사가
이 땅의 주와 두 감람나무 두 촛대의 역사이다
여기서 '낳는다'는 의미는 시편 2:7에서 말씀하는 내용이다
오직 해를 입지 않고는 부활시킬 수 없다
예수님도 해를 버리시고 죽으셔야 했기에
아버지께 통곡과 눈물로 기도하심으로 들으심,
약속을 얻으셨다고 하셨다 (히 5:7)
예수님이 땅에 떨치신 그 '해'
그 '해'를 입은 자신만이 스스로 부활할 수 있고
남도 부활시킬 수 있는 것이다
그러므로 좋은 씨인 요셉 자신도
해를 입은 여인과 함께 오지 않고는
파트너십이 되지 않고는 안 되는 것이다
요셉 자신이 선택하는 입장이 아니라
해를 입은 여인만이
구속사의 마지막 청사진을 쥐고 계시기 때문에
그만이 요셉이라는 영적 장자인 그 씨를
제 밭에 뿌릴 수 있는 거룩한 존재가 되는 것이다
그만이 이 땅의 주가 되어

그를 죽였다가 살릴 수 있는 것이다

그렇다면 오늘날
법치국가인 대한민국에서 사람을 죽이고
죽인 시체를 큰 성길 위에 삼일 반 동안 둘 수 있단 말인가?
표면적으로 보면 있을 수 없는 일이다
그러나 그런 일을 해야만 되는
할 수 있는 사람이 있다
그 사람이 곧 해를 입은 여인이다

그 일을 하는 그 과정을 어느 의미에서 보면
"노아 때와 같다" 한 것이다
노아 때처럼
자기 영역의 방주를 짓고
일 층에는 부정한 짐승
이 층에는 정결한 짐승
삼 층에는 노아의 가족들 태운 그들을 통해
해를 입은 여인이 이 땅의 주가 되어 역사하는 것이다
내 쫓는 역사
죽이는 역사
살리는 역사
일 층에 있는 부정한 짐승을 통해 그를 죽이게 하고
이 층에 있는 정결한 짐승을 통해 그를 내쫓게도 하고
자신이 만든 방주 안에서
자신이 태운 짐승들을 이용해서
자신이 이루고자 하시는 그 목적을

빠짐없이 이루어 나가신 것이다

"큰 성길 위에 삼일 반 동안 묻지 못하게 했다" 한 말씀은
그가 죽어서 살아나기까지는
방주에 있는
그를 내쫓은 자들, 미워하고 증오하는 자들
그를 죽인 자들 (영적으로 죽임)
그들로 하여금 평소 이를 갈게 하신다는 것이다
죽어있는 그를 살아있을 때보다도
더욱더 미워하는 대상으로
이 땅의 주께서 그를 더욱더 가증한 존재로
만들어 놓는다는 의미이다

이런 역사가 이 땅, 어느 한 장소에서 이루어지고 있다는 것이다
아니 이루어졌는지도 모른다
물론 해를 입은 여인이 역사하고 있는 그 영역 안에 있는 자들
그들은 더욱더 모를 수밖에 없는 것이다
그들이 알았다면 그렇게 쓰임받기를
좋아할 자가 있겠는가?
그 역사의 과정과 목적을 이루시기 위해
해를 입은 여인은
이 땅의 주이신 그는
인간의 상상을 초월하는 그 위에서
하늘의 역사 영적인 역사의 세계를 펼쳐나갔다
가히 그만이 할 수 있는 역사였다
그가 아니고는 그 누구도 할 수 없는 역사였다

"이는 한 아기가 우리에게 났고 한 아들을 우리에게 주신바
되었는데 그 어깨에는 정사를 메었고 그 이름은 기묘자라,
모사라, 전능하신 하나님이라, 영존하시는 아버지라,
평강의 왕이라 할 것임이라" (사 9:6)

세상에 태어나서
이 땅에서 해를 입고
이 세상 사람들이 알지 못하는 하늘의 일을 하고 있는 사람
그러한 사람을 가리켜 기묘자, 모사(謀士)라고
말할 수 있지 않는가?
심지어는 가족조차도
아내와 자식조차도
기꺼이 그 하늘의 일을 위하여
헌신의 제물로 바치지 아니하였는가?

그렇다고
하늘의 일을 한다 하여
세상 일을 그르치거나 범하거나 역행한 적이 있는가?
점도 없고 흠도 없이 일상적인 목회자로의 길을 걸으셨던
그였다
너무나 모범적이셨던 그 점이
너무나 이상적이셨던 그 점이
너무나 부족함이 없으셨던 그 점이
사냥꾼들의 눈에는 군침을 흘리게 하는 표적이 되었다
육십 평생 목회의 길을 걸으셨던 그 자신은
자기의 이름으로 이 땅에 남긴 재산 목록, 일 점도 없었다

자기 이름으로 남긴 은행 통장, 하나도 없었다
그렇다고 하여
의도적으로 그런 대상이 되기 위해
유치한 세속적인 일을 하지 않았다
성도들이 개인적으로 드리는 예물을 모아
어려운 사람들에게 차례로 아파트를 사주었다
그런 아파트를 선물로 받은 사람들이 지금도 실존하고 있다

그런 그가
이사야 24:13, 이사야 17:6 말씀을 이루어 나가시는 그 역사 속에서는
피도 눈물도 없는 냉혈한 심판의 사자였다
그런 그도 이 땅에 오신 이상
이 땅의 환경에 적응하셔야 했다

"한 번 죽는 것은 사람에게 정하신 것이요
그 후에는 심판이 있으리니" (히 9:27)

그분도 이 땅에 오신 이상
결정적인 시간이 오고 말 터인데…
그 분에 대한 말씀 속에는 '죽음'이란 표현이 없었다는 사실이다

"용이 자기가 땅으로 내어쫓긴 것을 보고 남자를 낳은 여자를
핍박하는지라 그 여자가 큰 독수리의 두 날개를 받아 광야
자기 곳으로 날아가 거기서 그 뱀의 낯을 피하여 한 때와
두 때와 반 때를 양육 받으매 여자의 뒤에서 뱀이 그 입으로

물을 강 같이 토하여 여자를 물에 떠내려가게 하려 하되
땅이 여자를 도와 그 입을 벌려 용의 입에서 토한 강물을
삼키니 용이 여자에게 분노하여 돌아가서 그 여자의 남은 자손
곧 하나님의 계명을 지키며 예수의 증거를 가진 자들로 더불어
싸우려고 바다 모래 위에 섰더라" (계 12:13-17)

이 말씀이 해를 입은 여자에 대한
최후의 기록이며 말씀이다
더 이상 표면적으로는
해를 입은 여인의 모습이 나타나지 않는다
그렇다면
죽지 않고 살아서 엘리야처럼 하늘로 올라갔다는 것일까?
그러나 성경에서는 큰 독수리의 두 날개를 받아 광야로
갔다고 했다
그곳에서 한 때, 두 때, 반 때를 양육받는다 했다

그렇다면
"큰 독수리의 두 날개를 받았다"는 것은 무슨 뜻일까?

다음 성구를 살펴보자!
"큰 짐승 넷이 바다에서 나왔는데 그 모양이 각각 다르니
첫째는 사자와 같은데 독수리의 날개가 있더니 내가 볼 사이에
그 날개가 뽑혔고 또 땅에서 들려서 사람처럼 두 발로 서게 함을
입었으며 또 사람의 마음을 받았으며" (단 7:3-4)

이 구절의 말씀은 역설적으로 영적인 신령한 존재

하늘과 바다의 짐승들이 이 땅에 사람의 모습으로 오는 것을
보여주고 있는 장면이다
그렇다면 해를 입은 여인이
이 땅에 있던 존재로서 이 땅을 떠나가는 모습
그 모습을 표현하고 있는 것이다
이 땅에 인자로 온 이상은 한 번 죽는 것이 정한 이치이다
그러나 그는 해를 입고 있다
해를 입은 이상 그는 죽는 존재가 아니다
그 해 자체가 부활이고, 생명이 되기 때문이다
죽을 수 없는 분을 죽었다고 표현할 수는 없다

생각해 보라!
그가 진정 죽은 자라면 붉은 용이 그를 공격할 이유가 있겠는가?
그가 살아있기 때문에
그를 공격할 수밖에 없었던 것이다
그가 살아있기 때문에
한 때, 두 때, 반 때를 양육 받을 수 있는 것이다
그렇다면
그가 왜…?
광야로 날아갔다는 이유는 무엇인가?
날아갔다는 이유는
전 삼년 반 넘겨받은 자기 때를 마치고
후 삼년 반의 주인공인 붉은 용에게 그의 때를 넘겨주기 위해
그가 자기 있을 곳으로 날아갔다는 것이다
한 때, 두 때, 반 때를 양육 받는다는 것은
붉은 용에게 넘겨준 후 삼년 반을 기다리는 모습을

표현한 것이다

물론
이 설명은 영적 차원에서 하고 있는 것이다
땅의 차원으로 말한다면
큰 독수리의 두 날개를 받았다는 것은
본래 자기 차원의 모습으로 돌아갔다는 것이다
의학적으로 말한다면
죽었다는 것이다
죽었기에 가족들과 지인들과 교인들이 정성을 다해
장례를 치뤘을 것이다
천국으로 가시는 감사예배 식으로…!

생각하고 또 생각해 보라!
정한 이치로 말하고 있는 그 죽음 속에도
많은 의미를 가진 것들이 있다는 것을…
므두셀라의 죽음
아브라함, 이삭, 야곱 3대(代)의 죽음
그리고
요셉의 죽음
입다의 딸의 죽음
그리고 엘리사의 죽음

엘리사는 엘리야 스승의 영감을 두 배나 받았다
승천한 스승 엘리야의 영감을 두 배나 받았다면
그 또한 하늘로 승천할 수도 있었다

그러나 그는 스스로 그 권리를 포기하고 이 땅에
남는 것을 택했다
그 점을 택하기 위해 스스로 죽을 병을 자처했다
"엘리사가 죽을 병이 들매" (왕하 13:14)
이 땅에 남기 위해, 스스로 죽기 위해
죽을 병을 찾아 입었다는 뜻이다
그런 결과를 가지고 있는 존재이기에
비록 그는 죽었으나 그의 능력은
죽음 자체 속에서도 살아있었다

"엘리사가 죽으매 장사하였더니 해가 바뀌매 모압 적당이
지경을 범한지라 마침 사람을 장사하는 자들이 그 적당을 보고
그 시체를 엘리사의 묘실에 들이던지매 시체가 엘리사의 뼈에
닿자 곧 회생하여 일어섰더라" (왕하 13:20-21)

그렇다면 엘리사는 왜 이 땅에 머물러 있으려고 한 것일까?
올라간 스승 엘리야를 기다리기 위해서였다
맡겨놓은 스승의 영감을 가지고 있었기 때문이었다
이뿐만이 아니다

예수께서도 사도요한에게 다음과 같은 말씀을 하셨다
"이에 베드로가 그를 보고 예수께 여짜오되 주여 이 사람은
어떻게 되겠삽나이까 예수께서 가라사대 내가 올 때까지 그를
머물게 하고자 할찌라도 네게 무슨 상관이냐 너는 나를 따르라
하시더라" (요 21:21-22)

대책없이 "내가 올 때까지 기다리라"고 한 것 아니다
엘리사에게는 스승의 영감 두 배의 능력
즉 변화의 비밀을 맡겼고
사도요한에게는 작은 책을 먹게 했다
맡겨놓은 것이 있기에
올 때까지 기다리라고 한 것이다
기다리는 것은 결코 쉬운 것이 아니다
하늘 천국을 올라가 안식을 누리지 못한 채
이 땅에서 오랜 세월 기다리는 것이다

다음 성구를 생각해 보라!
"다섯째 인을 떼실 때에 내가 보니 하나님의 말씀과 저희의
가진 증거를 인하여 죽임을 당한 영혼들이 제단 아래 있어
큰 소리로 불러 가로되 거룩하고 참되신 대주재여 땅에
거하는 자들을 심판하여 우리 피를 신원하여 주지 아니하시기를
어느 때까지 하시려나이까 하니 각각 저희에게 흰 두루마기를
주시며 가라사대 아직 잠시 동안 쉬되 저희 동무 종들과
형제들도 자기처럼 죽임을 받아 그 수가 차기까지 하라
하시더라" (계 6:9-11)

이 말씀 속에서도
순교자들도 기다리고 있는 그 기다림이 쉽지 않다는 것을
보여주고 있다
마지막 재림의 역사를 위해 이미
이렇게 준비되어 있는 자들이 있다
기다리던 자들이 있었다는 것이다

하물며 해를 입은 여인이시다
그가 기다리신다는 것은 막연한 기다림이 아니다
필연적인 기다림이다
한편으로는 붉은 용에게 후 삼년 반을 내주시고
마지막 역사를 준비하시는 것이다
마지막 역사를 준비하시기에 양육 받는다고 하신 것이다
'양육 받는다'는 것은
누구에게 가르침을 받는다는 그런 의미가 아니다
예수님이 아버지의 영광으로 변화 받으실 때
남의 도움으로 변화되신 것 아니다
스스로 변화 받으신 것이다
해를 입은 여인도 입으신 해를 통해
스스로 양육 받으시는 것이다
그가 스스로 양육 받고 있는 그때
이 땅 위에서는 창세 이후 전무후무한 사건이 벌어지고 있다
후 삼년 반
자기들에게 넘겨준 자기 때를 통하여 666이라는 세 짐승이
가지고 있는 권세를 이용하여
최후의 발악을 하는 때이다
이미 철장의 권세를 가진 아이와 하늘의 전쟁을 통하여
공중의 권세를 빼앗기고 말았다
이제 그들이 할 수 있는 일이란…
이 땅에 남아있는 하나님의 계명을 지키며
예수의 증거를 가진 자들과 싸우는 일밖에 없다

하나님의 계명과 예수의 증거를 가진 자들

이들은 누구를 말하는 것일까?
재림 마당에 남아있는 하나님의 백성들
전체를 말하고 있는 것일까?
이렇게 반문하지 않을 수밖에 없는 이유, 말씀이 있다

"큰 용이 내어 쫓기니 옛 뱀 곧 마귀라고도 하고 사단이라고도 하는 온 천하를 꾀는 자라 땅으로 내어 쫓기니 그의 사자들도 저와 함께 내어 쫓기니라 내가 또 들으니 하늘에 큰 음성이 있어 가로되 이제 우리 하나님의 구원과 능력과 나라와 또 그의 그리스도의 권세가 이루었으니 우리 형제들을 참소하던 자 곧 우리 하나님 앞에서 밤낮 참소하던 자가 쫓겨났고 또 여러 형제가 어린 양의 피와 자기의 증거하는 말을 인하여 저를 이기었으니 그들은 죽기까지 자기 생명을 아끼지 아니하였도다 그러므로 하늘과 그 가운데 거하는 자들은 즐거워하라 그러나 땅과 바다는 화 있을찐저 이는 마귀가 자기의 때가 얼마 못된 줄을 알므로 크게 분내어 너희에게 내려갔음이라 하더라"
(계 12:9-12)

성경 구절 속에 있는 말씀처럼
하늘과 공중에 거하는 자들은 즐거워하라
그러나 땅과 바다에 거하는 자들은 화(禍)가 있다
하늘과 공중에 거하는 자들과 싸워 패배한 그들이
마지막 땅과 바다에 거하는 자들과 싸우려고 바다 모래가 위에 섰더라 (계 12:17)

그렇다면 마지막 싸움의 대상은

이 땅 위에 있는 하나님의 계명과 예수의 증거를 가진 자들을
분명 말하고 있는 것이다
그 이유로서
하늘과 공중에 거하는 자들은
이 땅의 주와 두 감람나무의 증거를 가지고 있는 자들이다
한 마디로 일축한다면
재림의 마당에 있는 일반적인 성도, 그들은 중간계시를
모르는 사람들이다
오직 하나님의 계명과 예수의 증거밖에 모르는 자들이다
그런 그들과 마지막 싸움을 벌이기 위해
바다 모래 위에 선 것이다

바다와 모래
이스마엘적 존재들을 말하고 있다
약속의 자손이 아닌 육신의 자녀들
하늘에서, 공중의 권세에서 패배한 그들, 또한 지치고 지쳤다
다시 한 번 마지막 싸움을 위해 기력을
세력을 모으고 있는 모습이다
그런 그들이 벌이는 마지막 싸움…

"나 다니엘이 본즉 다른 두 사람이 있어 하나는 강 이편 언덕에 섰고 하나는 강 저편 언덕에 섰더니 그중에 하나가 세마포 옷을 입은 자 곧 강물 위에 있는 자에게 이르되 이 기사의 끝이 어느 때까지냐 하기로 내가 들은즉 그 세마포 옷을 입고 강물 위에 있는 자가 그 좌우 손을 들어 하늘을 향하여 영생하시는 자를 가리켜 맹세하여 가로되 반드시 한 때 두 때 반 때를 지나

서 성도의 권세가 다 깨어지기까지니 그렇게 되면 이 모든 일
이 다 끝나리라 하더라" (단 12:5-7)

후 삼년 반
자기들의 때가 얼마 못된 줄 아는 그들이 벌이는
최후의 일전(一戰)
성도의 권세가 다 깨어진다는 것이다
성도의 권세가 다 깨어져야 끝난다는 것이다
여기서 말하고 있는 성도가 누구이겠는가?
하나님의 계명과 예수의 증거를 가진 자들이다
다 깨어진다는 의미는 신앙의 정절과 순결을 지키지 못하고
결국 세 짐승에게 당하고 만다는 것이다

왜 그들은 모두 다 깨어져야만 하는 것인가?
적을 모르기 때문이다
적을 모르고 싸우니 당연히 질 수밖에 없다
그들은 예수의 이름으로 기사이적을 행한다
모든 것을 하나님의 계명과 예수의 이름으로 역사하니
당할 수밖에 없는 것이다
그래서 두 감람나무에게 갈대자를 주시며
성전 밖 마당은 아예 척량하지 말라고 하신 것이다
마흔두 달 동안
즉 한 때, 두때, 반 때 동안 이방인에게 짓밟히게
두라는 것이다 (계 11:2)

얼마나 두렵고 떨리는 말씀인가?

도대체 하나님의 종들이 그들에게 무엇을 가르쳤기에…
그들은 아예
척량의 대상도 되지 못하는 것일까?
솔직히 양심껏 생각해 보라!
오늘날
당신들이 가르치고 인도하고 있는 양들이 어떤 부류에
속한다 생각하는가?
성도?
아니면 성별된 성도?
성별된 성도의 기준은 노아, 욥, 다니엘이다
천 명, 만 명, 십만 명 양들을 거느리고 있는 목자들이여!
그들 중
성별된 성도, 의인 같은 한 마리의 양이 있다고 생각하는가?
없다고 한다면
왜 없는 것일까?
당신 자신이
성별된 성도인 의인이 되지 못했기에
당연히 그런 결과가 나타날 수밖에 없는 것이다
장님이 장님을 인도하는 격(格) 아닌가?
수천, 수만, 수십만 성도를
마귀의 밥으로 만든 그대들이 갈 수 있는 곳
어디라 생각하는가?

"화 있을찐저 외식하는 서기관들과 바리새인들이여
너희는 천국 문을 사람들 앞에서 닫고 너희도 들어가지 않고
들어가려 하는 자도 들어가지 못하게 하는도다" (마 23:13)

세상 사람의 말처럼 분명 지옥의 안방일 것이다
부자처럼 지옥불에서 후회하지 말고
살아있는 동안에
아니, 이 책을 읽게 된다면
깊이 생각하고 또 생각해 보라!
당신 자신이 모르는 말씀이라고 해서
무조건 경계하지 말고
무조건 이단이라 심판하지 말고
먼저 마음을 베고 낮추어 읽고 또 읽어보라!
늦었다 생각될 때
마지막 기회인 것을 생각하라!
건방지고 무례한 글이라 생각지 말라!

"초달을 차마 못하는 자는 그 자식을 미워함이라
자식을 사랑하는 자는 근실히 징계하느니라" (잠 13:24)

"훈계를 좋아하는 자는 지식을 좋아하나니
징계를 싫어하는 자는 짐승과 같으니라" (잠 12:1)

"무릇 내가 사랑하는 자를 책망하여 징계하노니
그러므로 네가 열심을 내라 회개하라" (계 3:19)

"주께서 그 사랑하시는 자를 징계하시고 그의 받으시는 아들
마다 채찍질하심이니라 하였으니" (히 12:6)

"보라 내가 너를 연단하였으나 은처럼 하지 아니하고

너를 고난의 풀무에서 택하였노라" (사 48:10)

초달, 훈계, 징계, 연단, 풀무
사랑하시는 자에게 주시는 것이라 했다
왜 주시는 걸까?
회개시키기 위해서이다

"무릇 징계가 당시에는 즐거워 보이지 않고 슬퍼 보이나
후에 그로 말미암아 연달한 자에게는
의의 평강한 열매를 맺나니" (히 12:11)

의의 평강한 열매를 맺게 하시기 위해서이다

"평강의 하나님이 친히 너희로 온전히 거룩하게 하시고
또 너희 온 영과 혼과 몸이 우리 주 예수 그리스도 강림하실
때에 흠없게 보전되기를 원하노라" (살전 5:23)

다 이유가 있기 때문에 채찍, 초달, 징계하시는 것이다

오늘의 이 글을 쓰기까지
미련한 이 괴수도 수없이 징계를 받고 받은 죄인 중의
죄인이었다
하늘 아래 어느 누가 감히
"나는 의인이다" 소리칠 자 있겠는가?
바울의 고백처럼
"내가 나 된 것은 하나님의 은혜로 되었다" (고전 15:10)

그렇다!
"우리가 구원받는 것은 은혜로 구원받는다" 했다
(엡 2:5, 2:8)
그 은혜를 사모하며 구하라!
징계에 대해 감사할 줄 아는 자
회개하기 위해 스스로 자신을 징계하는 자 (고전 9:27)
그들에게
오직 그들에게 은혜가 은혜 되기 위해
찾아올 것이다

다음 성구도 생각하고 또 생각해 보라!
"유언은 유언한 자가 죽어야 되나니 유언은 그 사람이 죽은 후에야 견고한즉 유언한 자가 살았을 때에는 언제든지 효력이 없느니라" (히 9:16-17)

만약 유언한 자가 살아있다면
이 글을 쓰지 못했을 것이다
살아있을 때 이 글을 쓴다면 그가 하시고자 하시는 그 일을
방해하는 대적자가 되고 말았을 것이다
그러나 지금
그는 자기만이 아는 광야에서 한 때, 두 때, 반 때를
양육 받고 계신다

양육 받으신다는 '그때'
때에 관한 말씀을 언급하고자 한다
먼저 이 성구를 깊이 깊이 생각해 보라!

"내가 듣고도 깨닫지 못한지라 내가 가로되 내 주여
이 모든 일의 결국이 어떠하겠삽나이까 그가 가로되
다니엘아 갈찌어다 대저 이 말은 마지막 때까지 간수하고
봉함할 것임이니라 많은 사람이 연단을 받아 스스로 정결케
하며 희게 할 것이나 악한 사람은 악을 행하리니 악한 자는
아무도 깨닫지 못하되 오직 지혜 있는 자는 깨달으리라
매일 드리는 제사를 폐하며 멸망케 할 미운 물건을 세울 때부터
일천이백구십 일을 지낼 것이요 기다려서 일천삼백삼십오
일까지 이르는 그 사람은 복이 있으리라 너는 가서 마지막을
기다리라 이는 네가 평안히 쉬다가 끝날에는 네 업을 누릴
것임이니라" (단 12:8-13)

계시록에 보면
알파와 오메가 (계 1:8)
처음과 나중 (계 21:6)
시작과 끝 (계 22:13)
누구나 다 잘 알듯한 말씀이 나온다
이미 앞서 언급한 바가 있다
메시아가 걷는 삼일길
즉 재림의 마당에 등장한 때의 주인이 걸어야 될
삼일길을 언급했다
일반계시 속에 있는 성도들의 입장으로는 이게 도대체
무슨 말씀인지 알 수 없다

갈라디아서 4:4 때가 차매 오셨다
때가 차매 오신 예수

그분이 때의 주인이시다
그분만이 때를 주관하시며 섭리하실 수 있는 유일하신 분이시다
그분만이 때에 맞게, 때를 따라 역사하시는 분이다
다른 그 어느 누구도
때의 주인이 역사하시는 그때를 알지 못한다

마지막 때도 마찬가지다
계시록 12장에 보면
하늘의 두 이적이 나타난다
해를 입은 여인과 붉은 용
그들이 재림 마당에 등장하고 있는 때의 두 주인공이다
한 사람은 한 이레 중 전 삼년 반의 주인공이고
한 사람은 한 이레 중 후 삼년 반의 주인공이다
자신들이 넘겨받은 자기의 때를 이용하여
자신들의 목적을 이루기 위해
최선을 다한다는 것이 그들의 목표이며 신념이다
그러한 그들이 가지고 있는 '때'
그들을 통해서만이 그들의 때를 알 수 있는 것이다
일반적인 개념에서 몇 년부터 몇 년까지가 전 삼년 반이고
몇 년부터 몇 년까지가 후 삼년 반이다
성경 말씀은 그렇게 되어 있지 않다
그렇기 때문에
학자들이나 목사들이 연구 모임을 만들어 아무리 애를 써보았자
그들이 하는 짓은
장님들이 코끼리 만지는 격에 지나지 않는다

시간을 낭비하지 말라!
자신들을 베고 낮추어라!
바울처럼
"나는 무익한 종이다"
"새 술은 새 부대에 담는다"고 했다
당신이 가지고 있는 것 배설물처럼 다 버려라! (빌 3:8)
당신이 자랑하고 있는 그 성취욕
다 불장난이다
다 늙은 당신이 어머니의 젖이나 빨아먹고 산다고 생각해 보라!
얼마나 부끄러운 일인가?
작은 책, 다시 복음을 받지 않고는
그 어느 누구라 할지라도 재림의 역사 속에서 이루어지고 있는
영적인 역사, 하늘의 역사를 알지 못한다

앞서 다니엘 12:8-13 소개했다
현존하는 이 시대 속에 이 말씀의 비밀을 아는 학자나 목사가
있을까?
어림없는 소리다
그런 주제에
천 명, 만 명, 몇십만 명
양들을 인도한다고 하자
키운 그 양들 한순간에 사단 마귀의 먹잇감이 된다는 것
그것을 가리켜
성도의 권세가 모두 깨어진다고 한 것이다

이제 교만한 목을 스스로 꺾어버려라!

그리고
"네 자신을 알라"고 소리친 그 말처럼
자신을 돌아보는 사람이 되라!
행여
마귀에게 절하여 받은 오늘의 영광이 아닌가 두려워하라!
하나님에게 받은 상급이라면
당연히 하나님의 말씀을 받게 되어있다

작은 책!
하나님이 인류에게 마지막으로 주시고자 소중히
간직하고 계셨던
일곱 인으로 봉했던 책이다
그 책의 말씀만이
후 삼년 반에 일어날 그 모든 일을 알 수 있다
신천지 이만희가 누구인 줄 아는가?
후 삼년 반에 등장할 마지막 세 번째 사람이다
땅에서 올라온 새끼 수양이다
그는 스스로 자신을 작은 책을 먹은 사도 요한이라고 증거한다
그는 붉은 용으로부터 등장한 존재이다
자기들의 때를 알고 있는 존재이다
그때를 이용해서 자기들의 목적을 이루고자
십사만 사천을 인(印)친다
열두 사도를 세우기 위해서
각 도(都)를 열두 지역으로 나눈다
열두 교회의 이름을 세운다
그렇게 이미 이 땅에서 역사하고 있는 이 때

하늘의 편에 있는 자들은 무엇을 하고 있는가?
신천지 이만희가 어떤 존재인지
그가 어떤 능력을 가진 자인지
그가 앞으로 어떤 일을 할 존재인지
알고 있는 자, 대처하고 있는 자 있는가?

지금 정도는 새 발의 피다
하늘의 전쟁에서 패하고 쫓겨온 붉은 용과 그의 사자들이
그와 함께 되었을 때
이 땅에서 어떤 일이 벌어질지
진정 그대들은 알고 있는가?
젖이나 먹고 있던 그대들이
그들이 행하는 생령의 능력 앞에 제일 먼저 쫓아가
"오 주여, 재림 예수여!" 소리칠 것이다
그런 그날을 바라보시며 예수께서 '창세 이후 전무후무한 환란'
이라 하신 것이다
이 땅에 있는 성도의 권세가 다 깨어지는 그날
그날을 가리켜 성경에서는 '여호와의 한 날'이라고도 했다

지금은 어느 때인가?
도대체 지금은 어느 때란 말인가?
세 짐승 중 새끼 수양이 서서히 그 세력을 나타내고 있는 때이다
땅에서 올라온 새끼 수양
그의 때라면…
무지하고 어리석은 목자들이여!
그렇다면 지금은 어느 때인가?

전 삼년 반이라는 것인가?
후 삼년 반이라는 것인가?
정신 차려야 한다
때를 모르는 목자들이여!
언제까지
하나님의 계명과 예수의 증거만을 외칠 것인가?
예수님께서 십자가의 사역을 다 이루셨다 하시고
우편보좌에 올라가셨다
무엇을 기다리고 계시는가?
네 원수가 무릎 꿇고 하나님의 영광과 능력을 스스로 시인하고
인정하기를 기다리시는 그분을 위해
어느 누가 이 땅에서
붉은 용, 바다의 짐승, 땅에서 올라온 새끼 수양과 싸워
그들을 무릎 꿇게 할 자가 있을까?
그들의 존재도 알지 못하고 있는 젖 먹는 초보 신앙자들에게
가당치도 않는 일 아닌가?

다시, 다니엘 12:8-13 말씀으로 돌아가자!
후 삼년 반
한 때, 두 때, 반 때
1260일이다
1260일 만에 성도의 권세가 다 깨어진다
이제 남은 자들은 다니엘과 세 친구 같은
성별된 성도만이 남아있다
그들을 인치기 위해 세 짐승이 최후의 발악을 한다
그 기간이 1260일에서 1290일 한 달 동안이다

거기서 순교자들이 나타나게 된다
거기서 이긴 자들에게 재림주 멜기세덱이 나타나시는
그 기간이 1335일이다
본래는 1340일이었지만 택한 자들을 위해 5일을 감해주셨다
이스라엘 백성들이 젖과 꿀이 흐르는 가나안 땅을
만 40년에서 5일 먼저 들어갔기 때문이다
그러나 문제는
공식적인 이 숫자와 같은 기간이 언제, 어떻게 적용받는지
오직 그것은 때의 주인만이 아는 것이다
작은 책, 다시 복음, 반 때의 말씀이다
신천지 이만희가 등장한 것처럼
작은 책도 때에 맞게 등장한 것이다
이는 마치
이세벨이 등장하는 그 시기에 맞춰
엘리야와 엘리사를 등장시키는 하나님의 입장이라
말할 수가 있다

지금은 어느 때인가?
어느 정도는 밝혔다
그래서 다음 책을 준비하고 있다
"이 땅의 전쟁은 이 나라 이 민족의 운명이다"
가상적(假想的)인 주제가 아니라 실존적(實存的)인 주제이다
정신 차려야 산다
죽기 싫으면 정신 차려 깨어 기도해 보라
지금이 어떤 때인지…?
때도 모르기에 때에 맞게 날뛰고 있지 않는가?

죽음이라는 전쟁이 코앞에 다가서고 있는데…
기독교당을 외쳐가며
하늘 뜻이라 외치고 있는 자들
과연 그들은 하늘의 소리를 듣고 있는가?

지금이 어느 때인가?
지금은 예레미야 선지자의 때와 같다
그 시대의 특징이 무엇인지 아는가?
예레미야 선지 외에는 다 가짜였다는 것이다

다음 성구를 보라!
"이 땅에 기괴하고 놀라운 일이 있도다 선지자들은 거짓을
예언하며 제사장들은 자기 권력으로 다스리며 내 백성은 그것
을 좋게 여기니 그 결국에는 너희가 어찌 하려느냐"
(렘 5:30-31)

이 말씀이야말로 이 시대를 꿰뚫고 있는 말씀 아닌가?
분수도 모르고 있는 그들이
"하늘 문을 열었다, 하나님이 내게 말씀하셨다
내 말 한 마디면 다 끝장나고 만다"

다들 제 정신이 아니다
미쳐도 곱게 미쳐야지…
그런데 미쳐 날뛰는 그들을 이 백성들이 좋아한다는 것이다
참으로 암담하다
진정한 하나님의 백성들은 예수님처럼, 사도 바울처럼

복음으로, 믿음으로 세상을 이겨야 하는 것이다
그것이 참 목자의 자세이다
세례요한이 왜 실족했는지 아는가?
정치적으로 헤롯을 압도하려 했기 때문이다
정치적인 일은 정치가들에게
국회적인 일은 국회의원들에게
종교인들은 오직 하나님께 모든 것을 맡겨야 된다

지금은 어느 때인가?
흔히 '노아 때'라고 말한다
노아 때의 특징이 무엇인가?
죄가 관영하고 있는 때이다
어느 분야에든지 그 모든 분야에서 죄가 넘친다는 뜻이다

그렇다면 종교 분야와는 별개의 문제인가?
그렇지 않다!
천부당만부당한 소리이다
죄가 관영했다면 당연히 종교 분야가 제일 먼저
죄가 관영한 첫 시작이라고 말할 수 있는 것이다
그런 줄도 모르고
예수님께서 왜 "마지막 때를 노아 때"라고 말씀하셨는지
그분의 의중도 모르고 날뛰고 있는 오늘의 그 자(者)들
자기 자신들이 가장 부패한 척결의 대상자들인 줄도 모르고
자기 자신들 속에 죄가 차고 넘치는 줄도 모르고
개혁만을 부르짖고 있는 이 시대
진정 노아 때처럼 패괴(敗壞)한 시대라는 사실

생각하고 또 생각하며 잊지 말아야 한다

지금은 어느 때인가?
지금은 온 세상이 때를 모르는 시대이다
때를 모르는 사람들에게
당연히 때의 주인이 도둑같이 오시는 때이다
공개된 만나이셨던 예수같이 와보라
그가 과연 살아남을 수 있을 것인가?
과연 이 시대의 목자들이 그를 살려둘 것인가?
물론 하늘에서 천군 천사들을 데리고 직접 강림하신다면
다르겠지만
인자로 온 그가 재림 예수라 한다면
제일 먼저
총회장, 노회장, 사이비 감별사, 목사, 신학자, 교수…
그들이 결코 용서하지 않을 것이다
제일 먼저 "저를 십자가에 못 박으라!"고 외칠 것이다
도둑같이 오신다니
얼마나 감사한지 모른다
왜냐하면
나 자신도 그에게 돌을 던진다는 것 너무도 뻔하기 때문이다
나의 목자도 나에게 그렇게 시킬 것 뻔하지 않는가?
더욱이 오늘날
이런 글을 써보는 입장에서 겪어보니
더욱더 마음이 참담해진다

"해를 입고 이 땅의 주로서 역사하셨던 그대 당신이여!

사십 대(代) 불혹의 나이에
한 개의 치아도 남김없이 왜 뽑으셔야 했는지…?
이제, 오늘에 와서는
만 분의 일이라도 조금은 느끼고 있습니다
볼품없는 저의 이빨도
조금씩 조금씩 견디지 못하고
상해가고 있습니다
다 상해 없어지기까지
주신 일 다 감당할 수 있게 해주시옵소서!"

맺음말

맺음말

매년마다 기온이 상승하면 예외없이 찾아오는 손님이 있다
태풍이다
정해져 있는 방문객들이기에 이름조차도 사전(事前)에 준비해
놓고 있다
경우는 다르지만
기온이 떨어지면 찾아오는 반갑지 않은 방문객이 있다
비록 태풍으로 입는 피해도 막강하기는 하지만
상대적으로 이익이 되는 부분도 상대적으로 막강하다고 한다
죽어가는 바닷물을 뒤집어 주므로 바닷물을 소성시키는
대단한 역할을 한다는 것이다
그러므로 태풍을 인류를 해롭게 하는 공적(公敵)으로
몰아세울 수만은 없다
그러나 기온이 떨어지면 나타나는 바이러스는 인류를 괴롭히는
암적인 존재라 한들 반기를 들고 나타날 자 없다

그렇다면 태풍이 오는 길과 바이러스가 오는 길은 어떻게

다른가?
보편적인 입장에서 말한다면 태풍은 자연재해(自然災害)라
말한다
그러나 바이러스로 생기는 전염병은 자연재해라 말하지 않는다
인재(人災)라고들 한다
인재라는 의미 속에는 인간들 스스로가 만드는
재난(災難)이라는 의미가 들어있다
그렇다고 하여 재난을 즐기기 위하여 바이러스를 만든다는
의미는 전혀아니다
살기 위한 지독한 생존 경쟁을 하다보니 원치 아니하는
것들이
생존의 틈새 속에서 생겨난다는 것이다
이런 입장을 인간 속에서 존재할 수밖에 없는 인간 자연 재해라
할 수 있다
그러나 인간의 삶과 관계없이 하나님이 주시는 인간
재해(人間 災害)가 있다는 것이다
그렇다면 왜 인간 재해를 주시는 걸까?
바로 죄 때문이다

"욕심이 잉태한즉 죄를 낳고 죄가 장성한즉 사망을 낳느니라"
(약 1:15)

죄의 본질을 다른 입장으로 설명한다면
하나님이 창조하신 창조의 세계 속에는 하나님이 정해놓으신
거룩한
창조 원리가 있다

창조 원리를 올바로 가르치기 위해 율법과 계명과 예언과
선지자와
사도들을 보내어 가르쳐주셨다
그것도 모자라 만물을 지으신 그가 말씀이 육신이 되어
인자(人子)로
이 땅에 오시기까지 하셨다
인간을 위해 지으신 만물의 세계
그 원리를, 그 말씀을 지키는 것이 인간들 스스로가
하나님이 지어주신 이 세계를 지키고 다스리는 것이다
왜
지키고 다스려야만 하는 것인가?
그것이 곧 온 인류를 사랑하는 가운데 나를 사랑하는 것이
되기 때문이다
인류의 사랑, 즉 이웃 사랑과 나를 사랑하는 그 자체가
만물을 주신 하나님의 사랑이 되는 것이다
그것이 만물을 주신 하나님을 믿는 믿음이 되는 것이다
그것을 지키게 하시기 위해
우리를 위해 십자가를 짊어진 것이라 할 수도 있는 것이다
그런 사랑을 주셨건만 죄의 존재의 권능은 하나님의 창조
원리를
파괴하고자 혈안이 되어 있다
재창조된 인간들을 통해 창조 본연의 세계의 조화와 질서를
파괴하고자 끊임없이 인간들의 영혼들을 흔들어 놓고 있다

생각해 보라!
인류의 세 번째 시조인 아브라함

그의 조카인 롯 때
아직 물 심판의 주인공인 노아가 살아있는 동(同)시대에
하나님은 왜
소돔과 고모라, 아드마와 스보임 성(城)을
유황불로 심판하셨는가?
창조 원리를 파괴하였기 때문이다
남자가 남자끼리, 여자가 여자끼리
사람들이 짐승과 교접을 하였기 때문이다
노아 때 죄가 관영했다는 의미도 따지고 본다면
인간들의 죄가 창조 원리를 파괴했다는 의미와 같은 것이라
할 수 있다

"소돔과 고모라와 그 이웃 도시들도 저희와 같은 모양으로
간음을 행하며 다른 색을 따라 가다가 영원한 불의 형벌을
받음으로 거울이 되었느니라" (유 1:7)

여기서 말하고 있는 다른 색(色)이란
창조 원리로 정해놓은 색이 아니라, 창조 원리를 벗어난
비(非)원리적인 색을 말하고 있는 것이다

"소돔과 고모라 성을 멸망하기로 정하여 재가 되게 하사 후세에
경건치 아니할 자들에게 본을 삼으셨으며 무법한 자의 음란한
행실을 인하여 고통하는 의로운 롯을 건지셨으니
(이 의인이 저희 중에 거하여 날마다 저 불법한 행실을 보고
들음으로 그 의로운 심령을 상하니라)" (벧후 2:6-8)

여기서 말하고 있는 무법한 자의 음란한 행실 또한 창조
원리를 파괴한 음란한 행실을 말하고 있는 것이다

그렇다면 여기서 다시 한 번 정리해 보고자 한다
소돔과 고모라, 아드마와 스보임 네 성(城)을 불로
심판하셔야만 했던 (신 29:23)
네 성이 저지르고 있었던 대표적인 네 성의 죄의 정체와 실상
첫째, 간음을 행하며 다른 색을 따라가다가
둘째, 무법한 자의 음란한 행실이라고 했다
그렇다면 이 두 가지 내용의 실체를 성경에서는 어떻게 지적
하고 있는가?

"그들은 전에 음란히 섬기던 수염소에게 다시 제사하지 말 것
이니라 이는 그들이 대대로 지킬 영원한 규례니라" (레 17:7)

"너는 짐승과 교합하여 자기를 더럽히지 말며 여자가 된 자는
짐승 앞에 서서 그것과 교접하지 말라 이는 문란한 일이니라"
(레 18:23)

"남자가 짐승과 교합하면 반드시 죽이고 너희는 그 짐승도
죽일 것이며 여자가 짐승에게 가까이하여 교합하거든 너는
여자와 짐승을 죽이되 이들을 반드시 죽일찌니 그 피가
자기에게로 돌아가리라" (레 20:15-16)

"짐승과 행음하는 자는 반드시 죽일찌니라" (출 22:19)

"무릇 짐승과 교합하는 자는 저주를 받을 것이라 할 것이요
모든 백성은 아멘 할찌니라" (신 27:21)

여기서 지적하고 있는 교접(交接), 교합(交合)의 교자(字)는
합할 교(交)자이다
교접, 교합이란 의미는 짐승과 한 몸이 된다는 뜻이다

"네 아우 소돔의 죄악은 이러하니 그와 그 딸들에게 교만함과
식물의 풍족함과 태평함이 있음이며 또 그가 가난하고
궁핍한 자를 도와주지 아니하며 거만하여 가증한 일을
내 앞에서 행하였음이라
그러므로 내가 보고 곧 그들을 없이 하였느니라"
(겔 16:49-50)

여기서 지적하고 있는 가증한 일이란
짐승뿐만 아니라 사람끼리도 동성 간에 교합, 교접을 하여
성(性)문화를 어지럽혔다는 것이다

"너는 여자와 교합함 같이 남자와 교합하지 말라 이는 가증한
일이니라" (레 18:22)

"누구든지 여인과 교합하듯 남자와 교합하면 둘 다 가증한 일
을 행함인즉 반드시 죽일찌니 그 피가 자기에게로 돌아가리
라" (레 20:13)

위 성구의 내용은 동성 간의 교합이다

남자가 남자끼리, 여자가 여자끼리 성적 기쁨을 추구하기
위해 한 몸을 이루는 것이다
그렇다면 오늘날 이 시대의 풍경은 어떤 그림으로 그려질
것인가?
동성 간의 성적 결합을 합법적으로 요구하는 것도 모자라
동성 간의 결혼을 합법적으로 요구하는 시대이다
이미 많은 나라들이 이 문제에 대해 합법화 시켜준 사례도
실제적으로 존재하고 있다
이외에도 오늘날
우리의 가정 문화 속에서도 가나안 땅에서 실제 만행되고
있었던 가증한 일들이 서서히 차고 넘쳐가고 있다

"누구든지 아내와 그 장모를 아울러 취하면 악행인즉 그와
그들을 함께 불사를찌니 이는 너희 중에 악행이 없게 하려
함이니라" (레 20:14)

"누구든지 그 자매 곧 아비의 딸이나 어미의 딸을 취하여 그
여자의 하체를 보고 여자는 그 남자의 하체를 보면 부끄러운
일이라 그 민족 앞에서 그들이 끊어질찌니 그가 그 자매의
하체를 범하였은즉 그 죄를 당하리라" (레 20:17)

"누구든지 경도하는 여인과 동침하여 그의 하체를 범하면
남자는 그 여인의 근원을 드러내었고 여인은 자기의 피
근원을 드러내었음인즉 둘 다 백성 중에서 끊쳐지리라"
(레 20:18)

"너의 이모나 고모의 하체를 범하지 말찌니 이는 골육지친의 하체인즉 그들이 그 죄를 당하리라 누구든지 백숙모와 동침하면 그 백숙부의 하체를 범함이니 그들이 그 죄를 당하여 무자히 죽으리라 누구든지 그 형제의 아내를 취하면 더러운 일이라 그가 그 형제의 하체를 범함이니 그들이 무자하리라"
(레 20:19-21)

이런 가증한 죄와 허물이 언제, 어디에 존재하고 있었단 말인가? 존재하고 있었던 사실이 분명 나타났었기에 하나님께서 그 죄와 허물을 징계하시고 심판하신 것이다

"여호와께서 또 가라사대 소돔과 고모라에 대한 부르짖음이 크고 그 죄악이 심히 중하니 내가 이제 내려가서 그 모든 행한 것이 과연 내게 들린 부르짖음과 같은지 그렇지 않은지 내가 보고 알려하노라" (창 18:20-21)

"모든 사람은 혼인을 귀히 여기고 침소를 더럽히지 않게 하라 음행하는 자들과 간음하는 자들을 하나님이 심판하시리라"
(히 13:4)

음행하는 자들과 간음하는 자들은 하나님이 직접 심판하신다 직접 이 땅에 오셔서 확인하신 다음에 심판하신다는 것이다 그 직접적인 상황을 영적으로 이렇게 표현하신 부분도 있다

"(중략)- 그 발은 불기둥 같으며 그 손에 펴 놓인 작은 책을 들고 그 오른발은 바다를 밟고 왼발은 땅을 밟고" (계 10:1-2)

하나님은 하늘 보좌에 앉으셔서 땅과 바다를 심판하시는
것이 아니다
불기둥 같은 두 발로 땅과 바다를 밟으시고 심판하신다는
것이다
그런 의미에서 여호와가 부득이 아브라함 가정에 나타나신
것이다
불을 다스리는 스랍과 같은 두 천사를 데리시고

오늘 이 순간에도 마찬가지다
그러므로 매우 심각하면서도 재미난 하나의 진실을 밝히고자
한다
오늘날 이 순간에도
신종 바이러스에 의한 코로나로 인해 이 나라, 이 민족뿐 아니라
많은 나라들이 깊은 근심 속에 빠져있다
그렇다면 신종 바이러스에 인한 코로나, 이 질병은 자연 재해
라고 말할 수 있는 것인가?
물론 세상적인 입장으로 본다면 자연적, 인적 재난이라고 말
할 수 있다
그러나 성경적으로 본다면
이 재난은 하나님이 주시는 재난이라는 것을 알 수 있다

"주 여호와께서 가라사대 내가 나의 네 가지 중한 벌 곧 칼과
기근과 사나운 짐승과 온역을 예루살렘에 함께 내려 사람과
짐승을 그 중에서 끊으리니 그 해가 더욱 심하지 않겠느냐"
(겔 14:21)

"가령 내가 그 땅에 온역을 내려 죽임으로 내 분을 그 위에
쏟아 사람과 짐승을 거기서 끊는다 하자 비록 노아, 다니엘,
욥이 거기 있을찌라도 나의 삶을 두고 맹세하노니 그들은
자녀도 건지지 못하고 자기의 의로 자기의 생명만 건지리라"
(겔 14:19-20)

"(중략)- 여호와께서 온역이나 칼로 우리를 치실까 두려워하
나이다" (출 5:3)

"내가 손을 펴서 온역으로 너와 네 백성을 쳤더면 네가
세상에서 끊어졌을 것이나" (출 9:15)

"처처에 큰 지진과 기근과 온역이 있겠고 또 무서운 일과
하늘로서 큰 징조들이 있으리라" (눅 21:11)

성경을 읽고 있는 자라면 표면적으로도 온역은 하나님이 주시는
심판 중의 하나라는 것을 누구나 다 알고 있는 사실이다
더구나 열두 사도를 세우고, 열두 지파를 세우며, 열두 지파에
소속된 십사만 사천 인을 인치고 있다는 신천지 이만희라는
사람이
표면적으로 나와 있는 이런 성구를 모를 리가 있겠는가?
자신이 가지고 있는 권위와 체면을 위해서라도 분명 이렇게
말했을 것이다
"내가 열두 사도, 열두 지파, 소속된 인치는 자로서
천사들을 명하여 온역으로 이 땅을 칠 것이다"
진정 그런 권위와 권세를 가진 자라면

당연히 그렇게 말할 수밖에 없었을 것이다
왜냐하면 열두 사도를 세우는 자라면
하늘에 있는 천군을 움직일 수 있는 자이다

생각해 보라!
해를 입은 여인이 낳는 아이가 만국을 다스릴 수 있는
철장의 권세를 가졌다는 것은
하늘에 있는 천군 천사들을 다스릴 수 있는 권세를 가졌다는
뜻이다

"이때에 예수께서 기도하시러 산으로 가사 밤이 맞도록
하나님께 기도하시고 밝으매 그 제자들을 부르사 그 중에서
열둘을 택하여 사도라 칭하셨으니" (눅 6:12-13)

"너희로 내 나라에 있어 내 상에서 먹고 마시며 또는 보좌에
앉아 이스라엘 열두 지파를 다스리게 하려 하노라" (눅 22:30)

위 성구에서도 열두 사도를 세우는 사람은 예수님이셨다
사도를 세우시고 열두 지파를 세우시는 분은 밥 먹고 똥 싸는
인간이 아니다
바울의 신앙고백 속에도 "내가 나 된 것은 하나님의 은혜로
되었다"고 고백하고 있다 (고전 15:10)
자신이 이방의 그릇, 이방의 사도가 된 것은 사람에 의해 된
것이 아니라 하나님의 은혜로 되었다는 것이다
그렇다면 응당 신천지 이만희도 열두 사도, 열두 지파, 십사만
사천을 인치는 자라면 무엇인가 남다른 능력을 보여주어야 한다

그런 찰나 코로나라는 신종 바이러스가 나타나고 있는 즈음
자신의 권위와 체면을 내세우기 위해서도
당연히 그렇게 말할 수밖에 없었을 것이다

"이 일 후에 내가 네 천사가 땅 네 모퉁이에 선 것을 보니 땅의
사방의 바람을 붙잡아 바람으로 하여금 땅에나 바다에나 각종
나무에 불지 못하게 하더라 또 보매 다른 천사가 살아계신
하나님의 인을 가지고 해 돋는 데로부터 올라와서 땅과
바다를 해롭게 할 권세를 얻은 네 천사를 향하여 큰 소리로
외쳐 가로되 우리가 우리 하나님의 종들의 이마에 인치기까지
땅이나 바다나 나무나 해하지 말라 하더라 내가 인맞은
자의 수를 들으니 이스라엘 자손의 각 지파 중에서 인맞은
자들이 십사만 사천이니" (계 7:1-4)

천사들 간에도 권위와 질서의 세계로 이루어져 있다
상위 명령에 따라 그들도 움직이고 있다
그런데 열두 사도, 열두 지파, 인침을 하는 자가 있다면
당연히 그의 명령에 따라 천사들이 움직일 수밖에 없다
그런 영적 세계를 모를 리 없는 신천지 이만희였다
그의 입장으로서
"당연히 내가 한 말에 대해 하늘의 천사들이 따라줄 것이다
내가 가지고 있는 믿음이라면 분명 하늘도 움직일 수 있을 것
이다"
그런 입장에서
"내가 천사들을 명하여 온역으로 이 땅을 심판하고 있으니
너희들은 조금도 걱정, 염려치 말라

너희들은 심판을 받는 사람들이 아니라 심판을 행하는 사람들
이다"
그렇게 호언장담한 것
불 보듯 뻔한 일이다
그래서 신천지 신자들이 눈 하나 깜빡이지 않고, 그 어느 때보다도
더욱더 민첩하고 신속하게 움직였을 것이다
도리어 신종 바이러스 코로나를 비웃었을 것이다
경우에 따라서는 코로나에 걸린 것을 알면서도 믿음이 약한 자로
찍힐 것을 두려워하여 숨길 수도 있었을 것이다
그런 결과로 나타날 하늘의 역사로
온역의 역사로 나타나 주리라 믿었다

그런데 예상은 달랐다
신천지 자체 내에서 코로나 확진자가 무더기로 쏟아져 나왔다
수습해야 할 묘책을 찾아야 했다
세상의 이목이 신천지에 집중되고 있다
한마디로 신천지 이만희의 위상이 떨어졌다
떨어진 정도가 아니라 개똥이 되고 말았다
열두 사도, 열두 지파, 십사만 사천을 인칠 수 있는 자의 능력
이라고는 눈꼽만큼도 찾아볼 수 없다
실제적인 그런 입장이라면
당연지사 메시아적 차원의 존재라고 할 수 있다
그런 존재라면 그의 말대로 온역을 담당하는 천사를 호령할
수 있는

지휘 명령할 수 있는 신성과 능력을 가진 존재이다

"야곱아 나의 부른 이스라엘아 나를 들으라
나는 그니 나는 처음이요 또 마지막이라
과연 내 손이 땅의 기초를 정하였고 내 오른손이 하늘에 폈나니
내가 부르면 천지가 일제히 서느니라" (사 48:12-13)

말씀이 육신이 되어 오신 예수
공생애 과정을 통하여 이 땅에서 오시어 행하신 그 기사이적

"만물이 그로 말미암아 지은바 되었으니 지은 것이 하나도
그가 없이는 된 것이 없느니라" (요 1:3)

"창세로부터 그의 보이지 아니하는 것들 곧 그의 영원하신
능력과
신성이 그 만드신 만물에 분명히 보여 알게 되나니
그러므로 저희가 핑계치 못할찌니라" (롬 1:20)

"이 모든 날 마지막에 아들로 우리에게 말씀하셨으니 이 아들을
만유의 후사로 세우시고 또 저로 말미암아 모든 세계를
지으셨느니라
이는 하나님의 영광의 광채시요 그 본체의 형상이시라
그의 능력의 말씀으로 만물을 붙드시며 죄를 정결케 하는
일을 하시고
높은 곳에 계신 위엄의 우편에 앉으셨느니라" (히 1:2-3)

"그는 근본 하나님의 본체시나 하나님과 동등됨을 취할 것으로 여기지 아니하시고" (빌 2:6)

그가 만물을 지으신 하나님의 영광의 광채이시며
하나님의 본체로 오신 분이셨기에 그 모든 만물이, 천군 천사들이
그의 절대적인 창조의 말씀 앞에 순종하는 것이다
그러므로 예수만이 우리의 유일하신
믿음의 주요 (히 12:2), 생명의 주요 (요일 2:25), 구원의 주요 (행 4:12), 영광의 주이시다 (고전 2:8)
그런 예수, 그의 말씀을 통해서만이 믿음이 생기는 것이다

"그러므로 믿음은 들음에서 나며 들음은 그리스도의 말씀으로 말미암았느니라" (롬 10:17)

믿음의 주이신 예수 그리스도의 말씀을 통해서만이
참 믿음이 이루어지는 것이다

생각해 보고 또 생각해 보고 생각해 보라!
그렇다면 성경 말씀 속에서 이루어져야 할 일, 무엇이 있는가 생각하라는 것이다
그래도 칠십 이레 중 남은 한 이레가 있다는 것은
한 이레 속에서 이루어져야 할 일이, 남은 역사가 있다는 것 아닌가?
과연 남은 역사가 무엇인가?
그 역사가 어떤 역사이기에 한 이레의 절반을 나누어 전 삼년

반과
후 삼년 반이라 하는가?
그 역사가 어떤 역사이기에 똑같은 때를 공평하게 나누어 주었는가?
단지 순서만이 틀릴 뿐이다
그 역사가 어떤 역사이기에 등장하는 때의 주인공들에게 그 마당에서 이루어질 내용을 공유하게 하셨는가?

어디 그뿐인가?
그 마당에 등장하는 사람 수까지도 정해놓지 않으셨는가?
참으로 놀랍고 두렵고 신기할 뿐이다
어디 그뿐인가?
등장하는 사람끼리 도적(道的) 싸움의 상대까지도 정해놓지 않으셨는가?
때에 맞게 역사하라고 전 삼년 반에도 한 때 두 때 반 때가 있고 후 삼년 반에도 한 때 두 때 반 때가 있다
그 정해진 때에 맞게 등장하는 첫 상대가 누구인가?
해를 입은 여인과 붉은 용이다
두 번째 상대는 두 감람나무, 즉 산비둘기와 바다의 짐승과의 싸움이다
세 번째 상대는 땅에서 올라온 새끼 수양과 집비둘기 새끼와의 싸움이다
첫 번째 싸움을 한 때라고 말했다
두 번째 싸움을 두 때라고 말했고
세 번째 싸움을 반 때라고 말하고 있는 것이다
이렇게 하나님이 공의로서 정해놓은 싸움터

이 마당을 아마겟돈이라 말하고 있는 것이다

"또 여섯째가 그 대접을 큰 강 유브라데에 쏟으매 강물이 말라서
동방에서 오는 왕들의 길이 예비되더라 또 내가 보매 개구리
같은 세 더러운 영이 용의 입과 짐승의 입과 거짓 선지자의
입에서 나오니 저희는 귀신의 영이라 -(중략)- 세 영이
히브리 음으로 아마겟돈이라 하는 곳으로 왕들을 모으더라"
(계 16:12-16)

그런데 주석 또는 신학자들은 아마겟돈을 세계 3차 대전이라
말하고 있다
생전 성경을 한 번도 읽어보지 못한 자들이 아닌가?
붉은 용이 등장하는 곳은 하늘의 전쟁, 영적 전쟁의 싸움터이지
인간들이 싸우는 세상 전쟁터가 아니다
그렇게 배우고 가르치고 있는 모든 자들의 혀는 분명 심판을
받아 썩을 것이다

"(중략)- 여호와께서 내리실 재앙이 이러하니 곧 섰을 때에 그
살이 썩으며 그 눈이 구멍 속에서 썩으며 그 혀가 입속에서
썩을 것이요" (슥 14:12)

이 말씀의 이해를 돕기 위해 성구 한 구절을 더 소개할까 한다
아브라함의 횃불 언약 속에서 하나님이 요구하신대로 믿음의
조상인 인류의 세 번째 시조로서
구약의 마당을 위하여 삼년된 암소, 삼년된 암염소,
신약의 마당을 위하여 삼년된 수양

재림 마당을 위하여 산비둘기와 집비둘기 새끼를
제물로 바쳤다는 것을 깊이 생각하라는 것이다
산비둘기와 집비둘기 새끼, 이 두 비둘기들이 이 땅의 주 앞에
섰는 두 감람나무라는 것이다

"이는 이 땅의 주 앞에 섰는 두 감람나무와 두 촛대니"
(계 11:4)

"(중략)- 다시 그에게 물어 가로되 금 기름을 흘려내는 두
금관 옆에 있는 이 감람나무 두 가지는 무슨 뜻이니이까
그가 내게 대답하여 가로되 네가 이것이 무엇인지 알지
못하느냐 대답하되 내 주여 알지 못하나이다 가로되 이는
기름 발리운 자 둘이니 온 세상의 주 앞에 모셔 섰는 자니라
하더라" (슥 4:11-14)

재림의 마당을 위하여 이렇게 모든 것을 준비해 놓으시고
공유하게 하시고 정당하게 싸우게 하신 것이다
진 자는 이긴 자의 종이 되게 하셨다 (벧후 2:19)
이 싸움에서 이기는 자가 구속사의 영광을 움켜쥐는 자
하나님의 후사가 되는 것이다
우편 보좌에 계신 주 예수께 영광을 드리는 자가 되시는 것이다

그렇다면 지금까지 진행된 말씀의 결과를 정리해 보자
예수님이 십자가상에서 다 이루었다고 하신 이후에
성경 속에 남은 역사란
횃불 언약의 영광의 역사만이 남았다는 사실을 자연스럽게

알 수 있는 것이다
횃불 언약의 주인공인 요셉은 영적 장자이다 (대상 5:2)
영적 장자인 요셉이 영적인 때에 이렇게 등장한다는 것은
너무나 자연스런 모습이다
그러나 그가 하늘의 존재인 해와 달과 별들로부터 영광을
받기 위해서는
그도 산 자가 되어야 한다
산 자가 되기 위해서는 그도 예수님처럼 죽었다가 삼일이
아닌 삼일 반 만에 살아나야 한다
영육 간에 부활한 산 자가 되어야 하는 것이다 (롬 1:4)
그가 영육 간에 부활한 산 자가 되었을 때, 그동안 네 생물이
가지고 있던
만국을 다스릴 수 있는 철장의 권세를 가질 수 있는 자가
되는 것이다

그래야만 하는 이유
흙 차원의 인자를 통해서 땅과 하늘을 창조 본연의 영광으로
회복하는 것이 창조 본연의 하나님의 뜻이었다
그 비밀을 알게 된 루시엘이
"나도 그 일을 할 수 있다"고 도전하게 된 이유와 동기가 궁극
적으로
타락한 천사들과 흙 차원의 인간과의 싸움이 되고 만 것이다
그 뜻은 그 역사의 세계를 옛 뱀, 마귀, 사단인 붉은 용이
알고 있었기에
마지막 도적 싸움의 마당인 아마겟돈으로 등장할 수밖에
없었던 것이다

그렇다면 지금은 어느 때인가?
한 때 두 때 반 때 중에 마지막 반 때인 것이다
반 때에 등장하는 주인공들은 누구인가?
집비둘기 새끼와 땅에서 올라온 새끼 수양과의 싸움이다
집비둘기 새끼는 해를 입은 여인의 소속이다
그러나 땅에서 올라온 새끼 수양은 붉은 용의 소속이다
이들의 공식적인 싸움의 내용은 "누가 작은 책을 먹었느냐?" 하는 것이다
왜 작은 책을 먹는 것이 중요한 내용이 되는 것인가?
작은 책의 내용이 반 때의 말씀이 되기 때문이다
반 때의 말씀이 감추었던 만나가 되기 때문이다
이미 소개한 내용처럼 만나에도 세 종류가 있다
이스라엘 백성들이 광야에서 먹었던 만나
베들레헴 떡집에서 태어난 공개된 만나
예수님 자신이 "나는 하늘에서 내려온 산 떡이라" 하셨다
그리고 재림의 마당에 등장한 감추었던 만나

"(중략)- 이기는 그에게는 내가 감추었던 만나를 주고 또 흰 돌을 줄터인데 그 돌 위에 새 이름을 기록한 것이 있나니 받는 자 밖에는 그 이름을 알 사람이 없느니라"(계 2:17)

감추었던 만나를 먹는 자들은 이긴 자들이다
이긴 자들만이 모세의 노래와 어린 양의 노래를 부를 수 있는 자들이다(계 15:3)
이긴 자들만이 아버지의 이름과 어린 양의 이름을 가지고 있는 자들이다 (계 14:1)

아버지의 이름과 어린 양의 이름을 가진 자들만이 하늘과 그
가운데 거하는 자들이다 (계 12:12)
죄와 상관없이 두 번째 자기를 바라는 자들에게 오시는 그리
스도도, 이긴 자들에게 오시는 것이다 (히 9:28)
왜냐하면 두 번째 오시는 그리스도는 자기밖에 모르는 자기
이름을 갖고 오시는 분이다 (계 19:12)
자기의 본래 이름을 모르는 자들에게는 절대로 오지 않는다

결론적으로 앞의 말씀을 정리해 본다면
반 때의 말씀을 모르는 자들은 재림의 마당에서 이루어지고
있는 비밀을 전혀 알 수가 없다는 것이다
왜냐하면
반 때의 말씀이 작은 책이다
다시 복음, 중간 계시의 말씀이다

"내가 천사의 손에서 작은 책을 갖다 먹어버리니 내 입에는 꿀
같이 다나 먹은 후에 내 배에서는 쓰게 되더라
저가 내게 말하기를 네가 많은 백성과 나라와 방언과 임금에게
다시 예언하여야 하리라 하더라" (계 10:10-11)

중간 계시, 다시 복음의 말씀은
성전 안을 척량하는 말씀이다
성전 안을 척량한다는 것은 전해지는 말씀이 한정되어 있다는
의미이다

"또 내게 지팡이 같은 갈대를 주며 말하기를 일어나서 하나님

의 성전과 제단과 그 안에서 경배하는 자들을 척량하되
성전 밖 마당은 척량하지 말고 그냥 두라 이것을 이방인에게
주었은즉 저희가 거룩한 성을 마흔 두달 동안 짓밟으리라"
(계 11:1-2)

반 때의 말씀, 작은 책, 다시 복음은 천국의 비밀을 허락받은
자들에게 주시는 말씀이다
집비둘기 새끼와 땅에서 올라온 새끼 수양,
소속된 자기 계열을 통해 오늘도 역사하고 있는 것이다
특히 신천지 이만희가 '신천지 예수교'라고 강조하는 저의는
"내가 땅에서 올라온 새끼 수양이라"는 것을
강조하는 모습과 별반 다를 것이 없다
이미 앞에서도 언급한 바 있었지만
열두 사도, 열두 지파, 십사만 사천 인을 인친다는 자가
영적인 권세, 하늘의 권세를 가졌다는 자가 한 치 앞도 알지 못해
그런 실수 그런 망령된 짓을 할 수 있었단 말인가?
얼마나 다급하고 궁색했기에
"신천지 예수교가 너무도 잘나가니까 마귀가 우리를 시기해서
우리를 치고 있다"고

생각해 보고 또 생각해 보라!
얼마나 우스꽝스런 모습인가?
하나님의 세상을 심판하는 네 가지의 도구가 있다
계시록 6장에서도
흰 말, 붉은 말, 검은 말, 청황색 말이 나온다

에스겔 14장에서도
기근 (겔 14:13)
사나운 짐승 (겔 14:15)
칼 (겔 14:17)
온역 (겔 14:19)

"주 여호와께서 가라사대 내가 나의 네 가지 중한 벌 곧 칼과 기근과 사나운 짐승과 온역을 예루살렘에 함께 내려 사람과 짐승을 그 중에서 끊으리니 그 해가 더욱 심하지 않겠느냐"
(겔 14:21)

온역은 하나님의 심판의 도구 중에 네 번째가 된다
코로나의 확진자 중 신천지가 전체 확진자의 80%가 넘고 있다
얼마나 다급하고 황당했으면 하나님이 심판하시는 역사를
마귀가 하고 있는 것이라고 발뺌을 하고 말았을까?
그 순간은 신천지 이만희도 제 정신이 아니었을 것이다
그런데 여기서도 한 가지 확실히 해둘 일이 있다
온역에 의한 심판의 대상은 사람만이 아니라는 사실이다
짐승에게까지 미친다는 것이다

왜 짐승들도 네 가지 심판의 대상이 되고 있는 것일까?
그 이유 중 하나는
첫째, 사람과 짐승이 가증한 짓을 하고 있다는 것이다

"너는 여자와 교합함 같이 남자와 교합하지 말라 이는 가증한 일이니라

너는 짐승과 교합하여 자기를 더럽히지 말며 여자가 된 자는
짐승 앞에 서서 그것과 교접하지 말라 이는 문란한 일이니라"
(레 18:22-23)

"남자가 짐승과 교합하면 반드시 죽이고 너희는 그 짐승도
죽일 것이며 여자가 짐승에게 가까이 하여 교합하거든 너는
여자와 짐승을 죽이되 이들을 반드시 죽일찌니 그 피가 자기
에게로 돌아가리라" (레 20:15-16)

"무릇 짐승과 교합하는 자는 저주를 받을 것이라 할 것이요
모든 백성은 아멘 할찌니라" (신 27:21)

"누구든지 그 자부와 동침하거든 둘 다 반드시 죽일찌니 그들이
가증한 일을 행하였음이라" (레 20:12)

"누구든지 여인과 교합하듯 남자와 교합하면 둘 다 가증한
일을 행함인즉 반드시 죽일찌니" (레 20:13)

레위기 20장의 내용에 해당하는 자들은 반드시 죽여야 하는
사형에 해당하는 죄목(罪目)들이다
특히 레위기 20장 10절 이하의 말씀의 내용은 하나님의 창조
하신 성적(性的) 세계를 파괴하는 내용들이다
가증하고 문란스런 일을 하는 대상에는 사람이 아닌 짐승들도
포함이 되고 있다는 사실이다
사람과 짐승이 가지고 있는 공통점이 하나 있다
짐승이나 사람이 동일한 혼(魂)을 가지고 있다는 사실이다

"인생의 혼은 위로 올라가고 짐승의 혼은 아래 곧 땅으로 내려
가는 줄을 누가 알랴" (전 3:21)

짐승도 동일한 혼을 가지고 있기에
어느 정도의 성적 쾌감을 느낀다는 것이다
사람을 통해서 차원은 다르지만 그 쾌감을 느낀다는 것이다
그래서 짐승도 함께 죽이게 하는 것이다
만약 짐승이 사람이 추구하고자 하는 그 성(性)을 느끼지 못한
다면
짐승에게는 그 죄를 물을 수 없게 된다
그러나 그들도 동일한 혼을 가지고 있기에 약간의 훈련과
숙련의 기간을 거치게 한다면
그들도 함께 그 쾌감을 공유할 수 있는 것이다

생각하며 성구를 읽어보라!

"여호와 하나님이 흙으로 각종 들짐승과 공중의 각종 새를
지으시고 -(중략)- 아담이 모든 육축과 공중의 새와 들의
모든 짐승에게 이름을 주니라" (창 2:19-20)

"흙으로 사람을 지으시고 생기를 그 코에 불어 넣으시니 사람이
생령이 된지라" (창 2:7)

각종 들짐승, 공중의 각종 새, 그리고 육축, 흙으로 지으셨다는
것이다
그리고 흙으로 사람을 지으셨다는 그 공통점이 차원은 다르지만

동일한 혼을 가질 수 있는 배경이 된 것이다
그런데 하나님이 처음부터 짐승의 세계를 동일하게 지으신 것은 아니다
짐승의 종(種)과 과(科)에 속한 계열에 따라 그들이 우거할 수 있는
장소를 한계적으로 나눴다는 사실이다
들짐승이란 들과 산에 거하는 대상
육축이라고 한다면 사람들과 함께 사는 짐승
사람들이 먹을 수 있는 짐승이란 의미도 있다
그리고 필요에 따라 사람들이 키울 수도 있는 짐승
그들을 잘 길들여 농사에 이용할 수도 있는 짐승이란 의미도 들어있다
그러므로 '육축'이란 의미가 오늘에 와서는 '가축'이란 의미로 바뀌어진 것이 아닌가?
집 가까이 울(鬱)을 만들어 키우는 짐승
사람들의 삶의 내용에 필요한 존재
소, 돼지, 닭, 개, 토끼, 양, 염소, 나귀, 낙타, 말 등 여러 종류들이 있다
그러나 성경적인 입장에서 보면 그들 중에도 부정한 짐승이 있고 정결한 짐승도 있다
그러한 형태로 인간의 삶에 소속되어 있던 그들이
어느 날, 인간의 애완동물로 바뀌어져 가고 있었다
애완동물의 개념이 바뀌어 반려동물이 되었다
사람들의 삶의 현장 가운데서 함께 즐겁게 공존하고 있는 짐승
그러다 보니까 뛰어난 재능을 가진 인간의 지혜와 능력에 따라
그들의 DNA를 이용하여

크기를 조절하여 보기에 아름답게 하고, 관리하기에 적합한 대상으로
반려동물을 만들어 가고 있다

그러므로 날이 갈수록 무법한 자의 음란을 즐기고 (벧후 2:7)
다른 색을 따라가며 즐기고 있던 그들에게는
어떤 의미에서는 그들이 다른 색의 대상일 수도 있다는 것이다
물론 경우에 따라서
이 글을 읽는 독자들 속에서는 펄펄 뛸 수도 있는 분이 있겠지만
하나님의 말씀의 기준으로 말한다면
벗은 몸을 짐승에게 드러내는 것
그 상태로 짐승을 안고 스킨십을 하는 것
이불 속에서 함께 안고 자는 것
이 모든 행위가 가증스럽고 문란하고 패괴하다는 것이다
하나님이 지으신 창조 원리를 파괴하는 행위라는 것이다

창조 원리의 기준으로 말한다면 짐승에게서 생긴 바이러스는
절대적으로 사람에게 옮겨질 수 없다는 것이다
그런데 오늘날
짐승의 바이러스가 어떻게 사람에게 옮겨질 수 있는 것인가?
사람과 짐승이 구별된 공간이 아닌
가장 은밀한 한 공간에서 공존하고 있기 때문에
양쪽에서 기생할 수 있는 신종 바이러스가 생겨나는 것이다
에이즈가 생긴 원인이 무엇인가?
남자가 남자끼리, 여자가 여자끼리, 사람과 짐승이 성감대를
공유하고 있기 때문에 생긴, 신종 바이러스로 발생한 병이다

신종 코로나, 이 정도는 하나님의 진노의 표시에 불과한 것이다
앞으로 나타날 하나님의 진노와 심판
마지막 심판의 도구가 온역이라는 점이다
물론 이처럼 가증스러운 일, 무법한 자들의 음란, 다른 색을 찾아가며
즐기던 이런 일들이
오늘 이 시대만 있었다는 것은 전혀 아니다
이미 오래전 과거 시대에도 있었다는 것이다
젖과 꿀이 흐르는 가나안 땅, 가나안 족속들이
그 땅 안에 있었던 소돔과 고모라, 아드마와 스보임 족속들이
(신 29:23)
이 모든 일들을 저지르고 있었기에 유황불로 심판하신 것이다
(레 18:27-30)

"너희의 전에 있던 그 땅 거민이 이 모든 가증한 일을 행하였고 그 땅도 더러워졌느니라 너희도 더럽히면 그 땅이 너희 있기 전 거민을 토함 같이 너희를 토할까 하노라" (레 18:27-28)

하나님이 정해 놓으신 기준을 오버하면 언제, 어디, 어느 땅, 어느 민족이든 간에 동일한 말씀으로 심판하신다는 것이다
그렇다면 오늘날 대한민국, 이 땅에서는 어떤 일이 벌어지고 있을까?
과연 소돔과 고모라보다
관영하고 있는 죄악의 무게가 가벼울 수 있을까?
이미 이 땅을 영적으로 애굽이라 했고 소돔이라고 했다
(계 11:8)

무슨 뜻일까?
이미 심판을 받고도 남을 죄악이 소돔보다도 애굽보다도
넘치고 있다는 것이다
그러기에 오늘날과 같은 신종 바이러스가 인간의 삶의 현장을
징계하고 있는 것이다

다시 한 번 강조하고 싶다
인간과 가축이 한 공간에서 산다는 그 자체가 가증스런 일이다
당신들이 원하는 것을 짐승들도 같이 공유하고 있다는 것을
잊지 말라는 것이다
결코 애완동물은 로봇이 아닌 혼을 가진 존재라는 것을 알아야
된다
당신이 그들에게 행하는 짙은 스킨십에
그들의 성감대도 자극을 느낀다는 것이다
그런 결과로 인해 짐승도 심판의 대상이 되는 것이다
계시적인 입장으로 말한다면
사람과 짐승 사이에서 생긴 변형된 신종 바이러스에 의해
지구 인간들이 수천, 수억이 죽는 순간이 온다는 것을
잊어서는 안 된다

진노하신 하나님의 징계의 채찍이 네 가지의 심판의 도구로
이 땅에서 진행되고 있는데
"마귀가 우리를 시기해서 역사하는 것이다"
참으로 개가 웃을 일이다
그런 자가 열두 사도, 열두 지파, 십사만 사천을 인친다
하늘의 뜻과는 아무 상관도 없는

세상적인 인간의 욕심으로 이루어지고 있는 일이다
해를 입은 여인이 낳는 아이는
만국을 다스릴 수 있는 철장을 갖게 되는 것이다
그래서 붉은 용도 하늘에서 내려와 그 아이를 낳지 못하도록
대적하는 것이다
그 아이를 낳는 해를 입은 여인과 하늘 보좌로 올라가는 그 아이가
마지막 재림 마당에서
구속사의 끝을 이루고 있는 이 때에
밥 먹고 똥 싸는 인생 주제에 열두 사도, 열두 지파,
십사만 사천을 인친다
개가 하품할 일이다

"장로 중에 하나가 내게 말하되 울지 말라 유대 지파의 사자 다윗의
뿌리가 이기었으니 이 책과 그 일곱 인을 떼시리라" (계 5:5)

어린 양이신 예수도 다윗의 뿌리에서 나오신 분이시다
그렇다면 신천지 이만희는 어느 뿌리에서 나타난 자일까?
해의 계열에서 나온 자는 산비둘기와 집비둘기 새끼 뿐이었다
그들이 이 땅의 주 앞에선 두 감람나무 두 촛대라는 사실을
밝혔다
이만희가 두 감람나무 중 본(本) 가지인 산비둘기라면
그는 이미 죽어 있어야 한다
삼일 반 후, 한 때, 두 때, 반 때를 지나서 그를 살리기 위해
해를 입은 여인이 이 땅의 주가 되어

무저갱의 짐승을 이용해 그를 죽인 것이다
그가 죽었다가 영육 간에 부활하여 살아나 산 자가 되었을 때
열두 사도와 열두 지파, 인침 받은 그들을 이끌고 하늘에서
강림(降臨)하는 것이다
물론 강림하기 전, 하늘 보좌로 올라가서 (계 12:5)
하늘의 전쟁을 주도하여 붉은 용과 그의 사자들과 싸워 이기고
그들을 영원히 이 땅으로 내어 쫓은 것이다
그리고 나서 그가 강림할 때 그의 보좌를 중심으로
그의 신성 조직을 이끌고 그가 강림하는 것이다

"(중략)- 이리 오라 내가 신부 곧 어린 양의 아내를 네게 보이리라 하고 -(중략)- 하늘에서 내려오는 거룩한 성 예루살렘을 보이니 하나님의 영광이 있으매 그 성의 빛이 지극히 귀한 보석 같고 벽옥과 수정 같이 맑더라 크고 높은 성곽이 있고 열두 문이 있는데 문에 열두 천사가 있고 그 문들 위에 이름을 썼으니 이스라엘 자손 열두 지파의 이름들이라 동편에 세 문, 북편에 세 문, 남편에 세 문, 서편에 세 문이니 그 성에 성곽은 열두 기초석이 있고 그 위에 어린 양의 십이 사도의 열두 이름이 있더라" (계 21:9-14)

분명히 하늘에서 내려오는 새 예루살렘 성에 열두 사도,
열두 지파가 함께 하고 있다
그렇다면 신천지 이만희가 이렇게 말할 수도 있다
계시록 7장을 인용하여 변명할 수도 있다
그러나 계시록 7장의 인침은 일반 계시 속에 속한 인침이라는 것이다

하늘이 아닌 땅에서 인치는 역사이다
그렇다면 왜 땅에서
그것도 마지막 때에 인치는 역사가 등장하고 있는 것일까?
여기에는 구속사의 은밀한 비밀이 감추어져 있다
인침 받은 열두 지파의 이름들을 자세히 보라
본래 인침 받은 열두 지파에서 바뀌어진 이름들이 있다
에브라임 지파와 단 지파가 사라졌다
에브라임 지파 대신 요셉 지파가 들어왔다
단 지파 대신 레위 지파가 들어왔다
내용이 바뀌어진 지파가 있기 때문에
새롭게 바뀌어진 그들만을 위해 인친 것이다

"세계 민족 중에 이러한 일이 있으리니 곧 감람나무를 흔듬 같고 포도를 거둔 후에 그 남은 것을 주움 같을 것이니라"
(사 24:13)

두 감람나무 역사를 하고 있는 마지막 때에 포도를 거둔 후에 주움같은
그들을 통해 바뀌어진 지파의 인을 친다는 것이다
그래도 그들은 마지막 포도나무 역사 속에서 이긴 자들이기 때문이다
새롭게 인치는 자들을 통해 역사하시는 분은
감람나무 역사를 하시는 해를 입은 여인이시다
그만이 마지막 때 두 가지 사역을 하실 수 있는 유일하신 분이시다
표면적으로는 포도나무 역사를 하시기에

아무도 그를 알지 못하는 것이다
그런 비밀을 감추어 놓았기에 거짓 사역자들이 그 비밀을
모르고 자신이 새롭게 십사만 사천을 인친다고 떠벌리며
역사하고 있는 것이다

이미 언급한 바 있지만
하나님은 칠십 이레 중 남은 한 이레를 준비해 놓으셨다
그리고 그때를 이룰 세 마당도(세 때도) 준비해 놓으셨다
그리고 세 때에 등장할 때의 주인도 준비해 놓으셨다
이렇게 정해진 때를 통하여 순교자의 수, 안식에 들어가야 될 수
인침 받는 자의 수
때에 맞게 정해놓은 것이다

"너희가 너희 하나님 여호와의 주시는 안식과 기업에 아직은
이르지 못하였거니와" (신 12:9)

"오랜 후에 다윗의 글에 다시 어느날을 정하여 오늘날이라고
미리 이같이 일렀으되" (히 4:7)

"만일 여호수아가 저희에게 안식을 주었더면 그 후에 다른
날을 말씀하지 아니하셨으리라" (히 4:8)

이렇게 역사하시는 이유는 모든 수를 평균케 하려고 하시는
것이다 (고후 8:13)
순교자의 수도 마찬가지다

"아벨의 피로부터 사가랴의 피까지 이 세대가 담당하리라"
(마 23:35)

"다섯째 인을 떼실 때에 내가 보니 하나님의 말씀과 저희의 가진 증거를 인하여 죽임을 당한 영혼들이 제단 아래 있어 큰 소리로 불러 가로되
거룩하고 참되신 대주재여 땅에 거하는 자들을 심판하여 우리 피를 신원하여 주지 아니하시기를 어느 때까지 하시려나이까 하니 각각 저희에게 흰 두루마기를 주시며 가라사대 아직 잠시 동안 쉬되 저희 동무 종들과 형제들도 자기처럼 죽임을 받아 그 수가 차기까지 하라 하시더라"
(계 6:9-11)

"(중략)- 이 비밀을 너희가 모르기를 내가 원치 아니하노니 이 비밀은 이방인의 충만한 수가 들어오기까지 이스라엘의 더러는 완악하게 된 것이라" (롬 11:25)

때에 맞게 수를 평균케 하시고자 조정하시는 역사의 세계이다
한꺼번에 그것도 끝자락에서 인치는 역사를 하는 것이 아니다

그런 의미에서 두 가지 인침의 역사를 비교해보겠다
에스겔 48장에서 보면 이스라엘 열두 지파가 소개되어 있다
이때까지만 해도 단 지파가 있었다 (겔 48:1)
그리고 에브라임 지파도 있었다 (겔 48:5)
그런 두 지파가 계시록에 와서는 사라졌다는 것이다
내용이 변경되었다는 것이다

그리고 특이한 사항은 레위 지파가 다시 원대 복귀되었다는
것이다
그리고 이스라엘의 장자 지파로 멜기세덱 지파가 들어왔다는
사실이 감추어진 비밀이다
이렇게 인침 받은 십사만 사천은
시온산에 어린 양과 함께 하고 있는 자들이다 (계 14:1)

"그 이마에 어린 양의 이름과 그 아버지의 이름을 쓴 것이
있도다" (계 14:1)

시온산에 서 있는 어린 양은 영육 간에 부활 받은 산 자이시다
밥 먹고 똥 싸는 신천지 이만희 같은 존재가 아니다
인침 받은 이들만이 보좌와 네 생물과 장로들 앞에서 새 노래
를 부를 수 있는 자들이다
그들은 이 땅에서 남의 교회에서 빼앗아 온 교인들에게 교육
을 시키고 인쳤다는 어리석은 자들이 아니다
하나님은 인격적인 하나님이시다
그런 하나님이 도둑같이 오신다는 것은 몰래 와서 나쁜 짓을
한다는
그런 엉터리가 아니다
마지막 때
부득이 인침을 받는 자는 계시록 2:17 말씀처럼
이기는 자들만이 인침을 받는 것이다
깨어질 수밖에 없는 성도들이 아니라, 성별된 성도만이
노아, 다니엘, 욥 같은 의인들만이 인침을 받는 것이다
어중이떠중이들을 데려다가 인치는 것이 아니다

말씀이 계속 반복되는 것 같아 신경이 쓰인다

결론적 입장에서 정리해 보고자 한다
계시록 7장에 나타나고 있는 인치는 역사의 주인공은 천사이다
그렇다면 해 돋는 데로부터 하나님의 인을 가지고 나타나
인을 치는
이 천사는 일반적인 천사는 분명 아닐 것이다
아마도 특별한 천사인 것만은 분명하다
특별한 천사라면

"내가 또 보니 힘센 다른 천사가 구름을 입고 하늘에서 내려 오는데
그 머리 위에 무지개가 있고 그 얼굴은 해 같고 그 발은 불기둥 같으며" (계 10:1)

이런 천사야말로 궁창의 세계에 있는 천군 천사를
지휘 명령할 수 있는
천사라고 말할 수 있다
그렇다면 이 특별한 천사는 누구일까?
계시록 12:1에 등장하고 있는 해를 입은 여인이다
아직은 산 자의 영광을 입지 못한 터이기에
즉 부활의 능력으로 하나님 아들로 인정받지 못한 (롬 1:4)
입장에 있기에 힘센 다른 천사로 표현되어 있는 것이다
해를 입은 여인은 일반 계시와는 상관이 없는 중간 계시의
때의 주인인데
그가 왜

일반 계시에 등장하여 인을 칠 수 있는가?
물론 그는 중간 계시의 때의 주인공이기도 하지만, 그는
영적인 존재로
이 땅에 도둑같이 온 인자이다
영적인 세계, 하늘의 세계에서는 그의 존재의 실상이
공개된 입장이긴 하지만
땅과 바다의 세계에서는 그를 알 자가 없다

그런 그가 이 땅 위에서 포도나무 역사를 하셨다
포도나무 역사를 하셨다는 것은
일반 계시의 역사를 하고 계셨다는 것을 의미하는 것이다
그런 영적인 권세와 능력을 가진 그가
포도나무의 역사를 통해 이긴 자들로 하여금
변경된 내용을 채우기 위해 인치는 역사를 한 것이다
그렇다면 신천지 이만희가 그런 천사란 말인가?
말도 안 되는, 돼지가 웃을 일이다
왜냐하면 해를 입은 여인은 광야로 첫 번째 도망가서 1260일
만에 돌아온 자다
두 번째는 큰 독수리의 두 날개를 받고 광야로 가서
한 때, 두 때, 반 때를 양육 받으므로 영육 간에 부활하여
재림주 멜기세덱으로 그 영광을 나타내시는 사람이다

생각해 보라!
열두 사도 세우시고 그들에게 열두 보좌를 주신 분이 누구인가?
말씀이 육신이 되어 오신 예수이셨다
밥 먹고 똥 싸는 신천지 이만희 같은 존재가 아니다

이제 이런 정도라면
더 이상 거듭 설명할 필요가 없을 것이라 생각된다
한 마디로 이만희는 붉은 용의 계열 육백 육십 육 중 세 번째
땅에서 올라온 새끼 수양 같은 존재이다
그런 존재이기에 신천지를 예수교회라고 강조하는 것 우연이 아니다
스스로 자신이 새끼 수양이라는 것을 강조하고 있는 모습이다

끝으로 구약의 마당이 왜
62이레가 되는 긴 과정이 되는 것인가?
율법의 때가 길다는 것은 우선적으로 율법이 중요하다는 것이 아니다

"율법은 장차 오는 좋은 일의 그림자요 참 형상이 아니므로"
(히 10:1)

이미 언급된 내용처럼
율법보다 더 중요한 의미를 가지고 있었던 횃불 언약이 있었다
그 언약이 맺어진 지 692년 만에 그 언약이 이루어졌다

"내가 이것을 말하노니 하나님의 미리 정하신 언약을 사백삼십 년 후에 생긴 율법이 없이 하지 못하여 그 약속을 헛되게 하지 못하리라"
(갈 3:17)

그리고 율법 이전, 아니 횃불 언약 이전

멜기세덱으로부터 받은 떡과 포도주의 축복도 있었다
그리고 예레미야 31:31 이하에 등장한 새 언약도 있었다
새 언약은 '여자가 남자를 안는 언약'이라 했다 (렘 31:22)
이러한 언약들이 이미 구약의 마당에 뿌리를 내리고 있었다
그 모든 언약들이 어우러져 진행되고 있었기에
구약의 마당이 62이레가 된 것이다
율법 하나 때문에 62이레가 되었다는 것이 아니라는 점에
의미를 붙이고 있는 것이다

맺음말 치고는
신천지의 내용이 집중되어 있다는 사실 앞에
그저 마음이 답답할 뿐이다
비록 부족하고 모자라는 답답한 글일망정
그러나 거짓되게 쓴 글은 절대 아니라고 외치고 싶다
이 글에 이어 곧 하권도 발간될 것이다
이 글의 맺음말을 쓰고 있는 과정에서 이미 하권은 300페이지 글을
쓰고 있는 상태였다
처음부터 고백하고 있는 것처럼
유명한 목사가 되려고 이 글을 쓰는 것 아니다
본 교회를 부흥시켜 대형 교회를 세우기 위해 이 글을 쓰는 것
아니다
글을 쓰고 책을 펴내는 것
이것을 이용해 남의 교회 성도를 빼앗으려는 것 절대 아니다
그러기에 전국을 순회하며 세미나를 개최하는 것
성도가 아닌 교역자들을 대상으로 하고 있지 않는가!

소자(小子)의 최상의 목표는
본 교회는 성도가 한 명도 없을지라도 받은 말씀을 전국에 있는
한국 기독교 총회에 소속되어 있는 교역자들에게 말씀을
전하는 것이다
마지막 힘을 다해 쓰러질 때까지
땅이여! 땅이여! 땅이여!
외칠 것이다

장안산(中)

발 행 일	2020년 4월 5일
저 자	조영래
발 행 인	최정옥

펴 낸 곳	도서출판 오색이슬
주 소	27829 충북 진천군 진천읍 문화로 181-18
전 화	043-537-2006
팩 스	043-537-2050
블 로 그	blog.naver.com/osbooks

저자와의 협약 아래 인지는 생략되었습니다.
이 책은 저작권법에 의해 보호를 받는 저작물이므로 저작권자의 허락없이
이 책의 일부 또는 전체를 무단 복제, 전재, 발췌하면 저작권법에 의해 처벌을 받습니다.
저작권 등록번호: 제C-2020-011478

ISBN   979-11-959397-4-9
값   20,000원